普通高等教育"十一五"国家级规划教材

U0646277

新世纪高等学校教材

教育技术基础课系列教材

YuanCheng JiaoYuXue

远程教育学

（第2版）

丁兴富 ◎编著

北京师范大学出版集团
BEIJING NORMAL UNIVERSITY PUBLISHING GROUP
北京师范大学出版社

图书在版编目(CIP)数据

远程教育学(第 2 版)/丁兴富编著.—2 版.—北京：北京师范
大学出版社，2009.9(2024.3 重印)
ISBN 978-7-303-05898-3

Ⅰ．远… Ⅱ．丁… Ⅲ．远距离教育-高等学校-教材
Ⅳ．G72

中国版本图书馆 CIP 数据核字(2001)第 079306 号

图书意见反馈：gaozhifk@bnupg.com 010-58805079
营销中心电话：010-58802755 58800035
北师大出版社教师教育分社微信公众号 京师教师教育

出版发行：北京师范大学出版社 www.bnupg.com
　　　　　北京市西城区新街口外大街 12-3 号
　　　　　邮政编码：100088
印　　刷：北京虎彩文化传播有限公司
经　　销：全国新华书店
开　　本：730 mm×980 mm 1/16
印　　张：27.25
字　　数：461 千字
版　　次：2009 年 9 月第 2 版
印　　次：2024 年 3 月第 9 次印刷
定　　价：39.50 元

策划编辑：梁志国　姚斯研　　责任编辑：姚斯研
美术编辑：焦　丽　　　　　　装帧设计：焦　丽
责任校对：陈　民　　　　　　责任印制：马　洁

第 2 版前言

　　本书第 1 版由北京师范大学出版社于 2001 年出版，是教育部师范教育司"新世纪高等学校教材面向 21 世纪课程教材"项目研究成果，列为 21 世纪初全国高校 8 门"教育技术学专业主干课程系列教材"之一。多年来，北京师范大学出版社邀我为本书撰写修订版并最终将其正式列入"普通高等教育'十一五'国家级规划教材"项目，这次出版的《远程教育学》（第 2 版）就是该项目的成果。

　　《远程教育学》问世以来，一直被全国众多高校教育技术院系选为教育技术专业远程教育课程的主干教材。为此，北京师范大学出版社连续重印了多次，依然满足不了教学需求。事实上，这是我国高等教育界出版的第一本经教育部师范教育司、教育部高等学校教育技术学专业教学指导委员会和远程教育界认可的"远程教育学"课程正式教科书。此前，在 20 世纪 80 年代，我与几位合作者曾经编写了《远距离高等教育学导论》（1988）一书，由中央广播电视大学出版社出版，曾经在北京师范大学等校作为远程教育课程的教材使用。《远程教育学》（2001）出版后，先后有丁兴富编著的《远程教育研究》（2002）、杨改学编著的《现代远程教育》（2003）、陈丽编著的《远程教育学基础》（2004）和谢新观编著的《远程教育原理》（2005）、丁兴富与吴庚生主编的《网络远程教育研究》（2006）等教材出版。这表明，远程教育理论研究、学科教材建设已经从单一的广播电视大学系统扩展到了整个高等教育界。

　　自 20 世纪末叶起，随着电子信息通信技术革命的兴起，计算机多媒体与互联网及其在各行各业包括教育领域的应用迅猛发展，人类社会开始进入知识经济的信息时代。人力资

1

源开发和知识创新成为一个国家综合国力和国际竞争力的核心。教育被确定为各国经济社会发展的战略重点与基础。构建全民终身学习的终身教育体系和学习型社会成为教育革新和可持续发展的战略目标。正是在这同一个时期，在我国，教育技术被确定为教育变革与发展的制高点，教育信息化与现代远程教育两大工程被确定为以教育信息化带动教育现代化的重大战略决策，远程教育成为构建我国大众化高等教育和终身教育体系与学习型社会的重要战略选择。20世纪90年代末起，继函授教育、广播电视教育、卫星电视教育、自学考试等多种形态远程教育与开放学习得到发展与繁荣之后，我国基于以计算机多媒体与互联网为核心的电子信息通信技术、以双向通信交互为特征的网络远程教育（现代远程教育）在教育和培训的众多领域迅猛发展起来，其突出代表有我国高等学校（68所普通高校网络教育学院和中央广播电视大学）现代远程教育工程、全国农村中小学现代远程教育工程、全国农村党员干部现代远程教育工程、全国教师教育网络教育联盟、各产业企业界与政府各部门举办的网络远程教育与培训等。如今，21世纪的第一个10年也即将过去，我国已经成为一个全球公认的计算机互联网与移动通信大国以及远程教育大国。当前，国际远程教育的发展出现以下趋势：

- 远程教育实践发展呈现主体多元化和形态多样化的态势，各种形态的网络远程教育（网络远程教学、网络远程学习、在线课程与在线学习、混合学习、移动学习）蓬勃发展与迅速繁荣，席卷并深入教育、培训与学习的各个领域；
- 远程教育理论概念发生重大演革，从狭义远程教育（学校远程教育或机构远程教育——基更远程教育经典定义）到广义远程教育、远程教学与远程学习（方法与手段；方式与模式；体制与形态——丁兴富定义）；
- 远程教育领域、远程教育学科从教育学、教育技术学中的边缘分支学科一跃成为一门新兴的"显学"，成为实践和实现大众化高等教育、终身教育和全民终身学习以及构建学习型社会的战略选择和必由之路；
- 远程教育在信息化、网络化、全球化时代的地位受到各国政府、社会各界、国际社会的高度重视；
- 国内外在远程教育实践发展的同时，理论研究与学科建设成绩卓著，成果众多，亟待综合升华；
- 原先的远程教育学科理论体系亟待改造、变革和创新。

进入21世纪后，在网络远程教育实践得到蓬勃发展的基础上，我国远程教育的理论研究和学科建设也取得了丰硕的成果。我本人有幸自20世纪70年代末 80 年代初起亲身经历与实践了回归教育和终身学习，参与并见证了我国远程教育与教育信息化的历史进程，并有幸成为这一教育变革与转型的实践工作者与理论创造者之一，成为中国远程教育理论研究和学科建设的先行者和开拓者，成为中外远程教育学术交流的使者和桥梁。我自"七五"至"十一五"期间主持和参与的远程教育与教育信息化工程项目，国际国内的一系列学术活动，以及大学教学、研究生培养与各种培训活动，为我的远程教育理论研究和学科建设创新、也为《远程教育学》（第 2 版）的撰写奠定了坚实的实践经验基础和全球发展视野。

这本《远程教育学》（第 2 版）主要有以下 4 方面的内容更新和创作特色：

- 努力保留本书初版特有的基本结构与论述特色，它们构成了我国远程教育学科理论体系最初的雏形；
- 努力借鉴并整合国际国内远程教育学科理论研究的最新成果，特别是我个人在 21 世纪第一个 10 年中的丰富实践经验和理论创新成果；
- 努力加强对网络远程教育最新发展现状和趋势的重点论述，不仅对各种模式的远程教学院校开展的网络教育，而且对传统院校开展的在线课程、在线学习和网络辅助教学与混合学习，以及企业界与各类社会机构开展的网络教育和培训进行深入的探讨；
- 努力探索远程教育教材新的编写体系与体例，力争结构严整，层次清晰，由浅入深、循序渐进；既要论证充分，又要有丰富的案例；并且重视"学习要点""思考与练习"和"活动项目"的编写，以便于组织教学。

《远程教育学》（第 2 版）共有 9 章。第 1 章"概论"是全书开篇，论述远程教育的历史发展和基本理念。从第 2 章至第 4 章论述的主要是微观远程教育学的内容：远程教育的技术基础、远程教学以及远程学习。第 5 章至第 7 章论述的主要是宏观远程教育学的内容：远程教育的规划管理、远程教育质量保证与评估认证以及远程教育经济学分析。第 8 章和第 9 章分别论述远程教育的理论研究与学科建设以及远程教育国际比较研究。

《远程教育学》（第 2 版）可以作为我国教育技术和远程教育专业学生学习远程教育课程的基本教材。对于教育院系的其他师生，它也是了解已经成为当前国际教育发展热点的"远程教育"的有价值的教学参考资料。至于在远程教育和教育信息化第一线的教育工作者，无论是在函授、广播电视教育、网络教育和自学考试等系统专门从事远程教育的工作者，还是在大中小学从事教育信息化和网络远程教育的工作者，还有我国教育行政部门和各级各类教育系统的决策者和规划者，如果大家能从阅读《远程教育学》（第 2 版）中有所收益，则是对我莫大的激励。最后，我也期望选择各种远程教育和开放学习方式接受教育和培训的学习者，也能从该书了解到自己将投入一种新的教育形态，从而使自己更快适应远程教学和开放学习的新的环境和模式，培养和发展新的学习态度、战略和方法，尽快取得进步。由于远程教育学是一门尚未充分成熟、独立的新兴学科，本书在撰写时借鉴了国内外众多学者的研究成果和文献，已在正文中予以注明，是为编著。然而，作为我国第一本《远程教育学》教材，从结构到内容都烙上了作者个人创作的印记，其主体是作者长年来远程教育实践的经验与理论研究的成果。《远程教育学》(第2版)在体系结构、内容取舍和分析论述上体现出作者期望有所创新的尝试，欠妥之处，当由作者负责。

我们这一代人有幸见证了人类教育史上的大变革时代，即在世纪之交发生的从近现代工业社会学校教育到后现代信息社会终身学习的转换。这次转换是电子信息通信技术飞速发展的结果，是人类教育史上继文字发明、专业教师产生、纸张和印刷术发明与进步后的第四次革命。这是伴随着知识经济和全球化到来的信息与学习社会中的新的教育形态。全民终身教育体制的目标就是要实现全民终身学习，远程教育与教育信息化是实现这一目标的重大战略选择。我们要在这一教育格局的转型中完成从远程教育大国到远程教育强国的飞跃，为我国从人口大国到人力资源强国的飞跃以及民族与国家的复兴多做贡献。

丁兴富
北京·首都师范大学校园
2009年4月1日

第 1 版前言

　　我国自 20 世纪 50 年代初起举办高等函授教育，自 60 年代起举办广播电视高等教育。1978 年 2 月邓小平亲自倡导并批准建立面向全国的中央广播电视大学。进入 80 年代后，包括农业广播电视学校在内的各类广播电视中专学校也纷纷兴起并得到了发展；开办了国家高等教育自学考试及随后的中等专业教育自学考试。自 1986 年起，开始了卫星电视教育，建立了中国教育电视台和中国电视师范学院。进入 90 年代后，电子信息通信技术迅猛发展，教育信息化进程加快，引起了整个教育领域的重大变革。从 90 年代后期开始，我国普通高等学校、中小学和信息产业界开始兴办以双向交互为特征、基于多媒体计算机网络和卫星电视网络的现代远程教育。在 1999 年元月国务院批准发布实施的教育部制订的《面向 21 世纪教育振兴行动计划》中，提出要在我国"实施现代远程教育工程，形成开放式教育网络，构建终身学习体系"。同年 6 月，在中央和国务院召开的第三次全国教育工作会议上，发表了《中共中央国务院关于深化教育改革全面推进素质教育的决定》，再次重申："大力提高教育技术手段的现代化水平和教育信息化程度。国家支持建设以中国教育科研网和卫星视频系统为基础的现代远程教育网络，加强经济实用型终端平台系统和校园网络或局域网络的建设，充分利用现有资源和各种音像手段，继续搞好多样化的电化教育和计算机辅助教学。在高中阶段的学校和有条件的初中、小学普及计算机操作和信息技术教育，使教育科研网络进入全部高等学校和骨干中等职业学校，逐步进入中小学。采取有效措施，大力开发优秀的教育教学软件。运用现代远程教育网络为社会成员提供终身学习的机会，为农村和边远地区提供适合当地需要的教育。"1998 年，教育部首批 4 所（清华大学、浙江大学、北京邮电大学、湖南大学）普通高校进行现代远程教育试点。此后，北京大学、中央广播电视大学也加入了试点行列。2000 年，教育部批准建立网络学院、进行现代远程教育试点的高等院校数量达到 31 所，以期依托重点高等院校实现现代远程教育的跨越式发展。

随着我国远程教育的实践发展，我国远程教育理论研究和学科建设也已取得了丰硕的成果和显著的进步。在我国，已举办多次国际性和全国性的远程教育学术会议，出版了一系列研究论著和论文集，有了一批远程教育专业杂志。在部分高校已开设远程教育的本科生和研究生课程。目前急需编写出版能反映当前学术研究水平和最新研究成果的《远程教育学》教材，以适应远程教育教学和研究的需要。

创作这本《远程教育学》教材的指导思想是：在实现我国高等教育课程设置和教学内容跨世纪改革的总构架中，同时突出创新和借鉴两个方面，即既要敢于探索、敢于创新，尝试构建有中国特色的远程教育学科体系；又要善于借鉴、善于总结，通过大量深入细致的文献综合评述、博采众长，为本书所建立的远程教育概念、原理和各分支学科的理论体系奠定坚实的基础。《远程教育学》创作的另一个特点是：在广泛借鉴国际远程教育界的学术研究成果的同时，努力总结和反映我国远程教育取得的实践和理论成就，其中包括作者在过去的近 20 年中参与并获得的远程教育实践与教学经验以及一系列理论研究成果。

《远程教育学》可以作为我国教育技术和远程教育专业大学本科生高年级课程"远程教育学"的基本教材。对于教育院系其他师生，它也是了解已经成为当前国际教育发展热点的"远程教育"的有价值的教学参考书。至于在远程教育和开放学习第一线的教育工作者（教师、管理和技术人员），无论是在函授、广播电视教育、自学考试等远程教育院校系统还是在传统院校系统从事现代远程教育的工作者，还有我国教育系统和教育行政部门的决策者和规划者，如果大家能从阅读《远程教育学》中有所收益，则是对我莫大的激励。

丁兴富

北京·中央广播电视大学

2001 年 5 月 1 日

目 录

第 1 章　远程教育概论

【学习要点】

　　本章是全书的开篇，论述远程教育的历史发展和基本理念。历史发展部分主要掌握三代信息技术与三代远程教育的基本概念以及每一代的特征。基本理念（即基本概念与基本原理）部分则重点理解三个基本问题：什么是远程教育？——远程教育的基本概念，论述远程学习、远程教学以及广义和狭义的远程教育定义及其他相关概念；为什么要发展远程教育？——远程教育发展原理，阐述远程教育发展基本动力和基础的基本原理；如何实施远程教育？——远程教育运行原理，探讨远程教学的要素分析以及远程教学功能、过程阶段及远程教师职能分析，并从远程院校、教师和学生的视角分别讨论如何实施远程教育及如何进行远程教学与远程学习。要求应用学到的基本概念和基本原理辨析若干重要的远程教育文献，并能进一步分析当前远程教育发展现状和各种实际案例。

【内容结构】

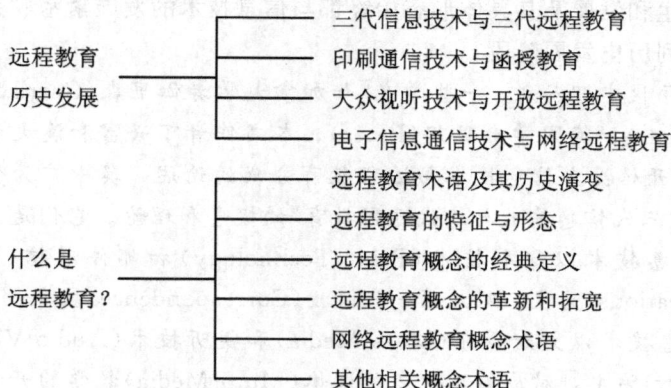

远程教育历史发展
- 三代信息技术与三代远程教育
- 印刷通信技术与函授教育
- 大众视听技术与开放远程教育
- 电子信息通信技术与网络远程教育

什么是远程教育？
- 远程教育术语及其历史演变
- 远程教育的特征与形态
- 远程教育概念的经典定义
- 远程教育概念的革新和拓宽
- 网络远程教育概念术语
- 其他相关概念术语

1

```
                          ┌── 远程教育发展动力基础理论的形成
                          ├── 发展远程教育 的社会经济基础
            为什么         ├── 发展远程教育的物质技术基础
            要发展   ──────┼── 发展远程教育的思想理论基础
            远程教育?      ├── 发展远程教育的政治决策基础
                          └── 发展远程教育的教育学科基础

                          ┌── 远程教学要素分析
                          ├── 远程教学两大功能、两个阶段与远程教师两大职能
            如何实施        ├── 远程教育、远程学习和以学生为中心
            远程教育?  ─────┼── 院校机构如何实施远程教育
                          ├── 远程教师如何进行远程教学
                          └── 远程学生如何进行远程学习
```

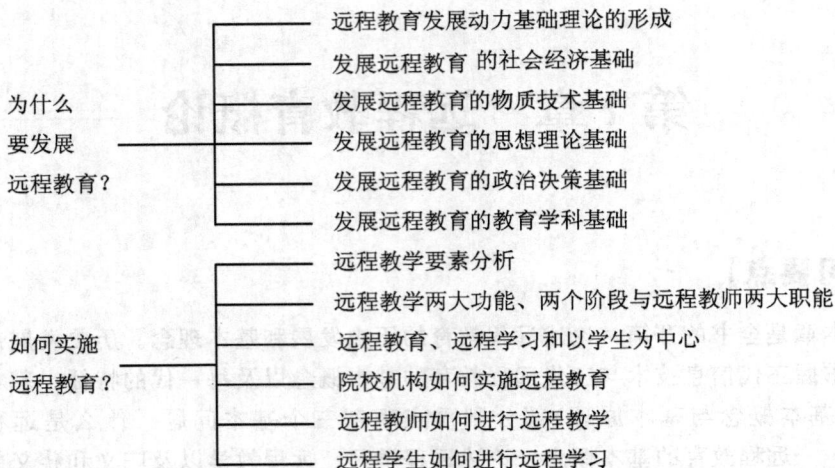

1.1 远程教育的历史发展回顾
——三代信息技术与三代远程教育

本节首先论述"三代信息技术与三代远程教育"这一基本概念,随后是对第一、二、三代信息技术与远程教育历史发展的简要回顾。

1.1.1 三代信息技术与三代远程教育

远程教育的发生和发展及其具体形态始终都与信息技术的发展紧密联系在一起,并形成一系列历史发展阶段。

自 20 世纪 80 年代中期以来,一些学者[如加拿大学者伽里森(Garrison)、丹麦学者尼珀(Nipper)、英国学者贝茨(Bates)、本书作者丁兴富和澳大利亚学者泰勒(Tayler)]开始提出信息技术与远程教育分代的论述,其中广为传播并被普遍接受的是"三代信息技术与三代远程教育"的概念和理论。它们是:

● 第一代信息技术以印刷技术(Print Technology)和邮件通信(Post Communications)为主,对应第一代函授(Correspondence)教育;

● 第二代信息技术以大众媒介(Mass Media)和视听技术(Audio-Visual Technology)为主,对应第二代多种媒体(Multi-Media)教学的开放远程教育(Open and Distance Education);

● 第三代信息技术以电子信息通信技术(EICTs:Electronic Information

Communications Technologies)为主，以计算机多媒体(Multimedia)和互联网(Internet)为主要代表，对应第三代网络远程教育(Networked Tele-Education，Internet-based Education，Web-based Education)，或直接称为电子/网络教育(e-Education)、电子/网络学习(e-Learning)、网络/在线学习(Online Learning)。

本书在两种意义上使用信息技术(IT：Information Technology)或信息通信技术(ICTs：Information and Communications Technologies)这一概念术语。广义地，信息技术泛指人类用以传递信息的任何媒体工具，包括最初人的口头语言、肢体语言以及后来发明的文字，是与人类的起源和进化同步发展的。狭义地，信息技术专指自19世纪末叶以来的现代信息技术，主要包括19世纪末兴起的大众传播视听技术和20世纪中叶发展起来的以计算机、多媒体和网络为核心的电子信息通信技术(EICTs：Electronic Information and Communications Technologies)或数字技术(DT：Digital Technology)。在本书大多数场合通常使用信息技术或信息通信技术代表电子信息通信技术或数字技术(本书正文以楷体表示内容重点，下同)。

1.1.2 印刷通信技术与函授教育

教育的目的是向教育对象传授知识，培训技能，开发智能，改变思想、态度和行为方式。教育的功能则是实现人从生物个体到社会成员的转化，即实现人类个体的社会化和人类社会文明的延续与进化。文字、纸张和印刷术的发明对于教育和人际交流的意义是解放性的。有的学者将远程教育在历史上最早的渊源归于文字发明之后。因为有了文字，教学内容就有可能被书写或刻录在某种类型的物质材料上并被传播到远方的学习者手中。于是，有学者主张中国的春秋战国时代和欧洲的古希腊罗马时代就有了原始形态的远程教育。特别是在纸张这种特殊的书写材料发明之后，世俗的学者和教会的僧侣都可能利用书写了文字的纸张和书本来传播学术或教义。英国学者丹尼尔(Daniel)举出早期基督教传教士保罗(St. Paul)为例，说明早在公元纪元初的传教活动中就已经有了远程教育的萌芽。他还详细分析了保罗传教活动的组织特征。但是，从要求师生之间的教学必须存在某种形式的双向通信交互这一远程教育的要素来考查，前述种种教学形态也许只能认同为远程教育的初始萌芽。比较完备的远程教育发源于印刷术发明之后，发生于工业化时代，在出现了工业化社会的公共服务系统(诸如由印刷厂、出版社、书店和图书馆等组成的书刊出版发行系统以及公共交通邮政系统等)之后，这就是函授教育。并且，此时的工业化社会

3

对教育的发展和人才的培养也有了不同于古代社会的巨大需求。所有这些革新在 19 世纪中叶的英国和其他西方工业国家汇合。最早提供的函授课程从速记(英国)到英语(瑞典),再到采矿安全(美国)。随后的年代里,出于助人和商业的双重目的,各类私立函授学校和学院纷纷设立提供各种职业技术培训课程。对大学层次远程教育的实践可以追溯到 19 世纪中叶英美的新大学运动和大学推广运动。1849 年对世界远程教育的历史是个重要的年份,新建不久的伦敦大学(University of London)在这一年首创校外学位(External Degree)制度,为世界树立了一个采用自学、函授、业余夜校等方式,发展校外高等教育的范例。此外,19 世纪下半叶起始的英美两国的大学推广运动(University Extension Movement)倡导"一种采用学分制的非住宿的业余教学的大学",为校外学生开设大学扩展课程教育,成为远程高等教育的又一起源。对大学层次课程进行函授教学的观念逐步被许多国家接受并在世界各地推广。在 19 世纪下半叶和 20 世纪初,大学和学院开展校外教育和函授教学已传播到许多国家。而在 20 世纪中叶兴起的函授高等教育在 20 世纪下半叶有了重大的发展。

我国函授教育起步于 20 世纪初,蔡元培等人开始刊行丛报、提倡通信教学法(1902),商务印书馆创设函授学社(1914)。我国函授高等教育起始于 20 世纪 50 年代初,为了提高新中国建国初大批工农干部的理论、文化和专业水平并培养各种专门人才,中国人民大学校长吴玉章和成仿吾向中央提交申办函授教育的报告,得到刘少奇的批准。此后,中国人民大学和东北师范大学成为我国高等院校创建函授部和函授学院开展函授高等教育的先驱。

1.1.3 大众视听技术与开放远程教育

在整个 20 世纪,信息技术经历了一个发生和发展的过程。现代信息技术在 19 世纪末叶的发生及其在第二次世界大战后的发展主要表现为视听技术的兴起和大众传播媒介的繁荣。大量视听媒体和大众传播不断涌现并被广泛应用于教育领域,使远程教育的技术基础经历了一场质的革命。视听媒体(在我国也称为电教媒体),是由电力提供动力或充当能源,记录、存储、传输、加工、呈现教学信息的实物、材料、设备和设施的总称。除了基于印刷技术的纸质书刊媒体之外,在 20 世纪中叶有广泛应用的大众传播媒介大多是视听媒体。在第二次世界大战后的半个世纪中,这类新技术、新媒体加速进入学校和家庭。大众媒体可以划分为两类:播送媒体与个人媒体,即不仅有广播和电视(包括较晚出现的卫星电视、有线电视)这类播送媒体,还有电话、电唱、录音、录像、光盘等这类个人媒体。以多种媒体教学为特征,以各国开放大学(Open

University)、放送大学(University of the Air)和广播电视大学[Radio and TV University]为代表的新一代开放远程教育正是终身教育思想和包括大众传播媒介在内的现代信息技术结合的产物。在多种媒体教学(Multi-Media Teaching and Learning)的远程教学大学(DTUs：Distance Teaching Universities)的发展史上，在1951年重建的南非大学(UNISA：University of South Africa)和在20世纪60年代初我国一些中心大城市创办的城市电视大学[北京电视大学(Beijing TV University)是其主要代表]曾是一代先驱；而在1963年创议、1969年创建、1971年开始招生授课的英国开放大学(UKOU：Open University of United Kingdom)更是一个影响深远的重要里程碑。英国开放大学的历史功绩是为远程高等教育在政界、教育界、产业界和全社会争得了合法地位、赢得了世界声誉。进入20世纪70年代以来，在英国开放大学创新精神的鼓舞下，在世界各地掀起了兴办开放与远程教育的热潮。期间，以成人为主要对象的远程高等教育发展尤为迅速。一批自治的多种媒体教学的开放性的远程大学在西欧、北美、亚洲、中东、拉丁美洲和非洲等地兴起，它们代表了20世纪后叶世界远程教育发展的主流，成为新一代远程高等教育事业的主体。这种远程教育主流模式的特征和优势最充分地体现在巨型大学(Mega-University)的实践中。

在我国，邓小平亲自倡导并于1978年2月6日亲笔批准建立了以中央广播电视大学为首的全国广播电视大学系统，自1979年2月6日开学授课以来已经发展成为由中央和省、地市、县和基层教学点五级办学机构构成的全球最大的远程教学超级巨型大学，通过培养数以百万计的实用高级专门人才和数以千万计的高素质国民，为我国改革开放新历史时期的人力资源开发和经济社会发展作出了重要贡献，并在国际远程教育界产生了巨大影响。

1.1.4 电子信息通信技术与网络远程教育

及至20世纪与21世纪之交，现代信息技术经历了又一次飞跃式的发展，涌现出以计算机多媒体(Computer-based Multimedia)、网络[(互联网(Internet)和全球网(WWW：World Wide Web)]和移动通信(Mobile Telecommunications)为主要代表的电子信息通信技术(EICTs)。电子信息通信技术的兴起和发展，被视为教育史上继专业教师、文字体系、纸张和印刷术之后的第4次教育方式的革命。相应地，建立在电子信息通信技术基础上的新一代网络远程教育正在迅猛发展之中。知识经济正在成为21世纪人类社会的主体经济形态。随着信息技术的飞速发展和信息社会的到来，教育信息化的浪潮席卷全球。在各级各类传统学校建设数字校园、接入互联网、实现校园课堂教学信息化的同时，网络远程教育被认为是应用电子信息通信技术，实现终身教育、终身学习和学习型社会理想，加速人力资源开发、推动知识经济发展的未来教育形态。电子/网络学习（e-Learning）、在线/网络学习（Online Learning）、虚拟学习（Virtual Learning）正在同校园课堂面授（Face-to-Face）学习、函授（文本、读写）学习和多种媒体（Multi-Media）学习一起，成为21世纪全民终身学习的主流。国家信息基础设施（NII：National Information Infrastructure）和全球信息基础设施（GII：Global Information Infrastructure）将成为21世纪教育的技术基础。无论是学校教育还是产业界和全社会的教育与培训，也无论是独立设置的远程教学院校还是各级各类传统院校，电子学习、网络学习、在线学习、数字学习（d-Learning：Digital Learning）、移动学习（m-Learning：Mobile Learning）、混合学习（Blended Learning）已经成为教育革新的力量，成为未来教育的主流成分和主要生长点。一批虚拟大学（VUs：Virtual Universities）正在各国创建。全球虚拟大学（GVUs：Global Virtual Universities）也正在孕育和发展之中。与此同时，各国发展不平衡和数字鸿沟问题更加突出。在教育信息化、网络化和全球化发展的同时，缩小、填补和跨越数字鸿沟、发扬各民族独特的社会文化和保持人类文明的多样性已经成为重大国际课题。

在我国，清华大学等重点普通高校率先发起创办网络远程教育。1996年2月，清华大学校长王大中教授提出在清华大学开展远程教育的设想。同年，清华大学校务委员会通过了远程教育的实施方案（"现代化远程教育工程项目建议书"）并开始筹建远程教育系统网络。清华大学远程教育系统网络由两部分组成：第一个是"天网"，即卫星数字电视网；第二个是"地网"，即"中国教育科研计算机网"（基地在清华）。通过"天网"和"地网"的配合，用语言、图像、数据等实现教学资源发送和师生双向通信交互。1999年，教育部批准清华大学、浙江大学、北京邮电大学和湖南大学4所重点高校开始现代远程教育试点。至今，全国经教育部共批准68所普通高等院校建立网络教育学院开展现代远程教育工程试点；同时，批准中央广播电视大学牵头组织实施人才培养模式改革和开放教育试点项目，参加全国高校的现代远程教育工程。

在我国，人们通常同时使用"教育信息化"和"现代远程教育"来称呼信息技术在教育和培训中的应用以及由此引起的教育和培训的革新和发展。本书应用"教育信息化"作为基于信息技术的教育和培训的创新与发展的总称，并从中界定出"学校教育信息化"和"网络远程教育"两种主流发展形式："学校教育信息化"指各级各类学校面对校园内学生组织实施的基于信息技术的教育，它们可能是校园课堂上基于计算机网络的面授教学的创新形式（网络面授教学），也可能是课堂外数字校园内或者家庭和社区数字学习环境中的远程学习形式（网络远程教学与网络远程学习）；而"网络远程教育"指各类院校、企业和组织机构面对远程学习者组织实施的基于电子信息通信技术的开放、灵活与分布式的教育和培训。网络远程教育是本书对第三代远程教育的简称，泛指基于电子信息通信技术的远程教育和培训，与电子远程学习（e-Learning at a distance）关联。在某些文献中，网络远程教育特指基于各类电子通信网络的远程教育和培训（如各类通过卫星或地面电子通信网络实现的视音频远程会议和直播课堂教学等），或者专指基于计算机网络特别是互联网的远程教育和培训。网络远程教育在我国也称现代远程教育。在信息与学习社会，作为全民终身学习的最佳选择，各类社会成员都可以利用各种网络教育、培训与学习资源和网络平台工具进行网络远程教学与网络远程学习，它们通常是自主学习或自组织的协作学习。

1.2　什么是远程教育？
——远程教育的基本概念

　　本节论述"什么是远程教育"，即远程教育这一核心概念的术语、特征、形态及定义。首先，讨论国内外远程教育的相关术语及其演变，进而论述远程学习、远程教学以及远程教育的特征与形态。本节重点在论述远程教育的经典定义和拓展定义。远程教育经典定义是指在 20 世纪末叶以前国际远程教育界普遍认同的，由独立设置的专司远程教育院校机构组织实施的新的教育方式的学校远程教育或机构远程教育（Institutional Distance Education）。随后讨论 20 世纪与 21 世纪之交势在必行的远程教育概念的革新和拓宽，即从经典的机构远程教育拓宽到既是教育方式与形式、同时也是教育方法与手段的远程学习、远程教学与广义远程教育。接着重点探讨进入互联网时代以来涌现出来的层出不穷的网络远程教育的概念。最后，论述与核心概念远程教育紧密相关的开放学习、灵活学习等重要概念，并进而论证为何是远程教育而不是开放学习等概念成为该领域、该学科的核心概念。

1.2.1　远程教育术语及其历史演变

1.2.1.1　各国远程教育术语

　　在远程教育发展史上，19 世纪中叶"correspondence education"（函授教育）和"correspondence study"（函授学习）最初在英国发展起来。在美国使用"home study"（家庭学习）或"independent study"（独立学习）的称谓；在澳大利亚和大洋洲地区使用"external study"（校外学习）的称谓。在将近一个世纪的发展中，并没有产生"distance education"（远程教育）的称谓。在 20 世纪 60～70 年代，远程教育这一称谓和术语最早起源于被爱尔兰学者基更（Keegan）称为蒂宾根（Tübingen）小组的一群德国学者，在他们发表的德文文献中，使用"Fernstudium"（远程教育）和"Fernunterricht"（远程教学）等词来作为这类新型的教与学形态的总的称谓，而不再使用"函授学习"的称谓。美国远程教育的前驱者魏德迈（Wedemeyer）与蒂宾根小组中的里贝尔（Rebel）偶有联系，但并未得知"远程教育"的称谓。直到美国学者穆尔（Moore）在与瑞典学者霍姆伯格（Holmberg）的对话中，才首次听到"distance education"（远程教育）一词，并以此来界定教与学的特定关系：教师与学习者的时空分离。霍姆伯格是瑞典赫莫芝（Hermods）函授学校校长，他的德文和英文都很流利，读过蒂宾根大学学者们的研究文献。蒂宾根小组是指以彼得斯（Peters）为所长的德国蒂宾根大学远程教育研究所的一群著名学者，主要成员还有里贝尔、德林（Delling）、格拉夫（Graff）和多曼（Dohmen）等。他们对"Fernstudium"（远程教育）和"Fernunterricht"（远程教学）的概念及其研究领域、对象、特征进行了具有开拓和奠基性质的研究，其成果起初都以德文发表。英语国家及其他国家的研究者直到 20 世纪 70～80 年代，才经由基更的努力引荐而得知蒂宾根小组学者们的观点和主张。值得一提的是，彼得斯本人的英语很好，他从 20 世纪 80 年代初起开始使用英文写作。

在英文中，使用"distance education"（远程教育）作为这类新型的教与学形态的总的称谓。在有关教育技术和远程教育的英文文献中，这一新的教育形态在不同的国家中尚有多种特指的术语被广泛应用。在英国开放大学使用"distance teaching"或"teaching at a distance"（远程教学）；在英联邦国家使用"open learning"（开放学习）或"flexible learning"（灵活学习）；在各国教育技术界则更多使用"multi-media teaching"（多种媒体教学）、"mediated education"（基于媒体的教育）、"resource-based education"（基于资源的教育）等。举办远程教育的学校机构通常使用以下称谓："correspondence division"（函授部）、"department of external study"（校外学习部）、"extensive college"（公开学院）、"university without wall"（无墙大学）、"correspondence university"（函授大学）、"university of the air"（播送大学或放送大学）、"open university"（开放大学）、"open learning institute"（开放学习学院）、"open learning agency"（开放

学习联合体)、"open learning centre"(开放学习中心)、"distance teaching university"(远程教学大学)等。中国、日本和韩国先后接受了由西方或苏联传来的函授教育、视听教育、远程教育、开放学习、开放大学和虚拟大学等概念，在 20 世纪下半叶较长时期中曾使用播(放)送教育或广播电视教育的称谓。远程教育在法文中是"tele-enseignement"，在西班牙文中是"educacion a distancia"或"sensenanza a distancia"，而在葡萄牙文中是"teleducacao"。经过各国远程教育实践和理论研究的长期历史检验，远程教育"distance education"这一概念术语作为对这一类新型的教与学形态的总的称谓和对各种特指用语的综合与概括，逐渐得到了国际教育界广泛的认同。远程教育得到国际社会正式认可的主要标志是：在 1982 年，联合国教科文组织支持的国际函授教育协会(ICCE：International Council for Correspondence Education)(创建于 1938 年)正式更名为国际远程教育协会(ICDE：International Council for Distance Education)。这表明，远程教育称谓很好地标志着这类教育形态的本质特征：教师和学生的时空相对分离也即教的行为活动与学的行为活动的时空相对分离。正是这一本质属性使远程教育有别于口授即面授的、基于校园课堂班级集体的传统教育。进入网络时代信息社会后，远程教育、远程教学、远程学习有了许多新的称谓，这些在本节后面"1.2.5 网络远程教育概念术语"中将有进一步讨论。

1.2.1.2 远程教育术语在我国的演变：从远距离教育到远程教育

在我国，远程教育使用的概念术语也经历了许多演变。从 20 世纪初以来，应用印刷教材和通信指导开展的函授教育自从传入我国以来其专用术语没有多大变化。但是，从视听教育到教育技术，我国教育界曾长期使用电化教育的概念术语。至于远程教育，则是在 20 世纪 70 年代末随着英国开放大学的影响和我国广播电视大学体系的建立而传入的。当时在我国大陆地区将英文"distance education"翻译成"远距离教育"。同期，在我国香港和台湾地区则将"distance education"各自翻译成"遥距教育"和"隔空教育"(后来演变成"远距教育")。有趣的是，对英文"open university"的翻译也出现了类似的现象：我国大陆地区译作"开放大学"，香港地区译作"公开大学"，而台湾地区译作"空中大学"。远程教育的启用并产生广泛影响是从 1996 年清华大学拟定"现代化远程教育工程项目建议书"开始的。由此，"远程教育"这一译名被其他普通高校沿用，及至 1997 年 12 月，国家教委发出的"关于高等学校开展远程教育有关问题的通知"中，也启用远程教育取代远距离教育。而远程教育在社会上和大众媒介开始启用并广为流行则始自 1998 年。1998 年 6 月 5 日，教育部给国务院上报了"关于发展我国现代远程教育的意见"(教育部，1998)。1999 年 1 月 13 日，国务院批转发表了教育部 1998 年 12 月 24 日制订的"面向 21 世纪教育振兴行动计划"(教育部，1998)，把组织实施"现代远程教育工程"作为跨世纪教育改革和发展的主要目标和任务之一。在 1999 年 7 月召开的我国第三次全国教育工作会议上，在深化教育改革、全面推进素质教育的主题下，再一次重申了加快建设远程教育网络、构建终身教育体系的战略决策(中共中央和国务院，1999)。1999 年在北京召开了两次将远程教育列为主题的国际会议。其一是清华大学在 4 月召开的"远程教育、远程学习和 21 世纪教育发展国际会议"，其二是中央广播电视大学在 10 月主办的亚洲开放大学协会第 13 届年会，会议主题是"面向 21 世纪信息和学习社会的开放与远程教育系统和模式"。至此，从政府政策法规文件、学术理论界到社会大众媒介，用远程教育取代远距离教育已成大势所趋［参见丁兴富(1999)"远距离教育和远程教育辨析"］。

1.2.2　远程教育的特征与形态

1.2.2.1　传统教育与远程教育两大家族

在教育文献中，传统教育和非传统教育有多种划分法和不同的含义。在远程教育文献中，传统教育是作为校园课堂面授教育即学校教育的同义词来使用的。近代以来，在教育实践和教育文献中，面授即校园课堂班级讲授的学校教育一直被视为教育的正统。相应地，传统的教育学、教学论(Pedagogy)(教育、教和学的研究和理论)主要(即使不是完全)适用于传统面授教学的学校教育形态。

然而，大量的成人学习者是在非校园课堂班级面授的环境中接受教学的。美国学者穆尔(Moore)在 1977 年发表的《论独立学习的理论》中论述了教育活动的两大家族：

●　教育的第一家族比较古老、有较多了解、被更充分地研究过。它包括各类教育情境，其中教师和学生们处于同一物理时空，所以基本通信媒介是教师的语言。在这种情境中，用经济学的语汇来描述，教学这种"服务"是同其"产品"的"消费"同步进行的。由于学生和教师的直接面对面接触，可以实现相互激励，结果这类教学被认作是一种"社会交往"过程。

●　教育的第二家族均以教师和学生的分离为特征，(教)师(学)生间的通信交流是通过机械的和电子的媒体来实现的。在这种情境中，教学是在与它被"生产"出来的不同的时间和地点被"消费"的，而为了将它送达学习者，必须经过包装、运输、储存和发送。师生之间可能有交互作用，但通常要受到因跨越时空进行通信而不可避免的推迟的严重影响。因此，它不可能像在课堂上和班组教学中那样成为一种有充分保障的教学方法的必要组成部分。

穆尔所说的教育的第一家族就是学生和教师直接面对面接触的传统面授教育，即传统教学被认作是一种"社会交往"过程。教育的第二家族正是以教师和学生的时空相对分离为特征的远程教育，（教）师（学）生间的通信交流是通过媒体与技术来实现的。瑞典学者霍姆伯格在《远程教育的理论与实践》(1986，1995)中则使用"连续面授"一词来描述传统教育的特征，即传统教育是程度较高的连续面授教育。而远程教育则是非传统教育，即非连续面授教育。综合以上考察，各种形态的教育和学习的划分以及远程教育与传统教育的区别可用图1.1来表示。

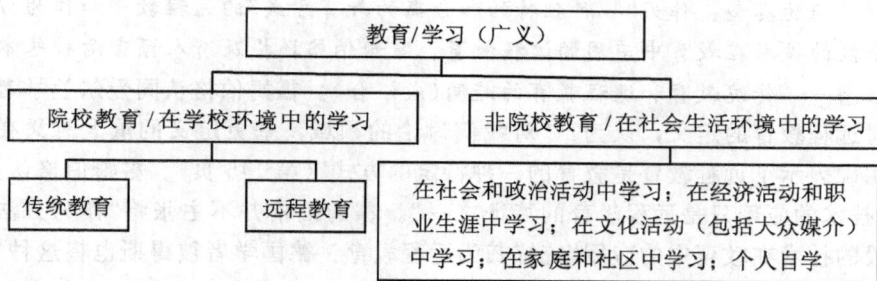

图 1.1　各种形态的教育和学习

1.2.2.2　远程教育：教育方式还是教育手段？

在函授教育和开放远程教育这前两代远程教育阶段，人们通常认同远程教育学的研究对象就是函授院校、广播电视院校(或放送院校)和开放大学等组织实施的远程教育。就是说，认同远程教育是由独立设置的专司远程教育院校机构组织实施的新的教育方式，可以称为学校远程教育或机构远程教育(Institutional Distance Education)，这正是基更提出(1980)并坚持，且在 20 世纪末以前被国际远程教育界广泛认同的远程教育经典定义(见本书第三段　远程教育概念的经典定义)。然而，随着世纪之交信息技术的飞速发展和第三代网络远程教育的兴起、繁荣，新的概念与术语与日俱增、层出不穷。以致教育界、文献和传媒对"究竟什么是远程教育？""远程教育的范围有多大？""基于互联网的在线学习是否都是远程教育？""远程教育究竟是教育方式还是教育手段"等问题众说纷纭。国际远程教育界的学术权威霍姆伯格博士特撰文"远程教育在世纪之交遇到的认同危机"(1999)旗帜鲜明地指出，远程教育的认同危机可以归结为"远程教育究竟是教育方式还是教育手段"这样一个根本问题。霍姆伯格指出："远程教育作为一种分离的教与学的方式正在受到来自两方面的攻击。一方面，远程教育的方法已经被传统教育广泛应用，以致有人预言这两种教育形态的趋同(或汇合)已经在进行中。……另一方面，教育过程中对技术的应用统统被认为是远程教育的实践。……我想论证的是：以上两种思维方式都有可能导致丧失某些重要的东西。我还发现，随意地使用远程教育的术语是令人遗憾的。……这正是一种带讽刺意味的转折，远程教育在经历了漫长的岁月后终于获得了承认和尊重，如今有必要把对远程教育的认同仅仅给予那些真正属于它的活动。为此，有必要依据实践对远程教育的基本特征加以认定，特别应该从把远程教育定义为一种独特的和分离的教育方式的观点出发来加以认定。"(引文中的楷体是本书作者设定的)(第 142 页)。霍姆伯格将远程教育活动识别出两种不同的类型：作为"一种独特的和分离的教育方式"的远程教育和作为方法与手段的技术在教育中应用的远程教育。霍姆伯格还提及有人预言两种基本教育形态——传统教育和远程教育的趋同(或汇合)。霍姆伯格认同爱尔兰学者基更对远程教育的定义，认为："对我们讨论的领域，基更定义的重大意义在于它明确表示了远程教育是教育的一种特定的方式"(第 146 页)。霍姆伯格认为，"对技术的应用只是远程教育的特征之一"。霍姆伯格并不主张将"作为方法与手段的技术在教育中的应用"统统归为远程教育。德国学者彼得斯也将这种"独特的和分离的教育方式"认同为"真正的远程教育"。看来，国际远程教育界三位影响深远的理论权威的立场和意见是一致的。但是，霍姆伯格以及彼得斯、基更坚持将远程教育限定为学校远程教育或机构远程教育(即一种独特的和分离的教育方式)的取向是值得商榷的：霍姆伯格虽然敏锐地发现了远程教育认同的危机问题，但令人遗憾地采取了保守的态度，即不是适应网络学习时代拓展远程教育、远程教学与远程学习的研究领域，而是将自己局限在独特而分离的院校机构组织的远程教育(方式)中。

1.2.2.3 远程教学与远程学习：与面授教学相对的新的教育方法与手段

近代学校教育创设以来，学校校园课堂班级面授教学成为教学的主流。面授教学本意指在学校校园课堂师生面对面情境中发生的教与学的双边交互活动。于是，面授学习就是学生在教师面对面直接连续教学(讲授、辅导或指导)下的学习。面授教学和面授学习的关键是师生处于同一个时空中并且发生面对面的双向交流活动。在面授教学中，师生的口语、表情和肢体语言以及黑板上的板书成为双向交流的主要媒介，当然可以在校园课堂环境中使用各种技术媒体创设更丰富的教学情境，并且这些被引入校园课堂的技术媒体始终在师生面对面的情境中使用。但是在人类发明文字、纸张(书写、刻录文字、图形的主要载体)与印刷技术后,教学与学习可能发生在师生非面对面的情境中。学习者可以通过阅读他人撰写的各类文献学习。教师也可以通过创作和撰写各类文献来提供学习材料开展教学。特别是在现代信息通信技术发展起来后,各类视听技术(大众传播媒介到计算机多媒体与网络技术等)为师生时空分离状态下的教与学提供了更广大的领域和深远的前景。在一般教育文献中,教学与学习通常是指面授教学与面授学习。在远程教育文献中,我们将面授教学与面授学习称为传统教学与传统学习,而将师生时空分离状态下的教学与学习称为远程教学与远程学习。于是,时空分离状态下的远程教学与远程学习是与面授教学相对的新的教育方法与手段。

需要强调的是,一般而言,"作为方法与手段的技术在教育或培训中的应用"主要是教育技术学的研究对象。然而,可以将"在(教)师(学)生时空分离状态下基于技术的教育或培训方法与手段"(无论是在远程教学院校或机构中的应用,还是在传统学校、产业企业或社会生活中的应用)纳入广义远程教育的研究对象,因为在(教)师(学)生时空分离状态下技术的应用方法与手段(此时属于远程教学与远程学习)同学校校园课堂中师生面对面教学状态下技术的应用方法与手段(此时属于面授教学情境中的应用技术媒体的教学与学习)有许多不同的性质和特征,后者是教育技术学的主要研究对象,而前者则主要是远程教育学的研究对象。这也正是世纪之交以来国内外许多教育工作者在更广的视野中对远程学习、远程教学和广义远程教育的新的更扩展的理解。

1.2.2.4 远程教育:与传统教育相对的新的教育方式与形式

值得注意的是,传统教育即传统校园面授教育是以校园课堂班级面授教学为主体的教育形态,即校园课堂班级面授是传统教育教学全过程的基础与核心(主要体现在学时比例及其重要地位)。传统校园教育中并非没有非面授教学环节,事实上,学生上自习课、学生在图书馆及阅览室自学、学生小组讨论、学生参加课外活动以及学生放学离校后在家庭或社区中的学习活动等,均属于非面授教学或学习活动,也即通常所谓的自学。在近代以来的教育中,有的教育家也很注重自学活动以及学生自学习惯与能力的培养。依据上文中对远程教学与远程学习是"师生时空分离状态下的教学与学习"这一特征的描述,也可将传统校园教育中发生的非课堂面授教学活动(主要是学生各种类型的校内外自学)称为远程教学与远程学习活动。需要强调的是,自近代以来的传统学校教育中,非课堂面授教学活动(校内外自学)只是传统教学全过程中的辅助和补充环节,不可能替代课堂面授教学成为传统教学的主流或占有主体地位。而穆尔识别和分类得到的远程教育这一新家族是指与传统教育相对的另一种教育方式，即以师生时空分离的非连续面授教学为主体的教育新家族。就是说，在远程教育家族中，也并不排斥各种面授教学活动，但是远程教学与远程学习始终是远程教育家族教学全过程的主流，占有主体地位。面授教学与学习，或者远程教学与学习在教育全过程中的地位与功能，才是传统教育与远程教育这两大家族的最终分水岭和试金石。于是，（教）师（学）生时空分离状态下的教与学占教学全过程主流和主体地位的新的教育方式与形式，就是与传统教育相对的远程教育。远程教育既是一种新的教育方法与手段，即新的教学与学习（与面授教学与面授学习相对的远程教学与远程学习），更是一种新的教育方式与形式（与以传统校园课堂班级面授教学为核心基础的学校教育相对的远程教育）。

本书在最广泛的意义上使用"教育形态"一词，包括所有教育现象和活动。使用"教育方式""教育形式""教育体制"等词来表示相对独立且完整的教育系统，通常包括教育规划、政策、办学、教学、管理、财政、评估等。使用"教育方法""教育手段"等词来表示教育教学的战略策略，其中很重要的一部分是"基于技术"或"应用技术"的方法、手段与策略。某种特定的"教育方法"与"教育手段"可以应用于多种"教育方式""教育形式"与"教育体制"。"教育形态"则涵盖了"教育方式"与"教育方法"以及其他教育现象与活动。

1.2.2.5 教育家族的连续谱系：从面授教育到远程教育

进入信息社会互联网时代后，在学校教育信息化的进程中，传统校园课堂中基于计算机网络的师生面对面的教与学（以下简称网络面授教学）得到了普遍发展，同时，校园课堂内外师生分离的网络远程教学和学生自主的网络远程学习也开始发展起来。于是，传统学校教育在发展网络面授教学的同时开始出现网络辅助教学、混合学习以及在线课程与在线学习等。这一切让许多教育工作者感到困惑，开始发出"面授教育与远程教育的界线正在消失""面授教育与远程教育正在趋同或汇合"的感叹。本书作者丁兴富在 20 世纪 90 年代末即提出教育家族的连续谱系概念：面授教育与远程教育并非是两个毫无关联的教育形态，不应界定为两个相互孤立且封闭、排斥且对立的教育家族，而是整个教育家族连续谱系的抽象的两极。正如光谱两极的延伸部分是人眼看不见的红外光和紫外光一样，纯粹的面授教育和纯粹的远程教育在现实世界中是不存在的。现实存在的任何教育系统必定位于上述从面授教育到远程教育的整个教育家族连续谱系的某个相应位置，可能基本上是面授教育、或多或少偏向面授教育，或者或多或少偏向远程教育、基本上是远程教育，等等。应用教育家族连续谱系的概念来分析当前的网络教育，可以得到如下从传统课堂面授教学中经网络面授教学、网络辅助教学、混合学习、在线课程在线学习到专司机构开展的远程教育这样一个逐步过渡、演进的谱系(参见本节下面关于"网络远程教育概念术语"的讨论):

传统课堂面授教学→网络面授教学→网络辅助教学(以上三类属于传统教育范畴,面授教学占教学全过程的主体地位,网络教学比重<30%,技术媒介教学主要是方法与手段)→混合学习(从传统教育向远程教育过渡,面授教学与网络教学均占有重要实质地位,30%<网络教学比重<80%,技术媒介教学开始从教育方法与手段演变为教育方式与体制)→在线课程在线学习→专司机构远程教育(以上两类属于远程教育范畴,远程教学与远程学习占教学全过程的主体地位,网络教学比重>80%,技术媒介教学已经成为新的教育方式与体制)。

1.2.3　远程教育概念的经典定义

1.2.3.1　国外远程教育定义分析

一些国际组织和国家政府曾经对远程教育作过界定。这是一些描述性的定义,针对性较强,但过于具体和狭窄,较少学术理论价值。具有较大学术理论价值的远程教育定义是学者们的贡献。如前所述,德国蒂宾根小组的早期贡献是卓著的。德国蒂宾根小组的学者多曼和彼得斯,以及瑞典学者霍姆伯格和美国学者穆尔在 20 世纪 60 年代和 70 年代分别给出了远程教育的定义。这些定义对界定远程教育这一学科研究领域和远程教育学的研究对象是重要的和极有价值的。在 20 世纪 70 年代末 80 年代初,爱尔兰学者基更在澳大利亚工作期间对远程教育定义的出色工作获得了世界范围的认可。在 1980 年,基更的"论远程教育的定义"一文发表在澳大利亚《远程教育》国际杂志创刊号上。在文中,基更综合分析了其他学者提出的远程教育定义的共同特征,进而提出了一个有 6 项基本要素的远程教育的描述性定义:①教师和学生分离;②教育组织的影响;③应用技术媒体;④双向通信机制;⑤可能有面授交流的机会;⑥教育的工业化形态。在 1986 年出版的《远距离教育基础》一书中,基更重申了他的远程教育的描述性定义但作出了进一步的修正:他保留了前 5 项要素但放弃了最后一项要素。这一修正后的定义在 1990 年出版《远距离教育基础》第二版时维持不变:

"远程教育是具有以下特征的教育方式:

- 教师和学生在教与学的全过程中处于相对分离状态(这使它区别于传统面授教育);

- 教育组织通过规划和准备学习材料以及提供学生支助服务对学生学习产生影响(这使它区别于个人学习和自我教育项目);
- 应用各类技术媒体——印刷媒体、视听媒体和计算机媒体——将教师和学生联系起来并以此作为课程内容的载体;
- 提供双向通信并鼓励学生交流对话和从对话中受益(这使它区别于教育技术的其他使用方式);
- 学生在学习全过程中与学习集体也处于相对分离状态,学生通常是接受个别化教学而不是集体教学,但并不排除为了教学和社会的目的组织必要的集体面授交流。"

1.2.3.2 我国对远程教育概念的早期探讨

我国对远程教育概念的定义及其阐述是从国外引进开始的。在我国早期出版的远程教育论文、译著、专著和编著中,已经介绍了基更对远程教育概念的研究及其在 1980 年和 1986 年对远程教育的定义。与此同时,我国学者开始了基于自身实践的对远程教育概念的早期分析和探讨。比如,丁兴富在论文"新型的远距离高等教育系统"(1986)中依据我国函授和广播电视教育的实践概括了远程教育的 5 项特征:开放性;适应性、灵活性、多样性;先进性;高效性与系统性。稍后,丁兴富在《远距离高等教育学导论》(1988)中给出了远程教育的如下 5 项描述性定义:

- 学生和教师在时间和空间上处于分离状态;
- 以现代教育技术为基础的媒体教学占有主导地位;
- 有组织的系统工程;
- 自学为主、助学为辅;
- 在学生和教师之间存在某种形式的双向通信和反馈机制。

这一尝试明显保留了基更定义的基本特征。以上丁兴富关于远程教育的定义和特征描述在我国远程教育文献中被广泛引用。此外,我国也出现了一些比较简洁的陈述性定义,如 20 世纪 80 年代末 90 年代初的《教育大辞典》(顾明远,1990,1991)和《成人教育大辞典》(关世雄,1990)以及 90 年代末的《远距离开放教育词典》(谢新观,1999)上的"远距离教育"词条的诠释。总体而言,我国至今普遍流行和采纳的仍是基更在《远程教育基础》(1986,1990)中确立的远程教育的经典定义。

1.2.4　远程教育概念的革新和拓宽

1.2.4.1　革新和拓宽远程教育概念的必要性与紧迫性

如前所述,自世纪之交以来,在国际教育文献和大众传媒中出现频率很高的一个词汇是"远程教育"。这与世纪之交以计算机多媒体和互联网为标志的电子信息通信技术的迅猛发展有关。自此,远程教育的身份发生了重大转折:从教育大家族中处于边缘地位的远亲支系开始成为国际社会大舞台上的前台热星。远程教育这一概念术语也跟着一改往昔被教育界、知识界和学术界冷落和轻视的处境,一下子被政府和社会各界、文献和传媒广泛传播。一时间,从谈论远程教育到涉足远程教育成为一种时髦,似乎不谈论远程教育就有落伍之嫌,似乎到处都在举办远程教育。与此同时,随着第三代网络远程教育的发展,新的概念与术语与日俱增、层出不穷。以致教育界、文献和传媒对"电子学习""数字学习""网络学习""在线学习""分布式学习"等概念及其与"远程学习"的相互关系等基本问题众说纷纭、争论不休。

在远程教育发展史上的函授教育和多种媒体(以广播电视录音录像等大众媒体为标志)教学的开放远程教育阶段,我国有相当大规模和范围的卓有成效的远程教育实践。20 世纪中后期,我国教育界对远程教育是"一种独特的和分离的教育方式"并无异议。众所周知,当时的远程教育就是指函授教育和广播电视教育,即由普通高校函授学院或函授部以及独立函授学院开展的函授教育(主要是大学本专科学历教育),全国广播电视大学与农业广播电视学校开展的广播电视教育(主要是大专和中专学历教育)。世纪之交,随着以计算机多媒体和互联网为标志的电子信息通信技术的迅猛发展以及远程教育、远程教学和远程学习活动进入学校教育、企业培训和社会生活的各个领域。在 68 所普通高校建立网络教育学院以及中央广播电视大学主持的全国广播电视大学系统开展现代远程教育即网络远程教育试点工程的同时,教育部组织实施了全国农村中小学现代远程教育工程,中组部组织实施全国农村党员干部现代远程教育工程;全国大中小学校纷纷组织实施构建数字校园、校校通和教育信息化工程,探索网络教学、在线学习与混合学习,探讨信息技术与各类学科课程教学的整合;我国产业企业界构筑了大量网络远程培训的平台和资源,开展各种类型的职业资格、岗位证书和实用技能网络远程培训;社会各界开发了数量巨大的基于互联网的网校和教育网站、各类学科主题和专题网站、还有中外大量精品课程网站,为全社会有志学习的网络用户提供学习资源和交互平台。参与网络远程教学与网络远程学习的社会成员远远超越了高校网院及各地电大这些专司远程教育院校的学生。于是，同世界各地一样，我国也几乎同步产生了"远程教育是一种教育方式还是一种教育方法"的争议，其实质在于，是否认同高校网院和电大等专司远程教育院校之外还存在大量的网络远程教学与网络远程学习并且将它们纳入远程教育学的研究对象，使得远程教育学的研究领域更加广阔、前景更加远大？

为了解决远程教育在世纪之交面临的认同危机，也为了促进信息时代第三代网络远程教育的健康发展与持续繁荣，应该适应网络时代教育、培训与学习飞速发展的既定事实和内在需要，探讨远程教育概念的革新和拓宽。为此，首先要深入分析以基更为代表的远程教育经典定义的特点、优点和缺陷。

1.2.4.2 以基更为代表的远程教育经典定义的特点、优点和缺陷

为了给出能够反映当前国际远程教育界发展趋势的远程教育概念新的定义，有必要进一步深入分析以基更为代表的远程教育经典定义的特点、优点和缺陷。

(1)基更远程教育经典定义的特点

● 将"远程教育"明确界定为"教育组织通过规划和准备学习材料以及提供学生支助服务对学生学习产生影响"这样"一种独特的和分离的教育方式"，即界定为学校远程教育或机构(Institutional)远程教育。

(2)基更远程教育经典定义的优点

● 将"远程教育"(而不是"开放学习""灵活学习""基于资源的学习"或"分布式学习"等)确定为这一新兴教育方式的核心概念。

● 将"(教)师与(学)生的分离，即师生分离以及与此密切关联的教与学行为活动的分离"作为远程教育的首要本质特征或要素，从而划清了与校园课堂面授教学为主的传统教育的界线。

● 将"各类技术媒体及其对重新联系和整合师生的教与学的行为活动的基础功能意义"正确地列为远程教育的本质要素之一，从而明确师生时空分离状态下教育技术的应用及其对教与学重新整合的意义的研究是远程教育的重要研究领域之一。

● 将"学生与教师和教育组织其他代表之间的双向交流通信"作为学校远程教育的必备要素，这对指导远程教学系统设计与开发、远程学习支助服务具有重要意义。

(3)基更远程教育经典定义的缺陷

● 基更及其他学者论著的经验基础主要是欧洲与英联邦国家的实践，对

美国、苏联和中国的远程教育的实践和理论研究成果的概括明显不够。

- 没能明确广义远程教育、远程教学与远程学习［作为技术在（教）师（学）生时空分离情境中的应用的教育方法与教育手段］与狭义远程教育（作为一种由学校或其他社会机构组织实施的独特的和分离的教育方式）的区别。在信息和学习社会中，远程学习与远程教学（如网络教学与在线学习等）已经并将越来越超出学校远程教育（指专门从事远程教育或远程培训的学校或机构）的范围而进入传统学校教育、企业培训和社会生活中。

- 没能对远程教育、远程教学和远程学习三个基本概念及其相互关系作出更明确的阐述。将学校远程教育与"个人自学""传统教育环境中对教育技术的应用"以及"其他形式的基于资源的学习"区分开来是正确而必要的。但在当今和未来的学习型社会中师生时空分离状态下的基于资源和媒体通信的自主学习和协作学习的意义正与日俱增，包括在传统学校、产业企业和社会生活情境中发生的网络教学、虚拟教学、在线学习、移动学习、分布式学习等活动，作为技术在（教）师（学）生时空分离情境中应用的教育方法与教育手段，应该认定为远程学习、远程教学和广义远程教育。

- 将远程教育的某些主流的、但非本质的特征纳入概念定义中是不妥的。概念定义中的要素只应列入其必备的本质特征即本质属性，而将"学生与学习集体在学习全过程中处于相对分离状态""个别化学习""学校学习的私人化"以及其他如"学生学习自治""独立自主学习""以学生为中心"或"开放灵活学习"等主流特征列为远程教育定义的基本要素虽有其积极倡导意义，但依然欠妥。各国远程教育的实践和比较研究表明，远程教育可以是开放的也可以是封闭的；可以采用个别化学习模式也可以采用集体学习模式；可以以学生为中心也可以以教师（或学校或学科）为中心；可以强调学生学习自治也可以强调协作学习及学生学习支助服务等。在一定历史发展阶段，某些特征可能成为许多国家和地区远程教育的主流特征，但在某些社会中可能具有不同甚至相反的特征。在较长的历史时期，远程教育的主流特征也可能变化。因此，将远程教育的某些特征、即使是重要的和主流的特征纳入定义中是不妥的。

1.2.4.3 远程学习、远程教学与远程教育(广义、狭义)的定义

从以上分析讨论可知，远程教育概念必须革新和拓广，这不仅是远程教育概念理论体系逻辑发展的需要，更是适应网络远程教育时代已经发展壮大的网络远程教学与网络远程学习实践的需要。国际教育界、学术界和传媒界已经普遍认同传统学校和社会生活的各个领域都已经深度介入电子学习、数字学习、网络学习(e-Learning，Digital Learning，Web-based Learning)、在线学习(Online Learning)、分布式学习(Distributed Learning)、虚拟学习(Virtual Learning)和移动学习(Mobile Learning)，并将它们认同为远程教学、远程学习或混合学习(Blended Learning)，而且已经开始深入探讨网络远程教学与网络远程学习的实践和理论问题，我们怎么可以将它们拒之门外呢？

首先，本书对远程教育、远程教学和远程学习及其相互关系的定义吸收了国外现有主流定义的优点，并试图克服其缺陷而有所发展和完善。其次，它尽可能从理论上反映我国远程教育的实践经验和研究成果。同时，将应用"远程教育既是一种教育方法与手段，更是一种教育方式与体制"的分析考察结果，使之适应进入21世纪以来远程教育在国际国内教育和社会生活领域广泛和飞速发展的形势和挑战。其特点是在关联中同时给出远程学习、远程教学以及广义与狭义远程教育的定义，即首先给出远程学习、远程教学的定义，随后依次给出广义远程教育[对在(教)师(学)生时空分离状态下基于技术的教育或培训方法与手段的各类远程学习与远程教学的总称]和狭义远程教育(学校或机构远程教育，作为"一种独特的和分离的教育方式与体制，与基更的经典定义基本相当)的定义。

- 远程学习：学习者(学生)利用各类学习资源与媒体通信设施，在没有助学者(教师)连续面授指导情境下的学习行为和思维活动。于是，学习者(包括社会生活情境中的个人或校内学生)利用各类技术媒体的独立自主学习和协作学习、基于资源与通信的开放灵活的学习、通过网络的学习或在线学习等都应认同为远程学习。

- 远程教学(单指教)：助学者(教师)通过技术媒体而不是连续面授为学习者设计、开发与发送课程材料并利用双向通信设施对学习者(学生)的远程学习进行指导或辅导(也称学生学习支助服务或导学)。

- 远程教学(指教与学)：在非连续面授指导的情境中，助学者(教师)和学习者(学生)之间通过各类教育资源和双向通信设施实现的教与学的双边交互活动。

- 广义远程教育：对各类教育、培训和学习(包括各类学校或其他社会

机构组织实施的以及社会生活情境中发生的)中远程教学和远程学习活动的总称。

● 狭义远程教育：教学全过程主体通过远程教学和远程学习实现的由学校或机构组织实施的各类教育与培训项目计划的总称，也可称为学校远程教育或机构远程教育。

依据以上系列定义，可以将狭义远程教育(学校远程教育或机构远程教育)独立定义为：

狭义远程教育是对教师和学生在时空上相对分离，学生自学为主、教师助学为辅，教与学的行为通过各种信息通信技术和媒体资源实现联系、交互和整合的各类学校或社会机构组织的教育的总称。或者，狭义远程教育是具有以下本质属性和特征的教育方式：

① 教师和学生在时空上相对分离(这是远程教育、也是远程教学和远程学习的首要本质属性，并以此与以最高程度的连续面授教学为本质属性的传统教育相区别)；

② 建立在对各种教育技术和媒体资源的开发和应用的基础上(重要本质属性，是远程教育、也是远程教学和远程学习赖以发生的必要条件)；

③ 由各类学校或其他社会机构组织实施(学校远程教育，即机构远程教育或狭义远程教育的限定条件，并以此与社会生活情境中的广义远程教育相区别)；

④ 学生自学为主、教师助学为辅，教师和学生通过双向通信实现教与学的行为的联系、交互和整合(学校远程教育，即机构远程教育或狭义远程教育的首要本质属性，并以此与个人独立自主学习相区别)。

在这一定义中没有将远程教育的其他特征，包括诸如"学生与学习集体在学习全过程中处于相对分离状态""个别化学习""学校学习的私人化"以及其他如"学生学习自治""独立自主学习""以学生为中心"或"开放灵活学习"等列入定义内容，因为它们是主流特征，而非本质属性(即非主流的远程教育可以不拥有上述特征)。

综上所述，广义远程教育是对在师生时空分离或学习者独立自主的所有各种情境(包括传统学校校园情境和社会生活情境)中，应用各种信息通信技术和媒体资源的方法和手段，在教育、培训和学习中进行的远程教学与远程学习活动的总称。而狭义远程教育即学校远程教育或机构远程教育，正是基更、霍姆伯格和彼得斯界定的，与传统校园课堂面授教育相对的"一种独特的和分离的教育方式"，即由独立设置的专司远程教育院校机构组织实施，教学全过程主体通过远程教学与远程学习实现的教育或培训项目计划，与远程教育的经典定义基本相当。依据以上定义，广义远程教育和狭义远程教育及其相互关系可见示意图1.2。

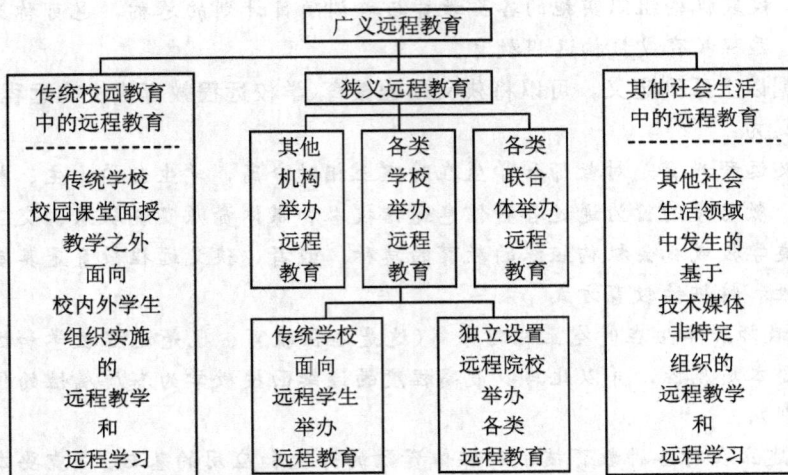

图 1.2　广义远程教育和狭义远程教育及其相互关系示意图
[资料来源：丁兴富《远程教育研究》(2002)，首都师范大学出版社。第171页，图4.4]

　　在20世纪下半叶，远程教育学的研究对象主要集中于狭义远程教育（即学校远程教育或机构远程教育）及其远程教学和远程学习，这类研究成果对理解和指导各类社会生活（包括传统校园教育）中的广义远程教育、远程教学和远程学习也有显著的理论意义。21世纪以来，远程教育学的研究对象扩大为远程学习、远程教学和远程教育（无论是广义的还是狭义的都具有重大的现实意义）。本书的论述将兼顾两者。

1.2.5　网络远程教育概念术语

　　如前所述，自20世纪80～90年代进入第三代网络远程教育以来，表征网络远程教育的概念术语如雨后春笋般层出不穷。国内外有关网络远程教育的媒体报道以及学术文献至今尚无对相关概念术语用词的权威公认的统一规范。这是网络远程教育研究、著述和教学面临的一种混乱和困境。本书仅就若干主要的概念术语用词加以诠释，以求走向规范。

1.2.5.1　网络远程教育相关概念术语英文用词搜索统计分析

　　我国网络远程教育的相关概念术语用词大多来自英文词源，下表给出了对我国应用较多的网络远程教育相关概念术语用词的英文词源进行互联网搜索统计的结果(表 1.1)。

表 1.1 网络教育英文术语用词搜索结果

(搜索日期:2008 年 8 月 2 日)

序号	英文术语用词—中文译名	模糊 任意格式	"精确" 任意格式	"精确" PDF 文件
1	CAL—计算机辅助学习	155 000 000	155 000 000	29 400 000
2	CAI—计算机辅助教学	139 000 000	63 400 000	6 140 000
	CBT—基于计算机的培训	10 800 000	10 800 000	681 000
3	e-Learning—电子学习、网络学习	102 000 000	41 900 000	2 620 000
	e-Education—电子教育、网络教育	542 000	492 000	34 900
4	Distance learning—远程学习	22 600 000	17 100 000	1 550 000
5	Distance Education—远程教育	17 800 000	7 000 000	740 000
6	Online Learning—在线学习、网络学习	54 500 000	8 520 000	401 000
7	Online Course—在线课程、网络课程	46 000 000	5 500 000	267 000
8	Online Education—在线教育、网络教育	103 000 000	9 430 000	162 000
9	Blended Learning—混合学习	2 470 000	2 300 000	80 200
	Blended Education—混合教育	6 590 000	13 800	585
	Hybrid Learning—混合学习	482 000	91 000	6 320
10	Virtual Learning—虚拟学习	12 000 000	1 290 000	69 700
	Virtual Education—虚拟教育	16 500 000	161 000	9 030
11	Web-based Learning—网络学习	22 300 000	673 000	43 600
	Web-based Education—网络教育	21 100 000	138 000	14 000
12	Distributed Learning—分布式学习	4 440 000	308 000	38 800
	Distributed Education—分布式教育	9 610 000	43 600	6 350
13	Digital Learning—数字学习	19 900 000	696 000	20 700
	Digital Education—数字教育	38 100 000	172 000	4 370
14	Mobile Learning—移动学习	27 100 000	15 100 000	15 300
	Mobile Education—移动教育	198 000 000	46 100	3 470
15	Networked Learning —网络学习	924 000	620 000	11 100
	Networked education—网络教育	4 810 000	10 600	1 110
16	Internet Learning—网络学习	41 900 000	215 000	10 800
	Internet Education—网络教育	84 800 000	694 000	8 900
17	Technology-based Learning—基于技术的学习	19 900 000	103 000	9 350

序号	英文术语用词—中文译名	模糊 任意格式	"精确" 任意格式	"精确" PDF 文件
18	Resource-based Learning—基于资源的学习	7 500 000	50 000	6 520
19	ICT-based Learning—基于信息通信技术的学习	691 000	20 500	4 420
	IT-based Learning—基于信息技术的学习	569 000	10 600	939
20	Computer-mediated Learning—计算机媒介的学习	255 000	21 500	2 890
21	Ubiquitous Learning—泛在学习	2 040 000	29 600	2 890
	Ubiquitous Education—泛在教育	2 380 000	24 300	164
22	Open Learning—开放学习	43 100 100	1 410 000	82 500
	Open Education—开放教育	72 700 000	390 000	11 000
23	Flexible Learning—灵活学习	2 340 000	780 000	58 100

（搜索方法注：应用搜索引擎 GoogleE 的高级功能。模糊—All These Words；"精确"—This Exact Wording or Phrase；任意格式—any format；PDF 文件—pdf file。）

　　表中第 1～21 号排序的依据是最后一列的搜索结果，即利用精确的"英文术语用词"（带引号）搜索英文 PDF 文件。由于近年来中外网络文献中比较规范的学术类文献大多以 PDF 格式文件发布，所以这可以大致反映当前国际学术界和传媒界对相关概念术语用词的使用频数及其为国际社会认同的相对程度。前面两列的数据与最后一列数据表现出一定的正相关度，可作参考。上述搜索分析结果表明：

- 在成对的概念术语用词（如 e-Learning 与 e-Education，Distance Learning 与 Distance Education）中，几乎总是"学习（Learning）"比"教育（Education）"占优势。这表明在英语世界的教育界和学术界，人们更注重"学习"，论述更多的是"学习"。
- 计算机辅助教学(CAI)和计算机辅助学习(CAL)项目数最高。这是因为在互联网与网络教育发生以前已经对它们有了多年的研究，产生了众多研究成果和相关文献。
- 网络远程教育领域相关概念术语用词(第 3～21 号)的排序结果十分显

著和重要。它们依次是"e-Learning"（电子学习、网络学习），"Distance Learning"（远程学习），"Distance Education"（远程教育），"Online Learning"（在线学习、网络学习），"Online Course"（在线课程），"Online Education"（在线教育），"Blended Learning"（混合学习），"Virtual Learning"（虚拟学习），"Web-based Learning"（网络学习），"Distributed Learning"（分布式学习），"Digital Learning"（数字学习），"Mobile Learning"（移动学习），"Networked Learning"（网络学习），"Internet Learning"（互联网学习、网络学习）；随后是"Technology-based Learning"（基于技术的学习），"Resource-based Learning"（基于资源的学习），"ICT-based Learning"（基于信息通信技术的学习）以及"Computer-mediated Learning"（计算机媒介的学习）；最后是较新起的"Ubiquitous Learning"（泛在学习）。其中，以相当大优势遥遥领先的是"e-Learning"（电子学习、网络学习），充分表明此概念术语用词在网络远程教育中是被最广泛认同的。其次是"Distance Learning"（远程学习）和"Distance Education"（远程教育），表明远程学习与远程教育作为抽象程度更高的概念术语用词，进入网络时代后依然被广泛认同作为涵盖此类教育的总的称谓。随后，是"Online Learning"（在线学习、网络学习），"Online Course"（在线课程、网络课程）和"Online Education"（在线教育、网络教育）这三个关联概念术语用词，它们远比排在后面的代表网络学习和网络教育的其他用词（Web-based Learning，Networked Learning，Internet Learning 等）更被认同，越来越被作为网络学习、网络课程和网络教育的主要术语用词使用。因为"e-Learning"（电子学习、网络学习）一词含义显然比网络学习更宽，涵盖了应用各类电子信息通信技术的学习。相比而言，"Online Learning"（在线学习）显然与网络关系更紧密。

- 搜索结果中的"Blended Learning"（混合学习），"Virtual Learning"（虚拟学习），"Distributed Learning"（分布式学习），"Digital Learning"（数字学习）代表了当今英文文献中与网络远程教育相关程度和人们普遍认同程度都比较高的几个概念术语，表明它们正在被广泛应用和研究之中。

- 搜索结果中的"Technology-based Learning"（基于技术的学习），"Resource-based Learning"（基于资源的学习），"Computer-mediated Learning"（计算机媒介的学习）以及"IT-based Learning"（基于信息技术的

学习）表明此类"组合用词"也有相当使用频率，但前面更简洁的"新词汇"（如 e-Learning，Online Learning，Blended Learning，Virtual Learning，Distributed Learning 和 Digital Learning，Mobile Learning 等）则表现出更强的生命力。

● 搜索结果中列出了与（网络）远程教育相关概念中最普遍常用的术语用词："Open Learning"（开放学习）和"Flexible Learning"（灵活学习）。它们搜索频数低于"Virtual Learning"（虚拟学习）及其以上者，但高于"Web-based Learning"（网络学习）及其以下者。

1.2.5.2　网络远程教育相关概念诠释

文献调研表明，由于中文用词大多翻译自英文，网络远程教育中英文概念术语用词有较好的对应关系。从表1.1也可以大致看出，除了中文"网络学习"（当然还有相应的网络教学、网络教育、网络课程等）对应的英文术语用词众多（如 e-Learning，Online Learning，Web-based Learning，Networked Learning，Internet Learning 等）外，中文中其余网络远程教育概念术语用词与相应的英文用词对应关系相对明确而简单。反之，英文"e-Learning"对应的中文术语用词相对较多（电子学习、网络学习、数字学习、信息化学习等），其余则相对简单。当然，更深入的分析可以揭示网络远程教育相关中英文概念术语用词间更微妙复杂的关系。更重要的是，要认清至今尚无对网络远程教育相关概念术语用词的权威公认的统一规范，所以必须针对各国的文化教育国情及文献论述对象背景作具体分析和诠释。

（1）网络学习、网络教学、网络教育

网络学习泛指基于电子信息通信技术的学习，特指基于各类电子通信网络，特别是以互联网为代表的计算机网络的学习，即基于互联网发布与共享学习信息资源、开展师生间或/和生生间异步或/和同步通信交互实现的学习。有些文献则专指基于计算机网络，特别是互联网的学习。网络学习（网络教学、网络教育）显然是互联网时代学校教育信息化和网络远程教育的研究主题。

在讨论信息通信技术时，网络通常是指电子通信网络。从最初的电话电报网络到各种微波、卫星、有线（电缆、光纤）、无线、计算机网络等。而在教育技术与远程教育文献中，网络教育中的网络通常专指计算机网络，包括计算机教室或机房、校园网（Campus Network）这类局域网（LAN：Local Area Network）、内联网（Intranet），以及城域网、城际网等广域网（BAN：Broad Area Network），最重要的则是互联网（Internet）和全球网（WWW：World Wide Web）。而计算机网络以外的其他电子通信网络开展教育、培训和学习也都归属网络远程教育，但同时又有各自的特指称谓。如利用电话网络设施教学的电话会议（telephone conferencing）；利用卫星通信网络设施开展教学的数字电视、直播课堂、视频点播等；利用音频或视音频电子通信网络设施教学的音频会议（audio-conferencing）和视频会议（video-conferencing），统称远程会议（tele-conferencing）；以及利用无线通信网络设施的移动学习（Mobile Learning）等。当然，卫星通信网络、有线通信网络和无线通信网络都可以开展互联网通信业务服务，利用此类互联网通信服务的教学也就归属于计算机网络教育（教学）。

网络学习不等于网络远程学习。师生同在计算机教室或机房的面授教学，无论利用机房局域网、校园网还是互联网，都是网络面授教学而不是网络远程教育。只有师生异地（不在同一空间地点，不是物理上面对面）利用计算机网络（通常是互联网）开展教学通信交互活动，无论是异步的还是同步的，才是网络远程教育或网络远程学习。这就是说，网络学习可以划分为网络面授学习与网络远程学习两类。网络面授学习是传统教育学和教育技术学的研究对象，而网络远程学习则主要是远程教育学的研究对象。在本书中，网络学习通常指网络远程学习。

网络学习在英文中有众多术语用词对应，以搜索频率为序依次是 e-Learning，Online Learning，Web-based Learning，Networked Learning，Internet Learning 等，它们的含义大致类同，但有时有些差异。Networked Learning 应该是最初的用词，可以指各种电子通信网络。在计算机网络领域，可以指局域网、广域网、互联网。而 Internet Learning 专指互联网学习，Web-based Learning 更特指基于全球网（WWW，World Wide Web）的学习。e-Learning 和 Online Learning 则是近来英文文献中最普遍应用的网络学习的术语。e-Learning 有时也译作电子学习，而 Online Learning 常常译作在线学习，但它们作为网络学习概念的内涵很接近。在外延上，e-Learning 比 Online Learning 更宽。

（2）在线学习、在线课程与在线教育

在线学习、在线课程与在线教育（Online Learning，Online Course，Online Education）通常是网络学习、网络课程与网络教育的同义词，但前者往往还特指各级各类传统学校开设的网络学习、网络课程与网络教育。依据所开设课程教学全过程中课堂面授教学（包括课堂面授网络教学）和课外网络远程教学与网络远程学习之间所占比重的不同，常常进一步划分为传统面授教学（网络教学＝0%）、网络辅助（Web Facilitated）教学（网络教学＜30%）、混合（Blended，Hybrid)教学或混合学习(30％＜网络教学＜80％)和在线(Online)教学或在线学习(网络学习＞80％)。有的作者和文献则将在线学习认同为完全在线学习(Full time Online Learning)。美国许多大中小学的教师已经面对校内外学生同时开设传统面授(Traditional Face-to-face)课程、网络辅助(Web Facilitated)教学课程、混合(Blended，Hybrid)教学课程和(完全)在线(Online)学习课程。所以，本书将经典狭义远程教育(专司远程教学的学校远程教育、机构远程教育)拓展为广义远程教育，同时研究作为独立教育方式与体制的独立设置的专司机构开展的经典远程教育，以及在各级各类传统学校教育、企业培训和社会学习中基于信息技术的各种类型的远程教学与远程学习，从作为教学方法与手段的网络辅助教学，到过渡性质的混合教学和混合学习，再到已经发育成长为新的教育方式与体制的在线课程与在线学习。

(3)混合学习

混合学习(Blended Learning，Hybrid Learning)指将传统面授教学与网络远程教学结合起来的新的教学与学习模式。混合学习首先是教学方法与手段的一种变革与创新，随着其发展壮大，将促进整个教育方式与体制的演变与更新。

混合学习的出现，是对一段时期网络学习(e-Learning)和在线学习(Online Learning)过热的反思和回归，标志着传统教育与远程教育的融合与会聚(Convergence)。混合学习已经成为教育技术学、学校教育学和远程教育学的共同研究热点。

(4)虚拟学习、虚拟校园、虚拟院校

虚拟学习(Virtual Learning)指在电子信息通信技术，主要是数字技术与网络技术所营造的虚拟世界(Cyberspace)中的学习。由于以互联网为代表的计算机网络已经成为在教育、培训和学习中应用最广的电子信息通信技术和数字技术，虚拟学习常常成为网络学习的同义词，但鉴于虚拟学习并不像网络学习、在线学习那样从术语用词上明显标示与特定技术的直接关系，因而具有更高的抽象程度。可以说，虚拟学习是数字环境或互联网世界中的远程学习。由于虚拟学习或网络学习不仅发生在远程教育系统中，而且在各级各类传统校园院校迅速有效地发展起来，传统校园院校中发生的教学过程和教学资源开始通过互联网远程发送，即校园外远程学习者可以通过互联网与全球网及各类网络教学平台软件工具系统访问共享传统校园院校内的优质教育资源，参与传统院校校园内的教学与学习过程。这类由传统校园院校提供的虚拟学习开始被称为虚拟校园(Virtual Campus)，意指校外远程学习者可以通过互联网进入虚拟校园之门进行虚拟学习。相应地，这类构建起虚拟校园为校外远程学习者提供虚拟学习的传统校园院校就开始向虚拟院校［虚拟大学（Virtual University）与虚拟学校（Virtual School）］转型。

虚拟学习还有更深刻的内在含义，即虚拟学习是一种远程面对面学习（Face-to-face Learning at a Distance）。这是数字技术和互联网技术带来的学习环境的变革与创新：数字技术和互联网技术可以模拟真实的物理世界，营造仿真的学习环境，建构三维虚拟现实世界，实现处于时空分离状态的师生和生生间的"面对面"接触和交互，如"眼球对视（eye touch）"、语言交流和行为互动、协同活动等。这是以前两代信息技术和远程教育无法实现的。虚拟学习的发展前景之一是基于虚拟现实技术的学习。这些特征显示出虚拟学习的优势，对于教育、培训和学习有着广阔、巨大的潜力和深远的意义。

（5）分布式学习

分布式学习（Distributed Learning）指学习者、助学者和学习资源在空间地域上分散分布而没有一个中心，跨越时空通过协作实现的学习。分布式学习是近年来开始流行的，在北美应用较多，通常作为远程学习、网络学习的同义词或近义词使用。

分布式学习是为了更有效地配置教育资源、发挥其效能而进行的改革与创新。在现今各国的教育体制和布局中，传统学校是优质教育资源的汇集地。在传统学校之外独立设置专司远程教育院校机构是可行的，但规模始终有限。如何才能促使各级各类传统学校的优质教育资源为学习型社会的全民终身学习服务，将定域的优质教育资源提供给分布在广阔地域上的学习者？分布式学习就是一种选择。它首先是部分学校、教师与学生的教学与学习方法与手段的改革与创新，待到发展壮大到一定阶段，就可能引起教育方式、体制与布局的革新。

（6）电子学习、数字学习

电子学习（e-Learning）指基于电子信息通信技术的学习，而数字学习（Digital Learning）指基于数字技术即数字电子技术的学习。通常认为电子信息通信技术是微电子技术、电子通信技术和计算机技术的汇总。电子技术或微电子技术有模拟技术和数字技术之分。在许多方面（存储、加工处理、发送传输接收、呈现、转换、容量、速率、统一规范标准化等）数字技术有众多优势。所以，当代的计算机技术、电子通信技术、网络技术大多采用数字技术。人们开始谈论的数字校园、数字城市、数字世界、数字地球。数字学习（e-Learning，Digital Learning）在某种意义上是基于电子信息通信技术或数字技术的各类学习的总称，包括前面所述的网络学习、虚拟学习与分布式学习，还包括基于计算机（主要是个人微机）的计算机辅助教学(CAI)、计算机辅助学习(CAL)与基于计算机的培训(CBT)以及通常要使用光驱和各类光盘的多媒体/超媒体教学与学习等。游戏学习软件开发与应用也属于数字学习的一种新发展。

(7)移动学习

移动学习(Mobile Learning)指基于无线通信网络使用手持便携设备实现的学习。使用笔记本电脑无线接入互联网通常依然称为电子学习或网络学习，因为在学习发生的那个特定时段学习者通常在一个特定的固定地点（如飞机机舱或火车车厢）双手操作，而不会边行走（移动）边操作。移动学习则是学习者边操作手持便携设备边处于行走（移动）状态（如在上下班路途或购物途中）。用于移动学习的手持便携设备正在飞速发展中，最普遍的是各种类型的个人数字助理(PDA：Personal Digital Assistant)、移动电话或手机(Mobile Phone)、移动播放机（如 MP3/MP4 Players）等。为移动学习服务的无线通信网络提供商也在急速增长中。便捷、灵活、大规模、低成本、有效利用零星时间及其对某些特定教育与培训目标的特殊适应性使得移动学习发展较快、前景巨大，正在受到各类学校和其他教育培训机构的重视，纳入其远程教育项目计划的一部分。

(8)泛在学习

泛在学习(u-Learning：Ubiquitous Learning)是较新起的概念术语，其基本内涵与移动学习(Mobile Learning)相似，即指基于无线通信网络使用手持便携设备实现的学习，在这种狭义界定下，泛在学习(u-Learning)与移动学习(m-Learning)同义(u-Learning＝m-Learning)。更广义的泛在学习是指具有三无（无所不在、无所不包、无所不能）四 A（任何时间—Anytime、任何地点—Anywhere，任何个人—Anybody，任何事物—Anything)特征的基于电子信息通信技术的数字学习，在这种广义界定下，泛在学习(u-Learning)相当于电子学习(e-Learning)与移动学习(m-Learning)的总和(u-Learning＝e-Learning＋m-Learning)。随着无线通信、蓝牙与无缝链接技术和手持便携设备等的发展与完善，随着学习的开放性、灵活性以及个别化、个性化的发展，泛在学习正在成为电子学习、数字学习发展的新潮流、新方向。

1.2.6　其他相关概念术语

在远程教育与远程学习发生与发展的同期，产生了其他一些相关概念术语。其中影响较大、引起较大关注和争议的有开放学习(Open Learning)和灵活学习(Flexible Learning)等。

1.2.6.1 开放学习

开放学习(Open Learning)是远程教育中的一个重要的基本概念。各国远程教育的实践和理论研究都表明，远程教育和开放学习是两个相互区别又紧密关联的概念。由于远程教育使学习者从校园课堂面授的时空束缚和其他传统教育的局限中解放出来，从而同开放学习有内在的本质的联系。因此，在国际教育文献中，"远程与开放学习(DOL：Distance and Open Learning)"和"开放与远程教育(ODE：Open and Distance Education)"这类术语的应用变得越来越广泛。这就是说：远程教育和开放学习越走越近。联合国教科文组织下属的国际远程教育协会(ICDE：International Council for Distance Education)也已经更名为国际开放与远程教育协会(International Council for Open and Distance Education)。

(1)开放学习概念术语的起始与流行

"开放学习(Open Learning)"和"开放教育(Open Education)"概念术语在西方的流行起自20世纪60年代。当时的美国曾出现过对开放学习的浓厚兴趣。英国政府在20世纪60年代中期将建设中的"放送大学(the University of the Air)"的校名更改为"开放大学(Open University)"的决策，使得"开放学习"和"开放教育"的概念和术语在世界上更加普遍流行起来。在1969年，英国开放大学的首任校长克劳瑟爵士 (Lord Crowther) 在其就职庆典上，给开放大学赋予了四项意义深远的本质含义：

开放教育对象，开放教学时空，开放教学方法，开放教育观念

"to be open as to people, open as to place, open as to methods and open as to ideas."

这可以被视为对开放教育或开放学习概念最早的官方诠释。在20世纪的最后30年中，许多国家和地区的远程教学学校都取名为"开放大学"或"开放学习学院"。同期，对"开放学习""开放教育"和"开放大学"这些概念术语及其与远程教育、远程教学和远程学习的关系的理论探讨也成为国际远程教育界关注的热点之一。然而，许多学者指出，开放学习是一个不够准确的术语，它可以而且已经被赋予了许许多多的含义。比如，在《开放学习》(1975)一书中，麦肯齐(McKenzie)等的评论指出(第21页)："开放学习是一个不够准确的术语，因为它可能而且已经被赋予了许多含义。它逃避确切的定义。但是，作为题写在旗帜上的口号来聚集支持者和巨大的热情，开放学习具有巨大的潜力。因为正是它的不精确性使它得以将各种不同的理念和目标集合起来。"

在《远距离教育基础》(1990)一书中，基更在讨论远程教育的定义时强调指

出："在运用'开放教育'和远程教育术语时出现了相当多的交叉。在基本理念方面，开放学习和远程教育具有某些相同之处，但它们不是同义词"（第23～24页）。

慢慢地，在20世纪80年代，远程教育被各国远程教育界和国际社会广泛接受，成为这一特定领域的核心概念和术语。但是，英国自20世纪80年代中期起和澳大利亚自20世纪90年代初起，又一次兴起了对开放学习的兴趣。英国在20世纪80年代中期兴起的对开放学习的兴趣是以政府启动的项目为特征的，如英国政府支持的开放学院（Open College）和人力资源服务委员会的开放技术（Open Tech）教育培训项目。英国开放大学也在1986年将它出版的杂志《远程教学》（*Teaching at a Distance*）改名为《开放学习》（*Open Learning*）。澳大利亚则在20世纪90年代初建立起一些全国性的和州一级的开放学习创新计划，大多获得了澳大利亚政府的全力支持。同时，原来的地区专业协会"澳大利亚和南太平洋校外学习协会（ASPESA）"也更名为"澳大利亚开放与远程学习协会（ODLAA）"。在我国广播电视大学系统，20世纪90年代中期起对开放性和现代化两大命题的注重，以及将"广播电视大学"更名为"开放大学"的努力使中国远程教育工作者对"开放学习"的兴趣与日俱增。相应地，围绕着远程教育和开放学习概念及其相互关系的争论再次掀起并越来越深入。

（2）关于远程教育与开放学习关系的争论

自20世纪80年代中期起，在关于远程教育和开放学习概念及其相互关系的争论中形成了三组学者，代表三种观点（图1.3）。

开放学习作为远程学习的同义词。第一组学者将开放学习当作远程教育或远程教学和远程学习的同义词。其中有些学者常交替使用开放学习和远程学习并将两者等同看待，有些则指出从函授教育到远程教育再到开放学习是历史的演进。

远程学习作为开放学习的子集。第二组学者将开放学习作为一个类概念、而将远程教学当作是开放学习的一个子集。他们认为，作为类概念的开放学习，包括了各种不同的学习方式和方法：如远程教育、灵活学习、基于资源的学习等，这就是说，远程学习已经被开放学习取代、超越和包容了。

远程教育与开放学习有关联有差异。但是，大多数学者和文献既不支持将开放学习和远程学习等同，也不支持用开放学习取代、超越和包容远程教育的做法。他们构成了第三组学者，认为远程教育和开放学习是两个既有差异又有关联的概念。他们指出：应该将远程教育和面授教育视为两大家族，而将开放学习视为封闭学习的对立物，进而提出了区分开放学习和封闭学习的各种准则：如入学机会(包括资格、考核、学费等)，学习时间、地点和进度要求，特定的教学方法手段，规定的课程内容结构和考查方式，以及限定的学习支助服务等。远程教育使学习者从校园课堂面授的时空束缚和其他传统教育的局限中解放出来，从而同开放学习有内在的本质的联系。但是，具体的远程教育院校或项目在实践中的开放程度千差万别，有的还表现相当封闭，如 20 世纪 80 年代后期的我国广播电视大学教育就是如此。而传统校园面授教育也可以实现开放的理念，如美国的社区学院就是如此。欧美国家的基础教育也比我国的开放得多。

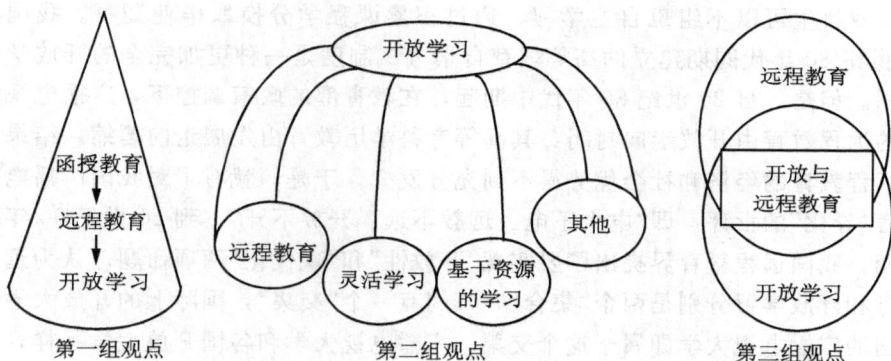

图 1.3　关于远程教育与开放学习关系的三种观点示意图

(3)我国对远程教育与开放学习相互关系的探讨

在 20 世纪 80 年代，我国远程教育界就已认识到：开放性是远程教育的重要特征，甚至是首要特征。开放性的概念包括教育对象和教学模式两方面，它们是相互关联的。开放性首先是指在教育对象上既不受年龄、性别的限制，也不受民族、地区、职业、学历和身份等的限制，真正做到向全社会开放。开放性同时是指在教学模式上从学校围墙内、教室中解放出来，即从传统面授教学的时空限制中解放出来。传统校园面授教育有两项主要特征：一是按同一学历基础(几乎同一年龄段)编班，执行统一计划、同一进度、集体授课。二是实行教师、教科书、教室三中心制。教师为中心就是由教师掌握教学计划、选择课程、严格安排和控制学生的教学活动和进度。教科书为中心是指教材几乎是唯一的教学媒体，而且通常不适于自学，需要由课堂笔记来补足。教室为中心是三中心制的核心。它要求教师、学生在同一时间和空间参与统一的集体教学双边活动，并以此作为整个传统教学的基础。因此，开放学习是对传统校园连续面授相对封闭的教学模式的一种突破。其核心是设计开发各类学习资源，以基于技术的多种教学媒体代替教师课堂面授教学，从而突破固定统一的教学时空的局限，将学生从校园教室中解放出来，将教学活动分散安排在学生个人适合的时间空间中。学生根据自身的特点(工作需要、学历基础、家庭经济状况、作息安排、兴趣爱好等)选择专业、课程，安排学习进度，调节各项学习活动，同时通过多种渠道接受多种媒体课程材料和各类辅导咨询答疑等学习支助服务。从我国广播电视大学的远程教育实践看，国务院在广播电视大学创办初期即鼓励开放办学：广播电视大学不参加全国高校统一招生考试而是自主招收全科注册生和单科生、双科生，同时免试招收自学视听生。自学视听生和单科生、双科生可以不组班自主学习，通过积累课程学分换取毕业证书。我国在20世纪80年代同期建立的高等教育自学考试制度是一种更加完全的开放学习体制。但是，自20世纪80年代中期起，在教育部的政策调控下，广播电视大学的远程教育由开放走向封闭，其高等专科学历教育由发展走向萎缩。结果使其远程教育的经济和社会优势得不到充分发挥。于是，就有了对我国广播电视教育"异化"的批评，即"电大不电、远教不远、开放不开"。到20世纪90年代中期，我国远程教育界提出了要实现"开放性"和"现代化"两项命题。认为远程教育和开放学习分别是两个"集合"，其间有一个"交集"，国际上的开放大学和我国的广播电视大学即属于这个交集。广播电视大学和各国开放大学一样，应该集中在教学现代化和教育开放性两方面作进一步开拓创新。

(4)开放学习的描述性定义及其与远程教育的关系

国际教育界至今并无"开放学习"公认的定义。我们可以分析和比较各类教育和学习在不同维度上开放程度的差异，但无法给开放和封闭画一条普遍适用的界线。所以，给"开放学习"下一个准确的定义几乎是不可能的。从定义的性质看，可以分为分类取向的定义和价值取向的定义两种。开放学习的定义不是分类取向的，因为无法依据开放学习的定义去鉴别现实世界中的各种教育或学习系统是开放的还是不开放的。然而，作为价值取向的开放学习定义依然有其功效，它提倡和激励一种新的教育哲学理念和价值。综合中外远程教育实践经验和理论研究的成果，可以得出"开放学习"概念的如下价值取向的描述性定义，并概括得到"开放学习"和"远程教育"相互关系的以下主要观点：

● 开放学习是一个总的类概念，不仅表示入学政策对各类教育对象的开放，而且表示用以满足学习者个人需要的各类学习资源的开放，以及学习过程和学习组织管理方式的灵活开放。开放学习是以学生为中心的学习，努力排除以教师、学校和学科为中心的传统教育所固有的种种学习障碍。换言之，在一个开放学习系统中，学习者应能依据自身的需要和可能选择专业课程、学习内容、学习环境、学习资源、学习方法、学习进度及考核方式等。

- 世界上并不存在纯粹的连续面授系统和纯粹的远程教育系统，也不存在完全的开放学习和绝对封闭的学校教育。任何现实的教育和培训必定处在从面授到远程、从封闭到开放的教育连续谱系中的某个位置。然而，对教育系统进行分类和给每一所学校确定其在分类体系中的相对位置，在理论上依然是有价值的，在实践上也是有益的。

- 当今世界上大部分地区的传统学校教育依然可以被认定为程度最高的连续面授系统，因为它们的主要特征是口授、面授和在课堂环境中的班组教学，其中学生基于资源的学习和学习支助服务也是在校园环境中进行的，因而在教育对象、教育资源、教学时空、教学过程及其组织管理诸方面是相对封闭的。与此相反，远程教育代表了一种非连续面授、教学时空相对自由灵活的教育形态，较少口授、面授和集体教学，其中教育资源和学习支助服务也是在分散的环境中实现的。因此，在本质上，远程教育与开放学习紧密相关。

- 远程教育和开放学习是两个既有差异又有关联的概念。在实践中，一种简洁的分类体系(图1.4)是有用的。远程与开放学习是指在远程教学情境中的开放学习，而开放与远程教育则是指具有开放学习特征的远程教育，都具有以学生为中心的特征。与此相对的是以连续面授为主要特征的传统教育和传统教学。尽管传统教育和传统教学通常集中代表了以教师为中心和教育资源相对封闭的特征，然而，已经有不少革新表明，以连续面授为主要特征的传统教育和传统教学也在发生变化，越来越多的传统教育系统表现出越来越多的开放特征。

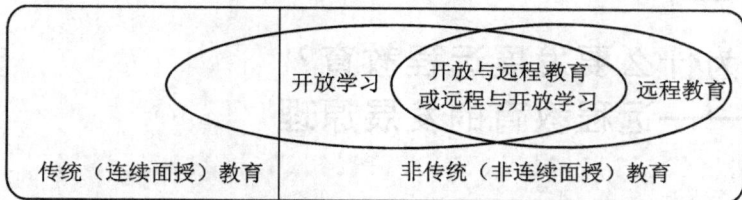

图1.4　远程教育与开放学习相关的一种简洁分类体系

1.2.6.2　灵活学习

在国际远程教育界，灵活学习是开放学习的同义词或近义词。灵活学习强调要从以校园课堂面授班级集体教学为主的传统教育中解放出来，依据学习对象、目标和环境实施更加开放、注重个别化与个性化、让学生有高度选择权的灵活适应的教育方式与体制、教学方法与手段。灵活学习的概念是多维度的，主要有四层内涵：以灵活性赢得更多的学生群体、扩大学校规模；学生对自身的学习过程有更多的选择权和控制权，即允许学生以自己的方式学习愿意和需要的内容；学生承担学习的责任；为学生的需要提供更多的学习支助服务。灵活学习概念的一个核心词是学生选择权，即允许学生选择教学模式、评价模式，依照适合每个学习者自身风格和学习环境的方式与教师、同学和学习资源进行交互。由上可知，同开放学习一样，灵活学习也是在内涵上与远程教育与远程学习密切相关的价值取向性的概念。

在第三代网络远程教育中，通过开发和应用智能技术发展网络学习的自动化（Automating e-Learning），促进基于互联网的网络学习向灵活学习转型。澳大利亚著名远程教育学者泰勒提出的五代信息技术与远程教育分类体系将本书前述三代信息技术与三代远程教育中的第三代进一步细分为三种模式（Model）：第三代远程通信学习（Tele Learning）模式，第四代灵活学习（Flexible Learning）模式，第五代智能灵活学习（Intelligent Flexible Learning）模式。泰勒的第一代也是函授（Correspondence）模式。第二代多种媒体（Multi-media）模式，指利用印刷品、录音录像、个人计算机、各类光盘与交互多媒体等个人媒体进行的学习。第三代则是利用广播电视以及各种视音频会议技术开展的学习。第四代灵活学习依据其界定就相当于本书前面所述的网络远程学习（e-Learning，Online Learning），而第五代智能灵活学习依据其界定则是指应用高级人工智能技术实现了学习自动化，得以共享虚拟校园中的在线学习过程与资源的网络远程学习。

1.3 为什么要发展远程教育？
——远程教育的发展原理

本节论述推动远程教育发生和发展的动力和基础。在世界范围内，远程教育已有一个半世纪的历史。为什么远程教育发生在产业革命后的工业化社会中，并且随着近代科学发展带来的技术进步而不断发展？为什么在进入知识经济和信息社会的同时，远程教育有了新的突破和飞速的发展？对远程教育发生和发展的动力和基础的探讨就是要回答这些问题。

1.3.1　远程教育发展动力基础理论的形成

彼得斯提出的"远程教育工业化理论"强调远程教育是近代工业化社会的产物，它适应了工业化社会对大量专业人才和有生产技能的劳动者的需求，而工业经济的发展和技术的进步则为远程教育的发生和发展提供了技术基础、管理学基础和经济学依据。

查尔斯·赫梅尔（Hummel，C）则认为，第二次世界大战后远程教育的新发展是终身教育思想和大众传播媒介相结合的产物。受联合国教科文（UNESCO）总干事的委托，第 35 届国际教育会议总报告员赫梅尔博士在为国际教育局（Bureau of International Education）写的研究报告《今日的教育为了明日的世界》（1977）中指出："终身教育制度正在寻找新的方法和技术，以与它的愿望相一致。大众传播媒介很自然地为这种需要提供了解决办法。""新的大众传播媒介……慢慢地进入教育领域，可以预料，最后它们将整个地改变传统的教育制度。"

本书作者丁兴富对"远程教育发展的动力基础"进行了集中的探讨，结果揭示出推动远程教育发展的社会历史动力（或社会经济基础）、物质技术基础（或科学技术基础）、思想理论基础、政治决策基础以及教育-心理学科基础（或教育科学、心理科学和学习科学基础）（表 1.2）。

表 1.2　远程教育发展的动力基础理论　（丁兴富，1987～1998）

1	社会历史动力 （或社会经济基础）	工业社会和信息社会对各级各类大量专业人才和高素质劳动大军的需求，知识经济对知识创造、传播与应用及人类智能开发的倚重，构成了推动远程教育发展的社会历史动力（或社会经济基础）。
2	物质技术基础 （或科学技术基础）	以信息技术为核心的现代科学技术的长足进步及其在教育中的应用为远程教育的发展奠定了坚实的物质技术基础（或科学技术基础）。
3	思想理论基础	人类知识爆炸式的加速创新与发展否定一劳永逸式的学校教育，呼唤实现继续教育、终身教育与终身学习。教育民主化和大众化、教育与学习终身化、构建终身教育体系和学习型社会等教育思想的演变和革新构成了远程教育发展的思想理论基础。

4	政治决策基础	人力资源开发的巨大压力、传统教育资源的不足、教育经济学的发展以及各国政府对教育投资的重视和对远程教育规模效益优势的认同是优先发展远程教育的政治决策基础。
5	教育-心理学科基础（或教育科学、心理科学和学习科学基础）	教育科学、心理科学和学习科学的最新发展和演进的方向与趋势构成了推动远程教育发展的教育科学、心理科学和学习科学基础。

1.3.2 远程教育发展动力基础理论内容诠释

1.3.2.1 远程教育发展的社会历史动力或社会经济基础

在工业社会和未来信息社会中，经济、科技和教育全球化趋势加剧。各国社会经济发展和综合国力归根结底取决于科技和教育的发展。国际竞争归根结底是人力资源开发和人才培养的竞争。在我国，发展远程教育是将沉重的人口负担转化成巨大的人力资源优势的一个重要的战略选择，是实现经济建设以信息化带动工业化、教育发展以信息化带动现代化战略的重要组成部分。工业社会和信息社会对各级各类大量专业人才和高素质劳动大军的需求，知识经济对知识创造、传播与应用及人类智能开发的倚重，构成了远程教育发展的社会历史动力或社会经济基础。

1.3.2.2 远程教育发展的科学技术基础或物质技术基础

印刷术的发展、交通运输业和邮政业的兴起是现代远程教育的先驱——19世纪函授教育发源的技术基础。包括广播、电视、录音、录像在内的大众媒介为远程教育在20世纪的发展提供了物质技术基础。在世纪之交，以微电子、计算机和电子通信技术为核心的信息技术的发展和应用对各国教育产生巨大冲击。信息技术的发展呈现出综合化、数字化、网络化、多媒体化、智能化和虚拟化的趋势。以卫星和光缆电视、相互作用计算机多媒体、信息高速公路和双向电子通信为主要标志的数字网络技术的迅猛发展和广泛应用为网络远程教育的发展，也为整个教育体系的革新和重构提出了挑战、提供了机遇。以计算机多媒体和互联网为核心的电子信息体系技术的发展及其在教育中的应用为远程教育在新世纪的发展奠定了坚实的科学技术基础或物质技术基础。

1.3.2.3 远程教育发展的思想理论基础

未来信息社会是以知识创新、知识传播和知识应用为根本、为动力的社会，是信息化、学习型社会。人类知识爆炸式的加速创新与发展从根本上否定一劳永逸式的学校教育，呼唤实现终身教育与终身学习。尊重知识、尊重人才和争夺知识、争夺人才成为国际社会的风尚和时代潮流。大众教育、普及教育、全民教育以及成人教育、继续教育、终身教育、终身学习等观念深入人心。教育民主化和学习终身化成为各国教育决策的基本指导原则之一，构建终身教育体系和学习型社会已经成为继学校教育体系和国民教育体系之后未来教育发展的战略目标，并构成发展远程教育的思想理论基础。

1.3.2.4 远程教育发展的政治决策基础

人力资源开发及其对第二次世界大战后各国社会经济发展的重大贡献提高了国际社会对增加教育投资的认识。教育经济学有了长足的发展和进步。然而，人力资源开发的巨大压力与教育投入的不足依然困扰着各国政府和教育界。传统校园教育因其课堂面授性质和成本结构特点需要大量高水平教师和巨额资金，这就局限了传统教育在短期内大规模发展的可能性。传统校园面授教育也难以实施在职成人继续教育和面向全民的终身教育和终身学习。而远程教育能够实现较高的规模效益的经济学特征和优势越来越得到国际教育界的认同。至于远程教育能够适应构建终身教育体系和学习型社会的需要则更已为世界各国教育实践所证实。这些基本认识使各国政府和教育界增强了优先发展远程教育的共识。优先投资发展远程教育正在成为国际社会和各国政府教育发展决策的战略方向。总之，人力资源开发的巨大压力、传统教育资源的不足、教育经济学的发展以及各国政府对教育投资的重视和对远程教育规模效益优势的认同是优先发展远程教育的政治决策基础。

1.3.2.5 远程教育发展的教育-心理学科基础

现代教育科学、心理科学和学习科学的发展已经引起并正在继续推进以下转变：由"应试"教育到素质教育，由英才教育到大众教育，由以教师为中心、院校为中心或学科为中心的教学到以学生为中心的开放学习和个别化学习，重视教育技术的开发和应用，重视学习过程和学习资源的开发和设计，发挥建构主义认知理论在教学系统开发、教学设计和教学组织实施中的指导作用。所有这些教育科学、心理科学和学习科学的最新发展和演进的方向与趋势构成了推动远程教育发展的教育—心理学科基础(或教育科学、心理科学和学习科学基础)。

1.4 如何实施远程教育?
——远程教育的运行原理

本节主要论述如何实施远程教育。首先讨论远程教学要素分析,远程教学过程的两个阶段和远程教师两大教学职能,以及远程教育、远程教学、远程学习和以学生为中心这些重要论题。随后,依次论述院校机构如何组织实施远程教育,远程教师如何进行远程教学,以及远程学生如何进行远程学习。

1.4.1 远程教学要素分析

教育的核心是教学(指教与学)。教学有三要素说和四要素说。通常认为传统教学有三要素:教师、教材和学生。更普遍地说,教学(包括传统教学和远程教学)的三要素是助学者(教师)、教学资源和学习者(学生)。教学资源可以分为两大类:教学内容和教学媒体。于是,助学者(教师)、学习者(学生)、教学内容和教学媒体就构成教学的四要素。本书对远程教学要素的讨论采取与传统教育对应的三要素说。首先,这是为了表明教育和教学有共性。同时指出,在远程教育中,教学三要素发生了扩展和重组。在传统教育中,资源主要指教材。在远程教育中,广义的教育资源包括组织和人本资源(远程教育机构及其代表)、课程资源(传递学科教学内容信息使用的技术、媒体和材料)和情境(蕴涵丰富的教与学内容信息的教学与学习环境)。狭义的教育资源专门指基于信息技术的传递教学内容信息的多种媒体课程学习材料。教学三要素中有两个人本要素,即作为教的行为和思维活动的主体的教师和作为学的行为和思维活动的主体的学生,他们之间的作用地位和相互关系发生了如下变化:传统教育通常以教师为中心或主导,以教师的课堂集体面授为主;而远程教育通常以学生为中心,以学生自主学习和协作学习为主。教学三要素中的物质要素也发生了变化:从简单的教材演变为内涵丰富、外延扩展的资源。(教)师(学)生时空分离的远程教学是建筑在信息技术和教学媒体的物质资源基础上的,它们构成了课程资源的载体,人际双向交互的通道和远程学习支助服务的物质技术基础。远程学习过程中有三种基本相互作用:课程资源发送与接收表示学生与教育资源、学科内容的相互作用;师生双向交互、教师(院校)对学生的学习支助服务表示学生与教师的相互作用;同学交互、协作学习和班组学习表示学生与学生的相互作用。

1.4.2 远程教学的两大功能、远程教学过程的两个阶段与远程教师的两大教学职能

远程教育的首要本质属性是"(教)师与(学)生的分离,即师生分离以及与此密切关联的教与学行为活动的分离",并因此而与校园课堂连续面授教学为主的传统教育相区别。从教学三要素来分析,在远程教学中,学习者与助学者在时空上相对分离,主要依靠基于技术媒体、承载教学内容的多种教学资源,来实现教的行为活动与学的行为活动的联系、交互和重新整合。所以,远程教学过程明显表现为两个阶段:(1)远程教学(专指教)准备阶段,主要指远程教育院校(系统)及其主要代表远程教师进行远程教学课程资源设计、开发与发送;(2)远程教学(教与学)实施阶段,主要指远程学生在没有教师连续面授教学的情境中进行基于资源与通信的远程学习,与此同时,远程教师主要利用各种通信技术设施(不排除部分集体面授成分)为远程学生提供多种多样的学习支助服务,组织实施师生间和同学间的双向通信交互,从而实现教的行为活动与学的行为活动的联系和重新整合。于是,(1)远程教学课程资源设计、开发与发送是远程教学、远程学习的前提和基础,它同(2)在远程学习期间对远程学生的学习支助服务构成远程教育院校(系统)提供的远程教学的两大功能及其主要代表(远程教师)的两大教学职能。

1.4.3 远程教育、远程学习和以学生为中心

如果说,在以校园课堂面授为基础的传统教育领域,是以教师为中心,还是以学生为中心,依然在教育实践和理论探讨中存在着广泛的争论;那么,在国际远程教育界,则几乎是以学生为中心、以学为主的一统天下。这同远程教育以(教)师与(学)生的时空相对分离为首要本质特征、远程教师转换成为以开发发送教学资源和提供学生学习支助服务为主要教学职能的助学者,而远程学生自主基于资源与双向通信交互的远程学习(自主学习和协作学习)成为决定远程教育成功关键的事实密切相关。各国远程教育工作者大多在理论上认同以学生为中心的教育思想和体制,并在实践中努力探索结合本国国情实施以学生为中心的远程教育模式,赋予以学生为中心许多新的内涵。

1.4.4 专司远程教育院校机构如何组织实施远程教育

专司远程教育院校机构主要指:独立设置的远程教育院校,传统院校设立的独立远程教育学院和分部,合作提供远程教育项目计划的共同体联盟,开展

远程教育与培训的企事业单位或社会其他组织中的专职机构，它们统称专司远程教育院校机构，简称远程教育机构。专司远程教育院校机构组织实施远程教育要经过远程教育教学系统分析、设计、开发与运行的全过程。其中，远程教育课程设置和学生学习支助服务体系构建是重要的基础工作。

1.4.4.1 远程教育教学系统分析、设计与开发

远程教育教学系统的设计与开发是指在对社会环境、市场、教育需求、学生、课程和资源等状况进行调查和分析研究的基础上作出决策：决定采用哪种类型的远程教育教学系统，进而构建该系统。进行远程教育教学系统设计和开发之前，首先要对传统教育系统和远程教育系统进行对比分析。特别要明确在面对社会经济发展和人力资源开发新的市场需求压力下，现有的传统教育系统表现出的局限性和不适应性，以及在面对某些特定的学生对象和教育需求时优先采用远程教育系统的决策准则。

1.4.4.2 远程教育课程设置

远程教学系统开发的首要任务是确定课程设置。首先，通过对教育市场的调查研究，发现并定位特定的教育对象。再通过对教育对象及其教育需求的进一步调查研究，确定教育目标，进行课程设置的设计与开发。与传统校园教育相比，远程教育课程设置的特点主要体现在创新性和灵活性上。

(1)远程教育课程设置的创新

远程教育的双重模式院校是指举办远程教育的传统院校。双重模式院校开展远程教育可以充分发挥传统院校原有的教育资源优势，特别是其特色学科专业和课程设置的品牌和优势。在实践中，双重模式院校在教学计划和课程设置上主要有两种类型：苏联和中国实行的分离模式和澳大利亚实行的综合一体化模式。在采用分离模式的双重模式院校，对同一层次同一学科专业，校园面授教育和远程教育制订和实施不同的教学计划和课程设置，使用不同的课程材料（校内学生使用传统标准教材，远程学生使用特别设计的函授教材）。两类学生的教师不同，考试不同，其学分与授予的学位和学历证书也各不相同、不可互通。而采用综合一体化模式的双重模式院校，对同一层次同一学科专业，校园面授教育和远程教育制订和实施相同的教学计划和课程设置，使用相同的课程材料。两类学生的教师相同，考试也相同，其学分与授予的学位和学历证书也都相同、可以互通。单一模式院校是指专门为校外学生而独立设置的远程教学院校，在教育资源和课程设置的建设上，通常走创新、借鉴或者两者适当结合的道路。

（2）远程教育课程设置的灵活性

远程教学系统在学科专业课程设置上通常表现出比传统教育更多的开放性和灵活性。这主要体现在以下几个方面：教育对象和教育目标的多样化；个别化、个性化的教学计划；富有弹性的课程设置；灵活的选课制；完全的学分制；灵活的学分转移。以上诸项以及其他开放灵活的特征在世界各地的远程教育院校的课程设置中均有不同程度的体现。

1.4.4.3　远程学生学习支助服务体系及其构建

（1）什么是学生学习支助服务

学生学习支助服务是指远程教学院校及其主要代表教师等为远程学生提供的以师生或学生之间的人际面授和基于技术媒体的双向通信交流为主的各类信息的、资源的、人员的和设施的支助服务的总和，其目的是指导、帮助和促进学生的远程学习，提高远程学习的质量和效果。依据支助服务的性质和内容，可以分为学术类支助服务（也称学习支助服务）和非学术支助服务（也称学生支助服务）两大类。学术类支助服务是指与学生课程学习内容与方法相关的各种支助服务；非学术支助服务则指与学生课程学习内容与方法并不直接相关的各种支助服务，如有关注册、考试、学分、财政支持、社会活动等方面的信息和咨询服务等。

（2）学生学习支助服务体系及其信息基础设施建设

为开展和提供包括师生双向通信交流在内的学生学习支助服务，必须建立并不断完善学生学习支助服务体系和师生双向通信机制的基础设施建设。在远程教育的地区和基层学生学习支助服务及其信息基础设施建设上，大致可以分为三大类：①当地学习中心或社区中心，它们通常依据学习者的地域分布进行建设，由远程教育院校的中央校本部统一组织和管理（直接或分级）。②当地教学站、教学点或教学班，它们通常由当地组织和单位（可以是当地教育院校或机构）依据行业划分、行政管辖或地域分布进行建设，接受远程教育院校的中央校本部及其地区机构、或者当地远程教育院校的指导和管理。③当地教育院校或机构，它们通常自行组织和管理学生的教学，与提供远程教育课程的远程教育院校中央校本部可以发生、也可以不发生组织和管理关系。

（3）学习中心

学习中心是远程教学院校在各地社区建设的学生学习支助服务体系的基层组织机构，是远程教学和远程学习的活动基地，是远程教育教学信息的双向交互通道和教学资源的集散地，是远程教育信息基础设施向社区辐射延伸的节点和终端。由此可见，在远程教育的学生学习支助服务体系及其信息基础设施建设中，学习中心的建设是一个基础环节，占有十分重要的地位。

（4）网络教育环境与网络教学平台

在第三代网络远程教育的信息基础设施建设中，网络教育环境与网络教学平台建设占有十分重要的地位。要解决好以下三类网络教学服务的信息基础设施建设：①网上提供教学信息和教育资源的单向传输和点播服务：基于全球网的超文本结构的各种多媒体网页、网络课件和网络课程，互联网广播和视频点播等都是这一类服务的典型代表，它们构成了有效的网络教学、网络学习的基础。②网上提供异步非实时的教与学双向交互的通信服务：电子邮件、公告板和讨论组、各种网络论坛（forum）、计算机会议（computer conferencing）等都是目前被广泛应用的基于文本的网络异步通信工具系统，最新发展起来的2.0版全球网（Web2.0）技术［如博客（Blog）、维基（Wiki）等］大多是更灵活开放和个性化，且适应群体交互和协同创作的网络异步通信工具系统。③网上提供同步实时的教与学双向交互的通信服务：网络课堂、网络讲座、网上讨论、在线咨询辅导等都是这类教学服务的典型应用。聊天室（chat room）、网络会议（net meeting）、共享白板（shared white board）以及各种即时通信工具（如 QQ、MSN 等）都是已被广泛应用的网络同步通信工具系统。世界各国的远程教育院校及网络教育信息技术公司设计开发的各类网络教学与管理解决方案都包含了上述三类网络教学服务功能的教学平台。此外，基于无线网络的兼有异步和同步通信功能的各类移动通信工具系统正在迅速发展并被用于网络远程教学与学习。在远程学生接受在线教学和各项网络服务进行双向交互、灵活开放的远程学习的一端，主要有三种解决方案：在学生家庭计算机上网、在社区学习中心上网以及最新的利用手持设备移动上网学习。

1.4.5　远程教师如何进行远程教学

无论是专司远程教育院校机构中的教师，各级各类传统学校中参与远程教学的教师，还是社会生活中有志为远程学习者提供服务的助学者，均可统称为远程教师。远程教师的两大教学职能是课程资源设计开发与学生学习支助服务。

1.4.5.1　远程教师与课程资源设计开发

远程教师的首项教学职能就是以事先准备好的课程为远程学习提供学习资源。课程开发包括课程材料的设计开发和课程教学全过程的各个环节及其学习环境的设计开发。远程教育以多种媒体课程材料为核心的课程资源的开发全过程大致由创作（设计创作和试用评估）、制作（生产制作）、发送（传输发送）和更新(课程评估和更新)四个阶段组成。

1.4.5.2　远程教师与学生学习支助服务

在为远程学生提供的诸多学习支助服务中,远程教师的主要教学职能不是系统讲课,而是指导、辅导和助学。其基本功能包括:

- 课程内容的讲解、辅导和答疑,特别是对应用学科理论方法分析解决实际问题的启发和指导;
- 与课程学科性质和教学内容有关的学习方法指导和一般学习方法指导;
- 作业、检测和考试的批改评价与指导;
- 实验和其他实践性教学环节和训练项目的指导;
- 组织学生班组讨论和协作学习;
- 其他各种与课程学习有关的教学帮助等。

1.4.6　远程学生如何进行远程学习

在学习型社会中,每一个终身学习思想的实践者必将成为远程学习者。所有社会成员应该努力学会远程学习,争取早日成为一个成熟的终身学习者。

1.4.6.1　从积极适应远程学习到成长为成熟的终身学习者

当今社会的绝大多数成员都是从传统校园课堂面授教育中培养出来的。他们习惯于传统面授教学,而对终身学习和远程学习表现出不适应。要理解,同传统教育相比,远程教育有自身的优势、特征和弱点。要使自己从理念上、环境上和学习战略策略上积极适应远程学习。要逐步探索适合自己的远程学习方式方法,尽早成长为自治的成熟的终身学习者。

1.4.6.2　远程学习组织模式:个别学习与集体学习

综观世界各国的远程教育,存在两类主要的远程学习组织模式:个别学习和集体学习。个别学习模式通常以家庭为学习基地,学生自主学习为主,远程教学院校为学生提供各类个别化与个性化的学习支助服务。这是一种以学生为中心的远程学习模式。这一模式主要源自西方国家的函授教学。班组学习模式通常以工作单位或社区学习中心为教学基地,强调师生人际交互或基于电子通信技术的双向交互,以及学生班组集体学习,大多数学习支助服务都在教学班组集体中实现。这通常是一种以教师为中心的远程教学模式。这一模式主要发源地在美国的远程课堂教学和中国等东方国家的远程组班教学。远程学习两大模式之间最重要的差异在于:班组集体教学方式是建立在同步通信基础上的,教师和学生必须进行同步实时交流，学习效果比较好、效率比较高。而个别化学习方式是建立在异步非实时通信基础上的，在学生的家庭里创造出学习环境，学生可以在适合的时间进行更开放和更灵活的学习。这两种远程学习组织模式在本质上同教育资源的传输和发送模式有关。英国和许多其他国家的开放大学大多采用以家庭为基地的个别化学习模式，这同它们主要采用将多种媒体学习包通过邮政系统发送到学生家庭有关。此外，学生大多在家庭内收听收看国家公共广播电视网播出的教学节目，及主要在家庭接入互联网进行网络学习。而中国的函授教育和广播电视教育，以及美国国家技术大学的双向交互卫星电视教育等，则采用班组集体学习的模式。这同它们的广播电视教学节目主要通过卫星电视、直播课堂、双向视频会议系统传送，学习者在工作单位或社区学习中心集体接收有关。当然，这也同各国的文化教育传统有关。

1.4.6.3　学会自治

远程学生要学会对远程学习的自治，即对远程学习的自我规划、设计和控制。首先，要选择好适合自己发展目标的学科专业和课程设置。其次，要学会规划自己的学习时间。在职成人通常选择业余学习。如今大多数国家实行每周五天或五天半工作日制度，每年还有若干法定节假日。要根据自己的工作性质、生活环境及经济条件，确定和安排好学习时间和学习进度。有的远程教学院校依然实行固定的学期制，每学年有相对固定的开学和期末课程考试日程安排，而别的院校则实行相当灵活的随时注册、随时考核的面向个别学习者的学习进度安排。在课程学习进程中，有的远程教学院校规定了日程相对固定的强制性的平时作业提交周期、广播电视教学节目播出表、学习中心或教学班组的面授辅导与答疑以及通过网络或视频会议系统的集体辅导与答疑等，而别的院校对有关教与学的活动安排和日期规定则可能比较宽松灵活。远程学习者应该依据自己的学习条件、能力和习惯选择收听收看教学节目、参加辅导答疑、提交作业的方式和频率。

1.4.6.4　重视并学会基于课程资源的自主学习

远程学习者要注重学会基于课程资源的自主学习，这是远程学习成功的基础，是远程学习者应该掌握的基本功。课程资源按媒体类型主要分为印刷教材、视听材料和计算机网络课程材料三大类。在世界各国的许多远程教学院校，印刷教材大多是遵循远程教与学的规律专门设计的适合自主学习的单元学习包，有的院校则为通用教材专门编写了学习指导书，它们依然是最主要的课程材料。广播电视教学节目和录音录像等视听材料则发挥着它们独特的教学功能优势，补充课程印刷材料的不足。计算机网络课程材料主要分为在线的和离线的两类。在线的网络课程课件及其他网络资源越来越丰富多样，其中比较常见的有基于全球网的网站网页课程材料、流媒体点播课件、各种类型的多媒体课件(从微软演示文档到应用各种多媒体创作软件和工具开发的课件)等。在线资源通常建构在远程教学院校专门开发运行的网络教学平台上。在线资源的一大特色是开放灵活、资源共享和交互性。部分在线资源可供下载学习。离线课程资源则主要是以各类教学光盘形式出版发行的教学软件课件。其中只读光盘(CD-ROM)通常可以设计很好的教学交互和存储丰富的视音频材料。

1.4.6.5　重视并学会争取各类学习支助服务

在基于课程资源进行自主学习的基础上，要争取远程教学院校及远程教师(课程主持教师或当地辅导教师)提供的各种学习支助服务：信息服务，资源服务，人员服务，设施服务，实践性教学环节，以及作业、检测和考试。其中对课程学习特别重要的是课程辅导和答疑，作业提交、批改和返还。远程学习者在远程学习中产生课程内容和学习方法方面的问题、困难和疑难是正常的，应该通过学习支助服务及时取得帮助并加以解决，从而树立学习自信心和增强学习动力。

1.4.6.6　重视并学会有效交互与协作学习

建立同远程教学院校教师以及远程学习同学的畅通且有效的交互是远程学习成功的关键之一。在远程学习中，有人际集体面授交互，更有基于各类技术媒体(从普通邮件、电话、传真、手机到计算机互联网、视频会议系统等)的双向通信交互。有同步实时交互，也有异步非实时交互。各种交互方式有各自的教学功能特点和优势。有的远程教学院校还专门设立了求助热线(Call Centre)提供教学交互和学习支助服务。远程学习者必须重视并学会利用交互，成为师生交互活动和同学间协作学习的积极参与者和贡献者。

【思考与练习】

1. 你对穆尔论教育的两大家族的思想有何评价？

2. 你同意本书对以基更为代表的国外学者"远程教育"定义的优点和缺陷的评价吗？

3. 本书对远程学习、远程教学，以及广义与狭义远程教育的定义的新意在哪里？

4. 设法上网或从各类文献中发现对远程教育的各种定义，将它们与本书的分析和定义进行比较，作出你自己的评价。

5. 除了书中总结的"五命题"外，你能列举出远程教育发展的其他动力和基础吗？

6. 你认为"如何实施远程教育"一节中对你最有启发的是什么？

7. 如何正确理解"远程教育以学生为中心"？

【项目与活动】

1. 组织辩论活动

远程教育是一种教育方式还是一种教育方法？对本书给出的广义远程教育与狭义远程教育的区分及其定义的论证或反驳。上述两个问题的争论有何关系？

2. 组织辩论活动

传统校园教育与网络远程教育究竟谁更有前途？

3. 文献调研项目

调查以下项目的基本内容，依据本书定义的基本概念讨论对这些项目属性归类的界定：

- 伦敦大学校外学位制度
- 我国高等教育自学考试制度
- 我国农村中小学现代远程教育工程
- 各国广播电视机构的教育节目
- 各类教育网站

4. 信息搜索分析项目

仿照本章 1.2 节中关于"网络远程教育概念术语"的讨论在互联网上进一步搜索分析比较以下概念术语："在线课程与在线学习""混合学习""分布式学习""移动学习与泛在学习"以及"虚拟学习与虚拟社区"。

第 2 章　远程教育中的信息技术 与技术媒介的远程教学

【学习要点】

本章论述远程教育中的信息技术与技术媒介的远程教学。首先要理解信息技术与远程教育的紧密关系，从而提高应用三代信息技术与三代远程教育概念分析各类远程教育案例的能力。其次，应该在与人际面授教学的对比中理解技术媒介的远程教学的性质和特征，掌握分析远程教育中媒体教学功能的诸多理论与方法，并能应用于实际案例。最后，要深刻理解技术媒介的远程教学的信息传输、教学交互以及远程学习模式分类的理论框架并学会应用这种理论框架来分析具体的远程教学案例。

【内容结构】

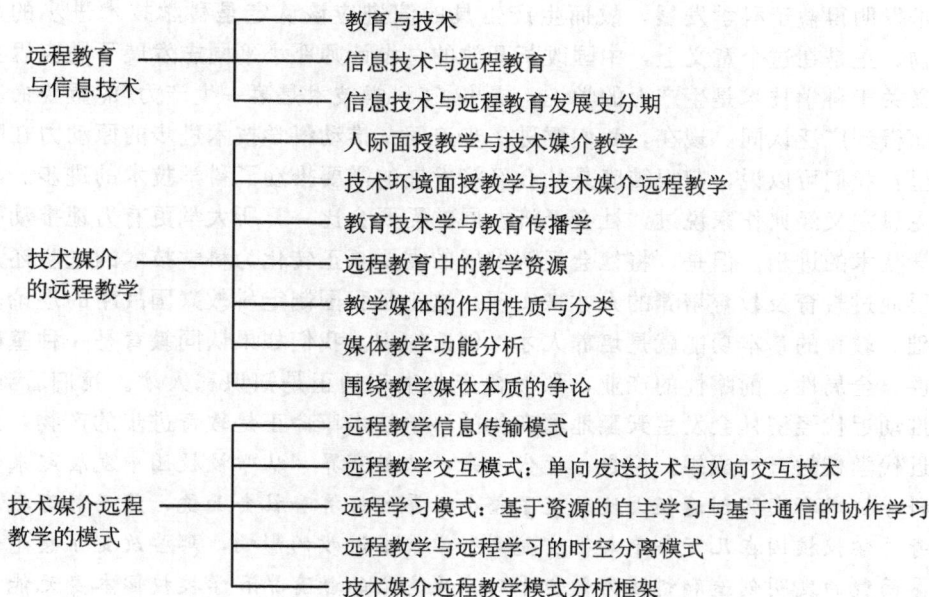

远程教育
与信息技术
- 教育与技术
- 信息技术与远程教育
- 信息技术与远程教育发展史分期

技术媒介
的远程教学
- 人际面授教学与技术媒介教学
- 技术环境面授教学与技术媒介远程教学
- 教育技术学与教育传播学
- 远程教育中的教学资源
- 教学媒体的作用性质与分类
- 媒体教学功能分析
- 围绕教学媒体本质的争论

技术媒介远程
教学的模式
- 远程教学信息传输模式
- 远程教学交互模式：单向发送技术与双向交互技术
- 远程学习模式：基于资源的自主学习与基于通信的协作学习
- 远程教学与远程学习的时空分离模式
- 技术媒介远程教学模式分析框架

2.1 远程教育与信息技术

信息技术是远程教育的技术基础，信息技术及其与远程教育的关系是远程教育研究的重要分支领域。本节首先论述教育与技术的一般关系，进而探讨远程教育与信息技术的特殊关系。最后，集中探讨信息技术与远程教育分代的概念和理论，并对作为主流观点的三代信息技术与三代远程教育的概念和理论加以说明。

2.1.1 教育与技术

依据马克思主义的唯物史观，社会存在决定社会意识，经济基础决定上层建筑。推动经济基础发展与革新的原动力来自生产力。而决定生产力性质的是生产工具。人类社会已经历石器时代、青铜器时代、铁器时代、蒸汽时代、电气时代、核子时代而进入电子时代，也即信息时代或数字时代；相应地，社会经济经历了采集经济与狩猎经济、游牧经济、农耕经济、工业经济和知识经济时代，社会政治形态也经历了原始社会、奴隶制社会、封建制社会、资本主义社会和社会主义社会阶段。人类社会的每一次重大变革都发源于生产工具的演进。然而，生产工具的演进又是如何发生的？生产工具是一种技术发明，而技术发明得益于科学发展，故而生产工具的演进应该认定是科学技术进步的产物。正是在这个意义上，中国改革开放的总设计师邓小平同志发展了马克思主义关于科学技术是生产力的学说，提出了"科学技术是第一生产力"的重要命题而得到广泛认同。现在，我们要进一步追问：推动科学技术进步的原动力在哪里？我们可以说，归根结底是社会经济发展的需要推动了科学技术的进步。马克思主义经典作家说过，社会经济发展的需要会比一百所大学更有力地推动科学技术的进步。但是，将社会经济发展的需要真正转化为科学技术的进步还是要通过教育及教育培养的人才来实现。这正是我国制定科教兴国战略的理论基础。教育的基本功能就是培养人才、创造知识。我们如果认同教育是一种基础性、全局性、前瞻性的产业，那教育产业生产的正是知识和人才。我们看到，推动近代经济社会发生天翻地覆变化的科学技术革命正是教育进步的产物，是近代学校教育的成果。但是，近代以来，从教育界、从学校校园中发展起来的科学技术和发明创造极大地改变了整个世界的经济和社会面貌，然而教育界本身、学校校园在几百年中却很少受到科学技术进步的影响，那些改变了整个世界面貌的发明创造和科技力量似乎对产生它们的教育界和学校校园本身无能为力，把它们留给了几百年来习惯于校园课堂面授的教师和学者们的个体劳动。从更远的历史眼光看，无论是在漫长的史前时期还是几千年来的世界文明史，在 20 世纪以前，人类代与代之间的文化传承以及同代人之间的教学相长几乎都是一种人际直接接触的连续的面对面的双边交互活动。在最早发祥的文明古国，有史可查的最早的教育家，无论是西方的苏格拉底、柏拉图还是东方的老子、孔子，都是师徒面对面直接接触口授教学的。他们留给世人的经典不是他们自己写作的，而是他们的弟子编撰的。中世纪西欧的经院和中国的书院，也是依靠导师的直接面授，即口授身教。近代学校虽然得益于文字、造纸、印刷多种技术的进步，但学校教育的核心基础仍然是校园课堂面授的教师和学者们的个体劳动。这是为什么？问题就出在教育产业或知识产业的生产力主要并不取决于物质资源、能量和动力，而在于师生间的教学交流及其效力（效率和效益）。从某种意义上说，教育产业和知识产业的生产工具是人际教学通信工具或手段，它们是随着信息科学和信息技术的发展而进步的。

当代传播学研究表明：人类社会通信（人际交流、组织传播以及大众传媒）带宽的增长通常导致人类文明的戏剧性变革。15 世纪前后，中国的印刷术经阿拉伯西传欧洲引起的印刷出版技术的创新与欧洲文艺复兴运动的发起、近代工业社会和近代学校教育的崛起之间的联系就是这一规律发挥作用的一个有力佐证。然而，以蒸汽和电气为主导的近代工业技术革命依然没有能触动教育的技术基础。因为教育这种特殊产业的核心是教学，它依赖于人际教学信息与活动的双向交互。蒸汽和电气技术给人类社会带来了巨大的能量和动力，推动了近现代工业社会物质文明的史无前例的发展，并通过印刷技术和交通运输技术的发展引起了人类社会通信带宽的一定增长，但尚未能从根本上革新人际教学通信工具或手段，因而未能冲击植根于人际信息与活动（思想与行为）双向交互的教育产业（知识产业）。但是，这次是一个例外，进入 20 世纪以来，信息技术正在引起国际教育界的革命性变革。现代电子信息通信技术对教育界、对学校校园、对继续教育和终身学习、对学术研究活动、对教与学产生了极大的冲击，教育作为一种知识产业同社会经济生活的其他领域一样也开始了深刻而广泛的变革。教育、教学与学习被卷入了一场有史以来最重大、最普遍、最深刻的变动之中。以电子信息通信技术为基础的教育信息化和远程教育正以革新教育的姿态推动着教育的发展、演变和重构。20 世纪末叶，多媒体计算机（Multimedia Computer）、互联网（Internet）和全球网（WWW：World Wide Wed）的诞生是电子信息通信技术领域最重大的发展。它们代表了人类社会通信带宽的巨大增长，是历史上人类所有其他发明所无法比拟的，必将引发人类社会新的巨大变革,对于教育这一知识产业尤其如此。因为电子信息通信技术第一次从根本上变革了人际教学通信工具或手段,将教育、教学与学习从学校校园课堂集体面授教学的时空局限中解放出来,革新了传统教育,催生了远程教育,使得教育、教学与学习更加开放、灵活、多样化、个性化。上述变革与发展已经在许多重要国际文献中有所反映。查尔斯·赫梅尔博士在为国际教育局写的研究报告《今日的教育为了明日的世界》(1977)里,援引了美国加利福尼亚大学在20世纪70年代中期的一份报告书《变革高等教育的战略》中的一段评论:在教育领域里的通信技术的发展构成了五个世纪以来的第一个伟大的革命。以计算机、微电子学和无线电通信技术为核心的现代信息技术,正在将教育从固定的时间、空间的束缚中解放出来,最终将整个地改变传统教学方式和教育体制。在世纪之交,信息技术的发展更加迅猛,知识经济已见端倪,人类文明史面临又一次飞跃:由工业化社会进入信息化社会。新世纪既为我们带来了机遇,也为我们带来了挑战:世界各国正迎来更加激烈的国际竞争。未来的竞争,是经济实力的竞争,科学技术的竞争,归根结底是人才的竞争,而人才的培养取决于教育。为此,世界各国对21世纪教育的发展和信息技术在教育中的应用,以及远程教育和远程学习在构建各国终身教育体制和学习型社会中的战略地位和作用都给予了前所未有的关注,努力在未来的信息社会中优先发展教育,发展基于远程教育和远程学习的全民终身教育和终身学习,这是人类走向信息化、网络化、全球化和学习化社会的必由之路。

2.1.2　信息技术与远程教育

电子信息通信技术在整个社会教育和培训中的全面有效的应用以及由此引发的教育和培训全方位的变革与创新被称为教育信息化。教育信息化主要可以分成两大领域:其一是信息技术对传统教育的影响和冲击,即学校教育信息化;其二则是信息技术催生了一类新兴的教学与学习方法乃至教育方式或体制:电子/网络远程教学、远程学习和远程教育;其三则是企业培训与终身学习信息化,即促进信息时代学习型组织和学习型社会的构建。

2.1.2.1　信息技术对传统教育的影响和冲击

信息技术在传统校园教育中的全面有效的应用以及由此引发的传统教育全方位的变革与创新被称为学校教育信息化。学校教育信息化是指:在传统校园院校中,在保持班组集体课堂面授为主的同时,信息技术被用于各类基于资源和通信的灵活多样的教与学的活动。当信息技术在校园教育中应用时,教师和学生的主要的教与学的活动依然在校园内进行,主要的教与学的资源和环境依然是在校园之中，师生都参加的班组集体课堂面授依然是整个教学过程的核心环节。但是，传统院校校园内学生可以利用的学习资源已经远远超出其所在院校的校园范围。这从根本上改变了传统教学模式。美国纽约大学校长赫伯特·兰道 1990 年曾预言，在同一校园中度过 4 年学习生涯的传统大学将要消亡。对这一预言人们可以有不同的看法。但是，由于有了信息技术，特别是以计算机和互联网为核心的电子信息通信技术，校园教育也将变得较少时空限制、更多开放灵活，通过不断的改革和发展，逐步形成一种课堂集体面授教学和基于资源与通信的远程学习（当今主要表现为网络在线学习）相互平衡、相互补充、相互促进的全新的校园混合教学模式。

2.1.2.2　信息技术催生出远程教学、远程学习和远程教育

在第 1 章"远程教育概论"1.1 节"远程教育的历史回顾——三代信息技术与三代远程教育"中我们知道，信息技术是远程教育发生和发展的技术基础。在远程教育中，各类信息技术和教学媒体被应用来为远程学习者发送教育和培训，学习者主要在院校校园外（家庭、工作场所、社区中心或其他任何地点）利用远程教育院校或其他教育机构设计开发的教学资源和环境进行学习。远程学习者可以利用的教学资源和环境主要是多种媒体的课程学习材料（从印刷材料、视听材料、计算机多媒体课件到网络课程），也可能是双向交互的远程课堂教学、包括视频会议在内的各类远程电子会议系统、计算机会议和计算机网络教学环境等。此外，远程学习者可以通过各自的个人微机接入互联网，通过计算机网络及各类教学平台软件工具开展信息交流、师生对话和协作学习，包括非实时异步通信和实时同步通信双向交互。由于远程学习者分散在校园外乃至世界各地，即使有或多或少的集体面授辅导和师生当面交流的机会，在整个教与学的过程中不占主导的地位。信息技术和教学媒体在远程教育中起着基本支柱的作用，即担当了连接、沟通和实现教与学的重组和整合的功能。因此，建立在信息技术及其开发的教学资源和双向通信机制基础上的远程教育的教学模式与应用信息技术开展的校园教育的教学模式有着不同的性质特征。信息技术在远程教育中的应用按功能领域分类主要有三种：应用于课程设计、开发与发送；应用于对学生学习支助服务与双向通信；应用于教育教学组织管理。

（1）应用信息技术开发远程教育课程

这是指教育院校（无论是专司远程教育机构还是传统校园院校）及其教师与其他教学辅导和技术人员应用各类信息技术来设计、开发和发送远程教育课程。印刷厂和出版社、视听材料制作中心和音像出版社、卫星电视发射、转播和接收系统、计算机课件设计开发的软硬件环境、计算机网络及相应的教学平

台等是课程开发和发送必备的信息技术基础设施。各学科的教学人员和教学辅助人员要经过适当的培训掌握必要的信息技术与教育技术(这里主要指各类教学媒体的使用技能和相应的课程材料的教学设计的专业理论方法和知识技能)并与教育技术、教学设计和其他技术人员一起完成远程教育课程的设计、开发和发送任务。

(2)应用信息技术实现对远程教育学生的学习支助服务与双向通信

这是指教育院校(无论是专司远程教育机构还是传统校园学校)及其教师,与其他教学辅导和咨询人员应用各类信息技术来同远程学习者进行双向通信交流,为学生提供各类学习支助服务。在远程教育中,以学生利用教育资源自主学习为主,教师辅导助学和同学协作学习为辅。在远程学习者利用多种媒体的课程学习材料等教育资源进行学习的全过程中,教育院校要组织教师与其他教学辅导和咨询人员为学生提供多种形式的学习支助服务,这就需要各种可以实现双向通信的信息技术和教学媒体。除了最常用的在学习中心的定期或不定期的面授辅导,通过邮政系统的函授辅导、作业批改和指导,以及电话辅导和咨询外,如今主要通过各种电子信息通信技术建立师生间或学生同伴间的双向通信和交流机制。比如,各类音频和视频的远程会议系统以及计算机媒介、网络教学平台支撑的各种远程双向通信机制(异步的和同步的),如电子邮件、专题讨论组、BBS论坛、聊天室和计算机会议等,以及被称为2.0版本全球网(Web2.0)的各类供学习者自由灵活地个性化自组织管理并能远程协同工作与共建共享的即时通信工具,如博客(Blog)、维基(Wiki)等。

(3)应用信息技术于远程教育的组织管理

这里主要指专司远程教育机构应用各种信息技术于教学管理、学生管理及学校其他各种管理。就教学管理而言,远程教育是一种大规模的工业化形态的教育方式,从教学计划制订到课程设置、资源分配,再到每门课程多种媒体学习材料的设计、开发和发送都有大量的组织和管理任务,只有借助包括计算机和网络在内的信息技术的帮助才能实现高效的管理。对学生管理来说,更是如此。对大量分散的远程学习者的注册登记和课程选择;作业的收集、批改、登记和返还;平时检查和考试;学籍管理、学分认定和证书发放等都要求应用相应的信息技术。对于在传统校园院校开设远程教育课程的教师而言,其教育教学的组织管理也无疑要应用信息技术。

2.1.2.3 促进信息时代学习型组织和学习型社会的构建

除了传统学校教育信息化进程和网络远程教育创新外,信息技术为企业培训、全民学习和终身学习提供了强大的物质技术基础,从而促进了信息时代学习型组织和学习型社会的构建，这是教育信息化的又一个重要领域。产业界的继续教育和企业培训开始从各类传统脱产集中面授的模式向基于计算机多媒体和互联网的数字化和网络化在职培训转换。大型的产业集团和跨国公司都设计、开发了各自的网络远程培训平台、在线培训课程及相关资源，有些甚至建立了企业电子大学或虚拟大学。各国电子商务、电子政务、电子医疗、电子传媒等的一个重要组成部分就是基于电子信息通信技术的数字化培训、人力资源开发与学习型组织构建。人类社会关于全民学习、终身学习的理想和构建全民终身教育体系的努力终于第一次看到了实现的曙光。

2.1.3　信息技术与远程教育发展史分期

在远程教育中，信息技术和远程教育分代的概念和理论对政策制定、理论研究和实践活动产生了重大的影响。我们首先讨论教育与信息技术历史演进的一般概念，随后集中探讨信息技术与远程教育分代的概念和理论。

2.1.3.1　教育与信息技术历史演进的一般概念

同加利福尼亚大学的报告书《变革高等教育的战略》一样，美国卡内基高等教育委员会（CCHE：Carnegie Commission on Higher Education）的报告书《第四次革命：高等教育中的教学技术》提出："由于新兴的电子学的潜在冲击，高等教育（和普遍的整个教育）如今正面临五个世纪以来的第一次伟大的技术革命。"该报告书还引证了恩里克·埃斯毕（Eric Ashby）确认的教育史上的四次革命：专业教师的产生，文字的发明，印刷术的发明和电子学的发展（参见表2.1）。恩里克所说的电子学的发展，更确切地说是在 20 世纪现代物理科学进步基础上发展起来的电子科学技术，也即通常所说的电子信息通信技术，简称信息技术。卡内基高等教育委员会认为信息技术这一世界教育史上的第四次革命开始于 20 世纪中期或者更早些。

如前所述，本书在两种含义上使用信息技术这一概念术语。广义的信息技术应该包括可以用来储存、处理、传播、接收和呈现各类信息的技术。因此，广义地说，文字、纸张、印刷术都是信息技术的重大发明和进步。而狭义的信息技术（有时称之为现代信息技术）专指 20 世纪中叶以来发展起来的电子信息通信技术（EICTs：Electronic Information and Communications Technologies），简称信息通信技术（ICTs：Information and Communications Technologies）或信息技术（IT：Information Technology）。严格而言，传统印刷技术和早期视听技术并不是电子信息通信技术。例如早期视听技术中的照相、电话、幻灯、电唱、投影等可以称之为电教媒体（需要电力作为能源和动力），但并非电子技术发展的产物。电子技术是在 20 世纪初物理学发现了电子之后，特别是在技术上成功地发明、改进和应用了电子管、晶体管和集成电路后才飞速地发展起来的。但是，当今成熟形态的印刷技术和视听技术都可以看做是电子信息通信技术，即信息技术(IT)的一部分。例如，众所周知，如今主流印刷技术已经超越传统的活字印刷而走向激光排版、照相制版、大型计算机排版印刷集成系统、微型计算机桌面编辑排版印刷系统，以及各种各样的计算机打印、复印、胶印技术。此外，从光学投影到实物投影、计算机投影；从光学幻灯到音频图像系统，到计算机投影幻灯；从电话到电话会议，到无线移动电话和可视电话；从光学照相和电唱到电影、录音录像，到广播电视和卫星电视，到各种激光光盘技术，到数字音频和视频技术和数字照相、数字摄影技术，到各种音频会议和视频会议，到计算机多媒体等；从电话网到光缆和卫星电子通信网，到各种计算机网络等。所以，我们可以认为 20 世纪中叶以来发展至今的电子信息通信技术已经包容了人类历史上几乎所有的信息技术成就，因此可以简单地称之为信息技术。

依据信息与传播学理论，可以将人类社会的信息传播与交流的发展史分为三个时期：个体交流时期(个体或人际信息直接交流的时期)，组织交流时期(社区和社会组织内外信息传播和交流的时期)和全球交流时期(全球化大规模快速信息流传播和交流的时期)。综合多方面研究成果，本书作者丁兴富于 2001 年提出教育和教学方式、信息技术和教学媒体以及人际信息交流的发展史基本分期(表 2.1)。

表 2.1　教育、信息技术和信息交流发展史基本分期　　(丁兴富，2001)

教育史上的 5个时期	起始标志	主要教学媒体	主要教学方式	信息交流 史分期
萌芽时期(教育尚未从一般社会活动中分离出来)	从猿到人，人类语言与人类社会开始形成	语音、语言、表情、手势、姿势；图画、图形符号	长幼之间、氏族社会和家庭成员之间的言传身教、口耳相传	
独立时期(教育开始分离为一种独立的社会活动)	专业教师出现	教师、语言；象形符号和表意符号(文字前身)	氏族社会中分化出专业教师对年青一代言传身教	个体 交流 时期
读写时期(除语言外，文字读写成为教育的主要任务、文化或文明的主要内涵)	文字体系发明	教师、语言；文字、早期书写物(泥、石、皮、骨、竹、木、织物、草纸等)	官学；私学；家庭教育	

续表

教育史上的 5 个时期	起始标志	主要教学媒体	主要教学方式	信息交流 史分期
学校教育时期(基于校园课堂集体面授的学校教育成为发展的主流)	纸张和印刷术发明,书籍报刊及其出版发行、公共服务系统(邮政、书店、图书馆)的形成	教师、语言; 文字、纸张; 印刷物(书籍报刊——手抄本、雕刻版本、活字印刷本)	私学学塾; 学校教育,班级授课; 阅读印刷物; 家庭教育	组织 交流时期
教育扩展时期(学校教育和社会教育、面授教育和远程教育、职前教育和成人教育相互促进、共同发展,构建终身教育体系和学习型社会)	现代信息通信技术(视听技术、大众媒介、电子信息通信技术、数字技术)的诞生和发展	教师、语言; 文字、纸张;书籍报刊等印刷物; 视听技术和大众媒介媒体(照相、幻灯、电话、电唱、投影、电影、播音、电视、录音、录像等); 电子信息通信技术和数字技术(卫星、光纤、光盘、计算机、网络,等等)	传统学校的面授教学; 传统学校的电化教学; 远程教育,开放学习; 成人教育,继续教育; 社会教育,家庭教育; 终身教育,终身学习; 学习型社会	全球 交流 时期

　　从表中可见,教育发展史上的最后一个时期,教育扩展时期,正是教育史上的第四次革命——电子信息通信技术发生和发展的时期,是建立在电子信息通信技术基础上的各类教学媒体(包括大众传播视听媒体和计算机多媒体与网络)发明和发展的时期,对应了人类社会的全球化信息传播和交流时期。自 20世纪中叶以来的这一时期,社会各类信息急剧增长,信息传播多样化、迅速化、立体化、全球化(即所谓地球村的概念)。教师不可能是精通各学科的全才,书本知识的陈旧率大大加快。青少年所受的教育不再能一劳永逸,需要实施全民终身教育和终身学习。教育革新势在必行,新的教育体制正在形成。学校教育信息化和远程教育都在这一时期获得了巨大的发展,对整个教育转型和重构产生重大的影响。

2.1.3.2　三代信息技术与三代远程教育的概念和理论

　　上述教育史分期是对整个人类教育而言的,涵盖了整个人类文明史。在进入现代信息技术发展的时期后,人们依据信息技术和媒体的发展作出进一步的时期划分。在国际新闻传媒界,已经提出将互联网和信息高速公路作为继报刊(印刷技术)、电台(音频技术)、电视台(视频技术)之后的一种新的信息技术和媒体（计算机网络技术）。联合国新闻委员会在 1998 年 5 月举行的年会上正式提出"第四媒体"的概念。前联合国秘书长安南在会议上指出，在加强传统的文字和音像传播手段的同时，应利用最先进的第四媒体——互联网，以加强新闻传播工作。包括互联网在内的信息技术被看做是知识经济的支柱。电子商务（e-Business）、电子政务（e-Government）、电子医疗（e-Medicine）、电子娱乐（e-Entertainment）同电子传媒（e-Media）等一起给包括新闻传播在内的几乎所有产业带来一次重大变革。

在远程教育界，则将在现代电子信息通信技术基础上发展起来的新一代教育称为电子学习或网络学习（e-Learning，Tele-Learning），对应的数字技术媒体称为知识媒体（Knowledge Media）或智能媒体（Intelligent Media）。英国开放大学已经在其享有盛名的教育技术研究所（IET：Institute of Educational Technology）之外成立了知识媒体研究所（KMI：Knowledge Media Institute）。该研究所的马克·爱森斯坦特（Marc Eisenstadt）引进了知识媒体这一名称，用来描述计算机、电子通信和认知科学汇合发展的结果。他深信，当代技术同学习理论的综合将从根本上改变人类和知识的关系，因为知识媒体与知识的获得、储存、传输、共享、介入、创造、结合和综合紧密相关。知识媒体并不仅仅是一种技术形式，它还涉及表现风格、用户接口、可介入性和相互作用等。英国开放大学正在应用新信息技术和知识媒体探索全新的受支助的开放学习（Supported Open Learning）模式，革新课程发送方式，使课程材料的设计开发更多样、更快捷、更有效，极大地丰富和促进对学生的学习支助服务和双向通信交流，革新和完善研究和管理。

本书第 1 章 1.1 节即引进了主要由伽里森（1985）、尼珀（1989）和贝茨（1991）提出、经丁兴富引进并发展的三代信息技术和三代远程教育的概念和理论。这是针对远程教育发展提出的一种特定的分类，有助于对远程教育各种形态及其发展趋势的把握。在 1990 年委内瑞拉首都加拉加斯召开的国际远程教育协会第 15 届世界大会上，美国科罗拉多大学的约瑟夫·佩尔顿（Johnseph Pelton）博士发表了题为"技术和教育：朋友还是仇敌？"的主报告。文章从信息科学和通信理论、教育技术和传播学、教育社会学和文化论、未来学等多学科观点出发，全面考察了"电子远程教育（Tele-Education）"的历史、现状和未来，考察了这一新教育形态及其核心技术的潜在功能和潜在危险，考察了电子远程教育与传统教育及佩尔顿称之为"传统远程教育"（Distance Education）的关系。佩尔顿以广阔的视野、高屋建瓴的立论和深层次的思考论述电子远程教育（即第三代远程教育）对传统远程教育（即前两代远程教育）的发展和前景。当时在加拿大不列颠·哥伦比亚首府温哥华的开放学习联合体任国际开发部执行主任的东尼·贝茨博士发表了题为"第三代远程教育：新技术的挑战"的论文对佩尔顿的文章进行了商讨。贝茨的文章代表了当代国际远程教育界的主流观点。他引证并发展了尼珀(1989)关于三代远程教育的论述。并指出远程教育面临新技术，即电子信息通信技术迅猛发展的冲击和挑战。贝茨的论文对第二代工业化形态的远程教育和第三代双向交互的电子远程教育的成本结构和质量控制问题展开了比较分析，还论述了第三代信息技术和远程教育在发展中国家的现状和前景。从 20 世纪 90 年代初起，丁兴富即开始引进并发展三代信息技术和三代远程教育的概念和理论。

2.1.3.3　对信息技术与远程教育分代概念和理论的进一步探讨

在对三代信息技术和三代远程教育的分类上各位学者并不一致。伽里森(1985)对远程教育中三代信息技术的划分是：函授、电子通信和计算机。除了印刷、邮政服务和运输技术外，他将电话、广播电视和录音录像等通信技术以及使用上述多种通信技术进行多种媒体教学的开放大学都归并在第一代函授教育中。于是，伽里森所指的第二代远程教育建立在可以实现双向实时同步通信的各类电子远程通信会议系统上，主要包括双向音频会议和双向视频会议(以及音频图像系统)。伽里森将计算机以及基于计算机的多媒体、计算机会议和网络技术等单列为第三代信息技术，可以支持异步或同步双向通信。尼珀对三代远程教育及其通信技术基础的划分是：函授为第一代；函授加上广播电视、录音录像和部分计算机技术是第二代；第三代则建立在电子通信和计算机技术(包括音频会议、视频会议、计算机会议和计算机网络)上，具有双向通信的特征。贝茨主要依据尼珀的分类，但他将第一代主要界定为基于单一媒体技术的函授教育，可能以印刷材料为主，也可能以广播或电视为主。他将第二代界定为多种媒体教学的大规模的工业化形态，但仍以印刷材料、广播电视、录音录像这类单向通信技术媒体为主，还包括初期的计算机辅助教学技术，开放大学是第二代远程教育的主要代表。第三代的界定与尼珀的一致。由此可见，尼珀界定、贝茨基本认同的三代信息技术和三代远程教育代表了当今国际远程教育界的主流观点。伽里森的第一代，相当于主流观点中的第一、第二两代，而伽里森的第二、第三两代合在一起相当于主流观点中的第三代。

到 20 世纪 90 年代中后期，泰勒提出并发展了四代信息技术和远程教育的理论(1995，1997)。他保持了尼珀和贝茨的主流观点中的第一和第二代界定，而将主流观点中的第三代进一步划分成第三代"远程学习"(相当于伽里森的第二代：双向电子通信技术)和第四代"灵活学习"(相当于伽里森的第三代：基于计算机的通信技术)。金伯格(Ginsburg，1998)等也提出，依据双向交互的程度将计算机网络技术分成三代：第一代是网络信息资源的发布或获取技术，即单向地提供或搜索资源，包括各种资源、网站、数据库之间的超链接；第二代是网络双向异步、非实时通信，即通过计算机网络实现电子邮件、电子公告栏、网络练习和测试、计算机会议等多种技术；第三代是网络双向同步、实时通信，即通过计算机网络来实现网上交谈、网络电话会议、网络视频会议、视频点播系统（VOD）以及多用户多维系统（MUDs）和多用户面向对象系统（MOOs）等多种技术。后来，泰勒(2001)进一步发展并提出了他的五代信息技术与远程教育的概念和理论。表 2.2 是泰勒提出的五代远程教育模式理论模型。

表 2.2　五代远程教育模式理论模型　　　　　　　　（泰勒，2001）*

远程教育模式 及其相关发送技术	发送技术的特征			高质量 的材料	高度的 交互性	机构实现零 可变成本
	灵活性					
	时间	地点	进度			
第一代 函授(Correspondence)模式 　印刷	是	是	是	是	否	否
第二代 多种媒体(Multi-media)模式						
印刷	是	是	是	是	否	否
录音带	是	是	是	是	否	否
录像带	是	是	是	是	否	否
基于计算机的学习(CML/CAL/IMM)	是	是	是	是	是	否
交互视频媒体(盘或带)	是	是	是	是	是	否
第三代 远程学习(Tele-Learning)模式						
音频会议	否	否	否	否	是	否
视频会议	否	否	否	否	是	否
音频图像通信	否	否	否	否	是	否
广播与电视＋音频会议	否	否	否	是	是	否
第四代 灵活(Flexible)学习模式						
在线交互多媒体(IMM)	是	是	是	是	是	是
访问互联网的全球网(WWW)资源	是	是	是	是	是	是
计算机媒介通信	是	是	是	是	是	**否**

续表

远程教育模式 及其相关发送技术	发送技术的特征					
	灵活性			高质量 的材料	高度的 交互性	机构实现零 可变成本
	时间	地点	进度			
第五代						
智能灵活学习(Intelligent Flexible)模式						
在线交互多媒体(IMM)	是	是	是	是	是	是
访问互联网的全球网(WWW)资源	是	是	是	是	是	是
自动应答计算机媒介通信	是	是	是	是	是	**是**
校园网访问院校教学过程和资源	是	是	是	是	是	**是**

　　[＊ 译自詹姆斯·泰勒"第五代远程教育"(2001)。德国杜赛尔多夫国际开放与远程教育协会(ICDE)的 20 届世界大会上的主报告。]

　　从表 2.2 可知，泰勒五代模型中的第一代和第二代与尼珀三代主流模型中的前两代基本一致。随后，泰勒将尼珀、贝茨、丁兴富等认同的三代主流模型中的第三代远程教育细分为第三代、第四代、第五代。泰勒五代模型的第三代与伽里森三代模型的第二代基本相当，而前者的第四、第五代则与后者的第三代大致相当。泰勒五代理论模型的另一个特点是将每一代技术媒介的远程教学模式的特征加以对比。除了关注于远程教学两大功能——学习材料教学资源的高质量以及学习支助服务双向交互的高度有效性外，特别关注各代远程教育模式的开放性和灵活性(对于时空与进度)。表 2.2 最后一栏是远程教育院校机构能否实现零可变成本(详见第 6 章)。这也正是贝茨和鲁姆勃尔(Rumble)等学者在讨论主流模型中第三代网络远程教育时给予特殊关注的重点。泰勒希望通过电子学习或网络学习(e-Learning)的自动化以及构建虚拟校园，即将传统校园院校的优质教学过程和资源通过互联网实现开放与共享来解决网络远程教育中零可变成本的渐近问题。为此，泰勒特意在表格中标注了一处黑体"否"和两处黑体"是"，表明他划分第四、第五代远程教育模式的理由。

　　然而，我们还是有更多的理由坚持三代信息技术与三代远程教育的主流理论。各国学者提出的各类理论模型均是从他们熟悉的远程教育实践中抽象得到的，必定带有某种地域甚至特定文化的特色。例如表 2.2 中的远程学习(Tele-Learning)模式，在有些国家和地区比较发达，而在另一些国家和地区则很少发展。既然是分代理论，就应该与远程教育的发展历史有较好的对照，并且要体现普遍性。世界远程教育发展史表明：第一代印刷通信技术与函授教育起始于 19 世纪中叶，第二代大众视听技术与开放远程教育起始于 20 世纪中叶，而基于电子信息通信技术的第三代网络远程教育起始于20世纪末叶，至今仅有20年左右的历史，将它们再细分为三代(第三、第四、第五代)是不适合的。无论是金伯格依据双向交互程度将网络远程教育分为单向发送资源、双向异步通信和双向同步通信三类，还是泰勒依据灵活性与智能化程度细分为远程学习、灵活学习和智能灵活学习三种模式，都是欠妥的。事实上，上述各种模式在不同国家和地区是在不同时期交叉发展起来的，其重要程度也各不相同。它们在时间上是同一时代发生和发展的；更重要的是，它们都是电子信息通信技术在教育和培训中的应用，只是使用的技术工具和方式及其功能不尽相同而已。所以，应该将它们看做是第三代网络远程教育中的多种模式。就是说，第三代远程教育表现出比前两代更丰富的模式多样性。至于未来，还要看网络远程教育的发展。比如，目前在网络远程教育中依然是以单向发送资源和基于文本的双向异步通信为主流模式，将来基于语音的互联网双向同步通信以及桌面和移动的视音频双向通信模式终究会发展起来，甚至会取而代之成为主流。此外，无线网络与移动通信也将迅速发展并广泛应用于教育，移动学习(m-Learning)与泛在学习(u-Learning)正在成为数字学习的新潮流，网络远程教育的开放性、灵活性和智能化也会越来越高，综合各种研究成果，得到以下三代信息技术和三代远程教育的分期表(表2.3)。

表2.3 三代信息技术和三代远程教育分期表

分期	起始年代	远程教育	信息技术	主要媒体
第一代	19世纪中叶	函授教育	传统印刷技术、邮政运输技术、早期视听技术	印刷材料 照相、电话、幻灯、电唱、投影、录音、电影、早期播音
第二代	20世纪中叶	多种媒体教学的开放远程教育	单向传输为主的电子信息通信技术	大众媒体(广播电视、卫星电视) 个人媒体(录音录像、光盘、微机) 远程电子通信(始)、计算机辅助教学
第三代	20世纪末叶	网络远程教育	双向交互的电子信息通信技术	远程电子通信(续)、无线移动通信、计算机多媒体、计算机网络、知识(智能)媒体、虚拟现实

对于从20世纪末叶起的第三代信息技术(双向交互的电子信息通信技术)和第三代远程教育(网络远程教育)，可以进一步划分为多种类型(见表2.4)。确切地说，信息技术的这些不同的类型并不代表时间上前后相继的代的关系，而是几乎在同一时期发生和发展，同时在教育和培训(校园教育、远程教育、企业培训)中得到应用并发挥着不同的教学功能，而且表现出较多的地域和文化差异。

表 2.4　第三代远程教育（网络远程教育）应用的电子信息通信技术

第三代信息技术主要类型	主要技术构成	教育应用典型技术举例
电子通信技术	同轴电缆、光纤、卫星、数字微波、无线移动通信；数字数据（DDN）通信、异步传输模式（ATM）与帧中继（FRN）通信、分组交换通信（PAC），宽带综合服务数字通信（B-ISDN）等	直播远程课堂、双向交互数字卫星电视；音频会议、视频会议、音频图像；视频点播、多媒体数据流卫星广播、（VBI）技术
计算机与网络技术	多媒体和超媒体；网络技术：局域网、广域网、互联网（TCP/IP 协议集）、全球网（WWW）、信息高速公路、空间互联网、无线网络、移动通信等	计算机多媒体；网络多媒体；网络资源发布和搜索；网络非实时异步通信；网络实时同步通信；移动学习；泛在学习
综合技术	人工智能；知识媒体；智能代理；数据挖掘；虚拟现实技术；国家信息基础设施（NII）；全球信息基础设施（GII）等	知识管理、虚拟教室、虚拟图书馆、虚拟实验室、虚拟校园、虚拟现实、全球虚拟大学

2.1.3.4　网络远程教育的未来

在互联网时代构建的未来教育大格局中，网络远程教育占有举足轻重的地位。网络远程教育的信息通信技术基础将继续不断地得到发展、提升和革新。凭借网络教育和培训实现全民终身学习的思想理念将更加深入人心且日益得以实现。以人为本、以学习者为中心、注重自主学习和协作学习的理念和策略将在网络远程教育中得到日趋完善的实现。网络远程教育在传统教育学校中将占有重要的地位。校内注册学生将不再可能整日在校园课堂中接受讲课式的面授教学。各类基于网络的在线课程和在线资源将与日俱增、越来越丰富。各类网络教学与在线学习平台将越来越友好和高效，帮助师生开展各类同步和异步的教学通信与交互，实现各类自主学习和协作学习。由专司教育机构和各类产业和各种企业组织实施的网络远程教育将成为继续教育和终身教育的主力军。网络远程教学与网络远程学习还将成为构建学习型社会和学习型组织、开展全民终身学习的战略选择和主流形式。各类民营的、私立的网络远程教育和培训机构以及网络教学与网络学习技术和内容服务提供商也将越来越兴旺。网络远程教育将更加产业化、市场化、全球化，并且为信息时代知识经济的提升、社会物质文明与精神文明建设的发展作出更大贡献。

2.2 技术媒介的远程教学

本节论述技术媒介的远程教学。首先分析比较人际面授教学与技术媒介教学，并进一步将技术媒介教学划分成技术环境中的面授教学和技术媒介的远程教学两类，指出教育技术学和教育传播学对研究技术媒介的远程教学的理论指导意义。随后，逐步深入地探讨了远程教育中的教育资源、教学媒体的作用性质与分类、媒体教学功能分析以及围绕教学媒体本质的争论。

2.2.1 人际面授教学与技术媒介教学

由上一节表2.1可知，人类教育史的前三个时期(萌芽、独立、读写)相当于人类历史的远古和中古时代，对应信息交流史的人际交流时期，教学以人际面对面口语交流为主。更确切地说，人际面授教学是基于人类自然语言(口语与动作)——口头语言、面部表情、肢体语言的教与学。到读写时期，文明世界各国的文字体系已经成熟，书写材料已经发明并开始应用于记录和传播知识，并用于教学。但是，书写材料主要依靠个人创作或抄写，传播的规模(数量、范围)较小，其教学效率和效用也很有限。所以，无论是东方中国春秋时代的老子、孔子、墨子，还是西方古希腊罗马时期的苏格拉底、柏拉图、亚里士多德，以及后来东西方的书院、经院教学，都是以人际面授口语交流为主。及至教育史的第四个时期(学校教育)进入了信息交流史的组织交流时期，印刷技术及相应的书刊出版发行逐步成熟、发展、普及，为近代学校教育的发生和发展奠定了基础。基于印刷文本材料的学习开始变得重要起来，这是技术媒介教学的第一次重大进步。第一代远程教学即函授教学就是建立在这种以书写与印刷文本材料为中介的技术媒介教学的基础上。然而，整体而言，学习经验的核心和基础依然是师生间的人际面授教学，即班级集体课堂授课制，人类自然语言即口语依然是教学的主要或第一媒介。以上是人类教育史上的传统教育时期，也是传统教育学的主要研究对象和研究领域。

仅仅到了一个多世纪以前人类教育史的最近这个时期即教育扩展时期，随着现代信息通信技术(视听技术、大众媒介、电子信息通信技术、数字技术)的诞生和发展，技术媒介的教学才飞速发展和繁荣起来，远程教学与远程学习才真正成为可能。教育体系才开始突破学校教育、精英教育、课堂教学、面授教学的局限，向着继续教育、大众教育、成人教育、终身教育、终身学习、远程教学、远程学习不断延伸和拓展。

2.2.2　技术环境面授教学与技术媒介远程教学

第 1 章对远程教育概念定义的讨论表明，在远程教学中，师生在时空上相对分离，教与学的行为通过各种信息通信技术和媒体资源实现联系、交互和整合。从教育发展史可以看到，技术媒介教学从一开始就发生在两种不同的情境中：师生人际面授教学的情境中，以及师生时空分离远程教学的情境中。事实上，自从文字、纸张、印刷术发明发展起来以后，师生时空分离状态下的远程学习与远程教学就开始萌芽和发展起来。东西方世界均有许多流传至今的由学者教师编撰、在社会各类人群中传播自学的各类经典著述。而近代学校校园课堂面授教学在人际面对面口语交流之外已经开始应用技术媒介教学，如印刷课本、黑板粉笔、模型教具、视听媒体等技术环境。我们将人际面授情境中的技术媒介教学称为技术环境面授教学，将师生时空分离情境中的技术媒介教学称为技术媒介远程教学。于是，可以将教学形态分为人际口语面授教学、技术环境面授教学以及技术媒介远程教学三类。近现代以来，学校教学越来越从人际口语面授教学走向技术环境面授教学。而一个多世纪以来视听技术、大众媒介以及当今电子信息通信技术的崛起使得技术媒介的远程教学发展起来。越来越多的校园学生同时接受人际口语面授教学和技术环境面授教学，并开始选择参与以在线课程和在线学习为主要形式的技术媒介远程教学。而远程教育中也并不排除人际口语面授教学中以技术环境面授教学的成分。这就是通常所说的混合学习。

更深入的研究分析表明：随着电子信息通信技术的发展，在工业经济时代的现代工业社会中，技术媒介的教学主要是基于单向传播的大众媒介（广播电视）技术的大众化的远程教育，适应大规模生产和大众化消费的工业社会经济；进入知识经济的后现代信息社会以来，双向传播的电子信息通信（计算机多媒体及网络等）技术发展起来，个别化、个性化、分布式的开放灵活的远程学习成为主流，适应了信息社会、知识经济、终身学习的需要。而且，在学校教育中面授教学与网络学习相互结合、相互补充，传统教育与远程教育交会，混合学习开始发展起来。

2.2.3　教育技术学与教育传播学

在远程教育中，远程教学与远程学习是师生时空分离情境中技术媒介的教学，所以，远程教育学研究要应用教育技术学和教育传播学的研究成果。

"教学技术是为了促进学习，对有关的过程和资源进行设计、开发、利用、管理和评价的理论和实践"［美国教育传播与技术协会（AECT：American Association for Educational Communication and Technology）教育技术 1994 年定义］；或者，"教育技术是指通过创建、运用和管理适当的技术过程和资源来促进学习和提升绩效的研究和符合职业道德规范的实践"［美国教育传播与技术协会（AECT）教育技术 2005 年定义］。教育技术学理论体系的逻辑起点是"借助技术的教育"（何克抗）或"基于技术的学与教"（丁兴富）。在远程教育中，上述借助技术的教育或基于技术的学与教，其过程和资源，是在师生时空分离的情境中开展和实现的，所以是技术媒介的远程教学。既然远程教学与远程学习是技术媒介的教与学，就要研究在师生时空分离情境中的教学资源和教学过程的设计、开发、利用、管理和评价，要探讨远程教育中资源、媒体与环境，技术与媒体，硬件与软件以及课程材料等基本概念。

教育是一种特殊的社会传播活动。我们可以定义教育传播学是有关师生间教学信息和教学行为的发送、传递、接受以及交互作用过程的创设、实施和管理及其对教学产生的效果进行评价的理论和实践。传统学校教育面授教学主要是师生双边人际直接交流传播，远程教学与远程学习则主要是师生时空分离情境中技术媒介的教育传播，及技术媒介的师生双向人际间接交流。

2.2.4　远程教育中的教学资源

2.2.4.1　资源、媒体和环境

教育资源、教学资源和学习资源是意义接近的术语。在教育技术和远程教育中，资源（Resources）包括了媒体（Media）和环境（Environment）。媒体表示所有应用于教与学过程的实物资源，可以划分为两类：硬件和软件，也称为工具与材料。环境表示所有有利于教与学的环境资源，包括各类社会实践活动、人际交流、现实或虚拟情境等。资源则表示所有可被教与学利用的实物媒体和活动环境。

2.2.4.2　技术与媒体，硬件与软件

在教育技术和远程教育中，人们还经常提及技术（Technology）和媒体

(Media)，如印刷技术和印刷媒体、视听技术和视听媒体、电子技术和电子媒体等。在这里，技术是相对于科学而言的，是在科学的基础上创造的人类知识和技能体系(智能形态的技术)、发明的人造工程和工具体系(物化形态的技术)，其宗旨在为人类生活的某个领域提供产品和服务。所以，成熟的技术构成人类社会的一种专业(行业)活动，有特定的专业知识和技能组成，并有相应的工艺产品。这些专业知识和技能体系有时也称为工程、工学、工艺、技巧、技艺等。信息技术中的印刷技术、视听技术、电子通信技术、计算机技术都是如此，计算机技术中的多媒体技术和网络技术也是如此，即技术的领域是分层次的。媒体就是物化形态的技术，即在相应智能技术基础上开发的工具、产品与服务。比如，与印刷技术对应的印刷媒体是指印刷产品(书籍报刊等)及其出版发行。与视听技术对应的视听媒体(或音像媒体)是指视听产品(或音像制品)及其发行、放映和广播。从信息论、传播学和教育学的观点来看，教学媒体就是记录、存储、处理、加工、传输、接收、调节、呈现教与学的信息的实物材料、设备和设施。更具体的，实物媒体通常进一步划分为硬件和软件两大类。媒体硬件是指记录、存储、创作、处理、加工、传输、接收、调节、呈现教与学的信息的设施、设备与工具[如各类印刷器械、照相器械、录音录像器械、多媒体计算机、通信卫星、卫星工作站、各类电子通信网络、计算机网络(如互联网与全球网)]等；而媒体软件则指记录存储有教与学信息的实物载体即实物材料[如印刷材料(书刊)、音像材料(盒带)、多媒体光盘、广播电视教学节目、卫星传输视音频节目、卫星传输多媒体数据、网络(Web)课件、流媒体课件、主题网站等]。

2.2.4.3　课程材料、教学材料、学习材料；网络学习平台

在计算机软件中，有系统软件与应用软件、通用软件和专业软件之分。在教学软件中，那些为特定课程、特定学生制作的特定教学目标、特定教学内容软件通常称为课程材料(Course Materials)、教学材料或教材(Instructional Materials/Teaching Materials)、学习材料(Learning Materials)。在第二代开放与远程教育中，由课程组统一设计、开发、制作、发送的特定包装的多种媒体课程材料称为"教学包(Instructional Package/Teaching Package)"或"学习包(Learning Package)"。而在计算机教学中，为特定课程设计开发的计算机辅助教学和多媒体教学软件称为课件(Courseware)。在第三代网络远程教育中，通过特定的计算机网络教学与管理系统及相应的学习资源和通信工具集成网络课程的技术支撑平台，简称网络学习平台(e-Learning Platform)。网络学习平台是由各类技术支撑工具集成的通用软件系统，可以帮助远程教学师生设计开

发、加工处理、存储传输、获取呈现包含课程教学(学习)内容信息的网络教学
(学习)资源(材料)。

2.2.5　教学媒体的作用性质与分类

2.2.5.1　教学媒体的作用性质

在论述教学媒体的分类之前,有必要考察学习中教学信息的获取和加工过
程。哲学认为学习是一个实践—认识—再实践的过程。心理学认为,学习就是
人体通过五官(眼、耳、鼻、舌、口)获取外界信息,将它们传输到大脑中枢,
经过感觉、知觉、短时记忆、长时记忆诸阶段以及从感性到理性、从具体到抽
象、从现象到本质的思维活动,进行归纳和演绎、分析和综合、推理和评价等
思维加工过程,实现由概念、判断、理论构成的理性认识的认知建构。而语言
文字正是人类思维活动及其达成的理性认识的表象体系。心理学科学实验的研
究结果表明:各种感官对人体获取信息、建构知识所作贡献的相对比率是不同
的。其中,视觉约占83%,听觉约占11%,嗅觉约占3.5%,触觉约占
1.5%,而味觉约占1%。心理学对记忆效率的研究结果表明,单靠视觉获得
的知识,平均3小时后约能记住70%,3天后约能记住40%;仅靠听觉获取
的知识的记忆率较低;而视听觉同时并用获取的知识,平均3小时后约能记住
90%,3天后约能记住75%。上述实验数据是一种简化的平均的统计结果,对
它的理解不可太绝对。但这些数据确实为多种媒体教学提供了有力的支持。这
些心理学研究成果与人体解剖学事实也是基本一致的。人眼有400多万条视觉
神经,而耳朵则有6万多条听觉神经通向大脑。眼视耳听是五官中功能最强、
最灵敏的。我国常说的"聪明"就是指的耳聪目明。教学媒体是传递和呈现教学
信息的载体,它们最终都要作用在人体的五官上,引起感觉、产生知觉、激发
认知。教育技术界认为,在某种意义上,教学媒体是人体感官和大脑的扩展、
延伸和加强。其中,主要是引起视觉和听觉的视听媒体和模拟人脑功能的计算
机媒体和其他知识媒体或智能媒体。所以,在教育技术学和远程教育学中,主
要研究呈现视觉和听觉信息、引起人类视觉和听觉的视听媒体,以及模拟人脑
功能的计算机媒体和其他知识媒体或智能媒体。

2.2.5.2　教学媒体的分类

对于教学媒体,可以有多种分类准则和分类体系。依据媒体受众的多少可
以分为宏媒体和微媒体,其终端就是面对社会大众乃至全球的大众媒体(如报
刊、播音、卫星电视和因特网)和供单个用户使用的个人媒体(如电话、盒式录

音/录像机、光盘机和个人电脑)。依据媒体的技术含量和结构化程度可以划分为复杂(高级)媒体和简单(低级)媒体。依据用户对媒体是否可以实现控制而划分为可控媒体和非可控媒体。依据媒体是否需要经过发射和接收分为广播(播放、放送、以太)媒体和非广播媒体。依据媒体是否需要联网和在线而分为网络(在线)媒体和单用户(单机)媒体等。在分析和研究不同的课题时可能需要不同的媒体分类。例如传播学的奠基人、美国的施拉姆(Schramm)就发表过题为《大媒体和小媒体》的专著(1977)。大媒体指利用较高级而复杂的技术、成本较高的媒体,小媒体指利用较简单而成熟的技术、成本较低的媒体。施拉姆鼓励使用和发挥小媒体的功能。英国开放大学的爱森斯坦特和丹尼尔则强调知识媒体对远程教育跨世纪更新和发展的重大作用。但是,历史上没有高等媒体和低等媒体、好(优)媒体和差(劣)媒体之分。这涉及对教学媒体的本质及其教学功能的深刻理解,本节后面将会有讨论。

依据对教学媒体作用性质的讨论以及文献中各种媒体分类方法,本书采用以下教学媒体分类体系。

(1)传统媒体

①教师(人体及其发音、表情、运动器官和组织,传递语音、口形、表情、手势和姿势等信息;事实上,除语音外其余被称为肢体语言,其中以手势为主发展出哑语)(关于是否应该将教师归入媒体及其分类体系是有争论的);

②书写媒体(纸张、笔墨、卡片、图画、笔记、教案、黑板加粉笔等);

③印刷媒体(书籍报刊、图表图形图画、地图、照片图像等);

④教具媒体(实物、标本、模型、各种功能显示板等)。

(2)视听媒体(有时称为电教媒体,即通常需要以电力作为能源和动力。大多数是电子学革命后的产物,少数早期视听媒体在电子学革命后也大多有了技术上的革新和发展)

①光学媒体(幻灯、投影、无声电影等);

②音响媒体(有线电话、无线移动电话、有线广播、无线广播、电唱、扩音、录音、组合音响等);

③文字图像媒体(电报、传真、电传、文字处理机等);

④音像媒体(电影、电视、录像、声像同步幻灯、音频图像、传真电话等);

(3)电子媒体(电子信息通信技术的产物)

①计算机媒体(计算机辅助教学、计算机辅助学习、基于计算机的培训、计算机多媒体等);

②网络媒体(各种介质各种类型的电子通信、数据传输、各种类型的计算机网络等，包括卫星数字电视通信网、光缆有线电视网、双向视频会议系统、局域网、校园网、城域网、广域网、互联网、信息高速公路、移动通信网、移动互联网等)；

③虚拟现实(虚拟校园、虚拟教室、虚拟实验室、虚拟图书馆、虚拟现实教学系统、虚拟现实培训系统等)。

上述第三类电子媒体有时也称为知识媒体或智能媒体，因为其中包含了人工智能技术。而且，事实上，第三类媒体基本上是建立在各种技术会合的基础上的综合媒体。例如，计算机多媒体显然已经将印刷媒体和各类视听媒体的功能包容在其中了。至于网络媒体和虚拟现实更是建立在高度智能化和高度综合的技术基础上的系统媒体。

前面说过，教学媒体是人体感官和大脑的扩展、延伸和加强。由上述分类可见，书写媒体、印刷媒体、目视媒体、光学媒体和文字图像媒体都是传递视觉信息，可看作是人眼的延伸和强化，统称为视觉媒体。音响媒体传递听觉信息，可看作是人耳的延伸和强化，称为听觉媒体。音像媒体则同时传递视听觉信息，可看作是眼耳的延伸和强化，称为视听媒体。而计算机、网络和虚拟现实则不仅传递视听觉信息、而且替代并加强了人脑的部分功能，可看作是人脑的延伸和强化，称为知识媒体或智能媒体。

2.2.6 媒体教学功能分析

在远程教育中，技术媒介的教学的效果在很大程度上取决于教学设计与开发，而技术媒介的教学设计与开发的要点之一是教学技术与媒体的选择与组合。为此，首先需要深入研究技术媒介教学中的各种技术媒体的教学功能特征。"媒体教学功能分析系统方阵图"(见图2.1)以图示形式展示了一种远程教育中技术媒介的媒体教学功能分析系统。

方阵图中间部分展示了技术媒介的媒体教学的8个功能维度，它们2个为一组，与外围列出的4个教学设计范畴对应：

①表现力及②认知目标，与教学设计中的课程范畴对应；

③参与性及④控制交互，与教学设计中的教学范畴对应；

⑤受众面及⑥成本结构，与教学设计中的资源范畴对应；

⑦设计要求及⑧使用技能，与教学设计中的师生范畴对应。

远程教育中和技术媒介的媒体教学功能相关的媒体选择与组合以及教学设计与开发将在第3章中展开讨论。

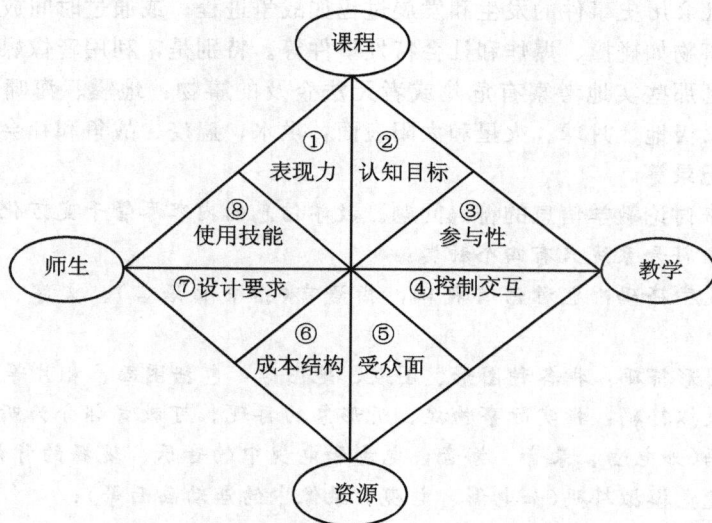

图 2.1   媒体教学功能分析系统方阵图(丁兴富，1989)

[资料来源：依据丁兴富等《多媒体教材的设计和评估》(1989)改编。]

2.2.6.1   表现力

媒体的表现力是指媒体呈现教学信息的特征，是媒体教学功能的主要因素。

媒体的表现力通常可以从以下三方面进行考察：

● 媒体呈现的信息作用于何种感官？

● 媒体对空间、时间、运动、色彩等的表现力。

● 媒体使用何种符码呈现教学信息？

媒体呈现的信息对感官的作用前面已经有了相关的讨论，不再重复。不同的媒体对事物的空间、时间、运动和色彩等的表现力及其特征差异很大。在这方面，音像媒体(如电影、电视)的表现力较强。利用视听技术和各种特技，不仅可以表现事物的实际运动变化过程，而且可以进行各种时空处理，比如慢镜头、快动作等，让人们观察到平时不易观察到的事物。不仅可以展示人体及其特定部位、肢体、组织的动作瞬间或细微变化过程，这些对某些临床医学，艺术、体育或其他劳动、操作类技能训练有益。音像媒体还可以通过空间扩缩呈现大到宇宙星系的结构演化、小到细胞和物质的原子分子结构及其运动变化；揭示某些机械与电子装置的内部结构并演示其工作原理；展示各类工业生产复杂的工艺流程和产品的成型过程。通过时间浓缩来演示动植物的生长发育过程、重大社会历史事件的发生和发展过程如战争进程；或通过时间放大展示瞬息万变的事物如碰撞、爆炸和社会特发事件等。特别是，利用音像媒体，人们可以观察到那些实地考察有危险或者无法企及的事物：地震、海啸和火山爆发，海底、极地、月球、火星和太阳表面，洪水、瘟疫、战争和社会动乱、历史事件的记录等。

现在来讨论教学信息的符码问题。教学信息的内容尽管千变万化，但所使用的符码—符号系统只有四个种类：

- 数序符码：也称语言符码，指语言（指书面语言）、文字、公式、代号等；
- 图形符码：指各种图形、图表、地图等，包括图画、相片等；
- 模拟符码：指实际事物视、听形象的再现。可教育部分为听觉模拟符码（如电唱、录音、播音，电影和电视中的音乐、现场的背景声等）和视觉模拟符码（如电影、电视、录像中的活动画面等）；
- 数字符码：专指数字电子信息通信技术中使用的符码。在数学上这是一种二进制数字系统，在电子学上对应的是"开—关"电路集成。信息技术的数字化就是指依据数字符码统一信息的变换、存储、加工处理、传输、发射、接收和转化等。

数字技术产生前，每种教学媒体可能是上述前三类符码系统的某种混合，不同的符码系统有不同的教学功能。数序符码呈现教学信息最准确、最深刻、也最经济。图形符码容易引起人们的兴趣，由图形符码呈现的信息较易存储和记忆。模拟符码呈现的信息生动形象，容易对人的感情和行为产生影响。模拟符码与其他符码结合进行的视听教学常常十分有效，而且成为特定技能训练的理想手段。数字符码的出现最晚，而且它并不能由媒体直接呈现给人体感官接受。但是，数字符码系统及数字技术的诞生导致了信息技术的重大革命，它实现了前三种符码系统与数字符码系统之间的双向转换，从而实现了对各类信息的统一的数字化存储、处理加工和传输，而且具有大容量、超高速、高保真（不失真、免干扰）的优点。经过数字符码系统和数字技术的处理后，数字符码再转换成前三种符码（数序、图形、模拟）系统由各种教学媒体呈现给人体感官接受。

2.2.6.2 认知目标

不同的教学媒体在传播知识、培养技能、开发智力和改变态度等诸方面的功能上是有差异的，即不同的教学媒体在实现各种不同的认知目标上是有功能差异的。媒体功能表现出差异的认知目标主要包括以下诸方面：

● 　知识与理解：接受事实，了解背景、关系和规律，改善认知结构。主要涉及事实、要例、关系、概念、原理、法则、理论体系、方法等。

● 　应用与技能：培养各种实践活动技能和应用理论解决实际问题的技术技巧。主要包括阅读、计算、观察、操作、实验、社会调查、表演等。

● 　智力和能力：开发智力，增长各种能力。主要包括分析、综合、归纳、演绎、抽象、发现、创造、开拓、自学等。

● 　评价与态度：培养兴趣和爱好，发展判断力和价值观，转变态度和行为习性。主要包括美学鉴赏、社会伦理、人生价值、职业道德、理想、世界观等。

显然，某些媒体（如印刷品和面授讲课）对传授知识、加深理解功能较强，而另一些媒体（如视听媒体）对转变观念和态度、培养鉴赏和评价的能力功能较强。而训练某种独特的技能技巧也许需要利用有特定教学功能的媒体（如录音媒体对于语言教学、录像对新闻采访和野外调查等）。而某些认知目标的培养和提高则需要综合使用有不同功能特长的多种媒体（如培养分析、综合、抽象和发现等能力）。

2.2.6.3　参与性

教学媒体的参与性是指学习者在利用媒体进行学习时的行为参与和感情参与，不同的媒体在激励和调动学习者积极主动参与学习、作出行为反应和情感投入与交流方面的功能差异是明显的。媒体对学习行为反应的控制，实际上是教师和教学媒体设计者期待的，他们通过媒体拥有的功能进行设计，从而实现对学生学习行为的有效调节和制约。这种调节和控制通过特殊的教学设计、由各类媒体指示学习者积极主动地完成各种学习反应活动。比如，印刷媒体可以通过插入课文的思考题、自测题，课文单元结束处的作业题（通常分为计算机批改的作业和辅导教师批改的作业两类）及要求学生动手操作、测量或进行文献调查、社会调查、现场活动的实践课题来调节学生的学习行为。视听媒体可以要求学习者在教学节目收听收看前进行必要的预习活动；收听收看中作必要的记录、观察、比较、测量等活动，或者中断再继续、多次反复等方式并与其他媒体结合使用等；收听收看后完成有关的作业、评论或报告等，都是利用视听媒体常见的行为参与反应活动类型。媒体的优化设计应该给学习反应活动以反馈信息，用以调节并强化学习反应的行为及其效果。对教学媒体设计行为参与反应活动的主要目的是：

● 　变被动的接受信息为主动积极地学习，增强学习效果；

● 　保证教学目标的实现，促进各种相应学习反应活动的发生和配合；

● 　反应活动使学生得到对自己学习状况和进度的正确的自我评价，诊断自己学习中存在的困难和问题，并设法予以解决；

● 反应活动使学生树立自信，有利于强化学习动机、增强学习动力。

显然，不同的教学媒体，具有不同的控制特性和调节功能，可能设计和实现不同的学生学习反应活动类型，可以为学生提供不同类型的反馈信息。与控制与反应特征密切相关、且有重大意义的课题还有：媒体是否适合于学生自学？或者更确切地说，媒体设计能否实现对学生自学的有效指导？

远程教育中的媒体教学同传统面授教学相比，缺少师生间和同学间的人际交流（包括情感交流）。因此，媒体功能中的情感参与更不应忽视。凡容易表现出趣味性、吸引力、人情味、生动情景与真实情感，容易激发学生学习动力、强化学习动机，容易引起学生产生归属感、集体感、可靠感、有助感和情感参与交流的媒体，其教学功能就较为优越。总之，媒体与学生不仅在学习反应活动上，而且在情感交流上，都应尽可能地利用双向反馈功能实现交互作用。当然，应该承认，不同媒体在情感参与功能方面也确实是有差异的。

2.2.6.4 控制交互

媒体的控制特性主要包括：

● 操作使用是否方便、用户接口和界面是否友好，是否需要专业知识或专门技能；

● 是否轻便、便于携带，便于随时随地使用；

● 时间控制特性，即教师和学习者对媒体的时间控制功能特征。

对前两点特性比较容易理解。依据时间控制特性的差异可以将教学媒体分成两大类：即时媒体和永久媒体。

● 即时媒体：指播音、广播电视、卫星电视等通过电磁波在空中传播的广播（也称为播送、空中、以太）媒体；由电缆、光纤等联接的有线网络传播信息的媒体；以及有众多学生或受众的讲演、讨论和会议等。

● 永久媒体：指印刷媒体；盒式录音录像、各类光盘等录制的非广播媒体，个人计算机（微机或终端）等个人媒体。

即时媒体和永久媒体的时间控制特性很不相同，这对媒体的教学功能和教学效果可能产生重大影响。而且，由教师还是学习者控制媒体，其教学功能和教学效果也会表现出差异。详见表2.5。

媒体的交互特性主要指教学信息的传播方向和教与学双方的相互作用功能特征，可以分为单向传播媒体和双向交互媒体两类。单向传播媒体只能实现教学信息由教的一端（信源）向学的一端（信宿）的单向传播，无法进行信息反馈和教与学的相互作用。双向交互媒体可以实现教学信息在教与学两方之间的双向

表 2.5　即时媒体和永久媒体在时间控制特性上的差异

即时媒体	永久媒体
固定的统一的接收时间	灵活、适应个人的时间表，需要时即可获得
一次性接收	可多次重复
稍纵即逝，遗漏的信息无法追回； 无法中断、暂停，不利思考和交互作用； 只能按统一规定的顺序线性地学习； 硬性的统一的速度和进度； 信息高度密集，不易完成接受消化	可自控地教与学，所有信息可随时恢复； 可中断、暂停，有利思考、分析及相互作用； 便于了解全貌，按个人特点组织编排学习； 个人控制适合的速度和进度； 无时间限制，有利于充分利用全部有效信息

传播从而促进教与学的交流和交互作用。媒体的交互特性和控制特性都是教学媒体的重要功能，对教与学的效果影响极大。

2.2.6.5　受众面

媒体的受众面也称接触面或易获得性，是指媒体的受众多少以及获得该种媒体的难易程度。向社会和市场上公开发行的印刷教材是人人随时随地可以购得的；而由院校系统内部预定发行的印刷教材和讲义或辅导材料则通常只供应本系统学生，并非社会上人人可得。由电视台、微波网传播的电视节目，在覆盖面内各家各户的电视机都能接收到；卫星传输的电视节目则需要有地面接收站接收信号，再通过转发站、有线网或录像等方式，才能被学生接收；有线电视必须在联网的接收点才能接收到电视节目。只有在电视机普及到家庭、卫星电视网和有线网基础设施齐备的地区才可以说电视是一种大众媒体。录音、录像和各类光盘的易获得性一则取决于复制能力和发行渠道，二则依赖相应放录设备的普及程度。媒体受众面或接触面的另一层含义是媒体的使用方式：是个体使用、还是集体（班组）使用？这与学习基地和教学组织形式有关。不少媒体既可个体使用、也可集体使用，如播音、电视、录音、录像、光盘等。个体使用时控制性能好，但成本、资源条件要求高。集体使用时则相反。确切地说，电视、集体收看录像和个体收看录像，在教学功能方面可以有较大的差异，故而在教学设计时也应有所区别。而录音，与印刷材料一样，主要是供个体使用的。

2.2.6.6　成本结构

不同媒体的成本不同，这是显然的。同一媒体，当学生数变动时，单位成本也会发生变化，这个结果也是重要的。媒体成本分析的基本问题是：应该了解不同媒体的成本结构及其变化规律：

- 不同的媒体，其设计（创作）成本、开发（制作和大规模生产）成本和发送（播送、发行）成本的相对比例是不同的；

- 不同的媒体，其固定成本和可变成本的构成比也是不同的；

- 不同的媒体，其各种成本要素的变化规律是不同的。

媒体的以上各种成本要素及其变化规律最终会产生不同的成本效益，这是考察媒体教学功能时不可忽视的一个重要方面。

同媒体成本效益相关的另一个问题是，比较利用现有媒体资源的成本效益和开发新兴媒体资源的成本效益。

2.2.6.7　设计要求

媒体的教学功能要能充分发挥作用，要求媒体的设计者掌握一定的专业知识和设计技巧。传统学校的教师可能习惯于编写传统的课程教案、讲义和教科书。但是，要使印刷材料成为远程教育中适合自学、指导自学的基础媒体，要充分发挥印刷材料在远程教育多种媒体教学中基础媒体的功能，教师有必要接受远程教育印刷教材教学设计的培训。对于视听媒体、电子通信媒体、计算机和网络媒体，教师要学会利用它们发送课程，并要学会创作设计各种类型的音像材料和计算机课件(包括多媒体课件和网络课件)。这一方面需要学习和培训，另一方面更要在实践中积累经验，不断掌握新知识、新技术、新技能、新方法。有些教学媒体的设计、媒体功能的充分发挥，需要教师和其他技术人员和设计人员的通力合作，通过集体创作才能完成。各国及国际社会已经制定了多种教师教育技术及信息技术素养与能力的标准及系列培训教材，并加紧推行教师的教育技术与信息技术全员培训，为学校教育信息化及远程教育培养能够以先进的教育思想和理念为指导开展技术媒介的教学，并进一步将信息技术与各类学科课程教学整合、将技术媒介的教学与传统面授教学结合让学习者实现混合学习的新一代教师。

2.2.6.8　使用技能

媒体的教学功能要能充分发挥作用，还要求媒体的使用者掌握一定的使用技能。学生必须具备相当的阅读能力才能使印刷媒体的教学功能及其教学设计目标得以实现。在某种意义上，视听媒体、电子通信媒体和计算机及网络媒体的教学功能的发挥对学习者的使用技能的要求更高。学生应该学会基于资源的学习、学会利用各种媒体进行学习、学会自学；学会利用技术和媒体与教师、同学等交流，实现协作学习；学会主动地获取信息、加工处理信息、创作发布和传播信息。学习者使用技能的培养因媒体的不同而不同，因媒体功能的不同而不同。各国及国际社会已经制定了学习者应该拥有的信息技术素养与能力的标准及系列培训教材，并加紧推行学生的信息技术教育与培训，提高学生开展技术媒介的学习、基于资源的自主学习和基于通信的协作学习，特别是计算机网络在线学习以及混合学习的知识和技能，实现学校教育信息化，并且进一步培养学生利用技术的教学开展远程学习与终身学习的自觉和习惯。

2.2.7　围绕教学媒体本质的争论

随着信息技术和教育技术的发展，教学媒体在 21 世纪中有了巨大的进步，媒体教学的实践也是富有成效的。但是，关于教学媒体的本质——教学媒体的功能和媒体教学的效果的争论一直在进行和延续。争论主要围绕着下面两个问题展开：

- 传统面授教学（教师加黑板粉笔再加标准教科书）与远程媒体教学（在印刷教材外增加多种教学媒体，以技术媒介的学习替代教师面授教学）的教学效果何者占有优势？

- 各类教学媒体在教学功能和效果上究竟有没有本质差异？换一种说法，对于某个既定教学目标的特定教学课题，能否找到一种最适合、最优越的教学媒体？

对于第一个问题，在理论和实践上分歧很大、争论很激烈，对发展远程教育意义重大。纵观第二次世界大战后各国教育的历史，我们不得不得出这样一个结论：教育技术、媒体教学在各国的发展速度比热心肠的政治家、技术专家和教育技术专家的期望要慢。一个根本的因素来自传统教育系统教师的惰性和阻力，正如香港中文大学传播学教授余也鲁在《传播、教育和现代化》一书中指出的，传统学校的大多数教师依然相信："学习成功与否，主要靠教师，而不是靠教材和手段。"美国的哈拉斯（Halas）和哈里斯（Harris）也在其著作《工业视听手册》（1983）中指出："几个世纪以来，人们都确信，在交流中，文字比目视图像优越，并且，文字包含有较高的智慧和思想。现在发达国家的教育仍牢牢地立足于这种信念。"这种信念同近代学校教育几百年来实行的教师、教科书和教室三中心制的传统有千丝万缕的联系。上述传统信念在高等教育领域尤其强大。但是，进入计算机互联网时代后，形势开始发生变化。基于电子信息通信技术的教学与学习不仅将远程教育推进到第三代网络远程教育，而且普遍深入到传统学校教育中，网络教学与在线学习等信息技术媒介的教与学在世界各地快速发展，教育信息化进程正在从根本上革新和重塑各国教育体系。

对于第二个问题，"无差异论"占相当大的优势，至少在美国是如此。施拉姆在其 1977 年的经典著作《大媒体和小媒体》中就否认某种媒体比另一种更优越。美国学者克拉克（R. E. Clark）是无差异论的强硬代表人物。他在《媒体学习的重新考察研究》（1983）中收集和分析了大量实验室控制下对不同媒体的教学效果进行的比较实验，指出："所有的证据是一致的，可以概括成这样一条原理：使用任何一种专门的媒体来传播教学都不能因此产生特别的学习效果。""各种媒体仅仅是传递教学的媒介物而已，就如同用不同的车辆都能运载食品，但并不能改变食品的营养结构，不同的媒体也不能对学生的学习成果产生更大的影响。"依据克拉克的观点，关键不在于媒体本身，而在于教学方法。持"有差异论"的主要代表人物是国际教育技术和远程教育的著名学者贝茨。他在1993年为基更的《远程教育理论原理》专著撰写了题为"技术应用的能力和实践"的论文，对他的观点作了以下论证：

- 媒体对各类知识的表现力是不同的，因为它们使用不同的符号系统来对信息进行编码。
- 媒体在建构知识时也各不相同。
- 媒体在帮助发展各种不同的技能方面功能也各不相同。
- 媒体和技术需要进行选择，以便与所要求的呈现模式和学科内容的主要结构实现最佳配合。
- 媒体在帮助师生之间、以及同学之间的通信交流方面也是各不相同的。

1986年在日本千叶县由日本放送大学和日本国立多媒体教育研究所共同举办的第一届大学远程教育国际研讨会上，丁兴富在特邀报告"媒体应用的回顾和展望"中发表了与贝茨相似的见解：

"在传授知识、培养技能和开发智力等各方面，每种媒体都有各自的功能和优缺点。某种媒体的长处可能是另一种媒体的弱点。所以，我们应该开发和利用媒体的优势同时避免其弱点。

各种媒体的优缺点都是相对的，而不是绝对的，故教学媒体之间在运用上通常是灵活而可替代的。媒体的教学效果不仅与媒体本身的性质、功能和特征有关，而且与媒体的实际设计、制作、发送质量和具体的教学方法关系极大。

不存在某种"超级媒体"，它的各项教学功能均优于所有其他媒体。所以，经过优化组合的多种媒体教学常常是最有效的。远程教学应对各种媒体的选择和组合作出优化处理，发挥最佳的总体教学效果。

进入互联网时代后，计算机多媒体与网络数字技术媒介的教学支持师生双向交互、个别化与个性化教学、自主学习及协作学习等特征比单向发送的印刷学习材料及广播电视大众传播媒体拥有更大的教学功能优势。但是，世界各国远程教育与教育信息化的实践同时表明，任何技术都不是万能的。真正决定教学效果的不是技术及其功能本身，而是应用技术的教师和学生，特别是师生应用技术开展教学与学习的素质和能力，是技术媒介教学的教学设计、开发及其组织实施的关键。

2.3　技术媒介远程教学的模式

在远程教育中，学生和教师处于时空相对分离的状态，技术媒介的教学即基于信息技术的媒体教学代替教师传统课堂连续面授教学并成为远程教学的主体。讨论远程教育、远程教学与远程学习就要探讨远程教育中各类信息技术媒介远程教学的不同模式，即各种媒体远程教学模式。本节先论述远程教学信息传输模式；进而分析两种远程教学交互模式：单向发送技术媒介的远程教学与双向通信技术媒介的远程教学；两种远程学习模式：基于资源的自主学习与基于双向通信交互的协作学习；以及远程教学与远程学习的时空分离模式；最后提出并阐述远程教学与远程学习模式分析的理论框架。

2.3.1　远程教学信息传输模式

2.3.1.1　信息、数据、信号

教育传播学和信息论中，还有一种关于知识和信息的分层表示理论。我们可以简单地将这种理论图示如下：

信号→数据→信息→知识→智慧

信息是指表达与呈现教学内容、并能够为人类感觉器官直接接收的刺激物。如上述视觉媒体(包括书写媒体、印刷媒体、目视媒体、光学媒体和文字图像媒体)表达、发送和呈现为人眼接收的视觉信息。在视觉信息中，最重要的是文本(文字、公式、符号、图形、图画、地图、相片、图像等)信息，此外，还有活动图像信息和实物形象信息。视觉信息最终以视觉媒体发出的可见光(可见光波段的电磁波)的形态刺激人眼的视网膜引起视觉。听觉媒体(音响媒体)表达、发送和呈现为人耳接收的听觉信息。在听觉信息中，最重要的是语言信息，此外，还有音乐信息和其他音响信息，可以是自然声或人造音响。视听媒体(音像媒体)则同时表达、发送和呈现为人的眼耳接收的视听觉信息。在视听觉信息中，听觉信息可以是语言和背景音响；视觉信息可以是文本信息、也可以是模拟的静止或活动图像信息。

数据是指表示信息编码结果的符码系统。通常认为在教学中主要有 4 种信息数据符码系统：数序符码、图形符码、模拟符码和数字符码。如文字、公式

属于数序符码，图画、相片、地图属于图形符码，两者合起来总称文本符码。包括语音在内的视音频材料属于模拟符码，而数字通信中使用的数字数据是由以字节为容量单位的二进制数字符码表示的。

信号(讯号)是指承载、传输信息数据的物理媒介物。如面授教学中的语音(声波)、广播电视视听教学传输过程中的电磁波、计算机网络教学中的开关电路集成等。

知识则是指在人类经验基础上由积累的信息发展起来的对客观世界与主观世界的认知。知识可以以信息(数据、信号)的形式存储在物质材料上，也可以直接存储在人类大脑中。

智慧或智能分为自然智能和人工智能两类(不计动物智能)。人类的智慧即自然智能随着社会实践活动获取的经验和知识的积累而发展，并最终通过人类遗传基因的长期演进而形成和发展。人工智能则是人类创造发明物体可能拥有的类人类智能。人工智能在本质上是人类创造的技术工具，而不是自然界物质系统演进的自然物。

教学媒体是存储、加工、传输和呈现教学信息的载体。即人类利用各种软硬件媒体存储、加工、传输和呈现由各种物理信号来表达、以特定符码系统组织编制的数据信息。各种软硬件媒体既承担将教学信息编码转化成特定符码系统数据及相应的物理信号的编码器功能，同时承担将经远程传输接收到的信号数据解码转化成特定的教学信息的解码器功能。教学软件中存储的是课程材料教学内容信息或者是与教学信息对应的编码数据，而教学硬件则协助软件存储、加工、传输和呈现数据信号并实现信号、数据及教学信息之间的转化。

2.3.1.2 教学传播中教学信息的四种传输模式

从信息论与传播学的理念看，从传者(信源)到受者(信宿)的教学信息传输过程中，传输的可能是信息本身，也可能是数据或信号。如人际面授教学中教师与学生面对面直接发送和接受口语(听觉信息)以及面部表情和肢体语言(视觉信息)。即人际面对面直接交流不一定需要技术媒体介入，不需要经过编码、解码实现信息与数据、信号间的转换，而可以直接实现信息的传播。近现代以来学校面授教学中引进的黑板加粉笔，早期视觉教学媒体——卡片图表、模型教具、实物标本等，以及各种演示实验、角色扮演等，乃至走出校门去开展教师面接(面对面接触、面对面直接)指导下的田野考察、参观实习等，都是为学生直接现场呈现视音频教学信息，既无数据编码、也无信号转换。这是人际面接信息传输，对应人际面授教学。

在教学信息传输过程中，还可能通过书画材料与印刷材料等教学材料的传递来实现。这些学习材料成为信息实物载体来传输。信息实物载体通常以符合各种特定规范制式的文本数据(数序编码或图形、静止图像编码)形态存储于人手书画材料和印刷材料中。上述教学材料的制作要通过技术媒体(软硬件)——印刷机械和笔刷纸张油墨等的帮助来实现,通过一定的渠道(出版、书店或邮政系统)传输,并最终以视频信息直接呈现给学习者。这里,既不需要视频教学信息与学习材料载体数据之间的转换,也没有信号在空间发送与接收的传播过程,所以称为信息实物载体传输,对应阅读学习阶段。

在教学信息传输过程中,还可能通过音像教材、多媒体光盘等教学材料的传递来实现。这些学习材料成为教学信息的数据载体,它们以符合各种特定规范制式(数据编码规则)的模拟数据或数字数据的形态存储于音像教材、数字光盘中。上述教学材料的制作和利用都要通过技术媒体(软硬件)——视听设备、计算机多媒体的帮助来实现编码与解码,并最终转化成视音频信息呈现给学习者。无论在面授教学还是在远程教学中,利用音像材料、多媒体光盘开展教学,存在视音频教学信息与学习材料载体模拟数据、数字数据之间的转换,但没有信号在空间发送与接收的传播过程,所以称为信息数据载体传输,对应视听学习阶段。

此外,在教学信息传输过程中,还可能通过某种物质信号来实现。如广播电视、卫星数字电视教学中的发射和接受的特定波段的电磁波,各类电子通信网络与计算机网络教学中通过有线(电缆或光缆)或无线传输的符合各种特定制式(信号编码规则)的模拟电磁信号或数字电磁信号(开关电路集成)。在这种情形中,传输信号与传输的信息和数据之间必须通过适当的技术媒体(软硬件设备)实现转换(编码与解码)。这就是将视听技术阶段分为视听教学与视听传播两个阶段,而在电子信息通信技术阶段分为个人微机教学与计算机网络教学两个阶段的依据。这是信息信号转换传输,对应视听传播及网络学习阶段。

我们可以简称教学传播中上述四种传输模式为人际面接信息传输(属于面授教学)、信息实物载体传输(属于远程教学)、信息数据载体传输以及信息信号转换传输(属于远程教学),可以分别用图 2.2～图 2.5 示意。

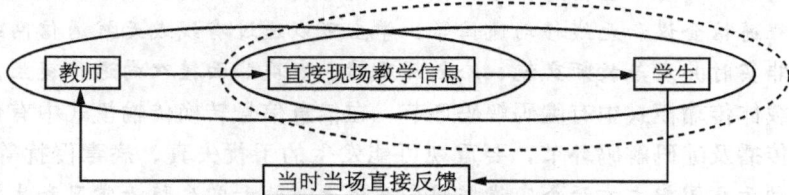

图 2.2　人际面接信息传输模式

```
┌────┐   ┌────┐   ╭─────────────────────╮            ┌────┐
│教师│──▶│印制│┄┄▶│  教学信息实物载体   │────────▶ │学生│
└────┘   └────┘   ╰─────────────────────╯            └────┘
```

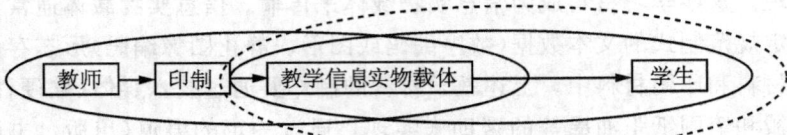

图2.3　信息实物载体传输模式

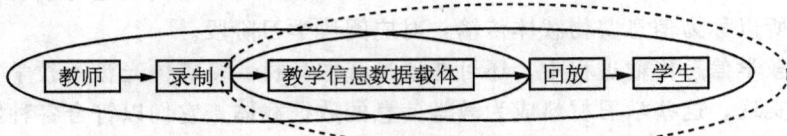

```
┌────┐   ┌────┐   ╭─────────────────────╮   ┌────┐   ┌────┐
│教师│──▶│录制│┄┄▶│  教学信息数据载体   │──▶│回放│──▶│学生│
└────┘   └────┘   ╰─────────────────────╯   └────┘   └────┘
```

图2.4　信息数据载体传输模式

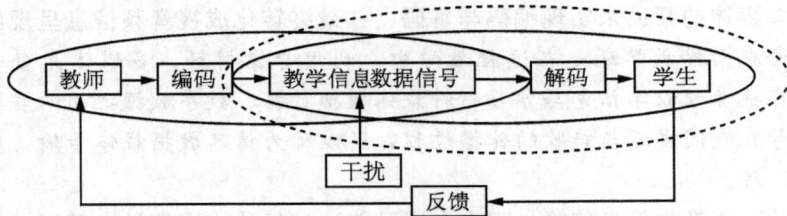

```
┌────┐   ┌────┐   ╭─────────────────────╮   ┌────┐   ┌────┐
│教师│──▶│编码│┄┄▶│  教学信息数据信号   │──▶│解码│──▶│学生│
└────┘   └────┘   ╰─────────────────────╯   └────┘   └────┘
   ▲                       ▲
   │                  ┌────┐
   │                  │干扰│
   │                  └────┘
   │              ┌────┐
   └──────────────│反馈│◀─────────────────────────────────┘
                  └────┘
```

图2.5　信息信号转换传输模式

以上四种传输模式示意图中，图2.2传输的是直接现场信息，学生直接接收视听觉教学信息，而且学生可以当时当场直接反馈，实现双向交互；图2.3传输的是通过物流系统传递的信息实物载体，学生无须设备直接阅读就能接收视觉教学信息，属于单向发送传播，没有双向交互；图2.4传输的是通过物流系统传递的信息数据载体，学生必须有相应解码设备才能从信息编码数据中解码回放收视收听视音频教学信息，属于单向发送传播，没有双向交互；图2.5传输的是教学信息经编码后经有线或无线通信网络传输的电磁信号，学生必须有相应解码设备才能从信息编码信号中解码回放收视收听视音频教学信息。有些信息信号转换传输是单向发送传播模式，如微波或卫星广播电视，学生无法控制和反馈。另有一些信息信号转换传输是双向交互传播模式，如电话、互联网、远程通信会议和无线移动通信等，学生可以通过有线或无线通信网络实时同步或非实时异步与教师交流、给教师反馈，实现非面接双向通信交互。在信息数据载体传输模式中有编码解码环节、在信息信号转换传输模式中有信号在介质中传播及编码解码环节，要重视可能发生的干扰失真、病毒侵扰等问题。上述四种示意图中左右两个实线椭圆分别代表教师和学生随着学习和生活逐渐扩张的经验领域，而图中两实线椭圆的交叠部分代表只有当教师与学生的经验领域有交叠时，教学传播才能成功，否则会失败。图中围绕学生的较大的虚线椭圆表示临界开发领域(zone of proximal development)，代表学生的经验领域在经历教学传播过程后所扩展到的新的边界。教学传播越成功，临界开发领域与原有经验领域的差异越大。这是描述包括教学传播的人类传播的香农—施拉姆(Shannon-Schramm)模式，是在香农—韦佛(Weaver)传播模式上增加了代表人类经验领域的三个椭圆后构成的图式，对于教学设计开发与组织实施很有启发意义。

2.3.2　远程教学交互模式：单向发送技术与双向交互技术

从上一节对媒体教学功能的讨论中可以看出，教学媒体的参与及控制交互特征即技术媒介教学的交互性是远程教学功能的核心要素。依据这个教学功能核心要素可以将技术媒介的远程教学划分为两类不同的远程教育交互模式："单向发送技术媒介的远程教学"和"双向交互技术媒介的远程教学"。"单向发送技术媒介的远程教学"又可以进一步划分为"印刷通邮技术媒介的函授教学""大众视听技术媒介的视听媒体教学""计算机媒介的多媒体数字教学"和"无线网络媒介的移动学习"四类；而"双向交互技术媒介的远程教学"可以进一步划分为"印刷通邮技术媒介的函授教学""电子通信媒介的远程会议教学""计算机网络媒介的在线学习"和"无线网络媒介的移动学习"四类。

2.3.3　远程学习模式：基于资源的自主学习与基于通信的协作学习

从信息论、传播学、教学论与教育技术学的理念看，学习可以划分为基于资源的学习与基于通信的学习，个别化独立自主学习与师生交互和协作学习。当然，学习还有其他多种分类法，如知识本位的学习、能力本位的学习和评价本位的学习等。但那更多的是从教学论去分析研究，而且在面授教学与远程教学中性质相当。而前面两种分类法却与远程教学和远程学习有更紧密的关系。

远程教育研究发现，基于资源的自主学习通常与个别化独立自主学习紧密相关，是远程教学与远程学习的一种基本形态。而基于通信的协作学习通常与师生交互和协作学习紧密相关，是远程学习的另一种基本形态。所以，我们可以概括为"基于资源的个别化独立自主学习"与"基于通信的师生交互和协作学习"两类远程学习模式。

进一步的分析研究表明，"基于资源的个别化独立自主学习"通常是通过

"单向发送技术媒介的远程教学"实现的；而"基于通信的师生交互和协作学习"通常是通过"双向交互技术媒介的远程教学"实现的。于是，我们得到以下结论：从信息论、传播学、教学论与教育技术学的理念看，远程学习模式可以划分为"单向发送技术媒介的基于资源的个别化独立自主学习"与"双向交互技术媒介的基于通信的师生交互和协作学习"两大类。前者可以通过"材料发送数据传输"与"信息信号转换传输"两种"单向发送技术媒介"的远程教学传播模式实现，而后者尽管也可以通过"材料发送数据传输"实现，但大多则通过"信息信号转换传输"这种"双向交互技术媒介"的远程教学传播模式实现。

2.3.4 远程教学与远程学习的时空分离模式

如前所述，在远程教育中，学生和教师处于时空相对分离的状态，技术媒介的教学即基于信息技术的媒体教学代替教师传统课堂连续面授教学成为远程教学的主体。为此，我们可以画出师生教学中时空关系的四象限图（见图2.6）。

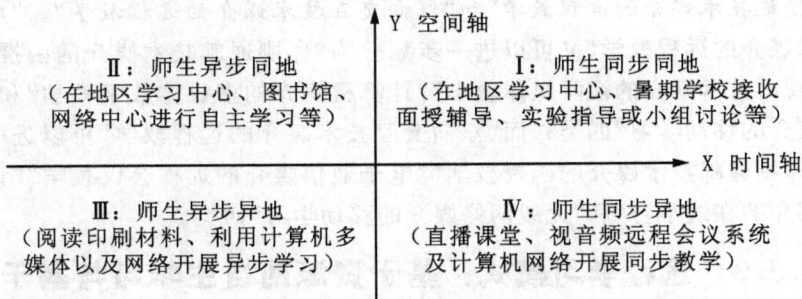

图 2.6　师生教学中时空关系的四象限图

图例：时间轴 X>0，实时同步时域　　　X<0，非实时异步时域；

　　　空间轴 Y>0，同地空域　　　　　Y<0，异地空域；

　　　第Ⅰ象限(X>0，Y>0)　　　　实时同步同地时空区域；

　　　第Ⅱ象限(X<0，Y>0)　　　　非实时异步同地时空区域；

　　　第Ⅲ象限(X<0，Y<0)　　　　非实时异步异地时空区域；

　　　第Ⅳ象限(X>0，Y<0)　　　　实时同步异地时空区域。

由图可见，第Ⅰ象限代表师生实时同步同地教学时空区域。这就是传统教育，即人际直接信息传输面授教学。第Ⅱ象限代表师生非实时异步同地教学时空区域。这通常与稀缺教学资源集中的地域紧密相关。比如，不得外借的珍稀图书资料（包括重要参考书、工具书等）、音像资料和其他学习材料；家庭无法装备的贵重教学设施设备、大型计算机终端、实验仪器设备、天文望远镜与电子显微镜等。师生在不同的时间前来利用这些固定的优质稀缺教学资源。第Ⅲ

象限代表师生非实时异步异地教学时空区域。此时，教师的教与学生的学处于时空均相对分离的状态。通常也将此称为分布式学习模式。当前网络学习的主流是这类异步异地的分布式学习。第Ⅳ象限代表师生实时同步异地教学时空区域。基于远程直播课堂以及各类视音频远程会议系统的教学就是实时同步异地的。特别设计开发的计算机网络平台工具软硬件系统也可以支持师生实时同步异地教学。显然，第Ⅱ、第Ⅲ、第Ⅳ象限时空区域代表的都是远程教学模式，即远程过程中师生在时间与空间上至少有某个维度处于分离状态。仅有第Ⅰ象限时空区域代表传统面授教学模式。远程教育中可以有面授教学成分但不构成整个教学过程的主流或主体。

2.3.5 技术媒介远程教学模式分析框架

综上所述，可以提出如下技术媒介远程教学模式分析的理论框架（见表2.6）。这实质上是远程教育中应用的教学与学习的技术形态分类。

表 2.6 技术媒介远程教学模式分析框架

模式分类Ⅰ级	模式分类Ⅱ级	模式分类Ⅲ级	示 例 列 举
人际直接信息传输面授教学	无电子信息通信技术介入的面授教学	人际讲堂语音讲授教学	
		人际课堂板书面授教学	
		人际课堂演示面授教学	
		人际实验实习指导教学	
	有电子信息通信技术介入的面授教学	视听技术支持面授教学	
		计算机支持的面授教学	教师应用计算机开展的课堂面授教学
			教师控制主导学生应用计算机开展的课堂面授教学
		网络环境中的面授教学	教师应用联网计算机开展的课堂面授教学
			教师控制主导学生在计算机网络环境中进行的课堂面授教学
		电子通信环境中的面授教学	视音频远程会议系统中主讲教师所在主课堂的面授教学

续表

模式分类Ⅰ级	模式分类Ⅱ级	模式分类Ⅲ级	示 例 列 举
单向发送技术媒介的基于资源的个别化独立自主学习	单向材料发送数据传输远程教学	印刷通邮技术媒介印刷文本学习材料	
		交通邮政系统发送模型教具、实物标本、实验箱等	
		视听技术媒介的个人视听媒体教学	
		计算机媒介的多媒体数字教学	
		基于虚拟技术环境的自主学习	
		多种学习材料整合成的教学包	
	信号转换信息传输单向发送远程教学	地面发射广播电视教学	
		有线广播、闭路电视、有线电视教学	
		卫星转播广播电视教学	卫星转播语音教学；卫星转播数字电视
		计算机网络传输远程教学资源信息	从局域网、校园网发展到城域网、广域网、互联网（Internet）
			全球网（WWW；World Wide Web）其核心技术：超链接、超文本（Hyper Text）和超媒体（Hyper Media）通用资源标识（URI）；超文本标记语言（HTML）；超文本传输协议（HTTP）；客户机（Web浏览器）/服务器（Site Server）运行机制
			网站网校；IP广播；网络课件
			流媒体与视频点播
			网络教学平台发送教学资源信息
			开放课件（OCW）与开放教育资源（OER）

模式分类Ⅰ级	模式分类Ⅱ级	模式分类Ⅲ级	示 例 列 举
单向发送技术媒介的基于资源的个别化独立自主学习	信号转换信息传输单向发送远程教学	无线网络传输远程教学资源信息	群发传输各种远程教学信息资源给移动终端设备（MTD：Mobile Terminal Devices），如手机及掌上电脑或个人数字助理（PDA：Personal Digital Assistant）用户；向特定用户及时或定时推送预定的特殊教学信息内容
		卫星传输宽带互联网数据信息	卫星还可以传输宽带互联网的各类文本和视音频多媒体数据信息
双向交互技术媒介的基于通信的师生交互与协作学习	材料发送数据传输双向远程教学	印刷通邮技术媒介的函授教学	信函指导答疑；作业提交与批改返还
		音像带媒介的双向远程教学	录音带用于语言教学；录像带用于活动项目案例教学
	信号转换信息传输远程双向通信教学	电子通信媒介的远程会议教学	电话教学、语音信箱、呼叫中心等基于口语的双向通信教学及远程学习支助服务
			音频会议、视频会议、直播课堂等基于电子双向通信远程会议系统的远程教学
		计算机网络媒介非实时异步通信在线学习	电子邮件
			网络论坛（BBS）
			计算机会议（Computer Conferencing）
			包括博客（Blog）、维基（Wiki）等的 2.0 技术
		计算机网络媒介实时同步通信在线学习	通过众多实时同步通信工具如聊天室（Chat Room）、微软网络工具（MSN：Microsoft Network）、视窗实时通信（WLM：Windows Live Messenger）、互联网即时通信工具（ICQ：Instant Communications Quick）、腾讯即时网络通信工具 QQ 或 TIM（Tencent Instant Messenger）等实现实时同步双向通信远程教学交流
			通过网络会议（Net-meeting）系统进行实时同步双向通信交流的同时共享网络白板工具上的文本图片等

续表

模式分类Ⅰ级	模式分类Ⅱ级	模式分类Ⅲ级	示 例 列 举
双向交互技术媒介的基于通信的师生交互与协作学习	信号转换信息传输远程双向通信教学	无线网络媒介的移动双向通信教学	无线网络技术媒介的移动终端设备用户之间的实时同步双向通信远程教学
		卫星传输双向通信远程教学	卫星除了单向传输广播外也可以实现双向通信远程教学

【思考与练习】

1. 简述教育信息化的三大领域。

2. 简述信息技术在远程教育与远程教学中的三种主要应用。

3. 你对恩里克·埃斯毕提出的"人类教育史上的四次革命"以及本书论述的"教育、信息技术和信息交流发展史上的五个历史时期"(见表2.1)有何评价？

4. 你对诸多学者及本书关于信息技术与远程教育代的划分的概念与论证有何评论？请尝试结合我国信息技术与远程教育发展的历史和现状进行具体的分析。

5. 教育技术定义对远程教育理论研究和实践活动有何借鉴或指导意义？

6. 简述以下概念的差异和联系：技术、(教育、教学、学习)资源、媒体、媒介、设施、设备、材料、课程(教学、学习)材料、教材、教学(学习)包、硬件、软件、课件、环境、情境等。

7. 简单评述教学媒体的各种分类及其依据。

8. 你对本书重点论述的教学媒体功能方阵图(见图2.1)中的8个媒体教学功能维度的分析有什么批评和补充？你认为最重要的是哪几个功能维度？请选择若干你较熟悉的教学媒体，依据教学媒体功能方阵图作出你自己的分析。

9. 你对围绕教学媒体本质的争论有何评论？这种争论有什么理论意义和实践应用的指导意义？给你的最大启发是什么？

10. 有人认为函授教育和广播电视教育已经过时，有人提出"不要把函授教育带进21世纪"，你对此有何评论？

11. 有人认为计算机网络是一种超级媒体，可以替代所有其他过时的媒体；所有课程最终都会实现网上讲课、网络教学和在线学习；面授教学、函授教学、广播电视教学最终都会退出历史舞台。你对此有何评论？

12. 请为"人际面授教学""技术环境面授教学"以及"技术媒介远程教学"的划分与界定列举例证。你认为这种划分有什么实践和理论意义？

13. 请为"教学传播中四种传输方式：人际直接信息传输(属于面授教学)、

信息实物载体传输（属于远程教学）、信息数据载体传输以及信息信号转换传输（属于远程教学）"的划分与界定列举例证。你认为这种划分有什么实践和理论意义？

14．你对本书提出的"两类不同的远程教育交互模式：单向发送技术媒介的远程教学和双向交互技术媒介的远程教学"；"两类不同的远程学习模式：单向发送技术媒介的基于资源的个别化独立自主学习和双向交互技术媒介的基于通信的师生交互和协作学习"以及"远程教学与远程学习的时空分离模式"的划分与界定是否认同？你认为这种划分有什么实践和理论意义？

15．如何理解本书对技术媒介远程教学模式的一系列讨论？技术媒介的远程教学模式对远程教师的教学设计和组织实施、对远程学生的远程学习究竟会产生怎样的影响？

【项目与活动】

1．组织辩论

● 就教学媒体本质展开争论：

　　■ 正方：主张媒体教学功能无差异论；主张没有超级媒体和过时媒体。

　　■ 反方：主张媒体教学功能有差异论；主张划分优势媒体和劣势媒体。

● 就自主学习及其在远程教学中的地位和作用展开争论：

　　■ 正方：以学生为中心、学生自治控制教学要素的学习。包括基于资源的独立学习和基于通信的师生交互和协作学习。自主学习的对立面是教师为中心、教师主导控制教学要素的学习。远程教学就是要实现自主学习和学生自治。

　　■ 反方：自主学习就是"单向发送技术媒介的基于资源的个别化独立自主学习"，其对立面是"双向交互技术媒介的基于通信的师生交互和协作学习"。远程教学要同时注重自主学习和协作学习，要实现学生自治和学习支助服务的适当均衡。

2．文献调研报告

依据教育技术学、信息论及教育传播学的基本概念和基本理论，就"信号→数据→信息→知识→智慧"系列概念作一份文献综述报告。

3．案例调研报告

依据本书论述的"远程教学与远程学习模式分析的理论框架（见表 2.6）"，从现状调查和文献调研两方面入手，对你所在校园院校某专业的本科教学，以及你选择的某所远程教学院校同一专业的本科教学进行比较研究，写出调研报告：首先要描述两所院校各自采取了何种、多少种教学与学习模式；其次要比较两所院校教学与学习模式的异同及其对教师、学生的影响。

第 3 章　远程教学、课程开发 与学习材料设计

【学习要点】

　　本章论述远程教学系统开发和教学设计、远程教育课程设置、远程教育课程资源开发和学习材料创作设计与发送，以及网络远程教育资源的共建共享。首先要在理解教学设计和教学系统开发普遍理论的基础上深刻认识远程教学系统开发与教学设计的理论及其特点、重点和难点。其次要学习掌握远程教育与传统教育在课程设置上的异同，特别是网络远程教育课程设置类型分析框架，深刻理解远程教育课程设置的创新与灵活性。随后，要理解远程教育课程开发的各种模式以及主要流程，尤其要掌握并能应用远程教学系统开发中指导技术媒体的选择与组合的多种教学设计方案与模型。再次，要理解并掌握远程学习材料的分类，特别是远程学习材料的总体及个别的教学设计方法与指导原则。本章的学习中，教学系统开发与教学设计理论的基础、远程教育课程设置与开发、远程教学技术媒体选择与组合、远程学习材料的分类与设计、远程学习材料活动与评价的设计以及网络远程教育资源的共建共享是重点，要求理解、掌握并能应用。

【内容结构】

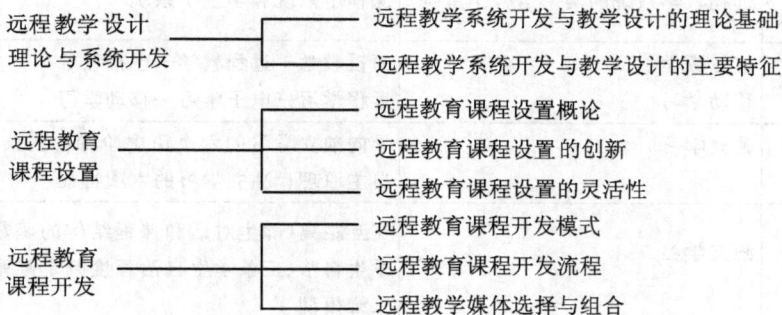

- 远程教学设计 理论与系统开发
  - 远程教学系统开发与教学设计的理论基础
  - 远程教学系统开发与教学设计的主要特征
- 远程教育 课程设置
  - 远程教育课程设置概论
  - 远程教育课程设置的创新
  - 远程教育课程设置的灵活性
- 远程教育 课程开发
  - 远程教育课程开发模式
  - 远程教育课程开发流程
  - 远程教学媒体选择与组合

远程教育课程学习
材料设计与开发
- 远程学习材料分类
- 远程学习材料总体设计与开发
- 各种媒体远程学习材料的教学设计与开发
- 远程学习材料中的活动与评价设计

网络远程教育
资源共建共享
- 美国麻省理工学院首创开放课件运动
- 国际开放教育资源运动兴起
- 我国大学精品课程建设与网上资源发布共享
- 网络远程教育资源共建共享面临的两大课题

3.1 远程教学设计理论与远程教学系统开发

3.1.1 远程教学系统开发与教学设计的理论基础

本书第 8 章综述了远程教育的理论基础。其中，远程教育的微观理论和哲学理论中蕴涵着极其丰富的远程教育的教学系统开发与教学设计的指导思想、理论基础和方法论基础。表 3.1 列举的是各相关学派的理论及其主要内容（详见第 8 章）。

表 3.1 远程教育各种学派的微观理论和哲学理论及其主要内容

代表人物	理论学派	主要内容
穆尔	远程教与学的三种基本相互作用	学生与学习内容，学生与教师，学生与学生
霍姆伯格	远程教学两大功能要素	课程设计开发发送和学习支助服务
凯伊（Kaye）和鲁姆勃尔	远程教学系统的两个运行子系统	课程子系统和学生子系统
基更	虚拟教学 移动学习	面授教学—远程教学—虚拟教学 远程学习—电子学习—移动学习
魏德迈	独立学习	导向独立学习的六个历史阶梯；三条灵活自主原理；独立学习的六项特征
穆尔	独立学习	交互距离（师生对话和课程结构的函数）和学生自治（三条学生自治程度判定准则）的二维模型

续表

代表人物	理论学派	主要内容
霍姆伯格	有指导的教学会谈	强调通过课程材料事先设计的教学会谈和通过技术媒体实现的各种非连续的双向通信交互机制
西沃特	对远程学生的持续关心	学生自治是对学生持续关心和支助服务的结果
丹尼尔	独立学习和交互作用均衡发展	既要提供高质量的学生、教材、教师和学习伙伴的相互作用，又要注重培养学习者自学和自治能力
史密斯	相互依存的远程学习	注重对校外学习系统的教学设计：既强调独立完成课程学习，又注重提供学习资源和教学服务
伽里森	双向通信和学生控制	以双向通信实现交互，发展建立在自治、熟练（自学能力）和支助（资源）三者交互关系上的学生控制
范迪和克拉克	三维远程教育	由三维变量（对话和支助，结构和特定能力，学生自治和一般能力）组合构成连续谱系及其中 12 种模式
基更	远程教与学再度综合	远程教学系统跨越时空重新构建教（师）—学（生）行为的交互作用
亨利和凯伊	教学功能重组	实现师生功能变换，学生利用课程材料和学习支助服务自主学习，克服时空间隔重新产生教—学过程关系
丁兴富	以学生为中心的远程学习圈理论	远程教学要素分析以及包括以学生为本、学生自主学习、学生自治和学生学习支助服务四项核心内容的以学生为中心的远程学习圈理论

　　在表 3.1 所列理论中，较多涉及远程教育教学系统开发与教学设计并对远程教学和远程学习的实践活动产生较大影响的有：霍姆伯格的远程教学的两大功能

要素的理论和有指导的教学会谈的理论；魏德迈的独立学习的理论；穆尔的远程教与学三种相互作用的理论及独立学习的理论；基更的远程教与学再度综合的理论；丹尼尔的学生自治独立学习和支助服务交互作用均衡发展的理论。

国外其他较有影响的与远程教育的教学系统开发与教学设计密切相关的理论还有很多。下面对其中若干主要代表作简要评述。

贝茨的教学媒体理论（教学媒体的功能特征、选择和优化组合等）及其对远程教育教学系统开发与教学设计的指导意义是国际远程教育界普遍认同的。贝茨在1995年发表了他的集大成的专著：《技术、开放学习和远程教育》，提出了关于媒体选择和组合的行动（ACTIONS）纲领。

对远程教育的教学系统开发与教学设计理论有深入研究和较大贡献的还有德国的彼得斯、澳大利亚的泰勒、加拿大的伽里森、英国的凯伊、梅森（Mason）、斯帕克斯（Sparkes）和德里克·隆特利（Derek Rowntree）等人。

3.1.2　远程教学系统开发与教学设计的主要特征

综合考察各国远程教育的实践经验和理论研究成果，可以得出远程教育教学系统开发与教学设计的以下三个主要特征。

（1）教学要素的扩展和重组是远程教育教学系统开发与教学设计的特点

从传统教育到远程教育，教学要素有了扩展。一种观点是从三要素（教师、学生、内容）变成了四要素（学生、教师、内容、技术）；另一种观点是教学三要素（教师、教材、学生）中的教材变成了资源（以教学内容或学科内容为内核或内涵的技术、媒体、材料和环境的总称），即形成了远程教育的新的教学三要素（学生、教师、资源）。更重要的是，在远程教育中，教与学过程中教学基本要素的地位和功能及其相互关系和交互作用有了新的特点，发生了重组。即从传统教育的教师主导、课堂教学和标准教材的旧三中心制转变成学生自治、自主学习和系统开发的新三中心制。首先，传统教育通常以教师为中心或教师为主导，远程教育则通常强调以学生为中心、强调学生自治。其次，传统教育以校园课堂教学为主体，而远程教育则以学生自主学习为主体。即传统教育侧重教，以教为主；而远程教育侧重学，以学为主。再次，在传统教育中，通常是教师个人准备教案、编写讲义或由院校指定标准教科书；而在远程教育中，则是由学科内容专家和教育技术设计人员共同组成创作组设计、开发、发送多种媒体的学习材料和其他教育资源环境。远程教育教学系统开发与教学设计体现在教学要素扩展和重组上的这些特点是与当代教育与心理科学中以认知主体为本、以学生为中心、注重在创设的情境中认知主体的意义建构和协作学习的建构主义学习理论，以及教育技术中对教学系统开发与教学设计中新一代以学为中心的理论模型的探索发展是一致的。本书第4章4.1节"远程学习"及其中论述的远程学习圈理论对远程教学要素的扩展和重组将有更深入的讨论。

（2）课程资源开发与学习支助服务是远程教育教学系统开发与教学设计的重点

各国开放与远程教育的实践经验和理论研究都已反复证明，课程资源开发和学习支助服务是保证远程教育质量和成功的基础和关键，也是远程教育教学系统开发与教学设计的重点。这在世界各国各种学派的理论观点中都是共同的。远程教育教学系统开发与教学设计这一重点的定位是与教育技术中对学习资源和学习过程的设计、开发、应用、管理和评价的注重完全一致的。本书第1章1.4节"如何实施远程教育？——远程教育的运行原理"对此已经有过相应的论述，而第3章与第4章则将分别对"远程教育课程资源开发"与"远程学生学习支助服务"展开全面论述。

（3）对远程教与学创新模式的探索是远程教育教学系统开发与教学设计的难点

远程教育的教学系统开发与教学设计是在教（师）和学（生）的行为活动处于时空相对分离的情境下进行的，必须走与传统校园教育不同的远程教与学的创新模式。就是说，如何通过课程资源的设计、开发和发送以及学习支助服务系统的设计和开发，特别是师生双向通信交互机制的设计和开发实现远程教育环境条件下的教（师）和学（生）的行为活动的整合和重组。其中，实现学生自治及自主学习与包括双向交互在内的各类学习支助服务的适当均衡是远程教育教学系统开发与教学设计的关键。事实上，远程教育发展历史上的函授教育、广播电视教育、基于现代电子信息通信技术的计算机多媒体和网络教育等都是对远程教与学模式的探索创新。这既是远程教育教学系统开发与教学设计的难点和突破点，也是热点和亮点。

3.2　远程教育课程设置

远程教育教学系统开发的首要任务是确定课程设置。即通过对教育市场的调查研究，发现并定位特定的教育对象。再通过对教育对象及其教育需求的进一步调查研究，确定教育目标，进行课程设置的设计开发。远程教育的课程设置与传统校园教育有不同的特点。本节主要论述各类远程教育院校的课程设置特点及其创新性和灵活性。

3.2.1 远程教育课程设置概论

3.2.1.1 远程教育课程设置与传统教育比较

从历史上看，传统教育发展在前，对远程教育课程设置的考察可以在与传统教育的对比中进行分析（见图3.1）。

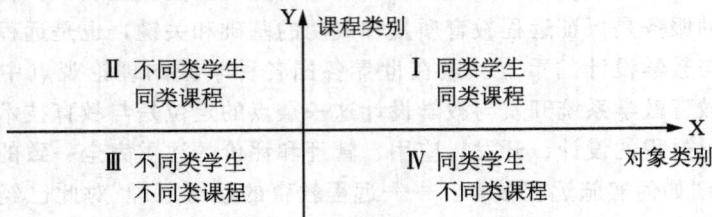

图 3.1 远程教育课程设置与传统教育比较分析框架

上述图像将远程教育的课程设置划分为4个象限。第Ⅰ象限代表与传统教育有同类学生和同类课程设置的远程教育计划或项目。例如，世界上许多远程教学的开放大学同时向中学毕业生提供接受远程高等教育的机会，开设的专业课程设置与传统大学的基本相同。第Ⅱ象限代表与传统教育有不同类学生的远程教育计划或项目，但提供的课程设置与传统教育基本相同。例如，世界上许多双重模式大学，如我国的普通高校网络教育学院，主要为在职成人提供网络远程教育的机会，其课程设置基本上与为相应专业的在校生提供的课程设置相同。第Ⅲ象限代表与传统教育有不同类学生和不同类课程的远程教育计划或项目。世界上许多远程教学大学包括网络虚拟大学为特殊对象人群（他们常常被传统教育所排斥或忽略）提供满足他们特殊需求、实现特殊目标的远程教育课程设置。例如为包括在职专业人员（工程师、教师、律师、会计师等）、流动工作人员、军队士官、家庭妇女、残疾人员、监管人员和囚犯等提供的远程教育项目。第Ⅳ象限代表与传统教育有同类学生但开设不同类课程的远程教育计划或项目。例如，世界上许多远程教学大学包括我国广播电视大学及高等教育自学考试早于普通高校率先为中学毕业生开设了机电一体、家政服务和计算机网络技术、电子商务等革新专业课程。这些都充分体现出远程教育在课程设置上的创新性和灵活性。

3.2.1.2 网络远程教育课程设置类型

进入网络教育时代以来，远程教育的课程设置不仅与远程教育中应用的教学与学习的技术形态相关，也与网络远程教育的教育形态相关。第2章2.3节的表 2.6 讨论了进入网络教育时代以来，远程教育中应用的教学与学习的技术形态分类。这里进一步论述网络教学的教育形态分类（见表 3.2）。

表 3.2　网络教学的教育形态分类

网络教育形态	特征界定
1. 学校传统教育中的网络教学	世界上众多国家传统校园学校教育中的许多教师、许多课程已经广泛应用网络教学，许多校园学生已经开始网络学习，课堂面授教学依然发挥着重要的作用
（1）网络辅助教学	教师网络教学与学生网络学习占传统校园学校教育教学全过程的比重或成分少于 30%
（2）混合学习	教师网络教学与学生网络学习占传统校园学校教育教学全过程的比重或成分从 30% 到 80%
2. 面对校园学生的在线课程学习	面对校园学生提供的网络远程学习，即教师网络教学与学生网络学习占传统校园学校教育教学全过程的比重或成分超过 80%。这类面对校园学生的网络远程教学课程称为在线课程与在线学习。这种网络教育形态在北美已经相当普遍
（1）本校在线课程学习	本校教师开设的在线课程与在线学习
（2）外校在线课程学习	外校教师开设的在线课程与在线学习
3. 面对校外学生的网络远程教育	面对校外学生，即远程学生提供的网络远程教育，其中网络教学的比重或成分已经成为远程教学与远程学习的主体
（1）单一模式	专司远程教育的单一模式远程教学院校举办的网络远程教育
①公立模式	公立的单一模式远程教学院校举办的网络远程教育
②私立非营利模式	私立非营利单一模式远程教学院校提供的网络远程教育
③商业营利模式	商业营利单一模式远程教学院校提供的网络远程教育
（2）双重模式	双重模式院校提供的远程教育
（3）联合模式	各类远程教育联合体或共同体，如大学网络教育联盟或虚拟大学提供的远程教育
4. 面对成人的职前职后网络远程培训	面对成人的职前职后网络远程教育与培训，即对在职人员或转岗、待业人员的专业定位或职业取向的各类继续教育和培训。可以由产业界企业组织，由各级各类院校和社会机构团体提供，还可以合作举办
5. 面对社会大众的网络远程终身学习	各级各类院校与教育机构、各级政府与各种社会组织机构（如科技、文化、卫生机构、社会团体与大众传媒等）提供的面对社会大众（从婴幼儿到老年人）的网络远程终身学习

　　进入网络时代以来，网络远程教育出现了主体多元化和形态多样化的特点，规模巨大，种类繁多，很难在同一著述中全面论述。本书重点论述的远程教育从对象和课程归类是以在职成人和年青一代(青少年)为主要对象的学校学历教育以及由各类学校组织实施的较正规的职业教育培训，而从教育提供者归类则主要是各类学校组织实施的较正规的远程教育计划或项目，而不是由企业或社会组织实施的多种多样正规和非正规的远程教育和远程学习，即主要对应表 3.2 中第 1、2、3 类网络远程教育形态。从第 1 章 1.2 节"什么是远程教育？——远程教育的基本概念"中关于狭义远程教育和广义远程教育的定义来考察，表 3.2 中的第 2、3、4 类属于院校机构举办的狭义远程教育，主要表现为一种相对独立的教育方式，而第 1、5 类属于在传统学校和社会生活中发生的广义远程教育或远程学习，主要表现为一种教育(学习)方法和手段。

　　组织实施第 1 类和第 2 类远程教学教育形态的院校机构通常是传统学校。进入网络时代后，传统学校(大中小学都有)开始在为注册学生提供传统校园课堂面授教学的同时开展网络远程教学与网络远程学习。依据网络学习在整个课程学习全过程中的由少到多的分量比重划分出网络辅助教学、混合学习以及在线学习等多种教育形态与学习模式。依据在校生注册学习的课程是本校课程还是外校课程，可以进一步划分为本校网络在线课程学习和外校网络在线课程学习。尽管第 1、2 类网络远程教育的对象都是传统学校的校园注册学生，但第 1 类网络远程教育中的网络辅助教学依然以校园课堂面授教学为核心和基础，网络远程教学只是辅助、补充或部分替代，而混合学习则表现为从校园面授教学到网络远程学习的过渡型；第 2 类网络远程教育(在线课程、在线学习)已经主要以网络远程教育为核心和基础，保留下来的校园课堂面授教学部分成为了辅助、补充和加强。第 3 类网络远程教育是指由特定的院校机构组织实施的、以校外学生为对象、教学全过程中远程教学与远程学习占主体的网络远程教育。组织实施第 3 类网络远程教育的院校机构可以划分为单一模式、双重模式和联合模式。单一模式是指专司远程教学的院校机构，它们提供计算机网络和其他技术媒介的远程教学与远程学习。双重模式是指由传统院校专门设立一个相对独立的远程教育部门(校外教育部门、网络教育学院或继续教育学院等)来组织实施远程教育，提供计算机网络和其他技术媒介的远程教学与远程学习。联合模式则是指各类远程教育联合体或共同体，如大学网络教育联盟或虚拟大学提供的网络远程教育。单一模式还可以进一步划分为公立、私立非营利和商业营利模式 3 种。由上述分析可以将本书主要讨论的远程教育课程设置划分为以下 5 种主要类型：

1. 单一模式院校的课程设置（主要指公立模式与私立非营利模式院校）
2. 营利模式院校的课程设置
3. 双重模式院校的课程设置
4. 联合模式院校的课程设置
5. 传统院校的网络课程设置（包括在线课程、混合课程与网络辅助教学课程）

下面将针对各类网络远程教育形态讨论上述五种类型的远程教育课程设置创新。

3.2.2　远程教育课程设置的创新

3.2.2.1　单一模式院校的课程设置

单一模式院校是指专门为校外学生而独立设置的远程教学院校，以自治的远程教学大学为主要代表。单一模式院校是独立设置的新型学校，在教育资源和课程设置的建设上，通常走创新、借鉴或者两者适当结合的道路。

许多发展中国家的远程教学大学或开放大学在发展本国的大众化高等教育和进行本国基础教育师资在职学历资格培训、专业知识更新和教学业务提高方面作出了重大的贡献。这些远程教育院校的学科专业课程设置通常与传统高等教育和传统师范教育（教师培训）的相同或相近。委内瑞拉的国立开放大学和斯里兰卡开放大学等就是为了那些无法进入传统大学的优秀中学毕业生开设的高等教育学位课程。而巴基斯坦阿拉玛·伊克巴尔开放大学、斯里兰卡远程教育学院、伊朗自由大学和哥斯达黎加的远程教学大学等则是为了中小学教师的在职培训设置的师范教育类专业课程。

中国广播电视大学系统开设的高等专科教育（包括中央广播电视大学内设的中国卫星电视师范学院开设的师范教育）以及专科起点本科教育的课程设置基本上同普通高等教育相同或相近；同时，为了适应全国各地社会经济建设对人才的不同需求，在国家确定的高等专科教育课程设置框架内，自主开设了许多创新的专业。中国教育部定期发布高等教育学科专业设置分类目录。教育部公布的 1998～1999 学年高等学校学科专业分类目录包括哲学、经济学、法学、教育学、文学、历史学、理学、工学、农学和医学 10 大学科，下设 71 个二级科类，504 种专业。中央广播电视大学编制出版的《中国广播电视大学教育统计年鉴(1998)》中列有"全国广播电视大学专业分类目录代码"，包括了 1998～1999 学年中央广播电视大学在全国统设的学科专业和各地广播电视大学自设学科专业。统计结果表明，全国广播电视大学开设的高等专科教育目录包括了教育部公布的学科专业目录中的全部 10 大学科、71 个二级科类。共计列入目录的专业 1 556 种，其中，教育部通设专业 723 种，广播电视大学自设专业 833 种。上述统计材料表明了中国广播电视大学系统在学科专业和课程设置上的创新。即在广播电视大学开设的学科专业总数 1 556 种中，与教育部公布专业分类目录相同或相近的有 723 种(已经超出教育部专业目录总数 219 种)，占总数的 46%，而由广播电视大学依据全国城乡不同地区对各类实践型、应用型、高等职业型高级专业人才的需求，自主开设的新兴的学科专业有 833 种，占总数的 54%。正是这样一种创新的学科专业课程设置满足了全国各地对人才多样化的需要。1999～2008 年中央电大实施开放教育试点中开设的本、专科学历教育的学科专业课程设置有了进一步的发展。2008 年秋季，中央电大开放教育本、专科、"一村一名大学生计划"(以下简称"一村一")共开设专业 70 个，其中本科专业 18 个、专科专业 36 个(另有在籍生的停开专业 8 个)、"一村一"专业 16 个。2008 年开放教育专科新开设专业 3 个，"一村一"新开设专业 1 个。2008 年，开放教育本科在校生数在 10 万人以上的专业为法学、会计学、汉语言文学 3 个专业，合计在校生为 36.30 万人，占开放教育本科在校生总数的 49.54%，其中法学专业在校生数居首位；开放教育专科在校生数在 10 万人以上的专业为行政管理、会计学、法学、工商管理 4 个专业，合计在校生数为 87.02 万人，占开放教育专科在校生总数的 61.35%，其中行政管理专业在校生数居首位；开放教育"一村一"在校生人数在 1 万人以上的专业为乡镇企业管理、农村行政管理、农业经济管理 3 个专业，合计在校生数为 8.09 万人，占"一村一"在校生总数的 82.03%，其中乡镇企业管理专业在校生数居首位。

在英国开放大学和日本放送大学等西方发达国家，远程教育的学科专业课程设置有不同于传统高等教育的特色和创新。其中很重要的一个特点是在培养各类专业专家的同时，注重对跨学科、跨领域的通才的培养，注重国民素质教育和公民教养提高，满足社会不同人群的个人学习需求。

在英国开放大学，与教育对象多样性相适应的是课程设置的创新和多样性。英国开放大学并不强调专业教育，而是注重通才教育，颁发大学文学士学位或荣誉学位。这一方面为了适应现代社会对人才知识结构的需求；另一方面也是与其开放性入学政策和学生以家庭自学为基础配套的。比如在开放大学学生中占相当比例的家庭妇女和离退休人员，他们并不追求成为专业专家，他们可以依据自身的兴趣爱好跨学院选课。与此相关的是，开放大学并不开设医学、兽医、法律等课程。但是，如果学生需要并且愿意，同样可以从开放大学开设的众多课程中专门选学与某一特定学科或专业有关的课程而取得学位。事实上，从开放大学 2000 年开设的 160 多门学位课程可以组成 30 多个学科或专业，其领域还是相当广泛的，从文学、历史、音乐、教育学直到数学、物理、化学、电子学、计算机等。据统计，在 1996～1997 学年，第 1 级课程的注册数中，51％是文艺、社会科学、保健、社会福利以及语言；另外 49％是数学和计算机、科学和技术。如果将大学学士学位的所有 1～4 级课程合在一起统计，51.5％是文艺、社会科学、教育、保健、社会福利以及语言；另外 48.5％是数学和计算机、科学和技术。此外，英国开放大学还开设多种继续教育和研究生教育并在不断发展之中。

日本放送大学在课程设置上独具特色，既不同于日本的传统大学，也不同于其他国家的远程教学大学。根据社会专业需求调查，开设以提高国民素质为目标的通用型专业为主，设教养学部，下设 3 大类（生活科学、产业与社会、人文与自然）6 个专业（生活与福利、人类发展与教育、社会与经济、产业与技术、探索人类、理解自然）。课程设置分 5 类：基础课、外语、保健与体育、专业课和综合课。放送大学实行的大学层次教育计划分学历制和非学历制两种。学历制学生可取得大学教养学士学位，非学历制学生只发给学科结业证书。由此可见，日本放送大学与传统大学在学科专业和课程设置上有明显的分工。日本放送大学的学科专业课程设置是国际远程高等教育界的一种创新，比较适应西方发达国家的国民素质提高的需要，但对亟须各类专业人才的发展中国家可能并不适合。

3.2.2.2　营利模式远程教育机构的课程设置

在远程教育的发展历史上，除了一些小型的函授学校属于商业性的营利模式机构，大多数远程教学院校和系统都是非营利性的。因此，开展远程教育的规模较大的院校，无论是双重模式还是单一模式，也无论是公立的还是私立的，大多属于非营利模式。但是，随着计算机网络的兴起，教育网站和网络院校（网校）如雨后春笋般大量建立起来，其中相当大比例的网站和网校属于营利性的商业机构。这些营利性的网站和网校以及其他营利性的远程教育机构，都在教育和培训市场上寻找商机。它们将投资开发专业课程看做是为市场提供商品和服务。结果，营利性远程教育机构在教育和培训市场上的定位是：为富有阶层提供有支付能力的专业课程设置。于是，无论是北美和欧洲，还是中国和印度，营利性远程教育机构的课程设置大多集中在计算机和信息技术、经济和工商管理、医疗卫生、涉外事务和外国语等。因为这类专业或职业人员收入较高，比较富有，具备支付能力。这类专业或职业也拥有信息基础设施方面的优势，容易实现计算机上网。投资开发这类专业课程设置的远程教育机构、教师和其他专业人员也比较容易获利而得到回报。为此，可以特别称呼这类专业课程为"富有专业课程"。然而，随之发生的是远程教育专业课程设置中的"失衡"问题：少数"富有专业课程"过热、竞争激烈、相对过剩；而其余专业相形见绌、被淡忘和遗弃，尤其是那些不能很快为投资机构和师生个人带来直接经济回报的专业课程设置(如基础性自然科学和社会科学以及部分人文学科)。同时，那些被数字鸿沟隔开在信息社会彼岸的弱势人群、种族和民族，那些信息基础设施相对落后和薄弱的农村和偏远地区，以及那些离信息技术革命较远的传统产业和社会生活领域，教育和培训的需求就相对难以得到满足。

3.2.2.3 双重模式院校的课程设置

远程教育的双重模式院校是指举办远程教育的传统院校。双重模式院校开展远程教育可以充分发挥传统院校原有的教育资源优势，特别是其在院校品牌和特色学科专业品牌、高质量的有丰富教学经验的师资、长期积累的教材和图书资料以及实验设备设施等方面的优势。其中，传统院校在学科专业和课程设置方面的优势是双重模式院校举办远程教育的一大特色。所以，双重模式院校通常注重发挥原有教育资源的优势而不是着力于开发原先没有的全新的教育类型、学科专业和课程。

在实践中，双重模式院校在教学计划和课程设置上主要有两种类型：苏联和中国的函授教育实行的分离模式和澳大利亚校外教育实行的综合一体化模式。在分离模式的双重模式院校，对同一层次同一学科专业，校园面授教育和远程教育制订和实施不同的教学计划和课程设置，使用不同的课程材料(校内学生使用传统标准教材，远程学生使用特别设计的函授教材)。两类学生的教师不同，考试不同，其学分与授予的学位和学历证书也各不相同、不可互通。而在综合一体化模式的双重模式院校，对同一层次同一学科专业，校园面授教育和远程教育制订和实施相同的教学计划和课程设置，使用相同的课程材料。两类学生的教师相同，考试也相同，其学分与授予的学位和学历证书也都相同、可以互通。这种综合一体化的课程设置模式，对于就业和教育转换日益频繁、边工作边学习的混合类学生(不同学期轮换注册校内生或校外生，或同一学期同时注册校内学习课程和校外学习课程)，对于终身教育体制和学习化社会的形成，都是一种方向。

3.2.2.4 联合模式院校开设的远程教育课程设置

在联合模式院校中，美国国家技术大学(NTU：National Technological

University)和澳大利亚开放学习共同体（OLA：Open Learning Australia）代表了一种多院校协作模式。多院校协作模式通过所有加盟大学对所开设的学科专业课程的招标、投标和合作开发，实现了课程的竞争上星（卫星）或上网（因特网）、教育资源的优化组合。例如，美国国家技术大学设有多个学院来设计和执行各专业学位教育计划。学院下常设的课程设置委员会负责评论和选择各成员院校提供的有关专业课程，制订、发展、修改专业教学计划和课程设置。美国国家技术大学不仅提供硕士学位工程继续教育，而且重视开设工程研究专题讲座，向全美国的工程界传播工程技术的最新研究成果和发展信息，把各地的工程师带到世界工程研究的最前沿。澳大利亚开放学习共同体在课程设置方面也采用类似的做法。由此可见，多院校协作模式在课程设置上的最大特点就是优势互补、资源共享，从而实现学科专业课程的最佳组合，避免低层次的简单重复建设和无序竞争。

　　从 1996 年秋季起始运行的日本空间合作体系（SCS：Space Collaborative System）是由 116 所大学和其他高等教育院校的 139 个卫星地面站相互连接组成的卫星通信双向视频系统。这可以看作日本传统大学举办远程教育的双重协作模式。日本双重模式远程高等教育的发展得益于 20 世纪 90 年代中期以来日本政府教育政策的发展。1995 年 8 月，日本教育、科学、体育和文化部发表了"关于在教育、科学、文化和体育实现信息化的指导纲领"。1996 年 7 月，日本教育部"21 世纪高等教育应用多媒体战略目标"课题组发表了同名报告，指出需要"构建一个开放和灵活的高等教育系统"来支持这场改革。在 1997 年 2 月，日本大学委员会提出，在大学本科毕业要求的 124 个总学分中，最多可以接受通过"远程教学"取得的 30 个学分。对硕士课程，通过远程学习取得的学分数提案没有设置上限。根据这些建议，教育部允许各大学最多接受通过通信卫星和录像会议系统的同步交互讲课取得的 30 个学分。1998 年 6 月，大学委员会发表了一份中期报告"21 世纪的大学和未来革新战略——个人特性的竞争"，并提出自 1998 年起，接受远程教育取得的学分上限从原来的 30 分提高到 60 分，与此同时，日本大学本科生在各大学之间的学分互换上限也从原来的 30 分增加到 60 分。这一增加学分认定的政策已经得到认可。由此可见，通信卫星和计算机多媒体正在使日本的大学发生重大变革：日本的大学生和研究生将可以从全日本的大学开设的课程中选择自己攻读的课程。只有拥有众多教学人员、开设的课程被全日本数量巨大的大学生和研究生选上的大学才会赢得崇高的声誉。而其开设的课程没有外校学生选读的大学结果将被淘汰。越来越多的大学生和研究生将直接通过互联网来获取世界各地的各类信息进行学习。

他们将从"被动的学习"中解放出来，即不再局限于被动地听取学校教授的讲课。他们通过网络搜索、创造和发送属于他们自己的信息，接收来自世界各地的反馈，从而使他们的学习更加深入和丰富。

美国国家技术大学、澳大利亚开放学习共同体、日本传统大学的空间合作体系以及非洲虚拟大学（AVU：African Virtual University）等在课程设置实行的资源共享、优势互补、学分互换的体制，值得中国普通高校网络学院在创办现代远程教育工程时借鉴。自 1998 年以来，教育部已经先后批准 68 所重点传统大学建立网络教育学院开展现代远程教育，使我国远程教育中的双重模式得以迅速扩展。但是，这些原本开展校园精英教育的重点大学如今均雄心勃勃，各自独立面向全国建立远程教育网络，各自独立进行专业课程设置。结果，大多数重点大学网络学院的专业课程设置相对集中在计算机和信息技术、经济和工商管理以及英语等，简单重复。清华大学如此，北京大学、浙江大学、中国人民大学也如此，其他大学还是如此。名牌大学的优势专业和特色课程依然无法实现全社会资源共享、优势互补和学分互换。

在我国高等教育自学考试体制中，学科专业和课程设置也开始从传统走向创新。高等教育自学考试的本专科课程设置有两大类：基础类和专业类。基础类课程设置注重开设学科的基础课程和专业基础课程，培养学科基础较宽厚、学科基本功力较扎实的通用型人才，授予基础类学历证书；专业类课程设置注重开设学科的专业课程，培养在某一专业方向更具竞争力和实践能力的专业人才，授予专业类学历证书。高等教育自学考试在专业课程设置上的一个最新发展是与国家有关经济部委和企业集团合作开发新兴的专业。普通高等院校由于有各自的人才和资源特色，倾向于保持各自的传统学科专业领地和优势领域。再加上申报和审批程序复杂和严格，普通高校创办新兴学科专业比较艰难、周期也较长。直到 2000 年秋季，除了北京广播学院新近创建了以计算机网络相关专业学习为主的网络专业学院外，其他高校尚没有专门的计算机网络专业。教育部的高等教育专业设置分类目录中也没有计算机网络专业。全国高等教育自学考试指导委员会定于 2000 年 10 月起，（1）与信息产业部合作开考"计算机网络技术"专业（独立本科段）；（2）与联想集团合作开考"电子商务"专业（暂设专科）。计算机网络技术专业开设信号与系统、数据通信原理、计算机网络基本原理、网络操作系统、数据库技术、工程经济、计算机网络管理、局域网技术与组网工程、互联网及其应用等 13 门课程和毕业设计（论文），总学分 77 分。在该专业课程的基础上，合作双方还设计了专业证书考试，规定向所考课程考试合格者颁发专业证书。电子商务专业开设电子商务英语、经济学、基础

会计学、市场营销、国际贸易理论与实务、商务交流、市场信息学、计算机与
网络技术基础、电子商务概论、互联网软件应用与开发、网页设计与制作、电
子商务案例分析等 15 门课程。在全部 73 个总学分中有 16 分是以实践训练和
考核为主的。考生完成 15 门课程之外，还要通过独立设计网页等内容的综合
作业才可获得学历证书。此外，合作双方还设计了职业证书考核，规定向通过
该专业 6～7 门专业课程考试的考生颁发全国高等教育自学考试办公室和中国
电子商务协会合署的中级或高级电子商务职业证书。

3.2.2.5　传统院校开设的远程教育课程设置

进入网络时代以来，远程教育、远程教学、远程学习不仅仅是由单一模
式、双重模式和营利模式的专司远程教学院校机构以及联合模式的远程教育共
同体提供的相对独立的教育方式和形式，而且是传统学校教育中正在普遍而迅
速发展中的一种教育方法和手段。作为教育方式和形式以及作为教育方法和手
段这样两种教育形态迅速发展的远程教育正在显示出强大的生命力和发展前
景。在我国，随着网络时代的到来，中国教育科研计算机网络（CERNet）和中
国教育电视台（CETV）数字电视和多媒体宽带数据传输网的发展，各级各类学
校普遍开展了校校通工程建设，构建了校园网、接入了互联网，并在此基础上
开发计算机网络教学管理平台和建设教育资源，构建数字图书馆、虚拟实验室
和数字校园。在我国国家信息技术基础设施建设和各级各类学校信息技术基础
设施建设的基础上，我国传统学校也已经从计算机辅助教学进入了网络辅助教
学的历史发展时期，各种各样的网络辅助教学、混合学习以及在线课程、在线
学习正在迅速发展中，产生了一批远程教学的精品课程。但是，我国尚缺乏比
较完整的反映传统学校网络教学进展的统计数据。

有较可靠统计数据支持的是北美，特别是美国的传统学校网络教学进展的
发展研究成果。美国高质量在线教育联盟（Sloan-C）对美国 2 500 所高等院校
（colleges and universities）连续 5 年的跟踪调查研究表明（注意：以下统计仅仅
列出了注册学习"网络在线教学课程"的学生，而没有列出注册学习"混合教学
课程"和"网络辅助教学课程"的学生）：

- 在 2006 年秋季，有近 350 万学生选修至少一门网络在线教学课程，
  比上年同期增长 10％；
- 注册网络在线教学课程的学生数增长率为 9.7％，远远高于同期高等
  院校注册学生总数的增长率 1.5％；
- 在 2006 年秋季，有近 20％的高等院校学生选修至少一门网络在线教
  学课程。

美国高质量在线教育联盟（Sloan-C）（2007 年 10 月）
《在线国家：在线学习增长的五年》

在美国中小学，也已经开始开发和利用多种多样的基础教育在线学习项目计划（K-12 online learning programs）。美国教育部 2008 年 7 月发布的《在线学习评估指南：教育变革成功的挑战和战略》（前言）中指出：

"术语'在线学习（online learning）'用来表示在基础教育领域中的一系列教育项目和资源（education programs and resources），包括由大学、私人提供者或其他学校的教师提供的远程学习课程（distance learning courses）；独立的'虚拟学校（virtual schools）'提供给学生的各类在线课程与服务（online courses and services）；以及为教师、家长和学生提供各类资源的教育网站（educational websites）。"

"在线学习是基础教育中的一种最新的发展，而且在项目和参与者两方面都飞速增长。依据北美在线学习协会（NACOL）的报告，'在 2007 年 9 月，美国有 42 个州拥有大量辅助型在线学习项目（其中，在传统学校注册的学生们选修一门到两门在线课程），或者大量全时制项目（其中，学生们选修的大多数或全部课程是在线的），或者上述两者都有'。"

美国教育部（2008 年 7 月）
《在线学习评估指南：教育变革成功的挑战和战略》（前言）

从上述简单描述可以看出，网络远程教育的兴起和发展已经超越了主要由大学函授院校和独立设置的广播电视大学或开放大学开展的前两代远程教育。远程教育学的研究对象也必须超越经典远程教育概念定义中的独立设置的专司远程教育学校机构的限制，来面对多元化和多样化的远程学习、远程教学和广义远程教育，面对各级各类学校、社会各界以及社会生活中已经蓬勃发展起来的以"在线课程（online courses）""在线学习（online learning）""网络学习（e-learning）""虚拟学习（virtual learning）"和"分布式学习（distributed learning）"命名的网络远程教育。这类传统学校面对校园学生开设的在线课程与在线学习，以及网络辅助教学和混合学习的课程设置的特点是发挥传统学校的教育资源，特别是优秀专业教师的优势和特长，使各校的特色课程设置突破校园围墙的局限，通过网络向全国乃至全球扩散传播。

3.2.3 远程教育课程设置的灵活性

3.2.3.1 课程设置的开放性和灵活性

远程教学系统在学科专业课程设置上通常表现出比传统教育更多的开放性和灵活性。这主要体现在以下几个方面：

● 教育对象和教育目标的多样化：依据不同的教育对象确定不同的教育

目标，远程教育院校通常提供不同层次类型、不同学科专业的课程设置，同时举办学历和非学历教育；

- 个别化、个性化的教学计划：远程教育院校通常努力实现个别化、个性化的教学计划，即根据学生个人的实际需要和现有基础，制订适应个别化学习的个性化专业教学计划；
- 富有弹性的课程设置：远程教育院校的课程设置有更多的弹性和替代方案，能够适应不同对象的不同需要；
- 灵活的选课制：远程教育的课程设置通常采用较灵活的选课制，选课范围和比例都较大，比如，可以跨学科、跨学院选课。学生可以在学校和教师的指导下，通过基于某些准则的选课制订学生个人的专业学习计划，并且根据需要的变化和学习进度进行修改和调整；
- 完全的学分制：远程教育通常实行完全的学分制，而不是传统教育的固定学年制。学分通常保持多年有效，以便学生在不影响就业、家庭生活和社会职责的同时能自主设定和控制学习进度，完成学业；
- 灵活的学分转移：远程教育院校通常承认并实行灵活的学分转移，建立了类似学分银行等体制，以便远程学习的学生能够在社会经济生活变动和全球化趋势日益加快的环境中坚持终身学习。

以上诸项以及其他开放灵活的特征在世界各地的远程教育院校的课程设置中均有不同程度的体现。

3.2.3.2 案例分析

(1)中国广播电视大学

中国广播电视大学的高等专科教育在课程设置上体现远程教育开放性和灵活性的一大创新是三级开课体制，即由中央广播电视大学与地方广播电视大学按六四开课比例分别开设课程。具体来说，由中央广播电视大学开设全国统设学科专业教学计划中不少于总学分数 60% 的课程，主要是公共基础课、通用性大的专业基础课和若干骨干专业课。由各级地方广播电视大学包括基层办学单位开设其余不多于总学分数 40% 的课程，主要是适应当地社会经济发展需要的专业课程和实践性较强的课程。在 1998～1999 学年，中央广播电视大学在全国统设理工科(工学、教育学)、财经科(经济学)、文科(法学、文学、教育学)、农科(农学)、医科(医学)5 学科(相当于教育部目录中的 7 大学科)，22 个二级科类，52 个统设专业，304 门统设课程。全国各地广播电视大学既可以开设中央广播电视大学统设的学科专业，也可以选择中央广播电视大学的统设课程组成派生学科专业，或者完全独立自设学科专业以适应当地人才培养的需要。所以,全国广播电视大学开设的学科、二级科类和专业总数都远远大于中央广播电视大学统设的学科专业数。此外,广播电视大学从建校初实行的学年学分制转向实行完全学分制,学分保持10年有效。中央广播电视大学面向全国统设的骨干课程年年开课、年年开考。同时,广播电视大学建校初的固定教学班注册模式转向以课程为基础的注册模式。课程设置的这些革新方便了学生自主决定学习年限、年注册课程数和学习进度等,体现了远程教育的开放性和灵活性。从20世纪90年代末起实施"开放教育试点项目"以来,中央电大与20所重点普通高校联合办学开设各具特色优势的本专科专业课程设置,进一步体现了远程教育的开放性和灵活性,增加了电大学生对学科专业课程的选择性。

(2)英国开放大学

英国开放大学的大学学位教育计划是指授予文学士学位和荣誉文学士学位的大学层次教育,实行学分制:文学士学位必须取得6个学分,荣誉文学士学位则要求8个学分。按教育计划,学生要取得1个学分,必须完成以下学习任务和要求:

- 在一个教学年(从每年2月至11月)中学习34个星期,每星期学习量要求在12小时至15小时,总学习量约408小时至510小时,其中,32周用于学习新课,年末2周用于复习准备考试;
- 完成平时作业并通过(合格)年末的课程考试(通常考试时间为3小时);
- 教育计划有规定时,参加一定的暑期学校;交纳要求学生负担的学费。

开放大学所有的学位课程都组合成全学分课程和半学分课程。半学分课程同样要求学习一个学年(34周),但周学习量和总学习量原则上是全学分课程的一半。

学位教育计划规定,每个学生每年最多注册学习2个学分的课程。至少注册学习半个学分的课程。于是,要取得开放大学文学士学位,至少需要3年,而荣誉文学士学位至少需要4年。当然,学生也可以用10年左右时间攻读学位,学分保持有效。但大多数开放大学学生每年选学一个学分的课程,所以取得学位的时间通常分别为6年和8年。

英国开放大学学位教育实行相当灵活的自由选课制。学生可以根据自己的需要和兴趣自由选择由6个学院开设的各种课程合成自己的学位课程学习计划。这6个学院是:文艺、社会科学、教育、数学、科学和技术。有些课程是由两个或两个以上学院合作开设的，称为跨学院课程。全部课程按性质和学术层次分为四级，第一级是基础课程。第二级课程覆盖的学科、主题面十分广泛。一、二级课程有许多是多学科交叉的综合课程。三、四级课程通常是单学科的，主题比较专业化，学术难度也较高。对学生选课的仅有限制是：

- 每个想取得学位的学生必须至少通过两门基础课程，其中一门必须在第一学年选学，另外一门可安排在任一学年；
- 学生在通过了一门基础课程学习后才允许选学较高层次的课程；
- 想取得荣誉文学士学位的学生，选学的第三、四级课程的学分数应达到总学分数的 25％以上。

提供学科众多、领域广泛的学位课程和对学生自由选课尽量少加限制，是英国开放大学经广泛调研后作出的慎重决策。英国开放大学学位教育的课程设置与选课制度既可以培养具有现代社会国民素养的高级通才，也可以培养特定学科专业的高级专门人才。开放大学学生在咨询顾问的指导下制订适合自己个人职业生涯或人格发展需要的个性化课程学习计划。

(3)美国国家技术大学

美国国家技术大学下设各个学院来设计和执行各专业学位教育计划。所有专业的课程设置被划分成核心课、加深课、加宽课和选修课。不同的学院有各自的选课规则，但都很简明、宽松，为学生留下充分的自由选课余地。学生在其专业顾问帮助下从自己实际需要出发进行选课。学分制的核算标准采用美国大学通行的学期学分制。以计算机工程为例说明课程设置结构和选课规则。计算机工程专业共开设 133 门课程。其中核心课(同时可作为加深课)计 30 门，加深课(最高深和当今发展的专题)计 29 门，加宽课(有关联的或辅助性课程)计 74 门，此外，有本科水平的计算机工程专业过渡课程 8 门。选课规则(硕士学位要求总学分 30)如下：

核心课至少 8 学分。必须从①计算方法和数据结构；②计算机结构；③软件工程或计算机软件中至少各选一门课程；

加深课至少 10.5 学分。必须从某 2 个领域中各选学至少 2 门课程；

加宽课至少 5 学分。必须从所列 9 个领域中选学至少 2 门课程；

选修课可以从核心课、加深课、加宽课中任意选择，还可以从国家技术大学提供的其他任何课程选取(须经学生专业顾问同意，至多计入 3 学分)，使总学分达 30 个学分。

下面给出一个计算机工程专业软件工程方向硕士学位学生的选课表实例(见表 3.3)。

表 3.3 计算机工程专业软件工程方向硕士学位选课实例及对应的学分结构

	课程代号	课程名称	提供的院校	学分
核心课	SE 10—C	软件工程(一)	明尼苏达大学	2.7
	CA 14—A	高级计算机结构(一)	马萨诸塞大学	3.0
	AD 10—C	数据结构导论	明尼苏达大学	2.7
加深课	AD 11—C	高级数据结构	明尼苏达大学	2.7
	AD 20—A	计算方法和数据结构	马萨诸塞大学	3.0
	CS 50—B	数据库设计	马里兰大学	3.0
	CS 20—B	程序语言理论	马里兰大学	3.0
加宽课	CC 40—F	错误修正编程	波士顿东北大学	3.0
	CT 80—D	机器人(一)	南卡罗莱纳大学	3.0
选修课	CS 40—C	操作系统导论	明尼苏达大学	2.7
	IS 20—E	知识工程导论	亚利桑那大学	3.0
总 计				31.8

[资料来源：丁兴富《世界远距离高等教育概观》(1990)，第 277 页图表 9.7]

(4)日本放送大学

前面已经提及，日本放送大学的大学教养学学士学位计划很有特色。放送大学要求学生在 4 年至 10 年间取得教学计划规定的 124 个学分。建校初实行一年三学期制(4～7 月，8～11 月，12～3 月)，没有寒暑假。每学期授课 15 周，复习考试 2 周。自 1989 年 4 月 1 日起改为一年两学期制(4～9 月，10～3 月)。每学期授课 16 周，复习考试 3 周，机动 1 周。教养学部下设 3 大类 6 个专业的培养目标(见表 3.4)。

表 3.4 日本放送大学教养学学士学位计划 3 大类 6 专业培养目标

学部	大类	专业	培养目标
教养学	生活科学	生活与福利	为建立既智慧又丰富的人类生活，掌握衣、食、住、行、保健和生活福利等方面的知识和技能
		人类发展与教育	掌握培养和教育儿童与青少年的基本知识和技能，深刻理解教育在人类生存中的地位和作用
	产业与社会	社会与经济	掌握政治、经济和社会结构三者关系及其基本功能原理
		产业与技术	获取有关产业与技术发展的新动向及其管理的一般模式的知识
	人文与自然	探索人类	在探索现代文明与区域文化特点及其发展历史的同时，深刻理解人类思想、文学和艺术的发展变化规律
		理解自然	学习和理解自然界的本质及其与人类生活的相依性

[资料来源：丁兴富《世界远距离高等教育概观》(1990)，第 329 页图表 12.4]

(5)加拿大阿萨巴士卡大学

加拿大阿萨巴士卡大学实施两类大学学位教育计划。第一类是个人学习计划。文理学院和管理学院都开设这类计划。学生在大学提供的课程设置框架中，在学生顾问的帮助下，根据自己的需要和兴趣，制订并完成选课计划，取得综合研究学士学位。大学允许学生在外校取得的学分转换成综合研究学士学位的学分。第二类称大学统设计划。管理学院为适应人们对继续接受管理学科教育的需要，开设了公共管理、会计、一般管理方面的课程，对合格者授予管理学学士学位。文理学院则在人文、数理和社会科学的广阔领域开设课程，学生也可在特定方向进行深入的学习，授予文学学士学位。此外，阿萨巴士卡大学还同阿尔伯特大学、凯尔格列大学等合作开设护理、社会事务和特殊教育等领域的多种课程，互通课程和学分。阿萨巴士卡大学开设的课程分为三个等级。第一级是大学预科课程(称 100 级)，第二级为基础课程(称 200 级)，第三级为高级课程(称 300 级和 400 级)。只有第三级课程要求学生具备必要的预备知识或预先选学其前导课程。同加拿大其他大学一样，阿萨巴士卡大学依据学期学时数核定课程的学分。所有课程分为 3 学分和 6 学分两类。允许学生从注册日起在 6 个月内完成一门 3 学分课程，在 12 个月内完成一门 6 学分课程。学士学位的总学分要求是 90 学分。

3.3　远程教育课程开发

本节在前两节论述远程教育的教学系统开发以及课程设置的基础上讨论远程教育课程开发。远程教育的系统分析表明，课程是远程教育教学系统中的一个重要的运行子系统。远程教育的两个基本的功能要素之一就是以事先准备好的课程为远程学习提供学习资源。课程开发包括课程材料的设计开发和课程教学全过程的各个环节及其学习环境的设计开发。其中，多种媒体课程材料的设计、制作、发送、评估和更新是课程开发的核心内容。这也正是远程教育的教学设计理论的主要研究对象。

在传统院校中，一门课程的开发与教学通常是由主讲教师依据自己的经验来组织实施的。在远程教育中，情况就要复杂得多。首先，各门课程的多种媒体教学方案涉及整个系统教育资源的配置，要由学校而不是教师个人来规划和决策。其次，课程的主持教师要与学科专家、教育技术专家、印刷教材编辑、视听技术和计算机技术人员一起合作进行多种媒体课程材料的创作和设计。再次，还要经过各类课程材料的生产制作、发送传输、接收使用，其他实践教学环节、人际交流活动、检查和考试以及各种类型的学习支助服务的组织实施来完成教与学的全过程。本节首先讨论课程开发的创作模式和组织模式；其次，论述远程教育课程开发的流程；再次，探讨教学媒体的选择和组合；而以多种媒体课程材料为核心的远程教育资源的设计创作和评估则是后续3.4节的主要内容。

3.3.1　远程教育课程开发模式

3.3.1.1　课程开发的创作模式

首先，课程开发的创作模式随课程材料的原始资源状况不同而不同，大致可以分为改造、新建和革新三种类型。

（1）改造模式

改造模式也可称为借用模式，是指在课程开发的最初阶段可以从系统（院校）外的现有课程资源中借用到某些基本合用的特定课程材料，同时需要进行必要的转化、增补和加工、改造。改造模式课程开发的创作主要由两个阶段组成：选择和改造。

（2）新建模式

课程创作的新建模式是指在课程开发的最初阶段并没有特定的现有课程资源可供利用，所以需要从头开始创作设计。当然，仍然有可供借鉴的教育资源和课程材料，但并非特定的，即既不借用任何特定的课程材料，也不对现有特定课程材料进行改编，而是从头创建多种媒体的课程材料。创作多种媒体课程材料的新建模式可以采用分立式创作设计和一体化创作设计两种方案。

①分立式创作设计方案

分立式创作设计方案是指对同一课程的多种媒体课程材料中的印刷材料、视听材料、计算机课件、网络课页、实践教学环节、作业和考试等的创作设计是相互独立、分立进行的。与不同教学媒体对应的不同的课程材料的创作设计，可能由相同的学科专家承担，也可能由不同的学科专家承担。如中国广播电视大学在课程开发教材建设中，有时课程的主讲主编是一位教授；有时，则同一课程的印刷教材主编是一位教授，而视听教材主讲又是另一位教授。在分立式创作设计方案中，即使由相同的学科专家承担多种媒体课程材料的创作任务，不同媒体课程材料的创作设计也是分立进行的。比如，首先完成印刷教材正文的撰写，然后再配上例题和练习作业题，最后，才去开发试题库等。视听教材通常是在印刷教材已经完成的基础上开始创作设计和录制的。计算机辅助教学、学习的课件和网页更是后期设计创作的。

②一体化创作设计方案

一体化创作设计方案是指对同一课程的多种媒体课程材料中的印刷材料、视听材料、计算机课件、网络课页、实践教学环节、作业和考试等由同一组学科专家和课程开发人员实行同期创作和综合一体化设计。一体化设计既可以避免同一课程多种媒体教材之间的脱节、重复甚或矛盾，也可能避免同一课程的多种媒体教材各自自成体系、独立完整、主次不分。更重要的是，一体化创作设计方案有利于充分发挥不同教学媒体的功能特长从而实现扬长避短、优势互补、整体优化。

（3）更新模式

一所远程教育院校在运行多年后，在进行新一轮课程开发时，首先面临的是自己的历史遗产：院校自身已经拥有的教育资源和课程材料库。更新模式是指在利用院校自身原有的课程材料基础上进行的课程开发。这一模式涉及对已经开设过的课程材料及其使用效果的评估，以及在评估基础上对原有课程进行维持和再创作。因此，更新模式也可以称为维持模式。

3.3.1.2　课程开发的组织模式

约翰·迈森（John Mason）和史蒂芬尼·古登纳芙（Stephanie Goodenough）在为凯伊和鲁姆勃尔主编的《远距离高等教育》（1981）一书撰写的第六章"课程创作"中，在总结当时各国开放大学经验的基础上提出了远程教育课程开发的5 种组织模式（见图 3.2）。

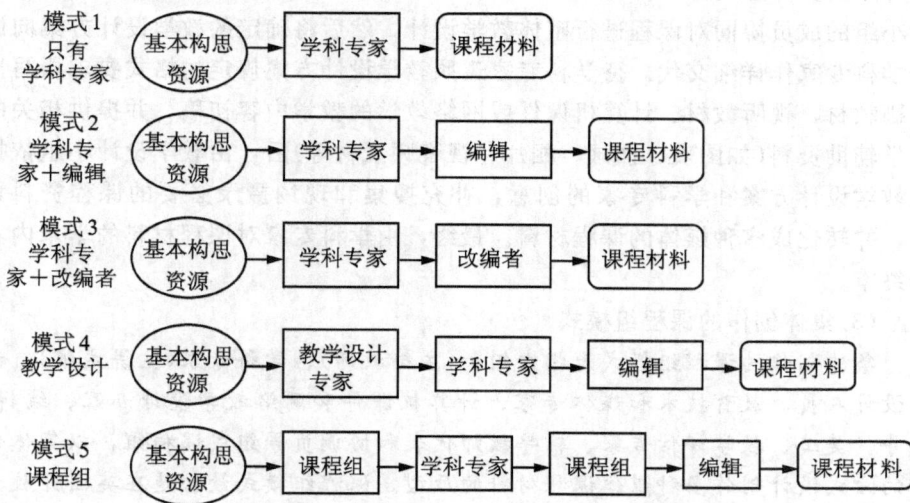

图 3.2　远程教育课程开发的 5 种组织模式

［资料来源：凯伊和鲁姆勃尔《远距离高等教育》（1981），第 109 页图表 6.4］

上述迈森和古登纳芙的五种模式明显以印刷教材的设计创作和开发为主，给予编辑以特殊的地位，没有出现视听节目编导和计算机课件或网络课程设计人员等。自 20 世纪 80 年代以来，各国开放与远程教育的实践又有了巨大的进步。课程开发的创作模式和组织模式也有了许多创新和变革。课程开发的组织模式显然与多种媒体课程材料的创作模式有关。本书将远程教育课程开发的组织模式主要划分为学科专家主导的分工负责模式、教学设计人员主导的协作模式和集体创作的课程组模式三种。

(1)学科专家主导的分工负责模式

学科专家主导的分工负责模式是指在课程创作的各个主要阶段以及多种媒体课程材料的创作设计中，学科专家起主导作用，实行创作设计项目任务分工负责制。比如，印刷教材实行主编负责制，视听教材实行主讲负责制等。印刷教材编辑、视听教材编导、教育技术专家和教学设计人员、计算机课件设计人员和网络专家、美工人员等都只是在课程创作设计的相应部分发挥辅助的作用。

(2)教学设计人员主导的协作模式

教学设计人员主导的协作模式是指在由教学设计人员、通晓课程教学目标和教学内容的教学人员、教育技术和媒体专家、教学评估专家组成的教学设计小组与学科专家之间进行协作，由教学设计小组负责课程的教学设计，而由学科专家负责课程的教学内容和学术水平。协作模式的操作方式通常是由教学设计小组的成员协同对课程进行整体教学设计，然后将确定的教学设计方案向课程学科专家作详细交代。待学科专家遵照教学设计方案规定的格式要求撰写出印刷教材、视听教材、计算机课件或网络教学的教学内容初稿，并提供相关的教学辅助资料(如图表、插画、相片、视音频素材等)后，由教学设计小组依据原教学设计方案和学科专家的创意，补充搜集和现场摄录必要的课程资料素材，并转化成多种媒体的课程材料。最终，由学科专家对课程材料的学术内容作终审。

(3)集体创作的课程组模式

集体创作的课程组模式是指由组长(主持教师)、学科专家(主讲主编)、教学设计人员、教育技术和媒体专家、计算机课件和网络教学设计专家、编辑、编导、美工、教学评估专家、辅导教师代表和协调员等组成课程组，以集体创作的方式设计创作多种媒体课程材料的原型。课程组模式最初是在英国开放大学的课程开发实践中发展起来的。课程组模式的优势是：

能够充分发挥各类人员的专业技术特长；

能够实现教学人员、技术人员和教学设计人员之间的合作；

能够充分发挥学术民主和创作自由；

能够实现多种媒体的优化选择和组合以及教学设计的一体化和最佳化。

很显然，课程开发的组织模式与创作模式有很密切的关系。通常，实行一体化创作设计方案的课程开发和新建比较适合采用集体创作的课程组模式，而以分立式创作设计方案进行课程新建比较容易采用学科专家主导的分工负责模式。教学设计人员主导的协作模式可以应用于课程新建和开发的两种方案。对原有课程的维持和更新通常倾向于采用学科专家主导的分工负责模式，而对外来教育资源和借用课程材料的加工改造则可能采用教学设计人员主导的协作模式或学科专家主导的分工负责模式。当然，这些模式不是完全对立的和僵死不变的。上述历史上各国远程教育院校采用过的不同的模式提供的只是一种启迪和借鉴，需要远程教育工作者在今后的实践中不断地探索和创新。

3.3.2　远程教育课程开发流程

3.3.2.1　远程教育课程开发全过程

远程教育课程开发的核心是以多种媒体课程材料（从印刷材料、视听材料到计算机课件和网络资源）为核心的课程资源的开发全过程，每个周期课程开发过程由设计创作（设计创作和试用评估）、生产制作、发送（传输）和接收三个前期开发阶段组成，组织实施远程教学过程中和过程后还有一个评估和更新的后期开发阶段，如图 3.3 所示。

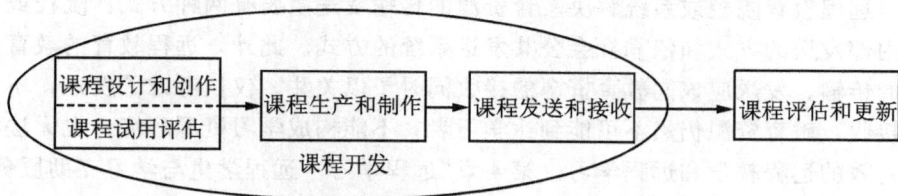

图 3.3　远程教育课程资源开发全过程

本章 3.4 节将对以多种媒体课程材料为核心的远程教育课程资源的设计创作与评估详加论述。试用评估是指在设计创作阶段对印刷教材样张、视听教材样片、计算机课件样品或网络教学资源样本进行形成性评估。课程资源的生产制作是指在通过专家评审和试用评估、反馈修改后，多种媒体课程材料的创作原型（原稿、母带、母盘等）最后通过终审，依据教育市场需求进入批量生产和制作。课程评估和更新是整个远程教育课程资源开发的重要环节，也是远程教育课程设置得以维持和革新的依据。在这里，课程评估应包括形成性评估和总结性评估两类。形成性评估是指在课程教学和学习进行过程中由院校、教师和学生共同实现的对多种媒体课程材料的质量和适用性，以及应用课程材料进行远程教与学的效果、存在的问题及其解决方案的单项的或多维的评估。总结性评估则是在课程资源应用一个周期结束后，对多种媒体课程材料及其教学效果的比较全面的评估。本节前面在论述课程创作的更新模式时已经提及依据评估结果作出课程更新的决策。

3.3.2.2　远程教育课程资源的发送和接收

远程教育与传统教育在教育资源开发中的另一个重要差异是：教育资源的发送和接收机制不同。传统教育的教育资源几乎全部集中在校园围墙之内，主要在教室、图书馆和实验室中，如今又增加了计算机校园网和互联网。所以，传统教育的教育资源传输、发送和接收通常是通过人际面授交流直接实现的：如在阶梯教室的讲课，在课堂里的班组辅导或个别答疑，在实验室的演示或操作指导等；或者是通过校园内的教育资源基础设施直接获得的：如在图书馆阅览室，或者通过计算机中心和上网获取所需的教育资源。远程教育课程资源的传输、发送和接收要比传统教育复杂得多。这是因为远程教育的教育资源开发基地与远程学生的学习基地在时空上是分离的，而且，远程教育系统的规模巨大、学生数量众多且又分散。再者，远程教育通常要设法利用社会上各种现有的教育资源和信息技术基础设施，而这些资源和基础设施也常常是多样的和分散的。

远程教育院校或系统解决教育资源的传输发送主要有两种方式：院校或系统内部发送的方式和依靠社会公共发送系统的方式。此外，远程教育的教育资源的传输、发送应该同教育资源的接收同时予以关注。仅仅考虑了发送，不考虑接收，教育资源仍然不可能到达学习者，不能构成学习资源环境，也无法实现有效的远程教学和远程学习。第 4 章"远程学习、远程学生与学习支助服务"将提出并论述远程教育的两种学习组织模式：以家庭为基地的个别化学习和以工作单位或社区中心为基地的班组学习。这两种学习模式在本质上同教育资源的传输发送和接收模式有关。进入计算机网络教育时代以来，世界各地依然有两种网络教育资源的发送和接收模式：个别化的和集体的。在大多数西方发达国家，大多采用学生个人在家庭上网接收各类网络教育资源的模式。在大多数东方发展中国家，要实现所有家庭计算机上网还有待时日，近期比较可行的是在工作单位或社区学习中心设立网络教室或网吧实现班组集体上网。这也正是中国、印度和其他发展中国家在网络远程教育发展初期主要的解决方案。当然，随着发展中国家知识经济和信息技术基础设施建设、家庭计算机拥有量和互联网用户数的快速提升，个别化的网络教育资源发送和接收模式会很快发展起来。

最后，也是最重要的，远程教育的教育资源传输发送和接收使用模式不仅与远程学习组织模式密切相关，而且直接影响教育资源、课程材料的教学设计。因为教育资源的传输发送和接收使用模式不同，其教学功能特征就不同。比如表现力、控制性能、参与性能和交互性能都可能很不相同。对不同的学习者、不同的学科内容、不同的认知目标等，教育资源的发送与接收模式不同，其教学设计要求也就不尽相同。此外，开发成本和发送成本也可能很不相同。总之，在进行远程教育的教学系统开发和教学设计时，必须充分考虑教育资源的发送和接收。

3.3.3　教学媒体选择与组合

教学媒体的选择与组合在整个远程教育的教学设计和教学系统开发中占有重要的地位，对实现教与学的优化起着保证的作用。教学媒体的选择与组合是远程教育课程开发的重要内容，也是各种课程教学媒体学习材料设计创作的决策前提。关于教学媒体选择和组合的实践经验和理论研究都已经产生了丰富的成果。下面论述远程教育课程开发中指导教学媒体选择与组合的若干教学设计方案。

3.3.3.1　关于媒体选择与组合的行动(ACTIONS)纲领(贝茨，1995)

贝茨在 1995 年发表的《技术、开放学习与远程教育》中提出了一个关于媒体选择与组合的行动(ACTIONS)纲领。事实上，这是为开放与远程教育工作者提供的一个选择与应用信息技术的实际决策模型。行动纲领由 7 项准则构成，这 7 项准则的英文陈述以 ACTIONS 的 7 个英文字母开头的单词为关键词：

- Access(可获得性)：这种特定的技术对学习者的可获得性如何？对于特定的学生对象是否灵活方便？
- Costs(成本)：每一种技术的成本结构如何？每个学生的单位成本怎样？
- Teaching functions(教学功能)：学习的需求是什么？哪种教学方式最能满足这些学习需求？支持这种教与学的最佳技术是什么？
- Interactivity and user-friendliness(交互性和对用户友好)：这种技术能实现哪类交互作用？它的应用是否容易？

117

- Organisational issues(组织问题)：要使这种技术应用成功，对组织有什么要求？需要排除哪些障碍？组织必须作出哪些变革？
- Novelty(创新)：这种技术有没有创新？
- Speed(速度)：应用这种技术开发课程有多快？课程材料更新有多快？

贝茨应用这一模型分析了每种技术媒体的优缺点，并提供了每种技术媒体成本的综合比较分析。

3.3.3.2 基于媒体教学功能分析系统的教学设计方案

基于第 2 章 2.2 节图 2.1"媒体教学功能分析系统方阵图"(丁兴富，1989)，可以进一步发展指导远程教育课程开发中"教学媒体选择与组合"的教学设计方案图(见图 3.4)。

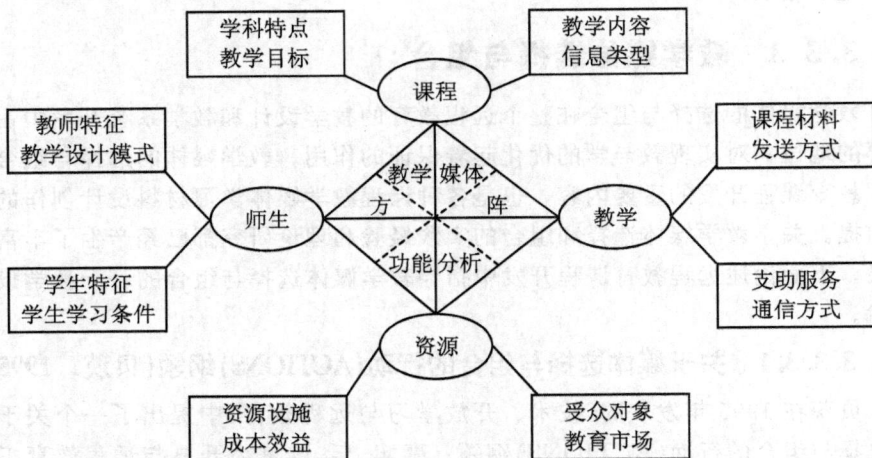

图 3.4 基于媒体教学功能分析系统的教学设计方案图

[资料来源：依据丁兴富等《多媒体教材的设计和评估》(1989)改编]

图中央的菱形就是图 2.1 中的"媒体教学功能结构方阵图"的核心部分。周围的 4 个椭圆显示了远程教育课程开发中与"教学媒体选择与组合"有关的教学设计的 4 个主要范畴：

(1)课程

主要与媒体功能中的表现力①和认知目标②相关。要依据课程的学科特点和教学目标，依据课程及其各个单元的教学内容和信息内容特点，选择那些在表现力和认知目标功能上能够实现课程要求的媒体并进行必要的组合。此外，还要根据课程设置和课程内容不断更新的需要，选择容易实现和适应这种不断更新需要的技术和媒体。

（2）教学

主要与媒体功能中的控制交互③和参与性④相关。要将远程教育教与学的模式（主要指远程课程的发送方式和学生学习支助服务与双向通信机制）的教学系统设计与教学媒体的选择和组合的教学设计结合起来。在设计中，要对教学媒体的控制特性、交互特性和参与性（学习反应活动的行为参与和感情参与）功能予以充分的重视。

（3）资源

主要与媒体功能中的受众面⑤和成本结构⑥相关。远程教育的学生对象数量众多、地域分散，因此，其教学系统设计和教学媒体设计必须注重教育资源、基础设施和设备条件（包括院校和学生双方）。在设计中，要对各种教学媒体的受众面及其特点、成本结构及其变化规律等予以充分的重视。

（4）师生

主要与媒体功能中的使用技能⑦和设计要求⑧相关。教师和学生是远程教育教学设计以及教学媒体选择和组合中的两个人员要素。教师是远程教育教学系统和课程材料的主要设计者和组织实施者；而学生则是远程学习的主体，应该成为远程教育教学系统及教学设计的中心，即一切为了学生的学习。因此，在设计中，现有的和未来的学生对各种教学媒体的使用技能的掌握状况、教师对各种教学媒体设计开发的专业知识和技能技巧的熟练应用程度，以及各类媒体教学可能要求的院校在组织结构和功能上的相应变革都是很重要的因素。

总之，这一理论方案将远程教育教学系统设计和教学媒体设计同媒体教学功能分析系统（方阵图）联系起来，重点关注的 4 个设计范畴事实上就是远程教育教学的主要要素：学生、教师、课程、教与学的模式、教学媒体的选择和组合以及系统的资源环境和条件等及其相互关系和交互作用。

3.3.3.3　基于技术媒介远程教学模式分析框架的媒体选择与组合决策指导原则

基于第 2 章 2.3 节表 2.6"技术媒介远程教学模式分析框架"，可以进一步发展指导远程教育课程开发中"教学媒体选择与组合"决策指导准则（见表 3.5）。

表 3.5　基于技术媒介远程教学模式分析框架的媒体选择与组合决策指导原则

决策步骤	决策目标	设计决策的指导原则
1	远程教学/面授教学	● 尽可能采用混合学习方案：综合设计开发多种适用技术媒介的远程教学，辅助以人际面授辅导教学
2	自主学习/协作学习	● 尽可能实现自主学习与协作学习的均衡发展：综合设计开发"单向发送技术媒介的基于资源的个别化独立自主学习"和"双向交互技术媒介的基于通信的师生交互与协作学习" ● 特定课程的协作学习宜采用固定分组的方式，即一位辅导教师专一指导一个小组学习，而不是若干教师应对大规模学生群体的粗放方式。在网络远程教学中也应遵从这一原则，使在线学习者组成多个规模较小的真正有效的虚拟学习社区，各社区内部的师生交互和协作学习是主体，社区间的共享交流是辅助的
3	网络学习/数字学习/非数字媒体	● 创造条件实现数字学习。优先采用计算机网络技术媒介的基于网络教学平台的网络课程在线学习。注重网络教育课程学习资源以及双向交互和协作学习环境的设计开发
4	大众传播媒体/个人发送媒体	● 采用大众传播媒体(如计算机网络、远程会议、卫星电视等)还是个人发送媒体(如光盘、盒带、印刷材料等)取决于远程学习者的数量规模、地理分布以及内容更新需求、成本等因素 ● 个人学习宜用个人发送媒体，群体学习宜用大众传播媒体
5	人际面授与技术媒介的通信交互	● 在各种远程教育中均不排斥适当的师生人际面授辅导和小组协作学习活动，以发挥人际直接面授教学和小组学习的特殊功能。但如果人际面授成为教学过程的主体，远程教育的性质就会蜕变 ● 在网络时代应注重设计开发技术媒介的人际通信交互。在强调虚拟学习社区每个成员完成单向发送技术媒介的基于资源的个别化独立自主学习的基础上，视条件努力发展基于文本的非实时异步通信交互和基于语言文字及视音频材料的实时同步通信交互，发挥各自特色功能，实现优势互补、相得益彰
6	文本学习材料的地位与功能	● 基于语言文字的文本材料依然是远程教育课程资源的核心，无论是印刷材料还是数字材料(计算机课件、光盘、网络中的文本)均应注重其教学设计，使之适应个别化独立自主学习 ● 将文本与视音频内容整合的数字化超文本、超媒体材料已成为数字和网络时代远程教育课程学习材料的主流，应注重其教学设计，使远程学习者与教学媒体资源及其承载的学习内容交互真正成为模拟的师生人际交互

　　表3.5将技术媒介的远程教学的媒体选择与组合设计决策区划为 6 个步骤，为每个步骤确定了决策目标以及指导该目标设计决策的原则。第 1 步目标是确定远程教学与面授教学的混合比例，发挥各自的优势和特长。第 2 步目标是如何为实现远程学生自主学习与协作学习的均衡发展选择适当的技术和媒体组合。第 3 步目标是尽可能地应用数字技术发送远程教学，网络教学特别要注重发挥其强大的资源发送与环境构建功能，以及有利于双向交互与小组协作的优势。第 4 步目标是在大众传播技术与媒体以及个人发送技术与媒体之间进行适当的选择和组合。第 5 步目标是对人际面授交互与技术媒介的通信交互实现的各自独特功能及其配合进行决策。第 6 步目标是对文本学习材料的媒体类型及其在整个远程教学进程中的地位和功能(包括与其他视听、电子、数字、网络学习材料的关系)进行设计决策。

3.4　远程教育课程学习材料设计与开发

　　远程教育课程资源建设的核心是远程学习材料的设计与开发。本节首先讨论远程学习材料的分类，随后论述各种形态远程学习材料的总体设计与各自设计开发的指导原则。

3.4.1　远程学习材料分类

远程学习材料从所承载的技术媒体的差异可以划分出以下 7 大类型：

1. 印刷(文本)学习材料
2. 广播(录音)学习材料
3. 电视(录像)学习材料
4. 计算机课件
5. 互联网与全球网资源
6. 网络教学平台与网络课程
7. 移动学习材料

以上学习材料已经在国内外远程教育实践中广泛应用。众多信息技术与计算机网络技术文献对这些远程学习材料的技术性能及其教育应用已经有详尽的讨论。这里并不去重复这类讨论，而要从历史上渐次发展起来的各种远程教育形态来考察这 7 大类远程学习材料在 6 种主要的远程教育形态中的应用(见表3.6)

表 3.6　远程学习材料分类

技术媒体 ＼ 教育形态	印刷（文本）学习材料	广播（录音）学习材料	电视（录像）学习材料	计算机课件	互联网与全球网资源	网络教学平台与网络课程	移动学习材料
函授学习	是	否	否	否	否	否	否
开放远程学习	是	是	是	是	否	否	否
网络远程学习	是	是	是	是	是	是	是
网络辅助教学	是	是	是	是	是	是	是
混合学习	是	是	是	是	是	是	是
在线课程学习	是	是	是	是	是	是	是

　　表 3.6 中的"是"代表该种远程教育形态应用对应技术媒体的远程学习材料，而"否"代表没有应用。我们看到，在第一代远程教育函授学习阶段，仅有印刷（书写）文本材料。在第二代开放远程学习阶段，已经有印刷（文本）、广播（录音）、电视（录像）和计算机课件多种媒体远程学习材料，但尚无网络和移动学习材料。而到了第三代网络远程教育阶段，无论是专司远程教育院校机构组织实施的独立形态的网络远程教育，还是传统学校组织实施的面向校园学生的网络辅助教学、混合学习以及在线课程学习，均开始应用所有各类技术媒体承载的远程学习材料。而且，正如众所周知，计算机辅助教学/学习课件、从互联网到全球网、网络教学平台课程以及移动学习这 4 大类技术媒体承载的远程学习材料已经并且还将有极丰富的种类和广阔的发展。

3.4.2　远程学习材料总体设计与开发

　　首先，从远程教育的 6 种主要形态讨论远程学习材料的总体设计与开发。

3.4.2.1　函授教育远程学习材料的总体设计与开发

　　在第一代远程教育函授学习中，印刷和书写材料是唯一的学习材料。它们既是函授学生自主学习课程内容的主要依据，也是函授师生间通信交互（无论是作业测验考查的提交与批改返还，还是通信问答）的主要媒介。所以函授学习材料的设计创作要从函授学生的年龄、社会心理特征出发，特别要适合学生独立的自主学习，即在阐述课程学术内容的同时要强化对学生的学习方法和策略指导，要尽可能地模拟师生对话，要有更精心的学习活动设计和评价设计，例如正文中的学生自测题以及单元末的综合练习等。通常，函授学习材料主体分整合型（合一型）和分离型两种。整合型指将课程学习内容与学习指导内容合一。分离型则配合课程主教材编写函授学习指导书。当然，还有指定参考书和阅读文献等。函授教育阶段通常还通过电话通信解疑答难以及部分面授辅导（如周末或期末）作为辅助和补充。

3.4.2.2　开放远程教育多种媒体学习材料的总体设计与开发

第二代远程教育的开放学习是基于多种教学媒体开展远程教学的。在多种媒体学习材料中，通常以印刷文本材料为基础（即用印刷文本材料传递课程的基本教学信息），以视听材料、计算机课件等为辅助。但是由于计算机辅助教学的技术和课件尚处于起步阶段，20 世纪 70 年代到 80 年代初的开放远程学习非常重视并尽量发掘印刷媒体的教学功能特长，凡印刷媒体能解决的教学目标，尽可能不用其他媒体。在大媒体（指利用较新兴技术和成本较高的媒体）与小媒体（指利用较成熟技术且成本较低的媒体）的关系上，应鼓励使用和发挥小媒体（如录音教学）的功能。在宏媒体（指受众面较广的媒体，如广播电视）与微媒体（指受众面较窄的媒体，如录音录像和面授辅导）的关系上，当学生数量大、分布广时，应优先考虑宏媒体；反之，若学生数量不大，又比较集中，则应考虑用微媒体。而且，广播电视这类宏媒体通常有特定时间的限制，学生较少参与、控制和交互。所以在有条件时应多选择学生可以参与和控制，学生与媒体有更多交互作用，学生能获得较多反馈信息的微媒体。在这一阶段，视听学习材料开始在远程学习中发挥印刷文本材料和面授辅导无法实现的独特教学功能，而广播电视大众媒介又为扩大教育机会实现教育大众化、为开放远程教育实现规模效益提供了技术基础。这一阶段开始提倡远程教育技术媒体的选择与组合，提倡多种媒体远程学习材料的综合一体化设计创作与开发，即提倡使用多种技术媒体，而且在多种媒体学习材料的教学设计中避免各自独立的分离创作，而是合作一体化设计，注意扬长避短、相互配合。于是，多种媒体远程学习材料综合一体化设计创作开发的课程组模式开始发展成熟起来。

3.4.2.3　网络远程教育学习材料的总体设计与开发

本书讨论的网络远程教育包括专司远程教育院校机构组织实施的作为独立教育方式的网络远程教育，以及传统学校组织实施的以校园注册学生为对象的作为教育方法与手段的网络远程教学与网络远程学习，即前面定义的网络辅助学习和混合学习。这两者之间还有既是教育方式又是教育手段的传统学校为本校或外校注册学生开设的在线课程学习。由于这三类网络远程教育的性质不同，对应的网络远程学习材料的总体设计与开发也有不同的特点。

（1）独立形态的网络远程教育

这类由专司网络远程教育的院校机构组织实施的网络远程教育即本书所说

的独立形态的第三代网络远程教育。第三代网络远程教育的学习材料是建立在以计算机多媒体和互联网为核心的电子信息通信技术基础上的。在这一阶段，印刷(文本)学习材料和视听材料大多开始整合到计算机多媒体数字学习材料或网络学习资源中了，即使有独立发送的印刷材料和视听材料也已退居为辅助材料的地位。于是，下面"各种媒体远程学习材料教学设计与开发分论"中关于"计算机课件""互联网与全球网学习资源"以及"网络教学平台与网络教学课程"中的大部分讨论都是针对网络远程教育而言的。而且，随着无线移动通信网络和手持移动终端设备的发展和丰富，网络远程教育可以整合进移动学习，移动学习材料的设计与开发也就变得越来越重要。此外，因为网络远程教育的双向通信、师生交互和同伴协作功能都大大提高，基于网络发送的学习资源的设计与开发要更充分地发挥远程学习者在对网络教育资源进行独立深入的自主学习的基础上后续开展的交互与协作学习活动和相互评价。

(2)传统学校的网络远程教学

如前所述，在世界各国，网络远程教学与网络远程学习已经开始融合到大多数课程教学中。这些网络远程教学与网络远程学习课程的服务对象即注册生可以是所在大学校内注册生，也可以是校外远程学习者。对于校外远程学习者，就成为独立形态的网络远程教育，上面已有相关论述。这里集中讨论校内注册学生。美国高质量在线教育联盟(Sloan-C)依据网络远程教学成分的多少对当今美国大学开设的课程提出了以下分类原则：

①传统面授教学课程(网络远程教学比例为 0%)；

②网络辅助教学课程(网络远程教学比例为 1%～29%)；

③混合教学课程(网络远程教学比例为 30%～79%)；

④网络在线教学课程(网络远程教学比例为 80＋%)。

第 1 类"传统面授教学课程"(网络远程教学比例为 0%)不属于本书讨论范围。第 4 类"网络在线教学课程"(网络远程教学比例为 80＋%)随后予以讨论。这里重点讨论"网络辅助教学课程"(网络远程教学比例为 1%～29%)和"混合教学课程"(网络远程教学比例为 30%～79%)。事实上，这是指传统校园教育中从无到有渐次增多引入网络远程教学与网络远程学习的方法与手段，但始终保持着校园课堂面授教学的核心，尚未根本改变传统校园面授教学的性质。更精细的讨论是美国印第安纳大学的邦克(Bonk, Curtis J.)早在 2000 年发表于《网络教育——教学与认知发展新视角》一书(丁兴富译，2003)第 4 章的"高等教育的 10 层次网络教学整合连续谱"。下面是邦克提出的"大学课程网络教学整合10 层次连续谱"(见表 3.7)。

表 3.7　大学课程网络教学整合 10 层次连续谱

网络教学整合层次	基本特征描述
1. 网络发布课程信息和大纲	教师利用网上电子广告和大纲来促进课程和教学理念
2. 学生探索网络资源	学生在课堂上和课堂外通过网络探索已经存在的网上资源
3. 在网上发布学生创作的资源	学生应用网络创作资源并向班级发布自己的电子作品
4. 网络课程资源	教师应用网络创作并向班级发布各类资源，如教案、前几届学生作品、课堂笔记和电子演示文稿
5. 网络资源的重构利用	教师选取某门课程的网络资源和课程活动加以重构并应用于另一门课程
6. 学生参与网上活动并给予评分	学生和同学参与网上活动，如每周一次发布应答文章或参加辩论，并成为课程要求的评分的一部分
7. 教室外的各类扩展的课程活动	要求学生与本课程以外的同学、实际工作者、教师和/或专家一起工作或通信交流，特别是通过计算机会议系统进行
8. 网络作为对住宿学生的替代发送系统	本校学生由于排课表或其他冲突，应用网络作为参与课程的主要渠道，可能还有参加若干次实时课程会议的机会
9. 对任何地点的学生在网上发布整个课程	在世界任何地点的学生有可能参加完全在网上发布的课程
10. 适应较大规模的系统创新的网络课程	教师和管理者将网络课程开发整合到学校较大规模的系统创新计划中

　　邦克指出，网络同其他技术的综合极大地改变了教与学过程的根本理念，通信和分布式学习（distributed learning）技术得以进步提高并加强了将网络整合到教学中去的层次和工具，基于网络的教学的重大变革要求教育学和技术两方面不断进步。表 3.7 中连续谱较低的一端——第 1 层次至第 5 层次——主要代表了对网络作为信息资源的应用。例如，网络可以作为一种工具来对课程做市场广告或与未来的学生和同事共享课程大纲。更进一步，网络有时可以将某些观念标记化符号化进而让学生花费一定的时间自己去探索某个学科领域里的大量知识。网络也可以来积累课程创作的历史或发表以往学生的工作成果并

以此承认学生的贡献和努力。网络还可以被教学工作者用来作为发表课程教案和补充资源等示范性材料的载体。当这些学生的和教师的网络资源被认为拥有相当的价值时，人们可以决定将它们改造后用于相近课程的教师和学生。在这一体系的前 5 个层次中，网络并不是课程必备的组成部分。相反，网络最初可能被看做是信息的来源或共享资源和学习成果的地方。仅仅在进入后 5 个层次时，网络才成为课程和教育计划的一个以一定等级形式参与的必要的组成部分。到了这一阶段，网络教学整合的环境氛围改变了。不仅学生们担负更多的责任，教师也需要投入更多的时间和承诺。例如，教师必须对他们开设的课程网站的链接作出更细致的选择，还要负责更新网站内容，并确保没有无用的或过时的链接。当整合提升到第 6 层次和第 7 层次时，教师开始探索构建在线数据库、电子课堂讨论甚至还有虚拟角色扮演活动。

（3）传统学校开设的在线课程学习

在连续谱的最高 3 层，即第 8～10 层，网络不仅仅是课程的一种资源或者添加特征，而是在课程中发挥着核心的作用。这就相当于第 4 类"网络在线教学课程"（网络远程教学比例为 80＋％）。此时，网络教学已经不仅仅是一个方法和手段，而是开始成为一种相对独立的教育方式与教育形态。在连续谱第 8 层的大多数学生是住宿的，即他们可以有某种形式的会面和非正式人际交互的机会，在第 9 层则学生可能位于这颗行星上的任何地点。与此相对，第 10 层包括对整个网络教学计划的协调。在这一层，教师在教学设计与教学系统开发时需要考虑如何将他们的课程活动、界面和期望同教学计划中的其他课程配合。

3.4.3 各种媒体远程学习材料教学设计与开发

上面按照各种类型的远程教育形态论述了远程学习材料的总体设计与开发，其中始终涉及 7 大类基本学习材料。下面对这 7 大类媒体远程学习材料的教学设计与开发分别进行讨论。贝茨在《技术电子学习与远程教育》（2005，2008）一书中从第 4 章到第 10 章分别对印刷品，电视与视频媒体，广播、音带、CD 播放器，网络学习，音频会议、视频会议与网络会议及其相关的学习材料设计开发作了广泛深入的专题讨论。

3.4.3.1 印刷（文本）学习材料

在印刷（文本）学习材料中，应在显著地位明确向学生交代教学目的和要求。学习材料中向学生交代的目的要求应是教学大纲中教学目标的具体化和细化，要符合可操作和可测量的要求。因此，学习材料中的课程教学的目的要求实际上就是考试大纲和复习提纲。在目的要求中，不仅应明确要求学生掌握的教学内容，还应明确标明要求学生掌握的程度和方法。总之，要写得非常具体、明确和规范。目的要求既是学生学习的指南，也是引导各地辅导教师进行教学辅导的方向、依据和参考。

印刷学习材料的创作还应十分注重版面设计。因为印刷学习材料是一种永久媒体，一种个体化学习媒体，学生可根据自己的特点和学习需要自定进度、自定阅读方式、进行自我控制地学习。对学生自学方法的指导，对多种媒体教材分工和联结方式的说明，大多数都体现在印刷学习材料的设计中。因而，版面设计很重要，它是好的教学内容和设计思想的必要的外在形式。

3.4.3.2 广播（录音）学习材料

照本宣科的广播（录音）学习材料是没有生命力的，它事实上只使用了数序符码一种符号系统，埋没了音响媒体可以呈现模拟符码（生动的语言和流动的音响）的特点。作为大众媒介的广播的优势是成本低而受众巨大。收音机可以随身携带、比较灵活。录音材料更应该设计成一种十分灵活方便、与学生有广泛相互作用（包括行为、感情参与）、对学生学习随时进行反馈和强化的可控的个人永久媒体。对于某类需要语音或音响的学科课程如语言教学或音乐教学等，广播录音材料的独特优势和设计特色是明显的。

3.4.3.3 电视（录像）学习材料

单向传输的黑板搬家和人头宣讲式的电视讲课，且讲课学时与传统面授教学课时一样多，这是我国"文化大革命"结束后初期特定历史条件下的产物。电视媒体的特长在于其多方面的特殊的表现力和激发情感参与的功能。应该着重发挥电视媒体的教学功能特长，精心设计创作那些特别需要电视手段表现的课程内容专题。广播电视的单向性、信息量高度密集和线性呈现以及作为一种即时媒体而无法控制的特征，在设计时应予以充分注意，但它有大众媒介成本低、受众地域分布广阔、人数众多的特点。作为个人媒体的录像材料在可控性上有较大改进。课堂录像可以增加集体面授教学的场景和氛围，与演播室录制相比各有各的特点和优势。课堂直播电视或视频会议系统不仅具有师生间双向交互的功能优势，而且可以将与课程有关的最新进展和专题及时播出或提供给学生，还可以实现有组织的讨论。

在远程教育历史上，长期以来有教育电视应用的英国模式和美国模式之争。部分英国学者直至 20 世纪 90 年代仍在批评美国的电视教育，认为美国将电视作为主要教学媒体是失败的。美国学者则指出，教育电视在美国使用相当广泛，是成功的。美国教育电视大多为课堂教学，通过卫星进行实况转播。转播不是在电视台演播室而是在大学校园内特殊装备的演播教室进行。通过一路视频和二路音频或二路视频和二路音频实现师生间同时异地的双向交流，故而也称为远程课堂教学。实际上，这就是远程视频会议系统的先驱。英国则通常将教育电视作为印刷教材的辅助媒体，设计、录制都很精致，但设计制作成本相当高，因此数量较少。比如，英国开放大学每门课程的广播电视教学节目较少，一个单元(对应一周学习量)最多通常只配备一个广播电视教学节目，片长25分钟。中国广播电视大学从一开始通过希思和邓小平架起的桥梁与英国开放大学结下了不解之缘。在理论上，中国接受了英国开放大学精心设计、精心制作教育电视节目的思想。但在实际上，中国教育电视节目的数量很大，但制作能力(包括专业人员、设备和经费等)有限。因此，长期以来，广播(录音)电视(录像)教学节目的设计和制作不够精良，曾经一再被批评为"黑板搬家""照本宣科"和"大头像"等；并出现了在相当长一段时期内电大广播(录音)电视(录像)教学节目收听收视率低、教育资源利用率差、电大学生主要依靠在教学站点组班系统面授讲课等问题，被批评为"电大不电""远教不远""开放不开"等所谓"电大异化"的现象。

3.4.3.4 计算机课件

随着计算机与多媒体技术的进步以及计算机辅助教学/学习的发展，计算机辅助教学/学习大致经历了三个时期，对应有三代计算机课件(其中，网络教学——网络课件资源将在下面"互联网与全球网学习资源"中讨论)：

- 计算机辅助教学/学习——基于文本的计算机课件
- 多媒体教学——多媒体光盘课件
- 网络教学——网络课件资源

(1)计算机辅助教学/学习——基于文本的计算机课件

在计算机辅助教学发展的初期，第一代是基于文本的计算机课件。主要受个别化、个性化教学以及程序教学的思想影响，设计开发的计算机课件大多注重小步子、多分支的结构，注重人机交互及学习者选择参与以及及时响应与反馈。第一代计算机课件设计大多是使用程序设计语言开发的，主要是基于文字与图像文本的。这类计算机课件基本上是在软盘或硬盘上运行的，容量较小、功能较少。

(2)多媒体教学——多媒体光盘课件

随着计算机技术、多媒体技术、激光技术等的综合发展，计算机辅助教学/学习进入了多媒体教学时期，相应的各种类型的多媒体光盘课件开始成为计算机课件的主体。在音频高密光盘（CD）和视频高密光盘（VCD）外，相互作用只读多媒体光盘（IMM：Interactive Multi－Media CD-ROM）、各类数字视音频光盘（DVD）以及可刻录光盘开始发展起来。多媒体光盘课件的特点和优势是明显的：

- 多媒体——整合了文本（文字、图形、图像）、动画、语音、音频、视频等各类信息。
- 数字化——各类多媒体信息统一用数字技术创作、存储、转化、处理加工、传播，既不会失真，又有利于复制及重复使用、更新、再创作。
- 大容量——激光数字光盘的信息容量是印刷文本、模拟视听材料无法比拟的，而且还在迅猛发展中。
- 超链接——多媒体中各类信息数据间的超链接技术的发明和发展，模拟了人类大脑思维的非线性、发散性、多维度、多层次的网络联络结构，大大强化了多媒体学习材料的教学、认知功能。
- 交互性——多媒体光盘课件具有强大的人机功能，使得学习者与学习内容的交互达到相当的深度和广度。学习者可以在课件设计的导航下依据自身个别化与个性化学习的需要控制学习路径与进度，参与课件设计的众多类型的学习活动，并且即时从课件中得到反馈。自适应的多媒体课件更可以通过人工智能技术对学习者进行初始测试和过程测试，自动帮助学习者选择合适的学习内容、路径、进度以及评价策略。具有智能代理的多媒体课件还可以模拟师生人际交互，从而使学习者体验受到教师或专家指导和助学的经验。
- 灵活性——作为个人永久媒体，多媒体课件便于发送、携带、运行和操作，稳定性、可靠性高，而且开放灵活，便于众多学习者反复使用。
- 低成本——多媒体光盘课件复制成本低，便于大批量生产以及个别辅助，当然需要在尊重相关的知识产权规约下。但使用课件的学习者数量巨大时，多媒体光盘课件的总体创作设计和制作成本可以降得很低。

综上所述，使用基于文本的计算机课件，尤其是多媒体光盘课件开展计算机辅助教学/学习是随着计算机、多媒体、激光、超媒体以及众多人工智能技术发展起来的技术和媒体，具有许多教学功能优势，尤其体现在提供丰富的教育资源以深化学生与学习材料的交互作用，实现建构主义教学和个体化学习，促进自主学习、发现式学习、问题解决型学习等创新学习模式方面。在设计开发计算机课件时要充分发挥上述特点和优势，特别是要依据课程教学目标和教学内容的特点，注重发挥文本和视音频材料各自的特点和优势，均衡发挥课件引导学习者进行基于学习材料内容的深度自主学习以及学习者与学习材料内容的积极而充分的交互，适当地应用相关技术，而不是一味追求形象化表现、高技术方案、过度的超链接、无节制的交互，一句话，不要为技术而技术、为设计而设计，进而造成学习者陷入信息泛滥和迷航的困惑中。

3.4.3.5 互联网与全球网资源

(1)网络学习资源的发展与基本类型

网络学习资源主要指通过各类计算机网络发送传播，被网络用户计算机或其他终端设备接收在线运行或下载离线运行应用的学习内容数字信息。网络教学发生发展初期主要是局域网和校园网，以后是城域网等各类广域网，最后是互联网与全球网。这里主要讨论互联网与全球网学习资源。随着互联网与全球网的飞速发展，网络学习资源的种类越来越多样、形式越来越丰富、功能越来越强大。简要可以列举以下这些基本类型：

- 互联网文本数据传输(电子书刊)
- 网络课件
- 互联网多媒体数据广播(IP 广播或组播)
- 流媒体课件、视频点播
- 三分屏课件(由教师讲课或专家演讲、文本视音频学习内容材料和学习进度提纲三者分区呈现，学习者可控播放的三分屏课件)
- 全球网创新[网络资源结构化联结的超链接(Hyperlink)、超文本(Hypertext)、超媒体(Hypermedia)，网站网页同一定位的通用资源标识(URI)，网络资源传输与访问的超文本传输协议(HTTP)，网络客户机(Web 浏览器)/网站服务器(Site Server)系统运行机制等]
- 教育网站、专题网站
- 数字图书馆、数字博物馆、数字地球
- 虚拟校园、虚拟实验室
- 搜索引擎与数据挖掘
- 人工智能：专家系统、智能代理
- 虚拟现实

(2)网络学习资源设计开发的东方(ORIENT)模型(丁兴富，2001)

网络学习资源设计开发的东方(ORIENT)模型的主旨是在保持计算机多媒

体课件原有的教学功能基础上，注重发挥网络教育资源环境以及网络教与学的特长和优势，注重解决好开放和灵活、资源共享、交互参与及协作、环境营造、内容更新和教与学模式创新这 6 方面的问题。该模型不仅可以作为网络学习资源创作、设计和开发，组织实施网络教学和网络学习的指导，还可以作为课件和网络课程的评估指导准则[参见丁兴富"网络教育的春秋时代及其对策"(2001)]。

3.4.3.6　网络教学平台与网络课程

互联网与全球网学习资源通常还是指通用的网络学习资源，如通常向全社会开放的教育网站、专题网站等。但是，对于网络教学院校机构针对特定学习者组织实施的特定教学目标和特定层次教学内容的网络学习资源，通常是通过特殊设计开发的网络教学平台(e-Learning Platform)实现的。在这类信息技术产业专业设计(如国际知名的网络教学平台 Blackboard 和 WebCT)、学校自主设计或者由学校与网络教育技术支持与内容服务提供商共同设计开发的网络教学平台上，通常可以实现以下 5 大类网络教学与管理功能：

- 网络学习资源与教学信息发送和利用(教师发布的课程大纲、教学日历、自身介绍等，师生都能方便上传和下载的各类教学信息以及多媒体、超文本结构的教学内容材料，便于在线教学或离线利用等)
- 网络教学通信交互和协作(如布告栏、单发与群发电邮、师生对话、基于文本或语音的同步聊天或异步讨论、同伴协作、开展各类探索或研究性学习活动与人际社会交流等系统集成等)
- 网络教学过程评价(自我评价、同伴交互评价、教师评价、专家评价等，评价结果反馈与响应等)
- 学习者电子学习档案生成(自动生成并能丰富发展、便于搜索和整理加工等)
- 网络教学管理(对课程、教师、学生的管理；如教师可以考察各个学生的学习进度、作业成绩以及其他诸多参与网络学习、完成学习任务的信息等)

网络教学平台的技术结构通常包括共享数据库底层、各功能区及其联结中层以及人机交互操作的表层。专司远程教育院校机构举办的网络远程教育课程以及传统学校开设的在线课程大多应用网络教学平台来实现。相应地，网络课程材料专指由特定课程的师生在专用网络教学平台上发送、传输，并且在教学过程中加工、丰富、形成的教学及教学评价材料。所以，网络课程通常并非单指网络学习资源，同时包括特定课程师生在专用网络教学平台上开展的网络教学全过程以及在教学过程中发送、传输、加工、生成的所有教学信息材料。

3.4.3.7 移动学习材料

移动学习材料并非指学习者在移动状态中可以利用的学习材料，如最基本也是最重要的印刷文本材料就不是。本书所界定的移动学习材料是指通过无线网络传输以及移动通信终端设备发送和接收并被应用于学习的各类教学信息以及多媒体材料。移动学习(m-Learning 或 u-Learning)是电子(网络)学习的一个新兴领域或分支，具有相当广阔的发展前景。在移动学习中，与无线网络实现通信的移动终端设备的代表有众所周知的手机(Mobile Phone)，个人数字助理或掌上电脑(PDA：Personal Digital Assistant)，便携式数码多媒体播放器(iPod＋iTunes)、移动互联网设备(MID：Mobile Internet Devices)、口袋微机(PPC：Pocket PC)等。依据不同的界定和标准，有时将笔记本电脑(Notebook Computer)或膝上电脑(Laptops)也作为移动学习终端设备。

移动学习材料的设计开发要注重移动学习的特点，特别是移动学习的特殊环境条件、特殊的相关人群和特殊的学习需求，以及无线移动通信的技术特点。比如，要关注没有计算机或上网条件的学习者，如农村边远地区的人们，以及经常在移动中工作和生活而有学习需求的人群，如经常外出旅行、野外作业、流动就业的学习者。要充分发挥无线移动通信及其终端设备已经能够发送和接收文本(短信、图片、照片)、音频(语音、彩铃、音乐)、视频的功能设计开发相应的移动学习材料，同时发展广播和组播的无线通信传输方式，适应不同人群对不同移动学习材料的需求。更进一步，可以设计开发为用户实现定时定期订单推送特定课程或专题的移动学习材料。当然，另一方面，实现无线移动学习材料能够与固定电话通信网、广播电视网、计算机互联网与全球网以及其他电信网络共享学习资源和学习材料也是移动学习材料设计开发的一个重大课题。为此，要关注移动网络及其终端设备的通信协议以及操作系统、浏览器、播放器等软硬件与其他网络设备系统的兼容、接口和转换。

3.4.4 远程学习材料中的活动与评价设计

3.4.4.1 远程学习材料中的活动设计

远程学习材料设计开发中有一个重要的课题，就是实现远程学习模式的创新。远程学习材料不能仅仅是课程学习知识内容的陈述和讲解，而应该设计更多的学习活动，即要求远程学习者独立自主或者分工协作完成的活动项目，从而使远程学习者能够应用课程学习的知识和理论去探索、研究、解决与课程教学对象和目标相关的实际问题。这类问题要尽可能接近现实，要能调动远程学习者以往的工作或生活经验，要让学习者对所学的教学内容知识和理论有更多的辨析和反思，要让学习者在参与学习活动中亲自体验探索、研究、解决问题过程的全部复杂性和实践活动的多样性和丰富性，并且要让学习者在完成学习活动时发展人际通信交互和分工协作的习惯、技能和自信心。

3.4.4.2　远程学习材料中的评价设计

远程学习材料中的评价设计同样要配合和体现远程学习模式的创新。传统教育，特别是传统应试教育的教学目标主要是科目考试合格核发证书文凭或者以高峰选拔录取人才。在这种传统应试教育中，一次性考试成为学习评价的主体甚至全部，考试（通常是期末书面考试）的内容大多有标准题型和标准答案。于是，传统应试教育的教学注重的是记忆类事实与知识的复述，以及对现成正统观点、既定解题方法程序与标准答案的熟记与复制。课堂讲课笔记、标准教科书以及考前复习材料成了最重要的考试依据，考题及其标准答案绝大多数可以从中勾画出来，考前加以背诵、记忆，考试时加以复述、仿效。而以培养能力和开发智力为主要目标的远程教育与培训并不否定基本知识、基本技能和基本理论学习的重要性，但重点在强调应用这些知识、技能和理论来分析和解决实际问题，即强调通过理论与实际与自身经验体验的结合，在师生交互以及与同伴的对话与协作中，共同探索、研究、解决没有现成答案的实际问题。于是，远程学习注重学习过程，注重形成性评价即平时的练习、作业和活动，而不只是一次性考试。远程学习材料的评价设计要充分重视和发挥学习评价在远程学习模式创新中的重大作用。

3.5　网络远程教育资源共建共享

进入网络教育时代以来，优质、稀缺教育资源的全球共享成为教育和培训中的一个诱人的发展前景。美国麻省理工学院（MIT）的开发课件运动（OCW：Open Course Ware）在网络教育时代开创了优质教育资源开放的风气之先，至今，该校已有 1 800 多门课程的部分教育资源通过互联网发布共享。随之，各国高等教育院校纷纷启动各种类型的开放教育资源的共建共享计划项目，联合国教科文组织也积极推动开放教育资源的活动。加拿大英联邦学习共同体（COL）以及众多跨国的虚拟大学就在致力于教育资源的共建共享。我国网络远程教育中也十分注重教育资源的开放与共建共享，如全国教师教育网络联盟。

另一项影响较大的开放优质高等教育资源的计划是我国大学精品课程建设。此外，国际国内都很重视知识产权的保护以及网络远程教育国家技术标准的制定、颁布和实施，促进解决网络远程教育的资源共建共享、系统互操作和规范发展问题。

3.5.1 美国麻省理工学院首创开放课件运动

2001 年 4 月，美国麻省理工学院(MIT)对国际社会宣布推行开放课件运动(OCW：Open Course Ware)，计划在未来的 10 年内通过网络发布麻省理工学院所有的课程资源，免费提供给所有人使用。这一创举立即引起了全世界的广泛关注。高等教育如何应对网络时代的挑战？当时很多公司和大学正在或者试图通过远程教育来获利，例如卡内基·梅隆大学就提供收费昂贵的在线学习课程。英国政府联合众多英国知名高校创建的英国虚拟大学(UkeU)计划更是很快宣告失败。这一课题同样引起麻省理工学院决策者深思。麻省理工学院院长在接受《纽约时报》的采访时说："公开课程材料在这个市场驱动的世界里看起来是反常规的，它不符合当今崇尚物质的价值观的潮流。但是实际上却和我所理解的麻省理工学院的信念是一致的，那就是创新。公开课程材料表达了我们的信念，即教育是可以通过不断扩展接触信息的途径并不断鼓励更多的人参与来得到发展的。"麻省理工学院开放课件运动并不是通过公开课程材料来提供麻省理工学院的远程教育，即不提供任何学历证书和学位。开放课件运动不提供与麻省理工学院教授的直接交互。但是，麻省理工学院欢迎使用者就课程资料本身的问题向有关教师反馈，但并不作出这些反馈一定会得到应答的承诺。麻省理工学院开放课件运动是一个大规模的、基于全球网的网络课程电子发布创新项目，计划用 10 年的时间把麻省理工学院几乎全部在教学实践中使用的共计 2 000 多门课程的教育资源分批通过互联网发布。它的独特之处在于这些发布的课程内容对所有人都是公开的、免费的，不需要注册和登记。获取麻省理工学院开放课件运动的资源并不需要都访问麻省理工学院的服务器。它采用了分布式内容网络发布资源，利用分布在世界各地的物理服务器共同提供访问服务，通过授权建立麻省理工学院开放课件运动的镜像网站以进一步提高访问性能。麻省理工学院开放课件运动提供从本科到研究生教育各层次的课程资源。每门课程包括课程的教师信息、课程一般描述、课程特色、教学大纲、教学日历和讲课笔记。许多课程还提供一种或多种辅助内容，如作业、试卷、问题解答、实验、超文本的课本、模拟演示学习工具(提供下载或下载的链接)，甚至还有辅导和讲课的视频实况。麻省理工学院开放课件运动允许这些资源在保证非商业用途的前提下自由地编辑、复制、发布、转换、修改以适合特定的需要。对不同的对象，麻省理工学院开放课件运动的应用价值不同。

麻省理工学院开放课件运动的指导思想是领导并促成大学在利用网络作为教育媒介的方式上实行革新，树立网络时代大学传播知识的典范，充分展现麻省理工学院倡导的优秀卓越、改革创新和引流潮流的价值导向，即实践以下双重使命：

- 将麻省理工学院课程材料通过网络发布，为全世界的教育工作者、各地学生和自学者提供免费利用的机会；
- 尝试为在线学习建立一个高效的、基于标准的典范，希望其他有兴趣提供在线学习课程的院校效仿并为他们提供经验和帮助，公开发布并共享各自的课程材料，共同推动课程创新运动。

在美国麻省理工学院宣布发起开放课件运动两周后，首先在伦敦，随后在牙买加召开的英联邦学习共同体（COL：Commonwealth of Learning）的"第 4 次泛英联邦学习共同体论坛（4th Pan-Commonwealth Forum）"上，英国开放大学推出了发布其开放学习内容（open content）的"开放学习（Open Learn）"创举。它不仅将教育资源免费在互联网发布，而且提供优质的学习支助和师生合作的社会通用工具。

3.5.2　国际开放教育资源运动兴起

3.5.2.1　开放课程群的合作模式

美国麻省理工学院开放课件运动的目标和工作重点之一是"和其他有类似理念的机构组织一起推进开放课程群运动"。这一运动的理念导向、运作模式和应用前景已经为诸多组织所认同和仿效，并很快出现了世界范围内的"开放课程群"热潮。开放课程群在世界范围内表现出多样形式。

- 响应模式：其他学校响应并各自独立组织实施该校的开放课件运动。
- 合作模式：若干学校合作开展开放课件运动。这一模式又分为 4 种不同类别：
  - ◆ 引进/翻译/应用：其他组织或学校引进、翻译麻省理工学院和其他学校的开放课件资源，并经过改编后应用到自己的教学中。
  - ◆ 合作开发各校的校本课程：若干学校或组织合作，共同开发各校现有的校本课程并公开发布。
  - ◆ 合作开发全新的课程：若干学校或组织合作开发并发布全新的开放课程。如加拿大的英联邦学习共同体与其 25 个合作伙伴正在通过构

　　　　建一个虚拟大学为较小的英联邦国家的专业人员培训合作开发学习
　　　　材料并发布共享。
　　◆ 其他合作方式：对开放课件运动和开放课程群运动进行评价；合作
　　　　建设围绕开放课件资源应用的学习社区等。
　● 协作体模式：多个院校组成开放课件协作体，进行项目合作。

3.5.2.2　联合国教科文组织：从开放课件到开放教育资源

　　联合国教科文组织（UNESCO：United Nation Educational，Scientific and
Cultural Organization）是麻省理工学院开放课件运动的主要合作和推动机构。
在初期，它负责评估开放课件运动在全世界范围内的应用推广，如麻省理工学
院开放课件运动资源的内容、质量、获取和应用适应性。2002年7月，联合国
教科文组织在法国巴黎召开专题论坛，讨论开放课件应用对发展中国家高等教
育的影响。与会专家建议用开放教育资源（OER：Open Education Resources）
替代开放课件（OCW：Open Course Ware），以避免因术语"课件"的内涵带来
的局限。并提出开放教育资源是"通过信息通信技术提供开放的教育资源供特
定使用者非商业用途的咨询、改编、应用"。

　　开放教育资源受计算机软件工程领域中的开放源代码运动启发，把知识和
教育视为人类共同的财富，旨在推动人类知识财富和创造力的发展。开放教育
资源具有以下几个关键特征：（1）开放教育资源供教师修改以适合自己课程教
学的需要；（2）通过内嵌的信息技术支持对开放教育资源的访问和利用；（3）它
不仅支持学生的开放学习，而且支持教师的教学和研究。

3.5.2.3　中国对麻省理工学院开放课件运动的响应和拓展

　　中国也是最早响应和拓展麻省理工学院开放课件运动的国家之一，先后召
开多次麻省理工学院开放课件运动中国论坛，倡导和实践着"公开·共享·参
与·合作·发展"的理念。中国开放教育资源组织"科尔"（CORE：Chinese
Open Resources of Education）作为麻省理工学院开放课件运动主要的内容建设
伙伴，一方面负责翻译引进麻省理工学院开放课件运动的课程（件）材料，和其
他学校的优质课件、先进技术、教学手段等教育资源，同时将中国高校的优质
课件与文化精品推向世界，推进自身的网络课程建设和教育资源共享。

3.5.3　我国大学精品课程建设与网上资源发布共享

　　2003年4月，教育部高教司正式颁布《教育部关于启动高等学校教学质量
和教学改革工程精品课程建设工作的通知》，标志着中国精品课程建设项目的

正式启动。国家精品课程建设项目（NPWDEC：National Program of Web-Delivery for Elaborate Courses）是我国高等教育质量工程的重要组成部分，是在我国高等教育快速发展、规模不断扩大、进入大众化阶段以及教育信息化进程不断深入的背景下开展的一项重大的教育教学改革工程，成为我国教育领域内优质资源大规模免费开放共享的重要实践。

北京市精品课程建设项目是整个项目的重要组成部分。北京市精品课程建设项目和国家精品课程建设项目同期启动，由北京市教委高等教育处负责北京市高校精品课程的政策标准、组织管理、评审发布、监督管理等工作。计划按照"以评促建、评建结合、重在建设"的原则，经过五年的努力，力争建成 500 门（包括高职高专约 100 门）左右市级精品课程，并向教育部推荐其中的 300 门申请国家级精品课程，以全面推动北京地区高等教育的改革和发展。北京是我国高等学校最密集的城市，不仅汇集了许多全国一流的名牌大学，而且有一批直接为首都经济建设和社会发展服务的市属高校，为项目实施提供了良好的基础。经过多年的建设和发展，北京市精品课程的建设和评审发布工作已取得了较大进展，参建学校和参评课程数量逐年增多，经评审发布的北京市级精品课程数量逐年增加，在社会上的积极影响逐渐扩大。

自 2003 年和国家精品课程建设项目同期启动实施以来，北京市精品课程的建设和评审发布工作已取得了较大进展，参建学校和参评课程数量逐年增多，经评审发布的北京市级精品课程数量逐年增加，在社会上的积极影响逐渐扩大。截至 2006 年 2 月份，经评审发布的北京市级精品课程数量达 328 门，并有 145 门获得国家级精品课程，在参建学校数量、参评课程数量方面均在全国处于领先地位。

3.5.4　网络远程教育资源共建共享面临的两大课题

在网络远程教育资源共建共享的进程中国际社会面临知识产权保护以及网络远程教育技术标准两大课题。

3.5.4.1　知识产权保护

对知识产权（IPR：Intellectual Property Rights）的尊重和保护是国际社会和知识界一致认同和坚持的。网络远程教育资源的共建共享面临着如何与知识产权保护协调一致的课题。传统的版权（Copyright）保护显然不适用于开放教育资源，让版权完全开放显然也不适用。国际社会已经提出并在探索实践两种解决方案"创作共同体许可证"和"免费内容许可证"。丹尼尔在中国昆明召开的第 20 届亚洲开放大学协会年会上讨论了这两种方案，并且期待亚洲开放大学的远程教育工作者们探索创造新的经验和解决方案。

（1）创作共同体许可证

美国学者莱辛格（Larry Lessig）发明的"创作共同体许可证（Creative Commons License）"是用来促进和保护在教育共同体中创造性工作自由的一种设计。这种许可证并不否认原创者的财产权，而且简单地规范了对原创者成果的使用。这种规范主要体现为两大原则：

● 归属和共享：归属（BY：Attribution）是指承认开放教育资源的来源即标明其原创者；共享（SA：Share-Alike）则要求改编者以互惠的方式让原创者分享改编后的资源。

● 非商业性限制（NC：Non-Commercial）：指开放教育资源仅限用于非商业（非营利）活动。

创作共同体许可证的实践表明，归属和共享没有问题，但非商业性限制有封杀开放教育资源的效应。首先，它可能会限制将免费的学习内容分发给发展中国家最需要的人。比如，一个地方性的团体机构包装销售开放教育资源的印刷版本，而仅仅收取印刷、包装和管理开支成本费，但这是非商业性限制在法律上不许可的。其次，它不允许将带有非商业性限制的创作共同体许可证制作的材料同免费内容许可证（Free Content License）的材料混合在一起使用。这就会妨碍利用其他一些开放项目如维基百科（Wikipedia）等大量增长的免费内容材料以便获得规模经济效益，即不能再使用现有超过 60 万种免费内容资源的维基共同体（Wikicommons）项目中的任何图像、声音或视音频文件。

（2）免费内容许可证

另一种是英联邦学习共同体和 25 个加盟国家在虚拟大学的框架中探索实践的"免费内容许可证（Free Content License）"。他们在第 2.5 版的免费内容许可证（CC—BY—SA—2.5，创作共同体—归属—共享—2.5 版）规范下共建共享所有参与创作者们奉献的学习内容，而没有"非商业性限制"。免费内容许可证的设计与支持者认为，不太可能有企业家会利用开放教育资源牟取可观的赢利，其原因很简单：开放教育资源的原始版本仍然会保持开放。当你可以免费得到开放内容资源的原始版本时，为什么还要去为它的一个商业版本支付一笔数额不小的钱呢？商业界通常具有更好的配送网络，但是在有了互联网和数字视频光盘刻录机（DVD）的今天，大规模的配送可以由任何人来完成。而且，"共享"保护还成功地降低了商业开发的风险，因为任何修订和改编的作品总在共享保护下发布，这将鼓励更多的社团参与共建共享、共同保护资源未来的开放，因为所有的贡献都将保持在共同体内部。

3.5.4.2　网络远程教育资源建设技术标准

为了支持网络远程教育资源共建共享和网络远程教学管理系统平台的互操作以及网络教育质量，国际国内的学术界和产业界已联合制定了若干网络远程教育资源建设的技术标准，如美国国防部"高级分布式学习（ADL：Advanced Distributed Learning）"研究项目提出的"可共享课程对象参照模型（SCORM：Sharable Course Object Reference Model）"以及国际电气和电子工程师协会（IEEE：Institute of Electrical and Electronics Engineers）成立的学习技术标准委员会（LTSC：Learning Technology Standard Committee）提出的标准，其制订的"IEEE1484 标准体系"中的学习对象元数据（LOM）已经成为一个比较成熟、在国际网络远程教育资源共建共享中被广泛引用和参考的标准。我国教育部于 2000 年成立了隶属于国家信息技术标准化技术委员会之下的现代远程教育标准化委员会，启动了中国远程教育技术标准（CELTS：Chinese-Learning Technology Standards）研究项目。在跟踪国际远程教育标准的基础上，发布了《中国远程教育技术标准（CELTS）索引》。2008 年初，由国家标准化管理委员会正式公告发布了中国远程教育技术标准化委员会制定的《学习对象元数据》《基于规则的 XML 绑定技术》和《参与者标识符》3 项标准。其中，"教育资源类"系列子标准对于包括网络远程学习材料在内的网络教育资源的设计开发以及共建共享具有重要的意义。这里仅就《学习对象元数据》以及《教育资源建设》两个子标准作简要讨论。

(1)《学习对象元数据标准》(CELTS-3)

学习对象（Learning Object）是指任何在技术支持学习的过程中被利用、重用或作为参引的数字的（Digital）和非数字化的实体对象（Object）。学习对象元数据（Metadata）则是指用来标识、描述和定位学习对象的信息数据。《学习对象元数据标准（CELTS-3）》就是用来规范"所有用于学习、教育或培训的对象的某些属性。由于对学习对象的描述信息即元数据的缺乏会直接影响到对这些对象的查找、管理和使用。规范就是要解决这一问题，通过定义一个统一的结构，对学习对象进行描述，从而增强学习对象的可操作性"。在标准中上述学习对象元数据（LOM）的统一结构由以下 9 个类别组成：

①通用类（General）：包含对学习对象进行整体描述的通用信息；

②生存期类（Lifecycle）：包含与学习对象历史与现行状态相关的属性以及对学习对象发展起作用的个人与组织；

③元—元数据类（Meta-Metadata）：包含元数据实例本身（非学习对象）的信息；

④技术类(Technical)：包含学习对象的技术要求与特征的信息；

⑤教育类(Educational)：包含学习对象的教育与教学特征的信息；

⑥权利类(Rights)：包含有关学习对象的知识产权与使用条件的信息；

⑦关系类(Relation)：包含该学习对象同其他学习对象的关系信息；

⑧评注类(Annotation)：包含对该学习对象在教学使用中的评价及其作者与创作时间等信息；

⑨分类类(Classification)：包含对该学习对象在特定的分类体系中所处地位的信息。

(2)《教育资源建设技术规范—信息模型》(CELTS-41.1)

《教育资源建设技术规范—信息模型》(CELTS-41.1)是一个较为宽泛的标准，侧重点在于统一资源开发者的开发行为、开发资源的制作要求、管理系统的功能要求，而不是规定软件系统的数据结构。主要从两个方面进行规范：一是从用户的角度，为方便地使用这些素材，需要对素材标注哪些属性，并从可操作性的角度，规范了属性的数据类型及编写类型，这一部分将主要参考国内颁布的元数据模型及 IEEE 的 LOM 模型，从制作素材简便性，使用素材的方便性的角度上选取一些最为普通的元素，另外，根据不同教育资源的具体特色，设置一些特色属性。资源的属性可以作为资源库管理系统数据结构的直接依据，也可以作为教育资源的 XML 编码的标记；二是从管理者的角度，提出了管理这些素材的管理系统的体系结构以及所应具备的一些基本功能，这一部分内容主要参考了教育部发布的《现代远程教育工程教育资源开发标准(征求意见稿)》。关于教育资源评价的内容参见子标准《教育资源评价规范》(CELTS-22)。该规范指出：教育资源建设可以有四个层次的含义，一是素材类教育资源建设；二是网络课程建设；三是资源建设的评价；四是教育资源管理系统的开发；在这四个层次中，网络课程和素材类共9类教育资源建设是基础，是需要规范的重点和核心；第三个层次是对资源的评价与筛选，需要对评价的标准规范化；第四个层次是工具层次的建设，网络课程和素材类资源的具体内容千变万化，各具特色，对应的管理系统必须适应这种形式的变化，充分利用它们的特色。其中，素材类资源主要分8大类：

①媒体素材：媒体素材是传播教学信息的基本材料单元，可分为五大类：文本类素材、图形/图像类素材、音频类素材、视频类素材、动画类素材。

②试题：测试中使用的问题、选项、正确答案、得分点和输出结果等的集合。

③试卷：试卷是用于进行多种类型测试的典型成套试题。

④课件：课件是对一个或几个知识点实施相对完整教学的用于教育、教学的软件，根据运行平台划分，可分为网络版的课件和单机运行的课件，网络版的课件需要能在标准浏览器中运行，并且能通过网络教学环境被大家共享。单机运行的课件可通过网络下载后在本地计算机上运行。

⑤案例：案例是指由各种媒体元素组合表现的有现实指导意义和教学意义的代表性事件或现象。

⑥文献资料：文献资料是指有关教育方面的政策、法规、条例、规章制度，对重大事件的记录、重要文章、书籍等。

⑦常见问题解答：常见问题解答是针对某一具体领域最常出现的问题给出全面的解答。

⑧资源目录索引：资源目录索引是列出某一领域中相关的网络资源地址链接和非网络资源的索引。

而网络课程是通过网络表现的某门学科的教学内容及实施的教学活动的总和，它包括两个组成部分：

①按一定的教学目标、教学策略组织起来的教学内容。

②网络教学支撑环境。

（3）《教育资源建设技术规范》的基本结构及数据元素

《教育资源建设技术规范》的基本结构如图 3.5 所示，共包括三大部分，分别为严格遵守的必须数据元素、作为参考的并对每类资源都适用的通用可选数据元素和针对资源特色属性的分类数据元素。

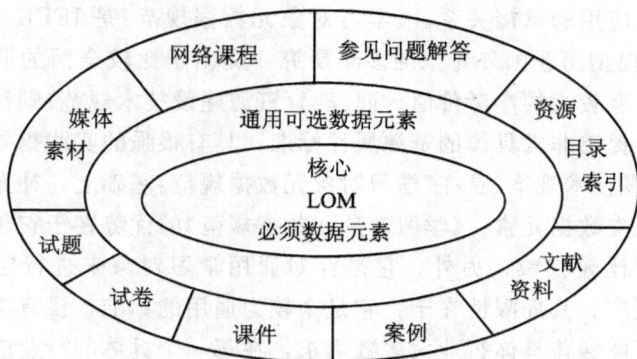

图 3.5 《教育资源建设技术规范》的基本结构

①必须数据元素（LOM 核心集）：这类数据元素与学习对象元数据规范（LOM）中的必须数据元素一致。它是任何类型的资源都必须具备的属性标注。

开发者应严格遵循。

②可选数据元素(通用可选集):这类数据元素是从学习对象元数据规范(LOM)的可选数据元素中抽取出了与教育资源密切相关,并对各类教育资源都适用的属性集合。可根据用户需求和开发者自身的工作过程作为参考属性有选择地使用,如果本规范没有推荐的属性取值,要求与学习对象元数据规范(LOM)的取值相一致。

③分类数据元素(分类扩展集):这类数据元素根据 9 类资源(媒体素材、试题、试卷、课件、文献资料、案例、常见问题解答、资源目录索引和网络课程)各自的特点,从 LOM 模型的可选集中选取与某类资源密切相关的属性,并补充了一些基本的、必要的特殊资源分类属性。分类属性对于该类资源来说都是必须的,而对于其他类资源来说是可选的。

(4)《教育资源建设技术规范》与《学习对象元数据标准》的关系

《教育资源建设技术规范》是为了配合现代远程教育资源建设工程而制定的资源开发指导规范,其主要目的是统一各学校开发网络教育资源的行为,使得各学校的资源能够在大范围内共享,其主要核心是按照资源类型的不同,制定了一系列相关的资源属性标注标准。《学习对象元数据规范》是一个概念上的数据模型,学习对象包括一切实体,无论是数字的或非数字的,只要用于学习、教育或培训即可。它的核心也就是定义一组学习对象的基本数据元素,包括 9大类别 50 多个数据项,并根据元素的通用性确定了必须数据元素和可选数据元素。从两个规范的来源与定位来看,它们并不是冲突的关系,而是一个从通用到具体行业应用的承接关系。《学习对象元数据规范》是 IEEE LOM 模型的译稿,LOM 模型历经国外专家的多年研究,提出了比较全面的通用学习对象的数据规范,有较大的参考价值。而《教育资源建设技术规范》则针对具体的教育资源建设,提出非常具体的资源属性标准,具有很强的实践指导意义,而且《教育资源建设技术规范》是在《学习对象元数据规范》基础上,补充了针对每类资源特色的分类数据元素。《学习对象元数据规范》的优势在于它是国际标准组织牵头制定,比较权威;另外,它是针对通用学习对象来进行定义,较为宏观,指导面更广。其局限性在于,它是个较为通用的标准,没有考虑具体行业特色之处,不能涵盖具体行业大多数需求,在每一个具体的行业应用中,都需要制定进一步的扩展标准,比如教学管理、教育信息管理、教育资源建设等。《教育资源建设技术规范》的优势在于它的具体、可操作性强,它针对资源建设这一具体业务领域,制定了相应的技术规范,贴近资源建设的实际,解决了当前资源建设分类混乱、属性标注不规范、相互不能互换数据等突出问题。另外，参与该规范的制定的工作人员，包括国内的知名学者、一线的资源建设人员，充分了解资源建设的具体需求，也对我国的教育实际有比较充分的了解，有很强的本土化色彩。因此，两个规范的差异在于定位的层次和指导的对象不同，但在具体的内容中，两者之间有很多的相同之处，两个规范都是必要的，而且它们的承接关系是非常自然的。《学习对象元数据规范》是一个通用的、宏观的指导标准，它包括必须数据元素集和可选数据元素集，必须数据元素集是每一个具体应用领域都需要遵守的，可选数据元素集供各个不同的具体应用领域借鉴。《教育资源建设技术规范》则是针对教育资源建设领域，对《学习对象元数据规范》作进一步扩展与本土化处理，另外，资源建设具体规范和指导，不仅仅是资源属性，还有资源的评价标准、资源库系统体系结构与功能标准、资源数据互换格式标准、资源开发的技术标准等，这些内容是对《学习对象元数据规范》映射到具体应用领域中的重要扩展。

3.5.4.3　结束语

无论是对知识产权传统版权的创新实践，还是网络远程教育国家技术标准的制定、颁布和实施都不能完全解决网络远程教育资源共建共享、系统互操作、规范发展和质量保证问题。这里还有其他众多问题需要研究和解决：如心理学、行为学、组织学、管理学、社会学和经济学的种种问题。教与学是一种非常复杂的智力和情感交融的过程，是一种非常个性化、常新和常变的个体行为；信息时代的网络远程教育提供者是一种为多重目标和利益驱动、有着复杂的组织权力结构和管理运行机制的机构。任何单一的知识产权创新方案和国家技术标准都不能解决网络远程教育资源共享和规范发展面临的所有上述错综复杂的问题。

【思考与练习】

1. 简述远程教育教学设计和教学系统开发的主要特征（请与传统教育比较）。

2. 如何理解远程教育课程设置的创新和特点（请与传统教育比较）。

3. 如何理解远程教育课程设置的开放性和灵活性（请与传统教育比较）。

4. 简述本书总结的远程教育课程开发的创作模式和组织模式。

5. 简述远程教育课程开发的全过程。远程教育课程的发送和接收有什么特点（请与传统教育比较）？

6. 简述本书提出的印刷（文本）学习材料、广播（录音）学习材料、电视（录像）学习材料、计算机课件、互联网与全球网资源、网络教学平台与网络课程、移动学习材料的教学设计指导原理。你有何批评和补充？

7. 简述远程学习材料开发中的学习活动和评价设计原理。

【项目与活动】

1. 组织讨论

如何理解 6 种主要的远程教育形态和 7 大类远程学习材料的划分？如何理解从历史上渐次发展起来的各种远程教育形态来考察这 7 大类远程学习材料在6 种主要的远程教育形态中的应用（见表 3.6）。还可以有其他分类方案来探讨远程教育形态和远程学习材料吗？

2. 案例调研报告

请通过案例调查来分析我国某个远程教育院校课程开发项目的实际创作模式和组织模式，并同本书结构的模型比较。讨论为什么会是这样。

3. 远程学习材料创作案例

从 7 大类远程学习材料中选择你比较熟悉和能够驾取的种类，进行你自定科目自定学习单元的远程学习材料设计创作。从自身创作实践中总结远程学习材料设计开发的实际经验，并同本书论述的各种媒体远程学习材料设计与开发指导原理进行比较，作出反思。

4. 案例比较研究

请通过网络搜索引擎对美国麻省理工学院开放课件运动网站和我国国家级大学精品课程网站进行浏览，选择你比较熟悉的专业及相应的课程，比较以上两者开放教育资源的异同。将自己的比较研究结果与同学共享，并进一步讨论你们案例研究的成果。

5. 案例调研报告

请通过案例调查来分析我国某个远程教育院校课程开发项目的实际创作模式和组织模式，并同本书结构的模型比较。讨论为什么会是这样。

6. 组织辩论

就网络远程教育技术标准规范对远程教育资源建设与质量保证的实际作用展开辩论。进一步讨论以下问题：我国远程教育院校间优质教育资源共建共享的现状如何？与政府文件、师生预期及理论论述有多大差距？究竟是什么原因造成了教育资源共建共享的成败得失？

第4章　远程学习、远程学生
与学习支助服务

【学习要点】

　　本章论述远程学习、远程学生与学习支助服务。首先要理解以学生为中心的远程学习是远程教育的核心，远程教学的两大功能要素——教育资源课程材料的开发与学生学习支助服务都是为围绕这个核心的。重点要理解并熟练掌握远程学习圈理论，理解这一理论是对远程教学三要素结构与互动机制的理论诠释，更是对以学生为中心的远程教育的理论诠释，其核心内容是"四原理说"。掌握应用远程学习圈理论分析、处理远程教学与远程学习的设计开发与组织实施中的诸多课题。掌握远程教育学生的分析方法以及远程学习者的共同特征和中国远程学习者的特点，并能结合实际课题进行远程学生的案例分析。本章的另一个重点是远程教育院校机构及其人员对远程学生的学习支助服务。要深刻理解远程学生学习支助服务与远程教育资源开发是远程教学的两大课题，是远程教育质量保证的基石。通晓远程学生学习支助服务的相关概念及其历史发展演进，理解基于技术的双向通信与人际交互是远程学习支助服务的核心。深刻理解学生自治与支助学习的辩证关系。要在理解远程学习的组织模式以及包括社区学习中心、网络教育环境、网络教学平台在内的学习支助服务体系和信息基础设施建设的基础上，掌握对实际案例的分析。掌握远程教育中各种类型的学生学习支助服务，其重点是为远程学生每门特定课程配备兼职辅导教师（关注师生比）以及他们职责的落实。

【内容结构】

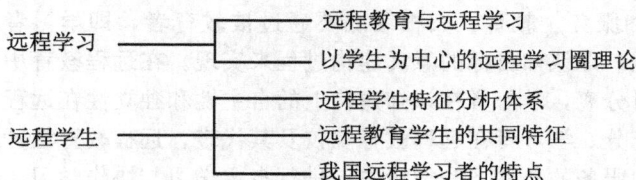

远程学习
　　　远程教育与远程学习
　　　以学生为中心的远程学习圈理论

远程学生
　　　远程学生特征分析体系
　　　远程教育学生的共同特征
　　　我国远程学习者的特点

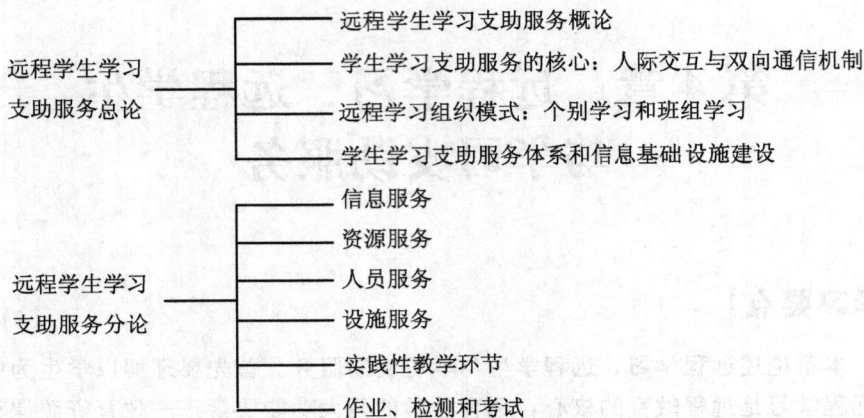

```
                              ┌─── 远程学生学习支助服务概论
                              │
              远程学生学习      ├─── 学生学习支助服务的核心：人际交互与双向通信机制
              支助服务总论      │
                              ├─── 远程学习组织模式：个别学习和班组学习
                              │
                              └─── 学生学习支助服务体系和信息基础设施建设

                              ┌─── 信息服务
                              │
                              ├─── 资源服务
                              │
              远程学生学习      ├─── 人员服务
              支助服务分论      │
                              ├─── 设施服务
                              │
                              ├─── 实践性教学环节
                              │
                              └─── 作业、检测和考试
```

4.1　远程学习

　　本书第 1 章 1.2 节"什么是远程教育？——远程教育的基本概念"中提出的远程教育定义的第 4 本质要素是："学生自学为主、教师助学为辅，教师和学生通过双向通信实现教与学的行为的联系、交互和整合。"在国际国内远程教育界，远程教育"以学生为中心、以学生自主学习为主、以师生双向通信交互和学生协作学习为辅"的思想已经形成普遍共识。本节重点讨论远程学习，其核心是提出并论述以学生为中心的远程学习圈理论。该理论实质是对从传统教育到远程教育教学要素的扩展与重组的结构与功能演变的理论诠释，更是对以学生为本、学生自主学习、学生自治和学生学习支助服务这 4 项远程教育中以学生为中心的核心思想的理论诠释，也即对远程教育第 4 本质要素的理论诠释。

4.1.1　远程教育与远程学习

4.1.1.1　远程学习是远程教育的核心

　　远程教学（教与学）系统是远程教育这一社会开放系统的运行子系统。而在远程教学（教与学）系统中，即在远程教与学中，远程学习是核心，远程教学则为远程学习提供资源和服务。教育，归根结底要通过被教育者，即学习者自身的学习行为与认知过程，即认知目标的意义建构过程来实现。在远程教育中，由于师生在时空上的相对分离，学习者在认知建构上的自主性和独立性在远程学习中表现得很简明、很充分。学习者在远程教育院校及其代表、远程教育教师提供的学习资源和学习支助服务的条件下和情境中，进行自主学习与协作学习。

4.1.1.2　远程教学要素分析

本书第 1 章 1.4 节"如何实施远程教育？——远程教育的运行原理"和第 3 章 3.1 节"远程教学设计理论和远程教学系统开发"对远程教育的教学要素作过多次讨论。首先指出：本书主要采取与传统教育对应的三要素说。首先，这是为了表明教育和教学有共性，教学系统或教学过程均由学生、教师和资源三要素组成。同时指出，在远程教育中，教学三要素发生了扩展和重组。在传统教育中，资源主要指教材。在远程教育中，广义的教育资源包括组织和人本资源（远程教育机构及其代表如教师）、课程资源（传递学科教学内容信息使用的技术、媒体和材料）和情境（蕴涵丰富的教与学内容信息的教学与学习环境）。狭义的教育资源专门指基于信息技术的传递教学内容信息的多种媒体课程学习材料。随后指出：教学要素的扩展和重组是远程教育教学系统开发与教学设计的特点。下面提出并论述的以学生为中心的远程学习圈理论将对远程教学要素进行更深入的探讨。

4.1.2　以学生为中心的远程学习圈理论

4.1.2.1　远程学习圈理论的提出

本书作者丁兴富在其博士论文《中澳远程高等教育系统的比较研究》中引进并定义了远程学习圈（Learning Group）这一新概念，用以表示构成远程教育微观层次、以学生为中心、以学生自主学习为主、集学习资源和学习过程于一体的远程学习时空域。其实质是远程教育运行（教与学）系统中学生、教师和课程三个子系统的相互作用时空区域。可以图示如下（见图 4.1）。

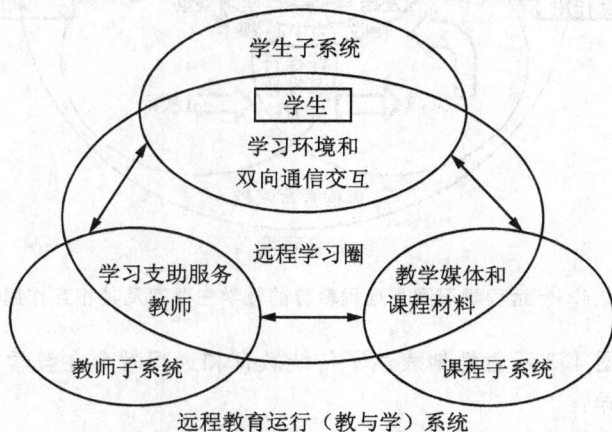

图 4.1　远程教育运行系统的结构及其核心域：远程学习圈

［资料来源：丁兴富《中澳远程高等教育系统的比较研究》(1997)图 2.4］

147

4.1.2.2　远程学习圈是对远程教学要素结构功能的理论诠释

以学生为中心的远程学习圈理论实质是对从传统教育到远程教育教学要素的扩展与重组的结构与功能演变的理论诠释。教学要素的图 4.2 和图 4.3 分别给出了传统教育和远程教育中的教学三要素及其相互作用的示意。

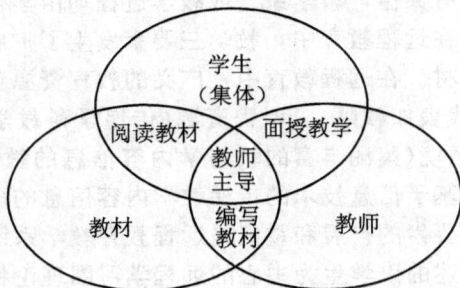

图 4.2　传统教育的教学三要素及其相互作用

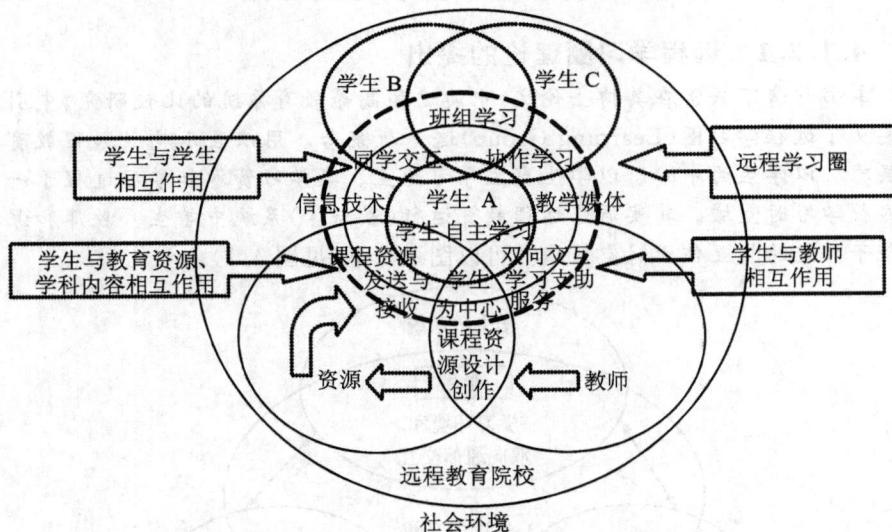

图 4.3　远程学习圈：远程教育的教学三要素及其相互作用

图 4.2 和图 4.3 示意性地表达了传统教育和远程教育在教学三要素及其相互作用上的差异：

教学三要素中有两个人本要素，即作为教的行为活动的主体的教师和作为学的行为活动的主体的学生，他们之间的作用地位和相互关系发生了变化：传统教育以教师为中心或主导，以教师的课堂集体面授为主；而远程教育以学生为中心，以学生自主学习为主，即远程教与学以学生主体自主的远程学习为主。在表示传统教育的图 4.2 中，代表学生（集体）、教师和教材三要素的三个圆圈的交叉部分表示它们的交互作用及相应的教与学功能，其核心是以教师为主导、以教师为中心。在表示远程教育的图 4.3 中，代表学生（个体或主体 A，B 和 C 等）、教师和资源三要素的三个圆圈的交叉部分同样表示它们的交互作用及相应的教与学功能，其核心是以学生为中心、以学生自主学习为主。

教学三要素中的物质要素也发生了变化：从简单的教材演变为内涵丰富、外延扩展的资源（如前所述）。图 4.3 中央虚线小圆代表学生自主学习，它是建筑在信息技术和教学媒体的物质资源基础上的。在图 4.3 中以外围虚线大圆（粗体）代表信息通信技术和教学媒体的基础地位和作用：它们构成了课程资源的载体，人际双向交互的信道，和学习支助服务的物质技术基础设施。

远程学习过程中的三种基本相互作用：课程资源发送与接收表示学生与教育资源、学科内容的相互作用；师生双向交互、教师（院校）对学生的学习支助服务表示学生与教师的相互作用；同学交互、协作学习和班组学习表示学生与学生的相互作用。它们已经分别以作为教学三要素的学生与资源、学生与教师，以及学生之间的交叉部分来图示。

由教师到"课程资源设计创作"（以教师与资源的交叉部分图示），到资源，再到课程资源发送与接收（以学生与资源的交叉部分图示），表示远程学习中学生自主学习所应用的资源（技术、媒体、材料、环境）归根结底是教师设计创作的。广义地讲，远程学习就是基于资源的学习。在远程学习中，资源占据了前台的位置，而教师退到了幕后。但建立在信息技术基础上的以多种媒体课程材料为核心的教育资源不是天上掉下来的，也不是地里长出来的，而是教师与教育技术和教学设计人员创作设计出来的。在教育资源的设计创作中，教师可以预先设置模拟的师生教学会谈，学生协作学习以及学生与课程材料学科内容的交互，学生的行为和情感参与，等等。

图 4.3 中的外围虚线大圆（粗体）同时代表了远程学习圈，即以学生为中心、以学生自主学习为主、集学习资源和学习过程于一体的远程学习微观时空域。远程学习圈内部的各要素及其相互作用代表了远程学习的教育生态环境。这是一个以学生及其自主学习为中心的开放的时空域，充满了与其周围更大的环境的交互作用。

可以将上述复杂的显示远程教育中教学三要素及其相互作用的远程学习圈图改画成图 4.4 这样简化的"远程学习环境的洋葱头结构模型"。

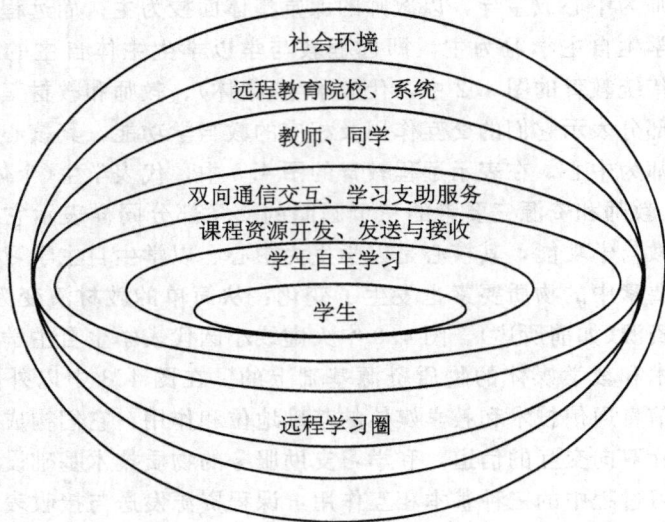

图 4.4　远程学习环境的洋葱头结构模型

图 4.4 中的内圈表示系统的核心结构要素与功能，外围则表示为保证内圈中的结构要素与功能发挥作用、正常运行、实现系统整体目标配置的资源环境。这是对远程教育中与以学生为中心、以学生自主学习为主的远程学习的地位和功能的又一种图释。

4.1.2.3　远程学习圈是对远程教育以学生为中心的理论诠释

（1）从以教师为中心到以学生为中心

在传统教育的实践和理论中，最初是以教师为中心的一统天下。有时，人们也将传统教育归结为教师、学校和学科三中心体制，或者归结为教师、课堂、教材三中心体制。教师、学校和学科三中心体制的本意是：在教师和学生的教与学交互作用关系中以教师为中心，在学校办学目标方向与社会教育培训需要的教育供求关系中以学校为中心，在学科逻辑结构体系与学习内容实际需要的课程设置取舍关系中以学科为中心。教师、课堂、教材三中心体制的本意则是：在教师和学生的教与学交互作用关系中以教师为中心（同上），在教师课堂集体面授与学生个别自主学习的教与学全过程诸环节中以课堂为中心，在学校和教师统一指定的教科书与学生主动开拓应用各类学习资源的教育资源开发应用关系上以教材为中心。本书将以上诸特征统称为"以教师为中心"的传统教育思想或体制。因为，学校和学科中心，以及课堂和教材中心，其根本和核心还在于"以教师为中心"。在这种教育思想和体制下，整个教学系统和教学全过程诸环节的设计开发和组织实施是教师的职责，学生学习的主要任务是接受教师在课堂上讲授的学科系统理论知识。这种教育思想和体制对于某些特定教学对象完成某些特定教学任务、实现某些特定教学目标是可能取得成功的，甚至可能是高效的。但是，总体而言，在这种教育思想和体制下，学生很少在教师课堂面授和学校指定教材之外开拓和探索扩展的学习资源和未知的知识领域。教师传授的学科逻辑结构体系可能相当完整和严谨，且常常倾向于表现为定型的、完善的和不可变更的，并且往往超出了大多数学生的实际需要。反之，学生实际需要的学习内容往往被忽略了或没能及时更新。学校的专业课程设置偏重学科逻辑结构而偏离教育市场社会需求，而且往往相对陈旧、更新缓慢，与社会经济发展不适应。这种教育思想和体制对培养具有开拓创新、实践和创业能力与才干的高素质人才尤其不适应。

西方教育界的以学生为中心的思潮反映了现代教育思想和体制的进步。西方教育界的以学生为中心的教育思想和体制的基本内涵是，随着信息技术革命和知识经济社会的到来，教育思想和体制应该实现以下三个根本转变：从以教师为中心的学校教育到以学生为中心的终身学习的转变；从教师的课堂集体面对面讲授为主到学生在教师的指导和帮助下自主学习和协作学习为主的转变；以及从教师传授指定教材的既定学科内容为主到学生主动开拓应用教师设计的和全球可获得的学习资源和学习环境的转变。简言之，以学生为中心也就是以学为主而不是以教为主，因为教育培训也好、教与学也好，归根结底取决于学生的学习，教师的教要通过学生的学才能发生现实作用和实际效果。这一取向反映在国际教育界，人们越来越多谈论的是终身学习、开放学习、远程学习和学习化社会。教育资源、课程材料不再主要是教案、讲义和教材，而是学习资源和学习材料。而教育心理学中的最新发展和突破集中在学习理论而不是教学理论。西方教育界的以学生为中心、以学为主的教育思想和体制的产生和发展不仅有其社会经济发展需求的历史基础、电子信息通信技术的科学技术物质基础，而且有其相应的现代思想渊源。首先是人本主义的哲学思想及其在教育学中的影响。整个社会经济发展要以人为本、教育培训当然要以学生为本。其次是教育产业和教育市场的思想理念。教育既然是第三产业、服务业、知识产业，学习者就是教育产业的服务对象、教育市场的消费主体。学校是教育市场的提供方，而学生是教育市场的消费者和上帝。现代产业经济理论和市场营销理论都以产业为消费者提供更好的产品和服务为核心思想和体制。此外，代表当代心理学最新发展成果的建构主义学习理论更加强了以学生为中心的教育思想的传播。

（2）远程教育与以学生为中心

如果说，在以校园面授为基础的传统教育领域，是以教师为中心，还是以学生为中心，或者以教师为主导、以学生为主体，依然在教育实践到理论探讨中存在着广泛的争论；那么，在国际远程教育界，则几乎是以学生为中心的一统天下。各国远程教育工作者绝大多数都在理论上认同以学生为中心的教育思想和体制，并在实践中努力探索结合本国国情实施以学生为中心的远程教育，赋予以学生为中心许多新的内涵。

综合考察各国远程教育的实践以及国际远程教育文献，以学生为中心的思想和体制在远程教育中有着丰富的内涵，其核心思想主要可归纳为：远程教育和远程教学系统的设计和运行以学生为本；远程教与学全过程以学生自主学习为主；远程学习的组织规划控制逐步实现学生自治；远程教育院校和教师为远程学生提供包括双向通信人际交流在内的各类学习支助服务。下面对以学生为本、学生自主学习、学生自治和学生学习支助服务这四项远程教育中以学生为中心的思想核心作进一步的讨论。

①以学生为本是以学生为中心的思想和体制的根基

就是说，在学生对学校、教师和学科的关系上，应该以学生为本。即要求学校的发展和建设、教师的教学和工作、学科的结构和内容，应该以服务学生在社会现实生活中的需要为宗旨；而不是要求学生去适应学校的既定规章、教师的权威说教以及学科的完美逻辑。在远程教育中，这种以学生为本的思想集中体现在远程教育和远程教学系统的设计和运行中。整个远程教育系统及其运行子系统——远程教学系统的设计和运行应该将学生放在核心地位，围绕着学生的需要、学生的特点、学生的学习进行教育资源的配置和教学要素的重组。学校及其各项制度和管理，教师及其教学活动都应该围着学生转，而不是要求学生围着学校和教师转。其中，课程资源的创作设计和发送以及学生学习支助服务，是远程教育和远程教学系统实现以学生为中心即以学生为本的思想和体制的两大功能要素，这在本书相关部分已有了充分的论述。

②学生自主学习是以学生为中心的思想和体制的核心

在国际远程教育界，学生自主学习的实践形态及其理论概括各有特征和差异，在远程教育文献中使用的术语也不尽相同，如学生自主学习（Self-Directed Study）、独立学习（Independent Study）、自我教学（Self-Instruction）和自学（Self-Study）等，但其基本内涵是一致的：在没有教师的直接连续指导下由学生自身规划并进行有目的的系统学习。在远程教育中，在教师和学生时空分离的条件下，远程教与学的全过程相应地分离成两个阶段：教师创作开发以课程材料为核心的教育资源的远程教学的教的行为发生的阶段，和学生在学校和全球网络提供的以课程材料为核心的教育资源的基础上，在学校和教师提供的学习支助服务和与同学的协作学习中完成远程学习的学的行为的阶段。很显然，第一阶段教的行为为第二阶段学的行为的顺利发生和有效达标准备和创造了前提条件，而远程教与学全过程的关键环节、远程教与学的真正重组和整合发生在第二阶段远程学习即学生自主学习阶段。上述讨论同时表明：在学生自主学习中，并不一概排斥教师或其他助学者的指导、辅导和帮助。但是，在远程教育情境中，教师或其他助学者的指导、辅导和帮助不可能、也不应该变成一种主导、主控和直接连续的行为。即学生自主学习既可以是没有师生交流的、基于课程材料资源的完全独立自主的个别化学习活动，也可以是学生同伴之间的协作学习，或者是"学生自学为主、教师辅导和助学为辅"的教学情境中的学生自学。本章 4.1 节对远程学习圈和远程教育教学三要素的论述、本节前面对"从以教师为中心到以学生为中心"的论述都表明了学生自主学习在远程教育、远程教学和远程学习中的重要地位。这不仅因为学习归根结底需要通过学习者自身的认知建构来完成，而且也是远程教育中师生分离状态下远程学习的教育资源时空环境决定的。

③学生自治(Student Autonomy)是以学生为中心的思想和体制的目标

在远程教育实践和理论研究中，学生自治的本意是指学习者对其自身学习的课程设置、课程学习媒体材料及其发送和接收方式、学习方法、学习进度以及检查考试方案等拥有应有的尽可能多的知情权、决策权、选择权和控制权。这就要求学习者了解自己、了解自己的现有认知结构、认知能力和认知习惯，了解自己面临的发展任务和学习需要；同时了解自己所处的社会结构和环境条件等。总之，这意味着要求学生是一个成熟的独立学习者，一个成熟的自学者。这是实现学生自主学习、实现学生自治的最佳主观条件。但是，远程教育系统的学生并不都是成熟的独立学习者，而且通常是不够成熟的。许多远程教育的学生原本只在以教师为中心的传统教育系统中接受教育，较少具有独立自主学习和自治的经验。大多数远程学生需要通过远程学习来学会自学，学会自主学习和独立学习。因此，学生自治不是远程学习的起点，而是远程教育和远程学习努力追求的目标。这就是说，远程学习的组织规划控制要努力争取、逐步实现学生自治，远程学生要努力争取、逐步成为一个成熟的独立学习者，学会自学。

④学生学习支助服务(Student Learning Support Services)是以学生为中心的思想和体制的重要条件和保证

本书自始至终强调：在远程教育中，课程资源开发和学习支助服务是远程教学的两大功能要素。课程资源开发为以学生为中心的远程学习准备和创造了前提物质条件，而学习支助服务则是以学生为中心的远程学习顺利发生和有效达标的重要组织条件和保证。学生学习支助服务是由远程教育院校——远程学习的支助机构及其代表——教师、咨询人员和管理人员组织实施的。远程教育的实践探索和理论研究都表明，除了课程资源创作设计和发送外，要保证远程学生的自主学习有效和成功，为学生提供包括双向通信人际交流在内的学习支助服务具有重大意义。那种以为远程学生从入学一开始就是成熟的独立学习者，就应该实现完全的学生自治的想法是不切实际的，已经被各国远程教育实践所否定。那种认为向学生发送精心创作设计的课程材料就可以解决远程教与学的所有问题，就不必为学生提供任何学习支助服务的想法也是不切实际的，同样被各国远程教育实践所否定。远程教育或远程教与学的最大课题就是使建立在课程资源基础上的学生自治的独立学习，同远程教学院校及其代表教师和咨询人员等提供的包括双向通信人际交流在内的学习支助服务之间取得适当的平衡。只有这样，以学生为中心的远程学生自主学习才会是成功的。上述学生自治和学习支助服务之间的适当均衡是特定的、动态的，并且需要不断的调整和完善。

4.2 远程学生

远程教育的核心是远程学习，而远程教学则以远程学生为中心。对远程学生的讨论是远程教育、远程教学、远程学习的中心议题。

4.2.1 远程学生特征分析体系

远程教育的学生具有与传统教育的学生不同的特征，而学生的特征及其学习需求分析又是整个远程教育教学系统开发与教学设计的重要依据，于是，各国远程教育界就提出了各种远程教育学生的分析体系，并依据这些分析体系对各地的远程教育对象进行了大量的调查和分析研究。早在1977年出版的《英国开放大学——简明教程》中，即表明该校对收集和分析有关学生的尽可能充分的信息的重视，并列表说明对学生信息的分类和收集方法，以及各类信息在远程教学系统设计开发中的主要用途及其主要使用者。本书作者丁兴富在中国香港公开大学主办的亚洲开放大学协会第12届年会上宣讲的论文"远程教育学生的一种理论分析体系"(丁兴富，1998)是一份综合研究成果。这一理论分析体系共有 7 个维度：①有关历史和现状的一般资料；②有关生理的、心理的和行为的人口学资料；③有关教育的、经济的、政治的和宗教的、民族的和种族的、社会的和文化的社会学资料；④有关家庭的、工作单位的、交通的和通信的地理学资料；⑤有关学习时间、学习地点、学习设施和通信条件的情境状态（situation）资料；⑥有关目标取向（goal-oriented）或手段取向（means-oriented）的教育学动机、目标取向或手段取向的经济学和就业动机、经济上和生理上的弱势群体（disables）以及社会心理学（psychographic）的动机动力资料；⑦有关对远程教育院校、对学习者人生和社会生活、对学习者自身以及来自社会各界的观点和评价资料。这是迄今为止比较完整的关于远程教育学生的理论分析体系，其全部或部分可以被利用来进行各种实际项目的调查研究和分析。

4.2.2　远程教育学生的共同特征

各国远程教育学生的特征有各自特点。但与传统教育的学生相比，世界各地的远程教育学生还是有许多共同特征的。

- 远程学生的年龄一般以 20 岁至 40 岁之间的为多数，这与大多数在传统的中学后院校中接受教育的青年学生占主体的情形很不一样。当然，某些国家的一些远程教育院校或项目也是以青年学生为主要对象的，这在发展中国家更常见些（英国开放大学在建校初的学生入学年龄限制在 21 岁及以上，以区别于传统大学；后来改为入学年龄限制在 18 岁及以上。而日本放送大学招收的 60 岁以上学生的比例在世界各国开放大学中为最高）。

- 大多数远程学生以业余学习为主。青年学生（中学毕业生或失业待业青年）全日制学习和在职成人脱产和半脱产学习的情形也有，但不普遍，比较常见的也是在发展中国家（如中国 20 世纪 80 年代有相对集中的成人脱产和半脱产远程学习，20 世纪 90 年代则有相当数量的中学毕业生全日制远程学习）。

- 在多数情况下，参加远程学习的男学生比率较高。这与许多远程学习项目和课程与职业培训有关，而在许多社会中男子依然在社会就业中占有多数。但也有的远程教育院校男女学生比例接近（如 1998 年日本放送大学 56％的注册学生和 60％的文学士毕业生是女性；成绩最好的是 35 岁至 44 岁的家庭妇女）。还有的远程教育院校（如巴基斯坦的阿拉玛·伊克巴尔开放大学）为妇女开设了专门课程。

- 大多数远程学生主要以家庭为基地的自主学习为主，包括在家中收听收看广播电视节目和录音录像教学带、利用家庭实验箱完成部分实验、利用家庭个人微机学习直至上网在线学习。但是，在有的国家，远程学生主要以工作单位为基地进行班组集体学习，包括收看卫星电视直播课堂教学、参加双向视频会议系统或在网络教室学习。远程学生也经常到远程教育院校在各地建立的学习中心或社区中心接受各种学习辅导或结合各类学习资源和设施进行自主学习、协作学习或小组讨论。

- 大多数远程学生是在职成人，具有工作和家庭负担。远程学生的学习时间通常是非常紧张的。合理有效地利用学习时间，制定适合自己的学习方法和策略，保持高度的和积极的学习动机和动力，得到家庭成员和同事的认同和支持等，是远程学生学习取得成功的重要因素。远程学生选择远程学习的动机总体上可以分为两类：一类是主动选择，即他们认同远程学习是终身学习的革新形式，看重学生自治和自主学习；另一类是被动选择，即他们没有机会进入传统院校学习，只能将远程学习作为第二选择。

- 远程学生通常并不属于社会上的特权和富有阶层。社会上的特权和富有阶层及其子女通常选择传统校园院校学习并取得优越的就业机会。反之，社会经济和生理上的弱势群体依然将远程学习作为一种比较适合的现实的选择。向社会上各类对象开放、尤其向失去了接受传统教育机会的各类群体开放是远程教育的基本宗旨之一。

- 远程学生在地理上的分布通常比传统校园院校更分散、更广泛。因为远程学生不必参加校园课堂教学，而是通过各类技术媒体将课程发送到学生生活或工作的所在地。于是，远程学生的地理分布与远程教育院校使用的课程发送技术关系密切，函授、广播电视教育、卫星电视教育、双向视频教学、计算机网络教学都会影响并造成远程学生不同的地理分布。

- 上述远程学生的特征以及远程教育院校在入学政策上的开放性必然造成远程教育的学生对象比传统教育的差异大、不均匀。远程学生在学历和工作与生活经历、职业和职务、素质和能力、兴趣和爱好、习惯和个性等方面都是异质的。了解远程学生的这一普遍特征，调查分析特定远程学生群体的具体构成特点，是设计、开发、运行远程教学系统并获得成功的关键之一。

4.2.3　我国远程学习者的特点

国际远程教育界对东西方远程教育差异的讨论持续保持着兴趣。德国学者彼得斯最早提出远程教育形态有东西方分野。西方的远程教育大多以家庭为学习基地，注重个别化与个性化的独立自主学习，注重培养自治的学生，具有注重要求教师精心设计而学生自主学习印刷文本学习材料作为整个远程教育的基础的倾向。而东方的远程教育大多以工作单位或生活社区为学习基地，注重社会化的集体学习，注重教师的讲解、辅导及对话交流，注重视听节目等形象化学习材料，具有将定期的或不定期的教师班组面授教学与考前辅导作为整个远程教育的基础的倾向。彼得斯所指的东方，包括中国在内的亚洲、中东以及东欧等地。此后，彼得斯对亚洲远程学习者做过专门研究。其他学者如基更等人也有类似研究成果发表。我国学者对中外远程教育以及远程学习者异同也有相当的研究。事实上，东西方远程教育形态的差异渊源于东西方文化教育传统的差异以及东西方远程学习者学习行为习惯和心理特征的差异。以我国远程学习者为例，在进入远程教育系统学习之前，我国远程学习者始终都在应试教育和灌输教学倾向极重的文化教育体制中学习，养成了比较顽固的对教师课堂集体面授讲课的依赖，较少有自主学习的习惯，缺少自我承担学习的责任、控制学习的进度、选择学习的策略、积极主动学习的心理准备。我国传统教育崇尚教师、教材、教案的权威，崇尚对学科理论体系的正确、系统、完美的膜拜，较少独立思考、批判权威、开拓创新、理性反思的精神。于是，在远程学习初期表现出较严重的不适应。我国现阶段社会对学历文凭的重视以及应试考试的体制也使得上述传统倾向很难有效克服。但是，无论是我国远程教育工作者还是远程学习者，都已经认识到远程学习中自主学习和学生自治的重要意义，正在通过设计便于自学的远程学习材料、构建适合自主学习的网络学习环境、提供多样且有效的学生学习支助服务以及完善多元均衡的远程学习评价策略等方式，促进我国远程学习者早日成长为成熟的自治的终身学习者。

4.3　远程学生学习支助服务总论

本节在前面两节分别论述"远程学习"和"远程学生"的基础上重点讨论学生学习支助服务的基本概念和原理，主要包括学生学习支助服务思想的提出、发展和界定，学生学习支助服务的核心——人际交互和双向通信机制，远程学习的组织模式，以及学生学习支助服务体系和信息基础设施建设。对远程学生的学习支助服务理论及实践实质是以学生为中心的远程学习思想的具体化和实现。以学生为中心的理论，不仅是远程学习的核心原理，也是整个远程教育的基本指导思想。以学生为中心不仅意味着以学生自主学习为主、实现学生自治，而且要求远程教学系统的设计开发、远程教学全过程的组织实施都应该以学生为中心来进行，包括课程资源的创作设计和发送，以及学生学习支助服务。在学生学习支助服务中，双向交流通信和人际交互具有特殊意义。随着电子信息通信技术的发展，各种基于包括双向视频会议系统、计算机网络和虚拟现实在内的信息技术的异步的和同步的双向通信，以及移动通信、虚拟教学（远程面授）将越来越丰富且有效。

4.3.1 远程学生学习支助服务概论

4.3.1.1 学生学习支助服务思想和理论的提出和发展

学生学习支助服务有时也简单地表述为学生支助服务、学习支助服务（Learning Support Services）或支助服务。支助服务意在支持与帮助服务，有时也译作支持服务。学生学习支助服务的思想首先是在英国开放大学的远程教学和远程学习实践中发生和发展起来的。1978 年，英国开放大学校本部地区中心办公室主任西沃特在德国哈根远程教学大学发表的论著《远程学习系统对学生的持续关注》(1978)可以认作是西方学者对学生学习支助服务的第一篇系统论述。西沃特提出远程教育院校和教师应对学生有更多的持续关心、提供更好的学习支助服务和其他各类服务。否则，远程学生会遇到种种困难而影响学习效果和教学质量并导致学生流失。远程学习的学生不是天生就会自主学习的。学生的自学能力、自治能力、对信息资源的选择能力和对学习过程的控制能力都需要在院校和教师的指导和帮助下逐步培养和发展起来。学生自治是对学生持续关心和支助服务的结果，而不是起点。当然，对学生的支助服务类型、方式、强度、频率等应因人而异。即使对同一个学生，也要随着学习进程而有所变化，要不断培养学生的自学能力。1979 年，丹尼尔和玛奎斯在《远程教学(Teaching at A Distance)》杂志上发表了有深远影响的重要论文"交互作用和独立性：取得适当的均衡"。丹尼尔和玛奎斯在该文中首次提出并发展了独立学习和相互作用均衡发展的理论。这是学生学习支助服务理论走向成熟的标志。到 1981 年凯伊和鲁姆勃尔主编《远距离高等教育》时，罗宾逊撰写的第 8 章对"学生学习支助(Support for Student Learning)"进行了专门论述。该书经丁兴富与王遵华等人的翻译，成为在我国首次较全面论述学生学习支助服务的译著。

4.3.1.2　对学生学习支助服务的界定

对远程教育中学生学习支助服务的共同特征及基本分类进行探讨是有非常重要的现实意义和理论意义的。下面的讨论尝试对学生学习支助服务的各种界定进行系统的分析和分类处理。

(1)将学生学习支助服务界定为师生之间或者学生之间的人际面授交流活动。这一界定来源于对传统校园面授教育的亲近和认同,即认为人际面授这种集体教学活动是任何教育系统的必备要素。这是对学生学习支助服务的最原始、也是最狭窄的理解。依照这种界定,在学习中心或其他教学基地、教学站点、教学班组的集体教学或辅导,以及个别辅导、答疑或咨询;短期住宿学校、课程或实验室工作;学生自学或互助小组、协作学习,实地考察及其他社会活动等都可以归结在这类学生学习支助服务中。一种更为普遍的界定是将学生学习支助服务包括师生之间或者学生之间的人际面授活动和基于信息通信技术媒体的双向交流两大部分。这样一来,师生之间或学生之间通过信函、期刊报纸、电话、录音、语音信箱、电话或音频会议、双向视频会议系统以及计算机网络(如电子邮件、电子公告版、新闻或专题讨论组、计算机会议)等实现的实时同步的或非实时异步的基于媒体技术的双向通信交流也都归结为学生学习支助服务的范畴。

(2)将学生学习支助服务界定为远程学生在远程学习时接受到的各种信息的、资源的、人员的和设施的支助服务的总和。由上述讨论可知,学生学习支助服务的这一界定将以课程材料为核心的教育资源的提供(发送和接收)也涵盖在内了。而比较谨慎的界定是将事先创作设计制作的以课程材料为核心的结构化了的教育资源的提供(发送和接收)归入课程资源的开发与发送,不纳入学生学习支助服务的范畴;将学生学习支助服务限定在远程学生在远程学习过程中即时发生的、动态变化的、非结构化的各种支助服务,即学习(过程)支助服务。

(3)上述两类界定都将远程学习中的实践性教学环节和对学生的平时作业批改和检测评价涵盖在学生学习支助服务中了。实践性教学环节和学生课程作业和学业评价都涉及多重(信息、资源、人员和设施)学习支助服务。

(4)对学生学习支助服务的最宽泛的一种界定是将上述各种学习支助服务同对学生的课程注册、学籍管理、学分认定和学位证书颁发以及财政资助等行政管理服务都包括在内。这种界定可以称为学生支助服务。但比较严格的学生学习支助服务仅指前面三类学习支助服务,而不是将行政管理服务包括在内宽泛的学生支助服务。

(5)学生学习支助服务主要应该界定为学生从注册学习课程的远程教学院校得到的各种学习支助服务。为此,将远程教学院校称为支助机构。但是,随着国家和全球信息技术基础设施的建立和完善,如今,学生还可能从社会其他教育和培训提供者以及全球各类计算机网络得到学习支助服务。

本书对学生学习支助服务主要采取上述第二种界定(学习支助服务),并将第一种界定看做是学习支助服务的核心成分,这在下面讨论"人际交互和双向通信交流"时还将深入探讨。总结起来就有:学生学习支助服务是远程教学院校及其代表教师等为远程学生提供的以师生或学生之间的人际面授和基于技术媒体的双向通信交流为主的各种信息的、资源的、人员的和设施的支助服务的总和,其目的在指导、帮助和促进学生的自主学习,提高远程学习的质量和效果。

4.3.1.3　学术类支助服务与非学术支助服务

远程教育中的学生学习支助服务通常划分为两大类:学术类支助服务与非学术类支助服务,有时也称为学习支助服务与学生支助服务,总称学生学习支助服务。学术类支助服务指与特定课程的学习内容与学习方法相关的支助服务,通常由远程教育院校为远程学生指定的特定课程的专兼职辅导教师承担。而非学术支助服务指与特定课程内容与方法无关的各种各样的支助服务,包括注册、选课、考试安排、学分认定、技术支持、财政援助、信息咨询服务,等等。非学术支助服务通常由远程教育院校为远程学生指定的特定咨询顾问(与我国班主任相当)以及院校基层管理人员和技术支持服务人员担当。

4.3.2　学生学习支助服务的核心:人际交互与双向通信机制

4.3.2.1　远程教育的师生双向通信机制

如前所述,人际交互和基于技术媒体的双向通信交流是学生学习支助服务的核心成分,对整个远程教育具有重大意义。在远程教育中,师生交流主要是通过非连续通信手段来实现的:既有通过学生与事先设计好的课程材料相互作用进行的模拟人际交流会谈,还有通过函件、电话和包括计算机网络在内的电子通信手段实现的人际非面对面的教学会谈,以及通过可视电话、双向视频会议等实现的人际远程面对面的教学会谈。

4.3.2.2　学生学习支助服务系统和师生双向通信机制的总体设计规划

以下是一种四段式的学生学习支助服务系统和师生双向通信机制总体设计

规划模式：

(1)首先对学生会遇到的各种学习困难进行分析；

(2)然后由困难进而探讨学生需要的各种学习支助服务和双向通信机制；

(3)接着研究如何提供能满足学生需要的各种支助服务和双向通信机制；

(4)最后对拟采用的各种学习支助服务和双向通信机制的可行性进行论证。

远程学生会遇到的困难是因人而异的，而且多不胜数，主要的困难有三类：

(1)学习问题：学习方法、学习技巧和学习进程中学术、技术和资源等方面的困难。由于远程教育采用的技术和媒体越来越多样和复杂而使这类困难增加；

(2)交流问题：远程学生作为自主学习的主体和个人，在与异地的远程教育机构及其代表交往时经常发生的人际交流及与组织交流的困难和信息传播障碍；

(3)个人问题：影响学习的各种特殊的个人问题，如雇主和家庭其他成员的理解和支持、学习时间和场地、环境和条件、财政、交通等问题。

调查清楚了远程学生遇到的主要困难，就可能分析和探讨学生需要的各种学习支助服务和双向通信机制以及满足学生需要的方式。远程教育院校提供的学生与学校及其代表的双向通信机制的形式可以是多种多样的。

(1)人际面对面接触交流：

- 平日或周末在校园课堂的集体教学；
- 在当地学习中心的集体教学或个别辅导；
- 与辅导教师或学习顾问举行的小组讨论；
- 协作学习小组或互助小组；
- 短期住宿学校或课程；
- 在校园、其他教育研究机构或当地学习中心组织的实验室工作；
- 与教师和其他学生进行社会调查或实地考察；
- 集体的或个别的信息咨询会面；
- 在教师、顾问或学生请求下的偶然集会或个别会面；
- 社交活动或者举办"开放日"访问学校本部；
- 有条件的学生可以拜访教师或顾问的家庭或工作单位等。

(2)基于技术媒体的非面对面接触交流：

- 与辅导教师和学习顾问的信件来往；
- 作业提交和批改返还；

- 电话交流；
- 电话会议，用于辅导或咨询；
- 特别安排的广播电视信息发布、辅导或咨询；
- 通过录制和发送录音带进行双向交流；
- 学生小报；
- 与课程组人员的信函和电话接触交流；
- 录音电话、语音信箱；
- 可视电话；
- 音频、视频会议；
- 基于计算机网络的异步非实时通信交流：电子邮件、公告版和新闻组、聊天室讨论、计算机会议等；
- 基于计算机网络的同步实时通信交流：IP 电话，网络课堂，网络小组讨论等；
- 移动通信、移动上网通信等。

上面列举的人际的和基于媒体的师生双向通信机制的各种形式表明，随着电子信息通信技术的发展及其普及和应用，远程教育中的学生学习支助服务和师生双向通信机制的方式和内容会越来越丰富多样。在 20 世纪末，双向视频会议系统和计算机多媒体与互联网的迅速崛起和发展，使远程教育进入了第三代，其特征之一就是基于非连续通信媒体的师生双向交互和学生协作学习得到大大加强，定将发展成为一大优势。此外，学生学习支助服务系统的设计规划、师生双向通信机制的构建还与学生的数量规模和地理分布，以及课程的学科性质和学习目标有关。最后，应该依据远程教学院校的人力、物力和财力以及学生及其家庭的条件，对需要的学习支助服务和师生双向通信机制进行可行性论证和具体的设计规划。在设计规划学生学习支助服务系统和师生双向通信机制时，一个必须面对的重大决策与成本效益有关。构建一个学生学习支助服务体系、特别是建立一种有效的学生与远程教育院校及其代表的双向通信机制常常需要很大的初期投资和运行经费。保证远程教与学的质量和效果是重要的，但是，学校和学生的经济承受能力也是必须考虑的。

4.3.3　远程学习组织模式：个别学习和班组学习

在丁兴富的博士论文(1997)中，首次将远程学习分类为个体化学习模式和集体学习模式，也即个别学习和班组学习两种模式。在 20 世纪 90 年代末，丹尼尔与基更也有类似的论述。个别学习模式通常以家庭为学习基地，学生自主学习为主，远程教学院校为学生提供各类个别化的学习支助服务。这是一种以学生为中心的远程学习模式。班组学习模式通常以工作单位或社区学习中心为教学基地，强调师生人际交互或基于电子通信技术的双向交互，以及学生的集体学习，大多数学习支助服务都在教学集体班组中实现。这通常是一种以教师为中心的远程教学模式。远程学习两大模式之间最重要的差异在于：班组集体教学方式是建立在同步通信基础上的，教师和学生必须进行实时交流。而个别化学习方式是建立在非同步通信基础上的，在学生的家庭里创造出学习环境，学生可以在适合的时间进行学习。这两种学习模式在本质上同教育资源的传输和发送模式有关。英国开放大学和许多其他国家的开放大学大多采用以家庭为基地的个别化学习模式，这同它们主要采用将多种媒体学习包通过邮政系统发送到学生家庭有关。此外，学生大多在家庭内收听收看通过国家公共广播电视网播出的广播电视教学节目。而中国的函授教育和广播电视教育、美国国家技术大学的双向交互卫星电视教育，都是采用班组集体学习的模式。这同它们的广播电视教学节目主要通过卫星电视、直播课堂、双向视频会议系统传送、集体接收有关。进入计算机网络教育时代以来，世界各地依然有两种网络教育资源的发送和接收模式：个别化的和集体的。在大多数西方发达国家，大多采用学生个人在家庭上网接收各类网络教育资源的方式，这是远程教学中的院校对个人的模式。在大多数东方发展中国家，要实现所有家庭计算机上网还有待时日，近期比较可行的是在工作单位或社区学习中心设立网络教室或网吧实现班组集体上网，这是远程教学中的院校对机构的模式。蒋国珍等曾对我国远程学习者对学习支助服务方式的选择倾向进行调查研究并发表"对远程学生学习支持方式选择倾向的调查与分析——广播电视大学个案研究"（2004）一文。

4.3.4　学生学习支助服务体系和信息基础设施建设

远程教育是建筑在信息技术基础上的新型的教育形态，即工业化、信息化形态的教育。因此，信息基础设施建设是开展远程教育的必要物质技术基础。而且，随着信息技术的发展和更新换代，对应的三代远程教育的信息基础设施建设也发生了相应的更新换代。进入 20 世纪 90 年代以后，随着第三代信息技术和远程教育的发展，远程教育的信息基础设施建设开始从远程教育院校和系统的基础设施建设扩大、发展成为所在国的国家信息基础设施建设及至整个世界的全球信息基础设施建设。

4.3.4.1　远程教育资源建设的信息基础设施建设

首先，为进行以多种媒体材料为核心的远程教育资源建设，必须有相应的资源建设基础设施和基地，如印刷厂和出版社、视听材料录制中心和音像制品出版社、计算机多媒体开发中心和电子出版社、网络教学资源开发中心和传输中心等，分别承担多种媒体教学材料的开发、生产和发送。在视听教学资源建设方面，英国开放大学主要与英国广播公司（BBC）合作，在开放大学校园中建有视听材料制作中心。澳大利亚开放学习共同体则与澳大利亚广播公司（ABC）合作进行视听教学节目的制作和发送。日本放送大学与日本国立多媒体教育研究所有类似的合作，它们占有了同一所建筑物的两翼。我国中央广播电视大学初期的主要合作伙伴是中央电视台，自20世纪80年代中期起则主要是中国教育电视台。同时，中央广播电视大学还与许多普通高校的电化教育中心合作进行视听教学资源的建设。地方广播电视大学也主要与当地的电视台、教育电视台和普通高校电化教育中心进行合作。在各国远程教育资源及其基础设施建设上，有中央集中化设计、制作和发送，或者协作开发、资源共享的特征。这是提高远程教育课程资源设计开发质量和信息资源发送和利用效率及效益的重要途径。

4.3.4.2　学生学习支助服务体系及其信息基础设施建设

同样，为开展和提供包括师生双向通信交流在内的学生学习支助服务，必须建立并不断完善学生学习支助服务体系和师生双向通信机制的基础设施建设。在学生学习支助服务体系及其基础设施建设上，各国远程教育院校普遍采取中央校本部和地区基础设施建设并重的方针。在各国远程教育系统的中央校本部，通常建有图书资料中心、视听资源与设施中心、电子信息通信中心、计算机网络教学服务中心和计算机管理中心等。在地区基础设施建设中，最重要的是基层基础设施建设。而且，学生学习支助服务体系的信息基础设施建设通常都与远程学习的组织模式和学习基地有紧密的关系。为适应以家庭为主要学习基地的个别化学习模式所构建的学生学习支助服务体系及其信息基础设施，与为适应以工作单位为主要学习基地的班组集体学习模式所构建的学生学习支助服务体系及其信息基础设施有各自的特点。

远程教育的地区和基层学生学习支助服务及其信息基础设施建设，大致可以分为三大类：

（1）当地学习中心或社区中心，它们通常依据学习者的地域分布进行建设，由远程教育院校的中央校本部统一组织和管理（直接或分级）。英国和许多国家的开放大学以及日本放送大学的学生学习支助服务体系主要建立在这第一类社区学习中心的基础设施建设上。这种社区学习中心体系的建设，适应了以家庭为主要学习基地的个别化学习模式。社区学习中心成为远程教学院校与远程学生之间的主要中介，成为远程学生在家庭自主学习的同时获得辅导、咨询等人员服务，教学信息、资源和双向通信服务，以及其他多种信息技术基础设施设备服务的助学基地。

（2）当地教学站、教学点或教学班，它们通常由当地组织和单位（可以是当地教育院校或机构）依据行业划分、行政管辖或地域分布进行建设，接受远程教育院校的中央校本部及其地区机构或者当地远程教育院校的指导和管理。中国的广播电视大学、农业广播电视学校、普通高校的函授教育以及自 20 世纪 90 年代末期发展起来的现代远程教育的学生学习支助服务则主要建立在这第二类教学站（辅导站）、教学点或教学班的建设上。这种远程教育的教学站、教学点或教学班的建设，适应了以工作单位为主要学习基地的班组集体学习模式。

（3）当地教育院校或机构，它们通常自行组织和管理学生的教学，与提供远程教育课程的远程教育院校中央校本部可以发生、也可以不发生组织和管理关系。英国伦敦大学的校外学位制度、中国高等教育自学考试制度和电视师范学院就采用这第三类方式。比如，各地教育学院和教师进修学校组织收看中国电视师范学院播出的课程，自行组织学生学习支助服务和考试，授予主办院校各自的学分和证书，并不一定与中央广播电视大学或中国电视师范学院发生教学和学生管理关系。在这种远程教育组织结构中，提供远程教育课程的远程教育院校实质上是一个课程开发与发送中心或考试中心，而并不参与面对远程学生的教与学全过程和教学管理。远程教与学全过程和教学管理由当地教育院校或机构自行组织和实施，但它们可以全部或部分地利用中央的或地方的远程教学院校提供的各类课程资源及其服务。这种结构有利于充分发挥现有基层教育院校或机构的潜力，实现各类教育和培训。

4.3.4.3 学习中心

学习中心，是远程教学院校在各地社区建设的学生学习支助服务体系的基层组织机构，是远程教学和远程学习的活动基地，是远程教育教学信息的双向交互通道和教学资源的集散地，是远程教育信息基础设施向社区辐射延伸的节点和终端。由此可见，在远程教育的学生学习支助服务体系及其信息基础设施建设中，学习中心的建设是一个基础环节，占有十分重要的地位。大多数开放大学和远程教学院校都建立了各自的学习中心体系。在一些远程教育系统中，由远程教学院校总部直接管理各地学习中心。1998 年前，日本放送大学是一所限于东京都地区和周边 4 县的地区性远程教学大学。由大学校本部教务部学习指导课直接领导、管理东京第一、第二、千叶、琦玉、神奈川和群马共 6 所学习中心。自 1998 年起，日本放送大学成为一所面向全日本的远程教学大学，设立了遍布全日本的 49 个学习中心和 3 个卫星接收中心。在另外一些远程教育系统中，学生学习支助服务的地区和基层体系有地区办公室(或地区中心)和学习中心两层次结构。远程教学院校总部直接管理地区办公室(地区中心)，再由地区办公室(地区中心)管理学习中心。英国开放大学在英国本土设立了 13 个地区办公室，下辖近 260 个分布各地的学习中心。加拿大阿萨巴士卡大学在阿尔伯特省设立了 3 个地区中心，分别设在阿省中部、南部、北部 3 个城市，由它们分管 60 多个学习中心。

如前所述，社区学习中心体系的建设，适应了远程教育中以家庭为主要学习基地的个别化学习模式的需要。因为学生家庭作为主要学习基地，在教学信息的交互、教学资源的配备、信息基础设施的建设以及集体教学、人际交互和社会活动等方面总是不可能十分完备的。社区学习中心体系的建设，弥补了家庭作为主要学习基地不可避免地存在的各种缺陷，使得远程学生能够在日常交通距离范围内，自愿地、灵活地就近获得各类个别化、个性化的学习支助服务。

4.3.4.4　网络教育环境

在第三代远程教育的信息基础设施建设中，网络教育环境建设占有十分重要的地位。远程教育的网络环境建设应该是一项系统工程，包括专用的教学平台和教学管理平台等在内的软硬件建设和系统集成，包括网络课程和课件以及各种教学、学习和考试专用的数据库等在内的教育资源的开发，以及网络教学、辅导和技术支助服务人员的配置和培训等。就网络基础设施建设而言，应该同时规划、设计和开发学校及其教师提供网络教学及相关服务的一端，和远程学生接受在线教学和各项网络服务进行双向交互、灵活开放的远程学习的一端。在学校及其教师提供网络教学及相关服务的一端，主要还是要解决好以下三类网络教学服务的信息基础设施建设：

(1)网上提供教学信息和教育资源的单向传输和点播服务：基于全球网的超文本结构的各种多媒体网页、网络课件和网络课程，IP 广播和视频点播等都是这一类服务的典型代表；它们构成了有效的网络教学、网络学习的基础；这一类网络教学服务的系统平台开发和建设相对成熟、越来越通用化和标准化，全球网(WWW)就是一个最好的典型。

(2)网上提供异步非实时的教与学双向交互的通信服务：电子邮件、公告板和讨论组、计算机会议等都是目前被广泛应用的工具系统。但是，这些都是为社会公众开发的通用系统，而不是教学系统的专用平台。比如，需要开发可靠的通过电子邮件进行作业提交和批改、评价的计算机网络系统平台。网络教学，尤其是远程学生对网络双向交互功能的高度期望会大大增加教师的工作量和压力。这就需要开发具有人工智能的、依据学科课程性质专业化的作业批改和评价系统，以提高作业处理的效率和质量。

（3）网上提供同步实时的教与学双向交互的通信服务：网络课堂、网络讲座、网上讨论、在线咨询辅导等都是这类教学服务的典型应用。各类网络教育信息技术公司、各类教育网站网校设计开发的各类校园网解决方案都包含了这类教学平台。这类教学平台的设计还有待改进和完善，相关的基础设施建设还有待通用化和标准化。

在远程学生接受在线教学和各项网络服务进行双向交互、灵活开放的远程学习的一端，主要有两种解决方案：在学生家庭计算机上网和在社区学习中心上网。学生应用家庭计算机上网适应以家庭为主要学习基地的个别化学习模式，也是未来的主要发展方向。但是，在相当多的发展中国家，在一定时期发展社区学习中心的网络教育环境还是现实可行的。

网络教育环境建设还可以从教育设施功能结构来进行讨论。总的来说，网络教育就是要构建一个虚拟校园的环境，使远程学生不仅可以远程获得各种教育教学信息和资源、参与教育教学活动，而且可以亲身感受到校园文化和校园社会生活。虚拟校园又可以进一步分解成虚拟课堂、虚拟图书馆、虚拟实验室、虚拟考场、虚拟学籍管理办公室等。应用虚拟现实技术和开发各类教育资源和大量数据库，构建包括虚拟课堂、虚拟图书馆、虚拟实验室、虚拟考场、虚拟学籍管理办公室等在内的虚拟校园这样一种网络教育环境，可以为远程学生创设一种开放、灵活、高效的远程学习环境，真正实现全民终身教育和终身学习、构建学习化社会的理想。

4.3.4.5　网络教学平台

互联网与全球网、教育网站与专题网站都是对全社会开放的通用网络教育、教学、学习的环境。向特定对象开放、具有特定教学目标、提供特定课程教学的教育和培训，对于开展这类网络远程教育的院校和机构来说，网络教育环境建设的最佳方案是将网络课程的开发与发送、网络课程教学的组织实施，以及对课程和师生的网络教学管理集成在统一的网络教学平台上。网络教学平台（Web-Teaching-Learning-Managing Platform）实质上是一个计算机网络软件系统，它是网络课程开发、网络教学支持、网络教学管理三大软件系统以及众多工具软件的整合和集成。这类平台不仅拥有上述网上教学的三大功能——"网上提供教学信息和教育资源的单向传输和点播服务""网上提供异步非实时的教与学双向交互的通信服务""网上提供同步实时的教与学双向交互的通信服务",而且拥有网络课程开发和网络教育管理的功能。对远程教师而言,它是课程开发与发送、实施远程教学与评价、与学生通信交流、为学生提供学习支助服务的平台;对远程学生而言,它是接收课程学习材料资源进行自主学习、完成学习活动任务提交作业练习和活动成果、开展师生交互并接收教师远程教学辅导和评价、与同学开展讨论交互与协作学习的平台;对远程教育管理者而言,它是对课程、师生进行统一管理,记录、搜索和跟踪网络教学全过程及其生成的电子档案并作出系统分析的平台。网络教学平台由专职的专业技术人员维护并提供技术支持服务。我国学者张伟远、余胜泉、汪琼、李晓明、张建伟等对网络教学平台的技术结构和功能设计,以及在平台上开设的网络课程的设计与评价发表了很有见解的研究成果。其中,张伟远与王立勋联名发表的论文"网上教学平台的特征之国际比较"是作者利用谷歌(Google)搜索引擎进行网络搜索和大量文献研究的结果,值得重点参考。他们从发现的 63 家网络学习公司、114 个网络教学平台中选择了 17 个可以通过全球网进入的中文或英文平台为样本。这些平台已经被远程教学大学或普通高校网络教育广泛应用。论文对选中的 17 个平台的主要用户、课程设计功能、交流和协作功能、课程管理和行政管理功能,以及各自的优势和不足进行了比较。

4.3.4.6　网络远程教育学生学习支助服务的技术标准

国际国内的学术界和产业界对网络远程教育对远程学习者的学习支助服务技术标准问题进行了探索实践,达成了以下共识:必须保证网络教育的服务质量,满足标准的网络远程教育系统及其诸要素能够协同工作,为学习者提供高质量的服务,并且已经取得了不少重要成果。国际电气和电子工程师协会(IEEE:Institute of Electrical and Electronics Engineers)成立的信息技术标准委员会提出的标准(LTSC:Learning Technology Standard Committee)制定了"IEEE1484 标准体系"。该体系首先提出了一个关于学习技术系统的整体架构,作为信息化教学系统的抽象模型。该模型由过程(学习者、教练、发送、评价)、存储器(学习资源、学习者记录)与信息流[学习偏好、行为、评价信息、绩效与偏好信息(过去、现在、将来)、索引(查询、目录信息、定位器)、学习内容、多媒体、交互情境]三类对象组成。在这个模型中,不同学习模式有各自对应的信息流向。该标准体系中包括了远程学习者、远程教学过程、远程学习支助服务等方面的子标准。我国教育部现代远程教育标准化委员会发布的《中国远程教育技术标准(CELTS)》共 5 类,其中有 3 类分别是"学习者""学习环境类"和"教育管理类"子标准,均与对远程学习者的学习支助服务密切相关。

4.4　远程学生学习支助服务分论

以下分别论述远程教育中学生学习支助服务的主要类型及其功能、模式和特征：信息服务，资源服务，人员服务，设施服务，实践性教学环节，以及作业、检测和考试。

4.4.1　信息服务

4.4.1.1　信息发布

各类教学信息的发布是对学生的一项基本的学习支助服务。它们可能包括注册信息、课程设置及选课指导信息、课程变动和学分转换信息、广播电视教学节目及其播出信息、面授辅导课程安排信息、作业布置及进度统计信息、实践性教学环节进度安排信息、检测和考试信息等。学校各类信息的发布可以通过公共传媒渠道（报纸和杂志、公共广播电视频道）、组织内部传播渠道（学校报刊、海报、小册子和活页、学校专用频道）、学校代表（教师、顾问或管理人员）进行人际传播以及最新发展起来的计算机网络以及各类音频视频会议发布。公共传媒发布信息有量大面广、成本低廉的优势，而组织内部人际传播及各类音频视频会议针对性强、可靠性高，但成本较高。计算机网络的优势是可以实现动态信息滚动发布、及时更新，但学生必须拥有经常上网查询的条件并支付上网费用。

4.4.1.2　信息反馈与处理答复

在远程教育中，仅有教学信息由院校和教师向学生的单向发布是远远不够的。学生在学习过程中的诸多困难和问题必须能及时通达学校，而且应该及时予以处理答复。在一定意义上，学生信息反馈的畅通及其及时处理答复是检验远程教育院校的学生学习支助服务系统的有效性和效率的基本标志。学生在学习过程中的信息反馈往往具有个性化的特征，因人而异。对学生信息反馈的处理答复也必须是及时的、有针对性的。因此，学生信息反馈和学校的处理答复将利用学校构建的各种师生双向通信机制，主要包括各种人际面接交流和信函、电话、录音电话和语音信箱、电子邮件及其他基于计算机的通信方式等。

4.4.2　资源服务

4.4.2.1　课程材料发送

第3章3.3节已经深入地讨论了远程教育课程的开发,不仅包括课程材料的创作和教学设计,而且包括课程的传输和发送。远程教学的两大功能是课程资源开发和学习支助服务。无论将课程材料的发送归入课程资源开发还是学习支助服务,保证远程教育课程材料的及时发送和接收及其质量都是极其重要的。

4.4.2.2　图书馆服务

在远程教育中,学生依据课程组专门创作设计的多种媒体课程材料学习包进行自主学习,图书馆服务是否还有必要?答案是肯定,远程教育依然需要图书馆,不仅远程教育的教师和教学辅助人员、技术人员、管理人员需要图书馆,而且远程学生也需要图书馆;不仅研究生需要图书馆,而且接受各级教育、尤其是高等教育的所有学生都需要图书馆。否则,创作设计开发高质量的课程材料和提供高质量的学习支助服务都是不可能的。因为,无论是传统教育的标准教科书,还是远程教育的多种媒体课程材料学习包,都只可能包含课程要求的核心材料即基本材料。教科书和学习包不可能包括所有有价值的学习参考资料和辅导材料,更不用说与课程有关的种种扩展材料和补充资料。此外,远程教育的目标不仅在于要求学生掌握所学课程的学科知识和专业技能,更重要的是要求学生学会学习,学会自学,学会不断主动获取信息、开掘有价值的资源,从而不断丰富自己、充实自己,成为成熟的独立学习者,实现终身学习。在所有这些方面,图书馆拥有的资料优势具有无法替代的价值。而且,在远程教育中,图书馆不再是传统的藏书库、出纳台和阅览室,而应该是通过计算机网络与全球各地大学、图书馆、博物馆联网的,拥有多媒体多载体馆藏资源和各种动态开发资源库、数据库的电子(数字、虚拟)图书馆。远程教育院校的图书馆还应该建成从校本部到各地社区中心或学习中心辐射的分布式网络结构的电子图书馆系统。比如,英国开放大学通过协商,在一些公共图书馆设立了开放大学角,为开放大学的学生提供特定的资源和学习环境服务。在中国广播电视大学的开放与远程教育实践中,如何发挥图书馆的作用是一个重大的课题。在1999年召开的全国广播电视大学图书馆工作委员会的两次会议上,时任中央广播电视大学图书馆馆长的丁兴富率先提出了图书馆应该在远程教育的学生学习支助服务体系中发挥其三中心(资源中心、服务中心和学习中心)的重要作用，得到电大图书馆工作者的一致认同，并被采纳为电大图书馆发展建设的指导方针。

4.4.2.3　网络资源

网络资源是 20 世纪最后 10 年间发展起来的新兴教育资源，对校园教学和远程学习同样具有无法估量的重大价值。为远程学生提供网络资源服务，将使远程学习的资源数量和质量都发生重大的飞跃。网络教学的特长和优势包括开放性和灵活性、全球开拓和共享、参与性和交互性、及时和经常更新，以及新的环境和时空等，这些也是网络资源的特长和优势。为了使网络资源的特长和优势充分发挥出来，为远程学生提供更多更好的网络资源服务，世界各国的远程教育工作者正在努力探索。这种探索大致包括三个层次的工作：建设宽带、高速、多媒体、综合服务的各国国家信息技术基础设施和全球信息技术基础设施；设计并建设标准化、规范化的从校园网到互联网的网络解决方案和教学专用平台；组织进行标准化、规范化的网络课程和网络课件等网络资源的建设并实现共享。网络资源建设不只是教育院校各自的行为，而应该实行网络资源共建共享，避免相互封闭和低层次重复建设。同时，要尊重和确保落实知识产权，加强对网络资源共建和共享的管理。

4.4.3　人员服务

4.4.3.1　辅导

在为远程学生提供的诸多学习支助服务中，辅导服务或教学辅导是最基本、最重要的一种人员服务，并且是与学生学习课程学科内容直接相关的一项教学服务。教学辅导服务就是对学生学习课程进行教学辅导或教学指导，其基本功能包括：

- 课程内容的讲解、辅导和答疑，特别是对应用学科理论方法分析解决实际问题的启发和指导；
- 与课程学科性质和教学内容有关的学习方法指导和一般学习方法指导；
- 作业、检测和考试的批改评价和指导；
- 实验和其他实践性教学环节和训练项目的指导；
- 组织学生班组讨论和协作学习；
- 以及其他各种与课程学习有关的教学帮助等。

远程教育的学生学习支助服务中的教学辅导对课程内容的讲解、辅导和答疑应同传统校园教育中的课程面授系统讲课有别。远程教学辅导只对课程内容中的重点、难点，而且是学生在自主学习印刷教材和其他媒体课程材料时比较容易发生困难、产生问题的部分内容进行专题讲解、辅导和答疑；而不是从课程的绪论开始、逐章逐节地系统讲课，即通常并不组织系统面授讲课、电视授课或网络授课。系统讲课是以教师为中心的传统校园课堂面授教学的主要特征。

远程教学辅导对学生的学习方法指导意义重大。这是因为远程学生进入远程教育系统后将面临一种崭新的教与学的模式和与传统学校很不相同的教与学的环境。整个远程教学系统的结构和功能与传统学校教育差别较大，而且各国远程教育系统还各有特色。让远程学生尽快熟悉一种新型的教与学模式和新型的教与学环境并尽快适应这种新模式和新环境是至关重要的。远程学生应该尽快知道，远程教育院校为他们提供哪些课程教育资源和哪些学习支助服务，而学生又该如何获得这些资源和服务。远程学生应该尽早明白，远程教育院校和教师不再组织学生进行系统讲课，而是要求远程学生以自主学习为主、各种类型的教学辅导为辅。应该让远程学生尽早了解并掌握与远程教育院校及其代表（教师、顾问和管理人员）进行双向通信交流的机制和渠道。这些与学习方法相关的指导，部分（特别是与特定课程学科内容有关的）属于教学辅导的职能；部分（通常指与特定课程学科内容无关的）应归属下面将讨论的咨询的职能。

作业、检测和考试及其批改评价和指导，以及实验和其他实践性教学环节和训练项目的指导是远程教学辅导的重要内容，下面将有专题讨论。

教学辅导服务可以是以班组或小组集体进行的，也可以是个别进行的。可以人际面授，在平日或周末，在学生工作地点、当地学习中心或其他教学基地；也可以举办短期住宿学校或课程；还可以通过通信媒体进行"非面授"和"非连续"的函授辅导、电话辅导、广播电视辅导、音频视频会议辅导和网络辅导等。在各国远程教育实践中，教学辅导的地位、功能和形式可以是多种多样的。即使在同一所远程教育院校，针对不同的学生对象，学习不同的专业课程，组织实施的教学辅导也可能有差异。但是，必要的、有效的、适合当地社会文化传统和学生学习习惯的一定数量和一定形式的教学辅导是全世界所有远程教育的共同必备要素。忽视或轻视教学辅导服务，远程教与学的运行必定会出现问题。在许多西方发达国家，各类"非面授"和"非连续"的基于技术媒体的通信辅导是教学辅导的主体，人际面授辅导或者较少（规定参加或自愿参加），或者基本没有。而在中国、日本和其他一些东方国家，以及苏联和部分中东欧国家的远程教育系统中，面授辅导是远程教与学的重要环节，是以班级或小组的形式集体组织进行的，是要求远程学生必须参加的。这些国家的远程学生通常高度评价面授辅导在远程教育中的地位和作用，直至产生对面授辅导乃至面授系统讲课的一定程度的依赖性。在过分依赖面授辅导乃至面授系统讲课的这类国家的远程教育系统中，基于资源的媒体教学的功能和作用有时往往得不到充分的发挥。这种情况在中国各级各类远程教育系统中相当普遍。无论是普通高校的函授教育和自学考试的助学，还是广播电视大学和农业广播电视学校的教学，都存在对集体面授辅导乃至面授系统讲课的相当强的依赖。与对面授辅导乃至面授系统讲课的依赖形成鲜明对比的是：远程学生对印刷教材的自主学习不够充分，远程学生对广播（录音）电视（录像）教学节目等教育资源的利用不够充分，教师对远程学生作业的个别批改、答疑和指导不够充分。在广播电视大学系统，这种倾向或偏向被尖锐地批评为"异化"，意即发生了背离开放与远程教育原理和原则的异化现象，此即在电大广为流传的"电大不电、远教不远、开放不开"的批评。这种现象由于广播电视大学招收应届高中毕业生组织普通专科生班级教学而愈加加剧了。因为普通专科生几乎一律全日制组班教学，大多数在各级电大校园住宿，为了加强思想政治工作和提高教学质量和成才率而严格班级管理。地方电大教师的管理体制（面授教学工作量制）和报酬机制（面授讲课酬金）更加重了这一倾向。结果，许多课程的教学变成了班级系统课堂面授，学生自主学习和基于教育资源媒体的学习很不充分。这就是对电大远程教育"回归校园教育、回归传统面授"批评的由来。我国广播电视大学在 1990年代中后期进行的一系列教育教学改革试点，如"注册视听生试点"和"人才培养模式改革和开放教育试点"等，其改革目标之一就是针对"电大不电、远教不远、开放不开"的"异化"偏向，探索适合中国特点的开放与远程教育的教学与学习模式。其改革切入点之一就是充分发挥包括多媒体课件和网络资源在内的多种媒体课程材料的优势，改变"固定组班面授教学"的模式，探索在各级电大和学习中心提供的学习支助服务下"个别化"和"个性化"自主学习的模式。

4.4.3.2　咨询

咨询就是远程教育院校及其代表对学生在学习期间遇到的各类（与学习有关的和与学习无关的）问题提供解答、帮助和建议的服务。这是教学辅导之外又一种重要而常见的人员支助服务。从学习支助服务的功能分工上讲，教学辅导和咨询具有不同的服务功能和内容。对那些与课程学科教学内容有关的问题，以及与各类课程学科性质和教学内容相关的特定的学习方法和策略问题的解答和帮助应该归属教学辅导服务。而咨询通常是对那些与特定课程学科教学内容无关的学习的、交流的和个人的问题的解答、帮助和建议。但是，在教育实践中，这两类问题是纠缠在一起的。于是，咨询服务和教学辅导的界线有时也就很难区分。在许多国家的远程教育系统中，咨询服务是由教师和管理人员提供的；而在某些国家的远程教育系统中，咨询服务(或某些特定的咨询服务)是由远程教育院校特别指定的咨询顾问承担的。这后一类远程教育院校通常为每个远程学生指定咨询顾问，他们通常是当地兼职人员。而在以班组集体教学为主要模式的远程教育系统中，负责班组集体的教师或管理人员(在我国称为班主任)通常承担了相应班组中学生的咨询顾问的职责。咨询服务需要解决的问题可以分为两大类：

(1)与学习有关的问题：与学习有关但又并不涉及特定课程学科教学内容的各类问题。如课程注册，课程设置和选课，学分认定或转换，学业记录和学位授予等；教育资源的获得和争取学习支助服务；一般学习方法和学习技巧，如学习时间安排和进度控制，对多种媒体课程材料的利用和整合策略等；完成和提交作业的技巧、课程复习和考试的策略，参与实践性教学环节和学生小组讨论的技能等。

(2)与学习无关的问题：如何利用各种通信机制与学校和教师交流沟通；如何申请各类财政资助；如何解决影响学习的各种特殊的个人问题；如何取得雇主和家庭其他成员的理解和支持；如何解决交通问题和参加短期住宿学校等。

4.4.3.3　兼职辅导教师和学生咨询顾问

远程教育系统通常规模大、学生多且分布广，因此，辅导教师和学生咨询顾问的数量需求大、地域分布广。所以，大多数远程教育院校聘请兼职的辅导教师和咨询顾问。如前所述，一些国家的远程教育院校只聘任兼职辅导教师，不聘用咨询顾问，咨询的职能由辅导教师承担。中国普通高校的函授教育和广播电视大学系统就是这样。在相当长的一段时期中，中国远程教育的学生绝大多数实行组班教学，配备了班主任加强管理，班主任实际上承担了学生咨询顾问的职责。而各门课程的兼职辅导教师由基层教学班(函授教学班或电大教学班)班主任或教学班所在工作站(函授工作站或电大工作站)从当地高等院校或研究机构聘请。英国开放大学代表了西方以家庭为基地的个别化学习模式。但是，英国开放大学既不排斥人际直接面授交流(辅导和咨询)，同时也鼓励和加强基于技术媒体的双向通信交流。课程辅导教师要求在当地学习中心对学生进行面授辅导，并为同一群学生批改作业。同时，还明确了"学生咨询顾问(Counselor)"是被赋予了"特定指导或辅导任务的角色(defined tutorial role)"。这些特定任务通常包括对学生进行课程选择、学习方法、学习时间和进度安

排，考试以及注册和学籍学分管理，乃至生活和财政安排与申请资助等方面的
指导和咨询。在包括中国和英国在内的许多国家的远程教育系统中，都由其地
区机构（地区办公室、工作站、学习中心、教学点或教学班）组织实施对兼职教
学人员（主要是辅导教师和咨询顾问）的工作进行检查和培训，以及教学研究和
经验交流等活动。在印度，则更进一步将接受培训和通过考核作为聘任兼职教
学人员的先决条件。

4.4.3.4　学生小组活动

学生小组活动是远程教育的学习支助服务体系中加强人际交流的另一种有
效形式。比如，可以组织学生小组讨论和协作学习。学生小组讨论和协作学习
可以由辅导教师组织，也可以由学生自己组织；可以有辅导教师参加，也可以
没有辅导教师参加。在某些国家的远程教育系统，还邀请当地同类专业课程的
毕业生参加这类学生讨论和协作学习活动。这些学生小组活动可以围绕特定课
程内容组织进行，也可以围绕与学习有关的特定专题或项目组织实施，还可以
是为了某种社会交往或社区生活的目的而组织开展的。在远程学习中，这类学
生小组活动对减少学生的孤独感、增强认同感，激励学生的学习动力，帮助学
生解决自主学习过程中遇到的某些困难和问题，交流和分享学习经验从而提高
每个学生的学习效果和认知水平都是极有价值的。许多国家的远程教育实践已
经证实，没有辅导教师的学生自助小组活动同样可以是一种很有效果的学习交
流方式。通常在当地学习中心、暑期学校、基层教学点（班）组织人际直接面对
面交流的学生小组活动。进入互联网时代后，在同一所远程教学院校学习同一
课程的远程学生组成虚拟学习共同体或虚拟社区开展包括学生小组活动在内的
协作学习，已经成为当前网络远程教育发展的一个重要趋势。目前的虚拟学习
共同体主要通过基于文本的异步通信来实现信息交流和协作学习。在技术和经
济条件成熟时，基于口语、文本和视音频的同步通信也将发展起来。

4.4.4　设施服务

远程教育对学生提供的学习支助服务中包括各类教学和通信设施和设备的
服务。在许多国家的开放大学，各类教学和通信设施和设备服务可以由远程教
育院校中央校部提供，但更多地是由建在各地的学习中心或社区中心就近提
供。我国广播电视大学按职责分工建设相应的教学实体，即拥有相当规模的教
学基础设施，主要是教学基地、实验基地、图书资料中心、印刷出版中心、视
听制作中心、计算机网络中心和教学管理中心等，面向远程学生开展教学活动
并提供各类教学和通信设施和设备的服务。自 1999 年以来，中央电大和所有

参加开放教育试点的省级电大都开始陆续配备电子(数字)图书馆、计算机多媒体教室和网络教室、视听阅览室和电子阅览室、校园闭路电视和直播教室、电话或电子答疑系统、语音实验室、语音信箱和校园调频广播、计算机校园网并接入互联网等,对远程学生提供的教学和通信设施和设备的服务渐趋丰富和完善。

4.4.4.1 图书馆相关设施服务

图书馆除了为远程学生提供基于计算机网络的图书资料和非图书资料目录的检索工具并实现教育资源借阅自动化外,同时提供复印机、录音录像机、VCD 和 DVD 单放机、计算机多媒体、打印机、扫描仪、计算机上网等多种服务。这类教学和通信设施和设备服务可能在中央校部获得,也可能在当地学习中心或社区中心获得,还可能通过远程教育院校与当地传统院校或社区图书馆签约,由当地院校图书馆或社区图书馆为远程学生专门设立的远程学习角提供。

4.4.4.2 视听设备服务

在 20 世纪 70 年代和 80 年代,主要是提供录音录像资料及相应的放录设备服务,有在学习中心视听阅览室的开放服务,也有面对远程学生家庭的租赁服务。随着学习技术的数字化进程加快,开始提供各类数字化视听材料及其播放设备服务,如 VCD 和 DVD 单放机,带有光盘驱动器的多媒体计算机,这就是电子多媒体阅览室。此后发展起来的是可以面对众多用户同时使用的容量极大的 CD-ROM 光盘塔或网络服务器和镜像站的视频点播(VOD)系统,也可称为网上虚拟电子阅览室。

4.4.4.3 通信设备服务

自 20 世纪 90 年代以来,远程教育院校除了继续提供传统的邮件和电话服务外,增加了语音信箱服务、校园有线电视和直播课堂服务、双向视频会议系统服务、VBI 和其他数据传输通信服务和移动通信服务等。这些电子通信服务可以通过天网(卫星通信)和地网(电缆、光纤和微波)的结合,有线和无线的结合,以及卫星与有线广播电视网、计算机网络和其他各种电子通信网络的综合服务来实现。

4.4.4.4 计算机及网络服务

计算机及其网络服务显然是 20 世纪 90 年代以来最受关注且增长最快的,并将发展成为远程教育基础设施服务的中枢。在西方发达国家,计算机及网络服务通常以学生家庭为基地,移动通信无线上网设备也已开始发展起来,计算机网络教学和通信可以实现院校对个人的模式，类似电子商务中的企业对顾客模式。在中国和其他许多发展中国家，拥有计算机并上网的远程学生家庭并不普遍。一种可行的解决方案是在各地学习中心或教学站点建设网络教室、网络站或网络信息港，使家庭不具备计算机上网条件的远程学生可以在学习中心的网络教室或网络港站使用计算机上网学习，这类似电子商务中的企业对企业模式。对于计算机网络暂时无法通达的地区，可以采用其他替代的电子通信方案解决。当然，除了用户终端设备外，网络结构、管理和安全、带宽速度、网上资源和上网通信费用等是需要同步予以解决的。

4.4.5 实践性教学环节

实践性教学环节是远程教育必须面对的一个难题，但并不是无法解决的。英国开放大学许多科学技术课程的成功就是一种证明。丹尼尔论述英国开放大学质量的报告曾指出，在英国有两个学科专业：地质学和音乐，开放大学的学生数占了多数，而其他所有大学学生数的总数只占少数。这个结果是相当惊人的。因为许多人并不认为远程学习在地质教学和音乐教学上具有天然的优势，因为它们要求实践教学活动。然而，英国开放大学地质学和音乐这两个学科专业的教学被英格兰大学拨款委员会评估认定为"优秀"。这就是说，在这些学科专业接受质量"优秀"的大学教学的英格兰学生大多数是在英国开放大学通过远程学习实现的。为此，英国开放大学设计并推广应用了科学技术课程的实验箱。同时，坚持在开放大学校本部和其他校园大学举办远程学生轮流参加的短期住宿学校(暑期学校)，充分利用这些大学的实验室资源开展实验教学活动。我国广播电视大学也很注重实施实践性教学环节，认为这是对远程学生的学习支助服务的重要组成部分。除了利用传统高校的实验室外，各级地方电大还自建实验中心或实验基地，并且设计和使用实验箱。我国燎原广播电视学校成功地利用"燎原流动教室"在广大农村实行巡回教学。同时，广播电视大学很重视课程设计、大作业、野外考察、现场操作、社会调查、生产实习和教学实习等实践性教学环节，以及毕业作业、毕业论文或毕业调查等综合性、实践性教学考核。

4.4.6 作业、检测和考试

作业、检测和考试是远程教学和远程学习的重要环节，也是对学生提供的学习支助服务的重要组成部分。作业、检测和考试既是课程教与学全过程中的必要环节，又是确定学生学业成绩、教师和院校教学质量和效果的重要手段。

作业和检测是在课程教与学过程中组织实施的，其主要功能是帮助学生更好地掌握所学的课程内容、应用所学的课程知识去解决各类实际问题。同时，作业和检测也称为课程形成性考核，用以检查学生的学习进度以及学习目标的掌握程度、帮助学生树立学习信心和激励学习动力；检查课程教育资源的设计开发质量和对学生的学习支助服务质量以及远程教学效果；以便及时取得反馈，改进教与学。作业和检测也是实现远程教育个别化教学和个性化学习的重要途径和手段。由于作业和检查具有以上诸多教学功能，加上远程教育环境下学生和教师的相对分离，学生个体差异大和学习进度不一致，教师对作业和检查的布置、批改和返还要及时、细致，并注重个别辅导；学生完成作业和检测要及时和认真，既提倡协作和讨论、又强调独立自主。远程教育院校对各类课程的平时作业和检测都有明确的规定，并进行严格的管理。

在远程教育中，通常有两类作业和检测题型。一类由计算机判卷，主要是客观性练习题和测试题，如常见的选择题：单选题和多选题，它们主要应用在对课程内容的理解、学科基本知识的掌握和简单的分析、计算和应用上。另一类由辅导教师判卷，主要是主观性和开放性练习题和测试题，如较复杂的运算、案例分析、综合应用、实际问题解决和项目评价等，它们主要应用在对学科教学目标的全面掌握和理论结合实际的应用上。在许多发达国家，作业和检测以往通常采用函授方式提交、批改和返还，注重个别批改。在我国，则不够重视个别批改，而是倾向于在面授辅导课堂上公布标准答案和适当进行作业讲评。如今，国内外作业和检测的发展方向是使用计算机网络上的电子邮件和公告板等方式来实现作业的提交、批改和返还。

远程教学中与远程学生作业个别批改直接关联的是远程教育生师比的配备。这里有两层含义：(1)对特定课程，要不要为远程学生配备特定的专兼职辅导教师？国外通常的做法是必须配备兼职辅导教师，但我国有争议。有的院校认为可以通过计算机网络平台的人工智能软件处理学生的作业，或者由课程的主持教师或责任教师及其助手处理该课程所有学生的作业，而不必为每个学生配备特定的兼职辅导教师。(2)配备的生师比多少合适？即对于特定课程，一名兼职辅导教师配备多少远程学生适当？国外通常的做法是：对于特定课程，约 20～30 名学生配备 1 名兼职辅导教师，即 20～30：1，他们构成一个学习班组，在网络时代就构成一个虚拟学习社区。有研究表明，在网络远程教学中，生师比不是可以提高，而是不得不降低。因为网络教学要求辅导教师与远程学生的双向通信交互更加丰富，个别化与个性化要求更高，于是辅导教师必须有更多的投入和更高的付出。但这会增加网络教学的可变成本。这是包括我国在内的发展中国家网络远程教育院校和机构面临的挑战之一。

　　远程教学中的考试主要指课程考试，通常在课程结束时举行。无论是学历教育的课程，还是颁发各类非学历教育证书的课程，大多都举行课程考试来最终确定学生的课程学习是否合格并取得学分。许多远程教学院校都规定了如何综合平时作业和检测的成绩以及考试成绩得到课程学习的总分。大多数远程教育院校依然实行教学的学年或学期制，课程考试通常在学年末或学期末举行。而加拿大阿萨巴士卡大学则规定学生可以在一年中的任何一天注册学习和申请考试，这是一种个别化的考试体制。当学生认为自己已经掌握了课程教学内容和目标，并且已经完成了规定的平时作业和检测，即可申请课程考试。考试在就近的地区中心或学习中心进行。当学生住地偏远时，可在当地学校或图书馆考试。由大学认可的监考人员执考，试卷由大学学生注册部门寄出和回收。所有试卷都由大学总部阅卷人批改评分，以保证考试标准的统一。

【思考与练习】

　　1. 为什么说远程学习是远程教育的核心？

　　2. 简述远程学习圈的概念及其意义。

　　3. 简述传统教育与远程教育教学三要素的异同，以及这一认识对远程教育实践和理论的意义。

　　4. 简述远程教育学生的信息分类、收集方式及其主要用途和使用者。

　　5. 远程教育学生的主要共同特征是什么？中国远程学习者的特点是什么？为什么会是这样？对远程教育学生的主要共同特征以及我国远程学习者特点的认识对远程教学系统的设计开发和远程教与学全过程的组织实施有什么意义？

　　6. 简述从教师为中心的思想到以学生为中心的思想的演变的实质及其对远程教育实践和理论的意义。请你结合远程教育的发展对我国现今流行的“以教师为主导、以学生为主体”的思想进行评价。

　　7. 本书如何将远程教育中以学生为中心的思想内涵的核心阐述为“四原理说”：①学生为本；②学生自主学习；③学生自治；④学生学习支助服务。你对此有何评价？

　　8. 简述远程教育中对学生学习支助服务概念的界定。请注意“学生学习支助服务”“学习支助服务”“学生支助服务”“（基于技术的）人际双向通信交互”和“人际面授交流”等概念之间的联系与区别。

　　9. 简述远程教育中两类基本的人际双向通信交互机制（实时同步与非实时异步）及其对远程教育实践的意义。

10. 简述远程教育中与教育资源开发与发送，以及学生学习支助服务相关的基础设施建设。简述远程教育学生学习支助服务体系中地区和基层基础设施建设的类型及其比较和选择。

11. 简述社区学习中心的基本结构和功能。为什么说社区学习中心建设是远程教育学生学习支助服务体系的一项有重大意义的基础建设？

12. 网络虚拟学习社区(或网络虚拟学习共同体)的概念及其在网络远程教育中的重要地位与作用。网络虚拟学习社区能否替代社区学习中心？

13. 简述在远程教育的网络环境建设中应关注的主要问题。

14. 简述以下各类学生学习支助服务的功能、模式和特征：①信息服务；②资源服务；③人员服务；④设施服务；⑤实践性教学环节；⑥作业、检测和考试。

【项目与活动】

1. 文献比较研究

通过网络搜索国内外若干论述以学生为中心的远程教育理论学说的观点，并与本书论述的远程学习圈理论及其"四原理说"进行分析比较，并进一步与各国远程教育的实践案例以及你自己的学习经历体验进行比较以验证这些理论学说的有效性。

2. 比较研究项目

组成小组，在讨论理解的基础上，参照本书提出的远程教育学生分析体系的部分结构，并通过采集我国某特定远程教育系统的学生样本数据进行具体的分析，并与本书描述的远程教育学生的主要共同特征以及中国远程学习者的特点进行比较研究。

3. 文献调研项目

通过网络搜索文献，比较国内外远程学习的两种基本模式(以家庭为基地的个别化教学与个性化学习；以系统单位或社区中心为基地的班组集体学习)及其对远程教育实践的多方面的影响和意义。

4. 网络教学平台案例分析

选择某个你能登录的网络教学平台，最好是你自己学习或工作的院校机构或者我国现代远程教育工程试点高校的平台，结合本书讨论的网络教学平台的技术结构与功能模块、课程开发功能、交流与协作功能、课程管理与行政管理功能、优势与不足进行比较分析。反思：(1)平台在远程教育课程教学与管理中的作用；（2）没有平台如何在互联网与全球网上开展网上课程在线教学？（3）进一步改进平台的建议。

5. 案例调研项目

选择一所现代远程教育工程试点高校调查（网络调查、通信调查或实地考察）该校当前的(1)"课程发送与教学模式"，和(2)"学生学习支助服务模式"。并与 2002 年报告的下述内容进行比较分析，了解其有效性，并追踪其历史进步，撰写并提交调研报告。

【参考材料】2002 年年底教育部对我国现代远程教育试点高校年检年报数据形成的《网络教育的现状、问题与措施》报告中的"课程发送与教学以及学习支助服务模式"部分指出：

目前，试点高校主要采用 5 种课程发送与教学模式：

(1)通过因特网点播课件或者浏览主页课件自主学习方式进行教学；

(2)通过卫星进行双向或单向实时教学；

(3)通过视频会议系统进行双向实时教学；

(4)通过局域网点播课件或者利用光盘课件学习方式进行教学；

(5)集中面授方式进行教学。

绝大多数试点高校在具体教学中同时混用两种或两种以上教学模式。给学生主要提供 6 种模式的学习支助服务：

(1)利用网络教学平台提供同步或异步教学辅导或答疑；

(2)为学生提供相关资源，供学生自学时使用；

(3)通过各类视频会议系统组织集体实时讨论和交流；

(4)组织各种形式的学生学习活动（实验、参观、基于任务的小组协作）；

(5)通过常规通信工具，为学生提供咨询和答疑服务；

(6)面授辅导答疑。

第5章 远程教育规划与管理

【学习要点】

本章的重点是学习远程教育的规划决策以及远程教育的行政管理和教学管理。首先，要在掌握远程教育系统分析方法以及理解远程教学系统及其课程、学生、管理和后勤子系统特征的基础上，重点把握远程教育系统设计与开发的决策流程与决策依据，并且学习应用相关原理对具体的远程教育院校、项目案例进行系统分析、规划与决策。其次，要深刻理解政府对远程教育院校的行政管理体制和机制、远程教育立法和财政，以及不同类型远程教育院校自身的行政管理。要理解远程教育院校对课程设置与开发以及对学生学习支助服务的管理，能够比较远程教育教学管理与传统教育的异同。再次，要理解远程教育对远程教师角色、职责、素质提出的新要求，远程教师专业化发展，以及对远程教师的管理和评价。

【内容结构】

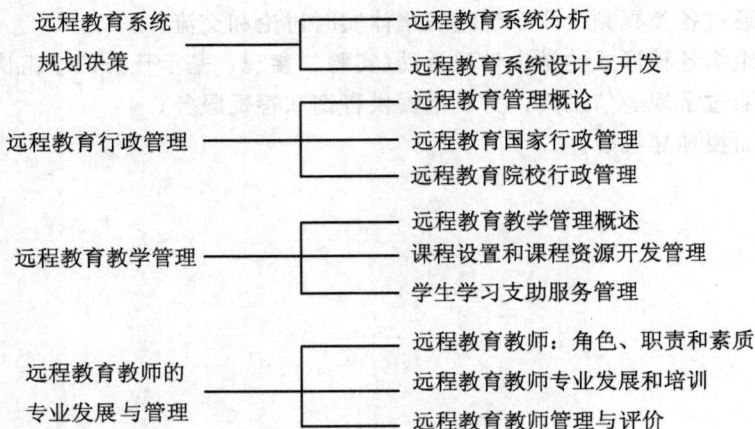

- 远程教育系统规划决策
  - 远程教育系统分析
  - 远程教育系统设计与开发
- 远程教育行政管理
  - 远程教育管理概论
  - 远程教育国家行政管理
  - 远程教育院校行政管理
- 远程教育教学管理
  - 远程教育教学管理概述
  - 课程设置和课程资源开发管理
  - 学生学习支助服务管理
- 远程教育教师的专业发展与管理
  - 远程教育教师：角色、职责和素质
  - 远程教育教师专业发展和培训
  - 远程教育教师管理与评价

5.1　远程教育系统规划决策

系统科学和系统工程理论与方法是 20 世纪中叶以来发展起来的，已经在包括教育在内的各类学科理论和实践活动中得到广泛应用和发展。这里将应用系统论的观点论述远程教育教学系统的分析、设计和开发。首先，对远程教育系统的结构和功能、性质和特点进行分析，随后，探讨远程教育教学系统的设计和开发。

5.1.1　远程教育系统分析

在现代系统科学中，"系统"是指由部分组成的整体，即由相互关联、相互制约、相互作用的若干部分组成的具有特定功能的有机整体。这里讨论的远程教育是由院校机构组织实施的院校远程教育。

5.1.1.1　远程教育开放系统的教学运行子系统

无论是独立设置的远程教育院校，还是传统校园院校或双重模式院校中的函授教育（校外教育）分部或远程教育（网络教育）学院，以及企业界或社会其他机构举办的远程教育项目等，都是一个远程教育系统。远程教育系统是一种社会系统，这些远程教育系统是更大的国家教育系统的一部分，同所在国的社会、政治、经济、科技、文化和教育等环境发生相互作用。远程教育系统的内部由多个具有一定的层次结构和特定功能的子系统和要素组成，这些组成部分相互关联、相互制约、相互作用，共同实现系统的总体功能和目标。

远程教育系统是一种开放的社会系统。"开放系统"是指与外界环境交换各种物质、能量和信息的系统。远程教育系统要同其所在的社会交换人员、资源和信息。在开放的社会系统中，必有一个特殊的子系统，称为"运行子系统"。运行子系统的主要功能是通过有目的、有组织的"运行活动"，将社会环境对系统的投入进行加工、改造和构建，转换成合乎目标的产出回输给社会环境。远程教育系统，就像所有教育系统一样，这个核心的运行子系统正是"教学（教与学）子系统"，即远程教育教学系统。对远程教育系统的分析主要就是对其运行子系统即远程教育教学系统的构成要素、结构和功能及其特点的分析。当然，要构成一个真正的开放社会系统，还必须有其他两类活动和相应的两个子系统。其一是后勤（或供应）活动及相应的后勤子系统。它们负责系统所需要的资源（财政的、人员的、物质材料的和能源的等）的采集和更新，包括购置、维修建筑物、基础设施和设备；招聘人员、任命任职、进行培训和思想工作等；其二是行政管理活动及相应的管理子系统。它们负责协调各种运行活动之间、运行活动与后勤活动之间，以及系统活动与周围环境之间的关系。行政管理活动中包括较高层次的领导决策活动，如政策制定和修改、系统规划、财务预决算及管理、计划控制和评估等。

5.1.1.2 课程子系统和学生子系统

有鉴于远程教育教学系统的特点，通常将远程教育教学系统进一步划分为课程和学生两个子系统。课程子系统处理和课程开发有关的运行活动，主要包括多种媒体课程教学材料的设计、开发、制作、发行和接收。学生子系统处理和学生有关的运行活动，主要包括对学生的各类学习支助服务活动和各种学生学习过程管理。凯伊和鲁姆勒尔主编的《远距离高等教育》(1981)中给出了远程教育系统的 4 个主要的子系统(课程、学生、管理和后勤)及其结构和功能的示意图，其中的课程和学生两个子系统的总和就是远程教育教学系统。这种系统分析方法没有将远程教师单独划分为一个子系统，是基于对远程教育教学系统中远程教师的角色地位和作用职能的分析和重构。同传统教育教学系统中以教师为中心，由教师设计、组织、实施、控制整个教学过程不同，远程教育教学系统中以学生为中心，远程教师"退到后台"，即"隐藏"在他们与其他人员共同设计、开发、发送的远程教育资源环境和课程材料"幕后"，通过远程学习者与远程教育资源环境和课程材料及其所承载的教学内容的相互作用而实现远程学生与教师的模拟的而非直接的相互作用；此外，在远程学习过程中，远程教师与咨询人员等一起作为远程教育院校机构的代表为远程学习者提供各类远程学生学习支助服务。从这个意义上说，远程教学三要素中的远程教师隐藏在课程与学生两个子系统中，成为一种隐存在而不是显存在。本书第 4 章绘制论述的远程教育圈(图 4.3)更深刻地揭示了远程教育教学系统的系统要素结构。

5.1.2 远程教育系统设计与开发

这里集中论述对远程教育系统设计和开发的规划决策。首先，对远程教育系统和传统教育系统进行比较，探讨这两种教育系统在构成因素、结构和功能特征上的主要差异。进而讨论远程教育系统的设计与开发，这里的系统设计与开发是指在对社会环境、市场、教育需求、学生、课程和资源等状况进行调查和分析研究的基础上作出决策：决定采用哪种类型的远程教育系统。

5.1.2.1 远程教育系统与传统教育系统比较

进行远程教育系统设计和开发之前，首先要明确现有的传统教育系统的状况及其局限性，特别是要明确在面对社会经济发展和人力资源开发新的市场需求压力下，现有的传统教育系统能够作出怎样的反应和对策：

- 现有的传统教育系统能否满足某些部分特定对象的新的教育需求？
- 现有的传统教育系统通过扩展、改造和发展，能否满足某些部分特定对象的新的教育需求？
- 现有的传统教育系统在哪些方面、哪些领域或对哪些特定对象的新的教育需求表现出明显的局限性和不适应？

(1) 传统教育系统面对新的教育需求表现出的局限性和不适应

传统教育系统面对新的教育需求表现出的局限性和不适应常常发生在以下诸方面：

- 国家对传统教育系统的基本建设投资和年度经费拨款的增长同迅速增长的学生数量和教育需求之间不协调；
- 传统院校提供教室、图书馆、实验室和其他教学设施的能力、尤其是配备足够的合格的教师的能力同迅速增长的学生数量和教育需求之间不协调；
- 学生数量和教育需求的增长造成的教师工作量及工作强度和压力的增长同教师的社会地位、待遇标准和生活境况的低下之间不协调；
- 由于成人的职业、家庭、社会职责和义务，由于路途、时间、费用等因素，现代社会人口中的大部分或相当一部分成员无法利用现有传统教育系统的各种教育资源和教育设施；
- 传统教育系统中为成人接受各级各类教育进行业余学习的设施严重不足；或者对于特定的学生对象和教育需求，传统教育系统的教育资源（如课程设置、教学材料）和教育设施（如校园内教学基础设施）不适应或不适当，等等。

(2) 优先采用远程教育教学系统的准则

现有传统教育系统的局限性和不适应在面对具有如下特点的学生对象和教育需求时就变得特别明显。具有这种特点的学生对象和教育需求可能需要设计和规划新的远程教育教学系统来予以满足，这些可以作为优先采用远程教育教学系统的决策准则。

- 与学生对象新特点相关的准则
  - 数量大（爆发性需求）。
  - 分布在广阔的地区（分布不均匀、不规则）。
  - 不整齐（年龄、职业、社会经历、学历基础、经济条件等）。

　　■ 无法利用传统教育资源和设施(由于多种原因,如就业、家庭职责、路途远、费用高、年龄大、不够入学学历等)。

　　■ 身体残疾或社会处境不利阶层的成员。

　　■ 由于各种社会心理原因不愿意回归校园学习或乐于应用信息技术和教学媒体进行自主学习,等等。

　　■ 在学龄期间失去了接受教育的机会。

　　■ 具有一定的独立学习能力,或至少在激励和指导下能够具有一定的自主学习的能力。

● 与教育需求新特点相关的准则

　　■ 需要增加的合格教师数量十分庞大。

　　■ 扩充传统院校设施的基本建设投资和支付新增加教师的酬金的经常费用两项都极其巨大。

　　■ 需要新开发大量特定领域急需人员的培训课程和知识更新的课程。

　　■ 为了满足特定对象新的教育需求,需要协调乃至修改传统院校的原有办学方向,等等。

5.1.2.2　远程教育系统设计开发的规划决策

　　远程教育系统的设计与开发是指在对社会环境、市场、教育需求、学生、课程和资源等状况进行调查和分析研究的基础上作出决策:决定采用哪种类型的远程教育系统。凯伊和鲁姆勒尔曾经提出过一份远程教育系统设计的决策过程流程图(图 5.1),很有参考价值。

　　在远程教育教学系统设计决策流程图中,右边的 9 个方框代表设计决策的 9 个阶段任务,而左边的 7 个椭圆代表帮助设计决策可供应用的相关分析工具。由远程教育教学系统设计决策流程图可以看出,整个系统设计过程的起点是"1. 明确主要的教育需求"。这是通过对经济发展、社会需求、教育市场以及潜在的学生对象的调查,再应用教育学原理进行分析来确定的。而整个系统设计过程的终点或者是决定采用或改造现有传统教育系统而取消对远程教育系统的设计,或者是决定采用远程教育系统的某个特定方案并且进行"9. 开始规划特定的远程教育教学系统"。整个设计决策过程可以划分成前后相继的两个大的组成部分:(1)在传统教育系统和远程教育系统之间作出选择;(2)设计特定的远程教育教学系统,也即在各类特定的远程教育教学系统之间再次进行选择。所以,从某种意义上说,设计决策就是一系列的选择和再选择过程。

决策起始

（1）社会经济发展分析
人力资源开发教育市场调查
教育目标分类学
→ 1. 明确主要的教育需求

（2）传统教育系统的
局限性和不适应性
→ 2. 现有系统能满足这些需求吗？ 是

否

3. 现有系统改造后能满足需求吗？ 是

否

（3）传统教育系统与
远程教育系统的比较
→ 4. 研究替代方案（包括远程教育系统）

（4）优先采用
远程教育系统的准则
→ 5. 远程教育方案总体上可行吗？ 否

是

（5）影响远程教育系统
复杂程度和成本的主要因素
→ 6. 确定远程教育系统的复杂程度和适当形式

（6）确定远程教育系统
特定方案有关的决策项目
→ 7. 考查与特定方案有关的决策项目

8. 远程教育系统特定方案可行吗？ 否

是

（7）远程教育系统分类研究成果
教育系统的竞争和合作
→ 9. 开始规划特定的远程教育系统

继续执行　　　　　　　　　　取消

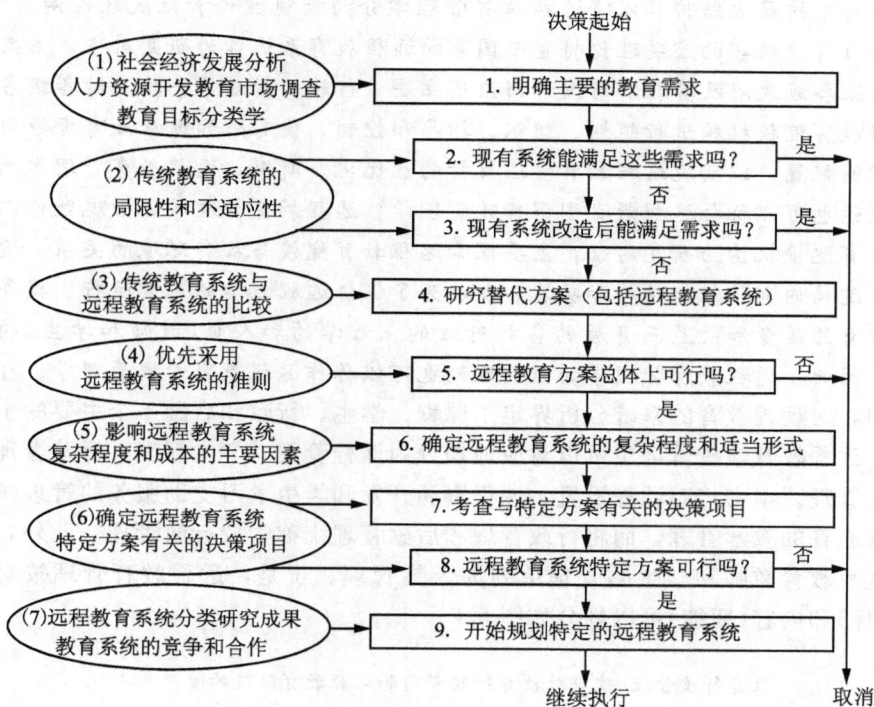

图 5.1　远程教育教学系统设计开发决策过程流程图

（凯伊和鲁姆勃尔 1981；丁兴富改编）

〔资料来源：依据凯伊和鲁姆勃尔《远距离高等教育》(1981)第 13 页，图 1.2 改编〕

5.2　远程教育行政管理

本节首先概述远程教育管理的研究对象及其理论基础。随后，集中探讨远程教育的行政管理。在远程教育的国家行政管理部分，重点讨论体制、机制、立法和财政等专题；在远程教育的院校行政管理部分，依据对世界各地远程教育院校组织管理体制的比较研究讨论不同模式院校的组织机构设置、规划决策和财务管理等主题。

5.2.1　远程教育管理概论

远程教育管理学是研究远程教育管理过程及其规律的科学。按照远程教育管理对象的层次结构可以将远程教育管理学分为宏观理论和微观理论两部分。远程教育管理学的宏观理论将整个国家的远程教育系统作为研究对象，主要研究国家各级政府及其教育行政部门应用立法、行政、财政等手段，对各级各类远程教育院校机构进行规划、组织、指导和控制，使有限的远程教育资源得到合理的配置，以实现远程教育管理目标的最优化。所以，远程教育管理学的宏观理论也可以称作远程教育国家行政管理学。远程教育管理学的微观理论以远程教育院校机构为研究对象，主要探索远程教育院校与社会环境的关系，远程教育院校内部的组织结构和功能，以及为了保证远程教学的正常运行、提高远程教育的质量和效益而开展的各种行政的、教学的和人员（教师和学生）的管理。因此，远程教育管理学的微观理论也可以称作远程教育学校管理学。在上节中，对远程教育的系统分析界定了课程、学生、行政和后勤4个主要的子系统。远程教育学校管理也可以对应地划分为课程管理、学生管理、行政管理和后勤管理。本书将对课程设置、课程资源开发和学生学习支助服务的管理统称远程教育的教学管理，而将行政管理和后勤管理统称学校行政管理。此外，将对远程教育教师和学生的管理单列为人员管理。于是，远程教育管理按对象（目标）和内容（职能）可以划分如图5.2。

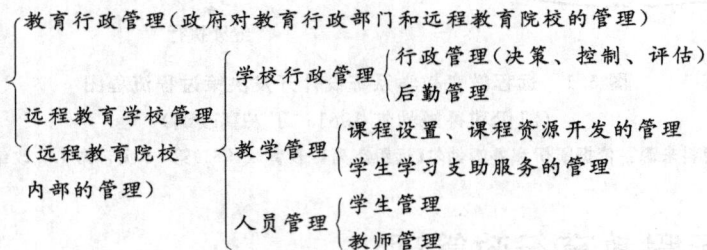

教育行政管理（政府对教育行政部门和远程教育院校的管理）

远程教育学校管理（远程教育院校内部的管理）
- 学校行政管理
  - 行政管理（决策、控制、评估）
  - 后勤管理
- 教学管理
  - 课程设置、课程资源开发的管理
  - 学生学习支助服务的管理
- 人员管理
  - 学生管理
  - 教师管理

图 5.2　远程教育管理分类

本节讨论远程教育国家行政管理和远程教育学校行政管理两部分，而将远程教育学校管理中的教学管理和人员管理单列两节进行探讨。远程教育管理学既有与传统教育管理学相同的共性，又有自身的特殊性。本章主要论述远程教育管理学的特点和个性。

远程教育管理学的理论基础是多元的，即建立在多种学科理论的综合创新上；除了远程教育学科外，主要的还有教育管理学的学科理论；而教育管理学学科理论又是建立在教育科学、心理科学、系统科学、行为科学和管理科学的发展基础上的。

管理是一种社会现象，是人类得以生存、发展的重要条件之一。在现代社会，管理同科学和技术一起成为现代文明的三大支柱。管理是一种社会职能，它既是社会发展的产物，又是文化发展的产物。从社会组织和人类行为的角度看，管理就是组织的管理者在特定的环境中，应用一定的原理和方法，引导组织中的被管理者有序地行动，从而使有限的资源得到合理的配置并发挥作用，以达到预期的目标。由上可见，管理具有以下诸方面特点：

- 管理是实现预期目标的一种行为；
- 管理的功能是对有限的资源进行合理配置；
- 管理是由规划、组织、指挥、协调和控制等一系列职能构成的有序活动过程；
- 管理的核心是决策；
- 管理是管理者和被管理者双边活动的过程；
- 管理总是在特定的不断变动的社会和文化环境中进行的。

随着近代经济的发展和企业管理的进步，近代管理科学（广义）已经经历了从传统管理理论到行为科学理论、再到现代管理理论的演进和发展。传统管理理论的主要代表有科学管理理论，组织管理理论，以及行政管理理论等。行为科学理论的主要代表有人际关系学派，个体行为学派，团体行为学派和组织行为学派等。现代管理理论的主要代表则有社会协作系统理论，决策管理理论，系统管理理论，管理科学（运筹学）理论，权变管理理论等。

随着企业管理理论和方法的进展和管理科学理论的发展，教育管理学在19 世纪末、20 世纪初开始从教育科学中分化出来成为一门独立的学科。此后，随着教育科学、心理科学和管理科学的发展，教育管理学也经历了一系列的发展和演化，逐渐形成了以官僚等级行政集权制为特征的教育管理学体系，以科学管理为中心的教育管理学体系，以人本主义哲学和行为科学为基础的教育管理学体系，以组织理论和现代管理理论为基础的教育管理学体系，以及以系统科学理论为基础的教育管理学体系等。所有这些教育管理学理论体系对远程教育管理的实践和理论研究都产生了一定的影响、具有各自的借鉴意义。

5.2.2 远程教育国家行政管理

5.2.2.1 远程教育的管理体制

远程教育的管理体制是指国家对远程教育院校的行政管理体制，主要包括政府分权体制和对院校的分类管理体制。在此，政府分权体制主要是指中央政府和地方政府在对远程教育管辖权限上的分工。在西方许多联邦制国家（如美国和澳大利亚），对传统院校的教育管辖权主要归州政府，但对远程教育领域，中央政府往往表现出更多的兴趣和干预。这一方面体现出远程教育对于实现整个国家社会、经济和教育发展的战略目标的重要地位和作用；另一方面也是因为作为远程教育物质技术基础的国家信息基础设施建设没有中央政府的参与很难组织实施。美国克林顿政府就曾积极推进互联网的更新换代以及教育信息化进程。澳大利亚联邦政府则从 20 世纪 70 年代起，始终一贯地关注并推进革新和发展远程教育的政策和举措。在英国，开放大学则由英国政府创办并直接管辖。在许多发展中国家，通常由中央政府创建并直接管理面向全国的开放大学或远程教学大学。这样，便于利用国家乃至军队系统的广播电视系统和国家信息基础设施，动员全社会的人力、物力和财力资源在短期内迅速、大规模地发展教育。在印度，既有中央政府管辖的面向全印度的国立开放大学，也有地方政府管辖的邦立开放大学。在我国，则采取了由中央政府统一制定政策和规划、由中央和各级地方政府分工办学和管理，形成了学校教育系统与国家行政系统并行设置的独特体制。

远程教育的院校分类管理体制是指政府教育部门如何分类指导和管理各种教育院校。比如，在我国，首先将教育院校分为普通院校和成人院校两类，而将大多数独立设置的远程教育院校归入成人院校。与此对应地，就有两种全国统一的高等教育入学考试：普通高校入学考试和成人高校入学考试。这种双轨制的院校分类管理体制在现实中已经显示出其不适应来。首先是不适应统一的教育市场。其次，上述双轨制的院校分类管理体制不适应建立终身教育体系和学习化社会的需要。在许多发达国家和发展中国家，已经抛弃了这种普通院校和成人院校人为分割的双轨制的院校分类管理体制，实施面向全体国民的终身教育院校设置体制。更进一步，对远程教育院校和传统校园院校的分类管理体制也在受到挑战。那些双重模式院校远程教育发达的国家（如美国和澳大利亚），远程教育和传统教育的区分正在变得越来越模糊、越来越不重要。

5.2.2.2 远程教育的管理机制

远程教育的管理机制是指政府对远程教育院校的行政管理机制，即政府直接主办和管理学校还是政府对实行自治的学校进行宏观管理。在世界各国，对于双重模式院校举办的远程教育，各国政府通常采取宏观管理的机制，即通过立法、规划、拨款等手段来进行宏观调控。因为双重模式院校原本都是由传统校园院校介入远程教育市场发展演变而成，这些传统校园院校本来就享有办学自主权。但是，对于独立设置的单一模式的远程教育院校，情形就不完全一样了。像英国等国的开放大学，大多是自治的远程教学大学，在财政，考核、学分认定和授予学位，课程设置，课程材料的设计和开发，以及课程发送和学生学习支助服务诸领域享有充分的自治权。我国政府对广播电视大学和高等教育自学考试则实行另一种行政管理机制，体现出政府直接主办和管理学校的特征。广播电视大学一直在努力争取从各级政府那里取得更多的办学自主权，争取办成享有高等教育法权利和义务的具有独立法人地位的自治的高等学校。我国高等教育自学考试和中等专业教育自学考试更是由各级政府直接主办和管理的。委托承办的主考学校或其他机构只是负责课程资源的建设和考试命题，整个自学考试的专业课程设置和组织实施均直接由各级政府中的自学考试委员会及其办公室主办和管理。

5.2.2.3 远程教育的立法

在世界远程教育的历史上，有一些知名的远程教育院校是由著名的政治活动家、政府领导人直接倡导建立的。比如英国前首相哈罗德·威尔逊和英国开放大学，我国的邓小平和中央广播电视大学。但是，各国都十分重视远程教育的立法，认为立法对规范和发展远程教育具有重大的意义。在西方发达国家，远程教育立法及远程教育院校法律地位的确立通常需要经历较长的准备、论证和立法程序。比如，英国开放大学从威尔逊 1963 年提出创建开放大学的倡议，到 1969 年英国国会通过皇家法令正式建立英国开放大学，共经历了 6 年时间。又经过了 2 年筹备，英国开放大学在 1971 年才开始招生开学。再如日本放送大学，早在 1967 年即在文部省有了"关于使用视频和音频广播于教育播出的模式问题"的咨询备案，1969 年通过答辩一致同意着手建立放送大学，其间经文部和邮政两省向内阁会议提出报告并进行长时间的可行性论证，终于在 1981 年以国会第 80 号法令《放送大学学园法》公布实施，前后经历了 12 年。又经过了 4 年筹备，日本放送大学在 1985 年才正式开学。与此相对比的是，发展中国家远程教育立法经历的时期通常较短。比如，泰国从 1978 年普密蓬国王亲自签署法令，批准成立素可泰·探玛提讧开放大学的议案，到 1980 年招生开学共用了 2 年时间。上述法令明确指出素可泰开放大学是泰国第 11 所国立大学，享有其他国立大学同等的自治权。

再如，巴基斯坦在 1974 年召开国民代表大会正式通过了关于建立人民开放大学的议案，1975 年即招生开学，1977 年改名为阿拉玛·伊克巴尔开放大学。

我国远程教育的立法有自己的特色。同其他社会生活领域一样，我国教育领域的立法和法治也表现出相对薄弱和滞后的问题。远程教育的立法和法治建设尤其如此，这主要表现在立法滞后、法治建设不健全。以我国广播电视高等教育为例。立法滞后表现为我国广播电视大学实行的是"先上马，后备鞍"，即先建校、招生、开学、授课，后制定各项法规制度和明确规范的设置标准。中央广播电视大学和大多数省级广播电视大学都是于1978年建立、1979年全国统一招生开学授课。而我国政府教育行政部门关于各级广播电视大学设置的第一部行政法规(《广播电视大学暂行规定》)是1988年制定并颁布试行的。此后，关于远程教育的立法工作又长期停滞不前。法治建设不健全还表现在我国远程教育的法规制度几乎全都是各级政府及其教育行政部门的行政法规和文件决定，还有众多的会议纪要等，至今尚无国家立法机关通过的有关远程教育的法律法令。此外，对我国高等教育法及其规定的高等学校办学自主权等条款是否适用于各级广播电视大学等问题也没有明确的有法律权力的解释。于是，我国广播电视大学在建设中存在两大难题：定位问题和投入问题。首先，我国远程教育立法的滞后以及有关行政法规文件中对远程教育体制、机制和设置诸方面内容的不明确、不配套和不完善，即定位不明确，给远程教育的法治和管理带来了困难。其次，我国广播电视大学建设初期存在的投入严重不足，以及各级政府对相应各级广播电视大学的财政拨款没有明确统一的户头和标准等问题，也从反面表明了远程教育立法和法治建设的薄弱及其带来的不利后果。

5.2.2.4　远程教育的财政

远程教育的财政，广义地说，就是远程教育的成本或费用的分担问题；狭义地说，专指国家财政(各级政府)如何承担远程教育的经费及其拨款机制问题。

国际远程教育界普遍认同：对于远程教育的费用，应该实行"谁受益、谁承担"的分摊准则。谁是远程教育的受益者呢？通常认为，远程教育的三个主要受益者是国家、社会和学生：

- 国家：远程教育承担着开发人力资源、培养各类人才、提高国民素质的职能，对经济建设和社会发展、对提高综合国力和国际竞争力都发挥了重要作用。因此，国家是最大的受益者，各级政府理应对远程教育增加投入，进行财政拨款。
- 社会：远程教育是一种人力资本投资，一种生产性投资，推动着社会经济发展，对国民收入的增长作出了越来越巨大的贡献。远程教育以其培养的人才，生产和传播的知识，推动科技和管理的进步，从而对社会各产业部门增加产出作出了直接或间接的贡献。因此，社会各相关产业和企业雇主是受益者，理应承担远程教育的部分费用。
- 学生：接受教育对学生本人而言也是一种投资，将会带来包括经济收益在内的各种回报。学生接受了远程教育，增长了知识才干，为其职业生涯注入了新的活力和资本。所以，学生也是受益者，也应该承担部分远程教育的成本。

至于远程教育的成本或费用在国家、社会和学生之间如何分摊，这在不同的国家，在同一个国家的不同地域和不同时期，在各类不同的远程教育院校和项目之间是很不相同的。

各国政府的财政拨款不仅在远程教育运行成本中所占比重不一，而且拨款的体制和机制也不相同。英国开放大学是同其他英国国立大学一起由英国政府设立的大学拨款委员会组织实施年度评估和拨款。英国与澳大利亚政府对开放与远程高等教育的财政拨款政策都与对传统高等教育的相似并相近，如英国开放大学经费开支的约 2/3 来自政府拨款，而仅约 1/3 来自学生交费，而澳大利亚对每个远程教育学生的政府财政拨款约等于对传统校园大学学生的 90%。日本放送大学的财政预算拨款，则由日本国库依据《放送大学学园法》规定执行。我国各级广播电视大学的财政拨款由相应各级政府的教育行政部门主管掌握，没有统一规范的标准。各地广播电视大学对各类学生的收费标准则每年由学校会同当地政府的物价部门商定。

5.2.3　远程教育院校行政管理

5.2.3.1　单一模式的远程教育院校

（1）自治的单一院校模式

自治的单一院校模式主要指独立函授院校（第一代）、自治的多种媒体教学的远程教学大学（第二代）和独立设置的网络大学或虚拟大学（第三代）。

依据 20 世纪 80 年代的不完全统计，独立函授院校在西欧、北美和苏联较多。苏联的独立函授院校大多数是面向全苏联的。它们在有关城市、边远地区、大型企业设立函授分院、分部、系或函授辅导站。与苏联其他普通高校一样，独立函授院校也实行院、系、教研室三级管理体制，全院实行院长负责制。各独立函授院校还是苏联或有关加盟共和国成人高等教育的教学中心和教学法研究中心。建于 1974 年的德国哈根的远程教学大学原是西欧一所著名的独立函授大学，由北威斯特伐利亚州政府高教部管辖，但面向全德国和国外招生。哈根远程教学大学的学校行政管理保持着德国大学的传统。大学主要设校、院两级结构，各学院相对独立，对教学和科研享有充分的自主权。

自治的多种媒体教学的远程教学大学是 20 世纪下半叶发展起来的远程教育的主流模式。各国开放大学和放送大学大多属于这一类。英国开放大学是这类学校的代表。学校在财政、考核和发证、课程设置和课程材料设计制作、课程材料的发送和学生学习支助服务诸领域享有充分的自治权。同时，它是一所大学，大学总部对全英国的地区办公室和学习中心实行垂直领导和直接行政管理。同英国传统大学相似，开放大学也采用双重决策机构模式：决策权由理事会和评议会分享（两院制）。理事会和评议会的决策活动主要通过众多的委员会、分委员会和工作小组实现。

（2）协作型多体结构的系统

协作型多体结构的系统，如加拿大哥伦比亚省的开放学习联合体（OLA：Open Learning Agency）和加拿大联邦学习共同体（COL）等。这类系统由多个机构协作提供远程教育，这些协作机构在行政管理上没有上下级层次关系。

（3）多层次结构的多体系统

我国广播电视大学系统和农业广播电视学校系统，以及法国国家远程教育中心（CNED）是这类多层次结构的多体系统的主要代表。关于我国广播电视大学系统和农业广播电视学校系统的组织结构和行政管理详细参见本书第 9 章9.5 节中"中国远程教育的系统结构和特点"的有关部分。

法国国家远程教育中心的前身是建于 1939 年的法国国家函授教育中心（CNEC），用于满足在战争中被迫出走的儿童的学习需要。在 20 世纪 80 年代启用现名，已经成为提供从基础教育、中等教育、职业技术教育和培训、成人教育直到大学教育和研究生教育的多层次、多学科的远程教育中心。法国国家远程教育中心向全世界开放，每年有来自 100 多个国家的 25 万左右学生注册学习。其中一个重要原因是：法国政府官员和在国外从事工商业的人员，尽管家庭不在法国境内，但都愿意让其子女进入法国国家远程教育中心接受完全的法国学校教育，这已经成了一种法国传统。1988 年，法国通过立法在教育部成立了大学远程教育常务委员会，法国国家远程教育中心主任和 9 个法国大学校长是该委员会成员。同年，另一项立法改组了法国国家远程教育中心的管理机构，成立了由工业、政界和大学的代表共同组成的管理委员会。法国国家远程教育中心的管理中枢设在法国首都巴黎的旺沃。同时，在全法国设立了 7 个地区学习中心。这些地区学习中心提供各类远程教育课程、具体组织远程教学和教务管理。

5.2.3.2 双重模式的远程教育院校

（1）综合一体化模式

远程教育的综合一体化双重院校模式主要指澳大利亚的校外教育。澳大利亚大学实行校内教育与校外教育一体化的体制，即对校园内学生和校园外远程教育学生同等对待，执行相同的教学计划和课程设置，学习同样的课程材料，接受同样的教师的教学和辅导，完成同样的作业，通过统一的考试，取得同样的学分和授予同样的学位证书，而且还欢迎校外生到校上课。两类学生交费一样，政府拨款也一样。这与澳大利亚的国情有关。澳大利亚相当一部分富人在农村，是占有大片土地和矿产资源的早期殖民者及其后裔，他们在澳大利亚创办远程教育之初就反对"城市中心论"，反对将校外教育另眼看待。澳大利亚的综合一体化模式或新英格兰模式对新西兰、赞比亚、斐济、牙买加和巴布亚新几内亚等国的远程高等教育有一定影响。

（2）分离型的双重院校模式

苏联和我国的大多数普通高校实行的是分离型的双重院校函授教育模式。在分离型的双重模式院校中，有关的学院和教学系部同时负责校园内全日制学生和校外函授学生的教学和考核，但教学计划、教材、教师、学分、学历证书等是不一样的，即它们是分离的。有专门设计的函授教育计划和函授教材。由专职的函授教师和在函授学生所在地聘请的兼职函授辅导教师承担函授学生的教学和辅导，同担任校园内全日制学生教学和辅导任务的传统专职教师分别管理。最后，考核、学分和学位证书也都是不同的。大学设立的函授教学部门也只是承担函授学生的学籍管理、教材制作与发送、函授分校以及函授工作站的教学教务管理工作等。自20世纪90年代下半期起，我国普通高校组织实施现代远程教育工程。许多重点普通高校建立了网络教育学院开展现代远程教育。从组织管理体制上分析，它们依然是分离型的双重院校模式。因为网络教育学院开设的网上课程仍然主要地依靠大学的各个学院和有关教学系部及其教师。我国普通高校的网络教育学院在未来是否会发展成相对独立、功能齐全的远程教育实体，即演变成下述独立型的双重院校模式，还有待时间的验证。

（3）独立型的双重院校模式

独立型的双重院校模式在学校行政管理体制上介于分离型的双重院校模式和独立设置的单一院校模式之间。像我国的中国人民大学函授学院、同济大学函授学院等。这些大学已经把函授教育独立出来成立了一个功能相对齐全的函授学院，拥有一支相对独立且比较成熟、有经验的函授教师队伍。由函授学院独立自主地组织实施从课程设置、学生注册、教学辅导、学籍管理到考核发证的完整的远程教育全过程和远程教学教务管理。大学相关的各学院和各教学系部可能在远程教育的课程设置规划、教学资源设计开发和某些教学辅导工作上与函授学院开展协作或合作。澳大利亚昆士兰大学探索的昆士兰模式其实就是这种独立型的双重院校模式，只是在澳大利亚的社会环境中没有成功。

5.2.3.3　多体合作的联合模式远程教育院校

多体合作的联合模式是指由许多相互独立自治的传统院校联合起来开展远程教育或培训。美国国家技术大学(NTU)、澳大利亚开放学习联合体(OLA:Open Learning Australia)以及非洲虚拟大学(AVU:African Virtual University)、英国网上工业大学(UfI:University for Industries)是这种模式的主要代表。

美国国家技术大学是由美国47所知名大学的工程技术学院和管理学院结盟开展研究生(硕士)层次的工程师继续教育的远程教育联合体。在这个多体联合结构中,各加盟大学之间是伙伴关系,没有层次关系。美国国家技术大学的最高权力和决策机构是校务会,它是由各加盟大学和参加国家技术大学卫星网的美国公司的代表们组成的。大学校长和全体教学和管理人员均由校务会委任。校务会还授权教师委员会和管理者委员会对大学教学政策和管理工作进行评议。美国国家技术大学的主要组织机构是主管学位教育的5个学院:计算机工程学院、计算机科学学院、电子工程学院、工程管理学院和工业系统工程学院。每个学院有3个常设的委员会:课程设置委员会、入学政策和学术标准委员会、人员督察委员会。委员会成员由有关大学学院的教师代表组成。此外,还有管理学生学籍、学校经营的规划开发部门和管理教学电视卫星通信网的电子通信部门。

澳大利亚开放学习联合体是澳大利亚在20世纪90年代探索实践的远程教育创新模式。它由澳大利亚传统大学联办,由设在莫纳西大学的一个自负盈亏的公司运作。澳大利亚开放学习联合体与澳大利亚国家电视广播网(ABC)签订合同并由后者播出教学电视节目。澳大利亚传统大学大多已加入了开放学习联合体,实现学生免试入学,课程、教材和学习资源共享,学业学分可灵活转换的体制。澳大利亚开放学习联合体设立了专门的课程设置和课程开发的学术委员会和专家委员会,委员会由加盟大学的教师代表组成。委员会对开设的学科专业课程设置进行论证和规划,对需要进行教育资源开发的课程进行招标、投标和审批委托建设。各个加盟的大学依据联合体制定的课程大纲进行中标课程的设计开发,开发成果经专业委员会审定后以澳大利亚开放学习联合体名义发送,全体加盟大学共享。联合体设立专门的财务管理部门。学生交费分两部分用途:一部分留在联合体作为总部运作管理费用和课程资源开发费用;另一部分依据注册学生数由加盟大学用于对学生的各项学习支助服务。

世界各地正在兴起的网络虚拟大学,至少其中有些属于多体协作模式。比如,非洲虚拟大学,其提供的课程大多来自其他院校。英国网上工业大学是英国政府建立的全国性教育机构。但它本身不是教育提供者，即并不是一所提供自己的课程、颁发自己的学位证书的自治的远程教学大学。英国网上工业大学是一种中介代理机构，它与英国的大学、工商界和其他教育组织以合作伙伴关系进行协作，运行一个完全网络在线的分布式学习系统。英国网上工业大学的主要功能兼有催化、促进、营造市场和中介代理的角色。

5.2.3.4　准模式的远程教育组织机构

（1）播课中心模式

这种模式的远程教育机构的主要功能是远程教育课程资源的开发与发送，并不负责对学生的注册管理、教学辅导以及考核发证等。如我国电视师范学院，其主要任务就是同高等教育出版社和人民教育出版社以及有关的普通高等学校（尤其是师范院校）和中等师范学校合作，组织相关教学人员制订中小学教师在职培训的教学计划、课程教学大纲，编写培训教材和制作卫星电视教学节目。其电视教学节目由中国教育电视台通过全国卫星电视网播出。我国广播电视燎原学校也主要是面向三农（农业、农民、农村）实行实用技能培训的远程教育播课中心。其他许多国家也有类似的专业（如农业、教师培训、卫生保健等）教育电视网络组织或公共广播电视机构中的教育广播和教育电视专用频道或专栏节目。这类远程教育播课中心模式的管理主要是对课程资源开发、发行和播送的管理，对远程学习者的组织管理比较松散，通常由各地依据具体环境自主进行。

（2）国家考试模式

许多国家设有国家考试机构和国家考试制度。我国高等教育自学考试和中等专业教育自学考试就是远程教育的国家考试模式，实行"学生自学，国家考试，社会助学"的开放学习体制。国务院批准在教育部设立了国家高等教育自学考试的国家指导委员会。在委员会下设 13 个专业委员会和 1 个考试研究委员会。指导委员会的日常工作由设在教育部的国家高等教育自学考试办公室负责。同时，在各省、自治区、直辖市相应设立了省级高等教育自学考试委员会和相应的办公室。国家和省级高等教育自学考试委员会和办公室的主要工作任务是分别负责全国和本地区高等教育自学考试的决策、规划、协调和对质量的控制。在各地（市）、县也设立了相关的工作委员会、工作组和办公室，负责高等教育自学考试工作的组织和管理。对每个特定的学科专业，高等教育自学考试国家指导委员会在设有相关学科专业的知名普通高校中选择并任命主考学校。主考学校的职责是确定考试标准，负责考试命题，组织试卷的批改和学分授予工作，以及各学科专业的实验实习、社会调查等实践性教学环节的组织实施。此外，主考学校将同高等教育自学考试的省级指导委员会共同盖章签发毕业文凭。

（3）校外学位模式

伦敦大学的校外学位制度代表了远程高等教育历史上最悠久的一种运行和管理体制，即大学只负责考试、学分认定和授予学位，而不负责课程资源的开发发送以及学生的教学辅导和管理。

5.3 远程教育教学管理

5.3.1 远程教育教学管理概述

远程教育教学管理是指对远程教育的教学活动的管理。本书一贯强调远程教学的两大功能：以课程为核心的教育资源的开发与发送，以及包括双向通信交互在内的对学生远程学习的各类学习支助服务。所以，远程教育的教学管理的主要功能也可以分为两大部分：对课程教育资源开发与发送的管理，以及对学生学习支助服务（包括师生双向通信交互）的管理。

5.3.2 课程设置和课程资源开发管理

在传统院校中，课程的教学通常是由主讲教师依据自己的经验来组织安排。在远程教育中，情况就复杂得多。这里主要论述在远程教育课程设置和课程开发阶段前后相继的三类教学管理：对教学计划和课程设置的管理，对教育资源配置的规划和管理，以及对各门课程开发的管理。

5.3.2.1 教学计划和课程设置的管理

这里主要讨论对远程教育教学计划和课程设置的管理以及由于远程教育课程设置的创新、开放性和灵活性带来的管理上的特点。

在许多发展中国家，远程教育承担了培养国家和社会经济建设急需的各类高级专业人才的任务。对于攻读特定专业、特定学历证书或学位的学生，许多远程教育院校依然执行统一的固定的教学计划和课程设置的管理办法。

西方发达国家倾向于实行有较多自由度的个性化的教学计划和课程设置管理。日本放送大学提供的教养学学士学位教学计划和课程设置的管理是如此，英国开放大学提供的大学学位教育和美国国家技术大学提供的硕士研究生层次的工程师继续教育的教学计划和课程设置的管理也是如此。

我国广播电视大学在教学计划和课程设置的设计和管理上经历了许多演变，逐渐形成了一套有中国特色的远程教育教学计划和课程设置的设计和管理体制，即中国电大的高等学历教育实行"统筹规划、分级办学、分级管理"的体制。长期以来实行的中央电大面向全国统设统招的高等学历教育实行"统一计划，三级开课，分级管理"的体制。统一计划是指我国电大系统形成了三类教学计划的管理体制：中央电大在全国统一开设高等专科学历教育，统一制订指导性科类教学计划（或参考性专业教学计划），省级电大制订实施性专业教学计划，而基层电大则制订专业课程设置与教学环节的操作性教学计划。三级开课是指按教学计划的规定，由中央电大、地方电大（主要指省级电大和地市电大分校）和基层办学单位分工开设课程的体制。中央电大开设不少于总学分 60% 的课程，大多是全国通用的基础课程和专业主干课程，地方电大开设不超过总学分 40% 的适应本地需要的部分专业主干课程和专业课程，基层办学单位则开设少数适应本土本单位系统的专业实践课程。分级管理是指各级电大根据教育行政管理部门和上级电大制定的规章制度和批准的实施细则进行教学管理。省级电大具有独立开设参加统招（指参加全国高等教育统一入学考试）的高等专科教育的自主权。上述体制是适应我国电大这样一种全国性的多层次的远程教育系统的创新，它适应了我国人口众多、地域辽阔和地区社会经济和文化教育发展不平衡的国情，是一种能发挥中央和地方两个积极性的体制。这一体制既能发挥系统的整体优势从而保证教育目标的实现和基本的教学质量，又能满足各地社会和学生的不同的教育和学习需求。历史证明，这一创新在实践中是可行的，在理论上是有中国特色的。从 20 世纪 90 年代末起组织实施的开放教育项目则实行了管理体制的创新，即实行中央电大与重点高校联合办学、中央电大计算机网络直接施行学籍管理、各级地方电大组织教学并协助管理的体制。

5.3.2.2　教育资源配置的规划和管理

远程教育建立在电子信息通信技术基础上，所以，对于远程教育资源、特别是远程媒体教学资源及其配置的规划和管理是远程教学管理的重要内容。对远程媒体教学资源的管理可以划分为资源规划和资源配置两部分：

- 媒体教学的资源规划：拥有资源是开展媒体教学的物质基础和前提条件。资源规划管理包括以下内容：系统拥有的教学媒体种类和数量；系统生产和发送有关媒体课程材料的能力；学生实际可能获得的媒体种类和相关的课程材料的数量等。
- 媒体教学的资源配置：依据各科课程的学科性质和教学目标，经过一定的论证和审批程序，确定各门课程使用媒体教学资源的种类和数量。将系统所掌握的媒体教学资源做出优化的分配方案。这是各科课程媒体教学资源的总体配置，是进行各门课程具体设计开发的基础。

5.3.2.3 课程开发管理

(1)课程创作的组织与管理

课程创作是课程开发中最重要的。整个远程教学系统的设计开发以课程设计开发为核心和基础。于是，对课程创作的组织与管理也就显得十分重要。多种媒体教材设计工作的前提(依据)是课程教学大纲。在远程教育中，课程教学大纲应对课程的多种媒体教学、资源建设和学习支助服务作出原则规定。教学大纲经大纲审定委员会审定公布生效。各课程创作组或课程开发筹备小组在提交课程开发申请报告和学校资源分配委员会在对媒体资源进行总体分配时，都应以有关课程的教学大纲为依据。在制定并审定课程教学大纲的基础上，课程创作的主要程序如下：

- 组成课程创作组。
- 召开课程创作组会议，作出人员分工，并明确工作进度和合作活动方式。
- 讨论课程使用的多种媒体之间的教学分工和配合方式，制订、提交并审批通过课程多种媒体教学一体化设计方案。
- 按课程多种媒体教学一体化设计方案总要求分工合作进行各种媒体课程材料的教学设计创作。
- 定期讨论，协调多种媒体教学设计中的关系问题。
- 按进度要求完成课程多种媒体教学材料的设计创作任务。

在课程创作组内部，课程组组长以及秘书(或协调员)应该负责课程创作的组织协调和日常管理工作。远程教育院校应设立专门的教学管理部门(如教务处或教材处)负责对各门课程的课程创作和教学设计进度进行督察和管理。

课程创作中的试用评估是指在课程设计创作阶段对印刷教材样章、视听教材样片、计算机课件样品或网络教学资源样本进行形成性评估。并将试用评估的结果及时反馈给课程创作组有关成员，改进和完善课程资源的设计创作。

(2)课程材料的制作与管理

课程资源的生产制作是指在通过专家评审和试用评估、反馈修改后，多种媒体课程材料的创作原型(原稿、母带、母盘等)最后通过终审，依据教育市场需求进入批量生产和制作。课程资源的生产制作通常有两种方式：由远程教育院校或系统内部自建的印刷厂或生产制作中心承担，或者订立合同委托远程教育院校或系统外的相关生产制作单位承担。远程教育课程资源的生产制作批量通常既要考虑远程教育院校或系统自身的需要，也要顾及社会教育市场上的需求。多种媒体课程材料生产制作的另一个值得关注的问题是：将课程材料分为相对固定和随时革新两部分。

（3）课程的发送与管理

远程教育院校或系统解决教育资源的传输发送主要有两种方式：院校或系统内部发送的方式和依靠社会公共发送系统的方式。两种不同的课程发送方式要求有不同的管理体制。

采取内部发送方式的远程教育院校或系统，通常要建立自己的传输发送多种媒体课程材料的基础设施。进入网络教育时代以来，远程教育院校或系统都在加快建设各自的局域网和校园网，并在此基础上建设广域网或接入互联网。

采取依靠社会公共发送方式的远程教育院校或系统，通常通过由政府安排或订立合同的方式依托社会相关的组织机构完成其教育资源的传输和发送。比如，英国开放大学就将多种媒体课程材料打包[称为教学包或学习包（Learning Package）]后交由公共邮政系统发送。许多远程教学大学都是通过政府安排、由国家电台和国家电视台负责播送广播电视教学节目。美国大学的远程教育节目通常是通过与商业广播电视公司签约取得节目播出权的。随着电子信息通信技术的发展，远程教育课程资源的传输发送还将有更大的革新前景。特别是以互联网为主要代表的计算机网络、无线移动通信网络和其他电子通信网络的发展更是日新月异。在各国国家信息基础设施和全球信息基础设施建设的基础上，第二代和第三代互联网的发展以及联通所有教室、办公室和家庭，宽带高速，提供职能化多媒体和个性化综合服务的信息高速公路的最终建成，将为远程教育带来无限的生机和活力。

远程教育的教育资源的传输发送应该同教育资源的接收同时予以关注，这是远程教育课程发送管理中的又一个重大课题。比如在中国，教学电视节目的接收，有的是通过安装特定的卫星电视接收天线直接接收卫星电视信号，有的是直接用电视机接收当地电视台转播的教学电视节目，还有的通过有线电视网接入服务接收教学电视节目。在有些地区，就仍然接收不到所需要的卫星电视教学节目。从2000年起，中国教育电视台进行了卫星电视数字化改造，变C波段的模拟电视为Ku波段的数字电视，同时转播数据流和VBI信息。各接收点只需安装半米左右半径的天线并加装特定的机顶盒，原本的模拟电视接收机就可以直接接收到数字卫星电视教学节目。此外，还可以接收IP数据广播和VBI信息广播。但是，接收设备的生产和改造需要投资和时日。计算机网络的建设和计算机网络用户的增加尽管速度很快，但至今依然是少数人的特权。无论在发达国家和发展中国家之间，还是在各国内部，数字鸿沟不是在缩小，而是在扩大。

（4）课程的维护、评估、更新与管理

课程评估和更新是整个远程教育课程资源开发管理的重要环节，也是远程教育课程设置得以维持和革新的基础。在这里，课程评估应包括形成性评估和总结性评估两类。本书第 6 章将集中讨论远程教育评估的基本概念、理论和方法，以及远程教育评估研究的主要成果。

（5）我国电大对课程创作开发及教学组织实施的管理

在我国电大开放与远程教育 30 年的发展历程中，逐渐形成了与全国多级办学体制适应的独具特色的课程创作开发及教学组织实施管理体制。主要内容是由中央电大在教育部批准的专业教学计划和课程教学大纲的基础上制订课程多种媒体教学一体化设计方案，即多种媒体课程学习材料一体化设计方案，以及课程教学实施指导方案。随后由地方电大制定相应的适合本地情况的课程教学施行细则。全国电大统设课程的创作开发和教学组织实施就通过以上一系列文件制定的规范来管理，以保证教学质量。

5.3.3　学生学习支助服务管理

远程教与学的全过程原则上应包括远程教学和远程学习的全过程。这里重点讨论的是包括师生双向通信交互在内的各类学生学习支助服务的建设和管理。

5.3.3.1　学生学习支助服务体系的建设和管理

在本书第 4 章第 3 节的论述中指出：为开展和提供包括师生双向通信交流在内的学生学习支助服务，必须建立并不断完善学生学习支助服务体系和师生双向通信机制的基础设施建设。在远程教育的地区和基层学生学习支助服务及其信息基础设施建设上，通常有三种管理体制：

①当地学习中心或社区中心，它们通常依据学习者的地域分布进行建设，由远程教育院校的中央校本部统一组织和管理（直接或分级）。远程教学院校在全国或它提供学习支助服务的地区整体规划、建设社区学习中心体系，方便以家庭为主要学习基地的学生自愿地、灵活地就近获得各类个别化、个性化的学习支助服务。

②当地教学站、教学点或教学班，它们通常由当地组织和单位（可以是当地教育院校或机构）建设，接受远程教育院校的中央校本部及其地区机构、或者当地远程教育院校的指导和管理。这些远程教学站点通过招生、注册和组织

远程教学班组对远程学生集体进行远程教学和管理。

③当地教育院校或机构，它们通常自行组织和管理学生的教学，与提供远程教育课程的远程教育院校中央校本部可以发生、也可以不发生组织和管理关系。

如上所述，社区学习中心的模式适应了为远程学生提供个别化、个性化学习支助服务的需要，是目前国际远程教育界的主流模式，也代表了未来的发展方向。对社区学习中心有两种管理体制：①远程教学院校总部直接管理各地学习中心；②远程教学院校总部直接管理地区办公室（地区中心），再由地区办公室（地区中心）管理学习中心。在地区办公室（或地区中心）和学习中心两层次结构中，地区办公室（地区中心）主要是一个学校总部派出的管理机构和执行机构，兼有行政管理和教学功能的双重职责。其主要管理职能是：

- 招聘和监督课程辅导教师和学生咨询顾问；
- 给辅导教师分配所辅导的学生；
- 安排学习中心的工作和活动；
- 依据学校总部的计划组织安排教学辅导；
- 依据学校总部规定在本地区范围组织考试、颁发证书、举办暑期学校和典礼等；
- 承担直接对学生的咨询业务；
- 保存学生和辅导教师、学生顾问的学籍档案和业务记录。

而学习中心主要是一个提供各类学生学习支助服务的基层教学基地。

5.3.3.2　远程教与学过程与学生学习支助服务的管理

对学生学习支助服务最宽泛的一种界定是将远程学生在远程学习时接收到的各种信息的、资源的、人员的和设施的支助服务的总和（包括师生间的人际交流和基于技术媒体的双向通信交互以及实践性教学环节和对学生的平时作业批改和检测评价），同对学生的课程注册、学籍管理、学分认定和学位证书颁发以及财政资助等行政管理服务都包括在内（可以称之为学生支助服务）。这里将对远程教与学和学生学习支助服务的管理进行补充讨论。

（1）学生注册与选课管理

远程教学系统在学科专业课程设置、学生注册和选课管理上通常表现出比传统教育更多的开放性和灵活性。学校制定相应的选课规则对学生选课进行指导和管理。学生注册也从统一的学期管理体制走向个别化的课程注册管理体制。学生可以依据自己的工作生活安排和学习进度注册学习若干课程。在阿萨巴斯卡大学，学生可以在一年中的任意一天开始注册学习。如今，世界各国远程教育的学生注册和选课都实行了计算机管理。进入网络时代以后，远程教育系统开始应用计算机网络实现学生注册交费和选课管理。

（2）平时作业与检测管理

在远程教育中，平时作业与检测既是远程教学和远程学习全过程的一个重要环节，也是对远程教与学的一种形成性评估。此外，平时作业与检测还是实现师生教与学双向交流和沟通、对学生的个别化学习进行有针对性的帮助和指导的有效手段。最初，远程教育中的平时作业与检测通常是通过学生和指定的课程辅导教师之间的手写函件往返实现的。在我国，远程教育通常仍然是以班组为单位组织进行的。平时作业与检测和定期面授辅导结合在一起。课程辅导教师在班组面授教学时布置和收缴平时作业，进行批改和讲评，并组织单元检测。大量研究表明：学生平时作业和检测的教学设计，及时提交（作业提交频率）和及时返还（作业批改周期），个别批改及批改质量，平时作业和检测同课程考试的相关程度等，对于实现远程教育的教学目标和保证适当的远程教与学的进度、激励学生的学习动机和强化自主学习的信心、顺利完成学业具有重要的意义。在远程教育中，学生平时作业与检测的成绩通常都以一定比例计入课程学习成绩的总分；而且，不完成作业或平时作业与检测成绩很差的学生将不允许参加课程考试。因此，世界各国都十分重视对平时作业和检测的管理，设立有专职部门来管理。在许多远程教育系统，由管理部门负责收缴学生的平时作业和检测，登记后及时分发给有关的辅导教师。辅导教师批改后的每一份作业通过管理部门登记后发还给学生。管理部门负责对辅导教师的作业批改及其质量进行监督检查。

进入计算机时代以后，除了辅导教师批改的作业，还增加了计算机阅卷的学生作业和检测。而进入网络时代以来，包括电子邮件在内的基于计算机网络的双向通信对远程教育中学生平时作业和检测及其管理的冲击越来越大。计算机网络大大缩短了作业提交、批改和返还的周期、提高了远程教与学的效率，并且使得师生之间和学习者之间的双向交流变得更加畅通和便捷。但是，随着师生间双向通信和交互的加强，为了实现个别化和个性化的教学目标，辅导教师和课程主持教师的教学工作量和工作压力开始增长，对平时作业和检测的管理和监督也带来了新的课题。为了推进计算机网络技术对远程教育中的平时作业和检测带来的挑战和变革，开发基于计算机网络的智能化的平时作业和检测的批改系统和管理系统，同时开发基于计算机网络的学生咨询答疑系统将有助于进一步改进和完善网络环境下远程教学和远程学习。

（3）考试、学分认定及学籍管理

在远程教育中，无论对院校、教师还是学生，考试都是对特定课程的远程教与学全过程的一种总结性评估，其本身也是远程教与学的一个重要环节。通过课程考试，不仅检查了学生的远程学习成绩，检查了教师的远程教学效果，而且检验了远程教育教学系统的设计和运行质量。对各国远程教育和传统教育的比较研究和统计表明，远程教育的教学对象在入学之初总体学历水平较传统教育学生低，而且差异程度大。这主要是由远程教育的开放性宗旨决定的：将更多的受教育机会提供给各类教育对象、包括社会上的各种弱势人群，以期实现全民终身教育和终身学习。这同传统教育院校、尤其是重点名牌大学严格筛选的精英入学政策直接相对。于是，就有通常所说的远程教育实行宽进严出的学籍管理政策，即所谓的进门槛低，出门槛高，以此来保证远程教育的质量控制。宽进，就是实行开放的入学政策，进门槛低或者不设门槛。严出就是出门槛高，即取得课程学分和毕业证书、文凭和学位要达到严格规范的统一标准。为此，考试和学分认定，包括课程考试、实践性教学环节的考核和毕业论文（作业）的审查答辩成为远程教育中人才培养规格和质量的出口检验关。因此，考试构成了远程教育质量控制和管理的一个重要环节。所以，各国远程教育院校都制定了相应的考试规程和考试管理规范来控制、管理和保证远程教育考试的质量。

在远程教育中学生分布比较分散，地域广、不集中、不均匀，如何组织和管理考试是远程教育面临的另一个重大课题。世界各国的远程学习主要有基于家庭的个别化学习和基于班组的集体学习两种模式。对于基于家庭的个别化学习模式，通常采用分散考点、个别化考试的组织和管理方式。在许多远程教育系统中，当地学习中心和社区中心不仅在学生学习支助服务上、同样在远程教育的考试上发挥着重要的基层管理组织和运作基地的作用。当然，也有使用函件或电子邮件由远程教育院校及其代表课程教师直接面对学生个人组织实施考试的管理体制。在这种管理体制中，由当地被政府和社会认可的公证人在现场控制和监督，从而保证远程教育考试的真实、可靠和信誉。对于基于班组的集体学习模式，考试的组织和管理比较容易规范和统一。计算机网络技术出现后，世界各国的远程教育院校都在积极探索开发和应用基于网络环境的远程教育考试和管理系统，以及基于计算机网络的学分认定和学籍管理系统。

在远程教育中，考试管理的另一个重要职能是组织进行考试试卷试题和学生成绩分析，并以此反馈给远程教与学系统，从而改进学生的远程学习、教师的远程教学和远程教育院校的系统规划、决策和管理。如今，世界各国已经研制开发并在远程教育中应用基于计算机网络的考试分析、反馈和查询系统，为远程教育院校的决策者、管理者、教学人员和学习者提供高效便捷的考试、学分认定和学籍管理诸方面的信息，从而为改进远程教与学、提高远程教育的效率和质量发挥着积极的作用。

(4)实践性教学环节管理

实践性教学的组织和管理被认为是远程教育中的薄弱环节，始终受到国际远程教育实践工作者和理论研究者的关注。不仅理工类、而且工商经济类和社会科学文法类学科专业的课程设置中都有相应的实践性教学环节。这类实践性教学环节主要包括各种课程实验、课程设计、大作业、野外考察、现场操作、社会调查、生产实习、教学实习、模拟实验、模拟系统和虚拟现实教学项目等。在专业教学计划中，通常将实践性教学环节分为课程内、课程外和毕业综合三类进行规范管理。课程内实践性教学环节是指与特定课程联系的，在该课程的教学大纲和教学内容中有明确的目标要求的规定，是取得该课程学分必修的。课程实验、课程设计、课程大作业和某些课程模拟实验、课程模拟系统训练就是典型的课程内实践性教学环节。课程外实践性教学环节是指并不隶属于特定课程，而是所修学科专业必修的实践性教学项目训练，这是取得专业课程外学分、最终获得毕业资格必需的。野外考察、现场操作、社会调查、生产实习、教学实习、跨科目的大作业、模拟实验、模拟系统和虚拟现实教学项目等就是课程外实践性教学环节。毕业作业、毕业论文或毕业调查等综合性训练考核也属于实践性教学，这是取得专业学习总学分、获得毕业资格必需的。

在远程教育中，师生在时空上的相对分离和学生地域分布的分散给实践性教学环节的组织实施和管理带来了很大的困难。但是，由于成人在职学习、继续学习和终身学习与学习者工作和生活的紧密联系，远程学习者通常能得到的工作单位、当地社区及家庭朋友的支持和帮助对组织实施和管理实践性教学环节带来了便利。从管理体制上，同样可以区分出以当地学习中心或社区中心和家庭为基地的个别化教学和管理模式，以及以班组为基层单位的集体教学和管理模式。比如，家庭实验箱起初是英国开放大学为以家庭为基地的个别化远程学习设计开发的。后来，中国广播电视大学发现实验箱同样可以被班组学习的学生集体教学使用。在许多国家的远程教育系统，为了组织实施实践性教学环节，在当地教育院校、相关的公司或研究机构建立各类实践性教学实验或实习基地。夜校、周末学校、短期住宿学校或暑期学校就是在这类实验或实习基地组织实施实践性教学环节的常见方式。可以由远程教育系统自己，或者委托教学实验或实习基地所在单位依据统一规范和标准来组织实施和管理相关的实践性教学环节。实践性教学环节的质量通常同远程教育系统各级机构及其人员的重视程度、当地教学实验或实习基地的设施和条件、实践性教学环节的教学和管理人员的素质和责任心以及远程学习者的努力等有很大的关系。在远程教育中，实践性教学环节的管理和质量，在国家和院校之间，在同一个系统的地区之间，可能有较大差异。在远程教育实践性教学环节的管理体制中建立并完善检查、监督和验收机制，是强化管理、提高质量的有效手段。

5.4　远程教育教师的专业发展与管理

在远程教育中，有两类重要的人员管理：学生管理和教师管理。对学生的管理离不开远程教学全过程及相关的教学管理。所以，在上一节论述"学生学习支助服务管理"时已经将对学生的管理包括进去了。本节将集中讨论远程教育教师的专业发展与管理。

在远程教与学中，确立了以学生为中心的地位，强调对学习资源和学习过程的设计和开发，然而，教师的地位和作用不是削弱了，而是加强了，并实现了角色和职能的变换。本节就是在对远程教育教师角色和职能进行探讨的基础上论述远程教育教师专业发展及相应的管理。

5.4.1　远程教育教师：角色、职责和素质

本书前面几章论述远程教学三要素时，强调了从传统教学的学生、教师和教材到远程教学的学习者、助学者和教育资源的扩展和重组。这里，进一步探讨远程教育教师的角色和职责的转换，以及这种转换对远程教育教师提出的新的素质要求。

远程教育教师角色的最大变换就是从传统教育中的讲授者、教导者和权威的角色转变成了远程教育中的教学设计者、学习辅导者和朋友的角色，简言之，变成了助学者。首先，教师不再是经常出现在课堂讲台上的讲授者，而是为学习者创设学习环境、开发学习资源、提供学习服务的教学设计者；其次，教师也不再是既定的完备的学科知识体系的教导者和演绎者，而是作为学习者自主学习和求知探索的辅导者和导学者；再次，教师不再是神圣不可侵犯的学术权威，而是学习者终身学习历程中可以信赖和求助的朋友。总之，远程教育教师不再扮演远程教学中心和主导的角色，不再对远程学习者实行预设的严格的控制；而是隐退到了自己设计开发的教学系统和教育资源的背后，让基于技术媒体的课程材料等教育资源占有了远程学习的前台环境，促成和激励远程学习者成为远程学习舞台的中心和主角，而自己则变成远程学习者利用学习资源进行自主学习过程中的助学者。同时，远程教育教师通常还要承担相关课程的

主持人、协调者或管理者的角色。

　　远程教育教师实现了向助学者的角色转换，这并不意味着教师职责的削弱和降低，相反，它要求远程教育教师职责的相应变换和加强。远程教育教师的主要职责就是要实现远程教学的两大功能。首先，远程教育的核心是远程学习，而远程学习以学生基于资源的自主学习为主。但是，学习资源和学习过程的设计和开发是依靠教师而不是学生实现的。当然，远程教育教师不应该将自己置于对学习资源和学习过程的主导和主控的地位，而应该设计开发以学生为中心的远程教学系统，设计开发出由学生自主学习、自治和自控的学习资源和学习过程。就远程教学系统的开发、以课程为核心的教育资源的设计创作而言，远程教育教师的职责相对于传统教育教师需要有相应的变换和加强。这不只是因为传统教育教师面对的通常只是一个班级的学生，且学生之间相对整齐同质；而远程教育教师通常面对数量巨大的远程学习者，且学习者之间差异常常很大。传统教育教师通常是个体劳动，或是在一个规模较小的课程组或教研组中活动，设计创作的大多是自己使用的讲义和教案。而远程教育教师通常要与合作院校、合作机构(如广播电视机构和信息技术公司)的各类专业人员联合组成课程组共同开发基于各种信息技术的多种媒体的教育资源。其次，基于技术媒体资源的远程学生的自主学习需要由远程教育院校及其代表(主要的就是远程教育教师)提供的各类学生学习支助服务来加以提高和强化。为此，远程教育教师需要设计和开发各类有利于学生学习的支助服务和人际交互及基于技术媒体的双向通信交互活动。就为远程学生提供学习支助服务而言，远程教育教师的职责相对于传统教育教师也需要有相应的变换和加强。传统教育教师对学生学习的支助服务通常在校园内、特别是在课堂上人际面授交流中实现的。而在远程教育中，教师实现对学生提供学习支助服务要复杂和困难得多。远程教育教师的职责是依据学生的特点、课程的性质和教学目标设计构建适当的学习支助服务基础设施和双向通信机制，并使之有效地运行。这就是说，远程教学系统的设计和开发，课程材料的创作、设计和发送，以及学生学习支助服务体系的构建及其组织实施，这些都依然是远程教育教师的使命和职责；而且，具有与以教师为中心，或者以教师为主导、以学生为主体的传统校园面授教育不同的特点。此外，远程教育教师还应该承担与课程主持人、协调者或管理者相应的教学管理职责。

　　远程教育教师的角色和职责变换对远程教育教师的知识结构、素质和能力以及创新精神提出了新的更高的要求。概括而言，远程教育教师应该具备以下7种维度的知识结构、基本素质和能力：

（1）学科——远程教育教师首先应该是学术人员、某个学科领域的专家。教师对其所属学科的理论体系和知识技能应该有较强的专业基础，对所属学科专业的研究前沿及其最新成果应该有较好的了解，应该经常活跃在所属学科专业的相关学术活动中。

（2）教学——远程教育教师首先应是一名教师，必须具备面对学生进行教学的实践经验，包括课堂面授教学的亲身经历。应该通过第一手的教学实践和经验积累，对教学过程的基本要素，对学生学习、教师教学、教学目标、教学内容、教学方法、教学手段及其相互关系，以及教学设计和教学评价等有较深入的了解和把握。

（3）远程教学——远程教育教师同时应该具备开展基于信息技术和媒体的远程教学的基础知识、技能和实践经验。远程教育教师应该掌握远程教育的基本理论，成为远程教育课程设置和教学资源建设的专家，成为设计、开发和提供学生学习支助服务的专家，成为应用基于技术媒体的双向通信指导和帮助远程学生学习的助学者和朋友。

（4）信息技术和教育技术——远程教育教师必须掌握相关的信息技术和教育技术，适应信息技术日新月异的发展和革新，了解并应用教育技术、尤其是教学设计的最新发展成果，才能胜任开展高质量、高效益的远程教育的使命，特别是在网络教育时代。

（5）研究和评估——远程教育教师在教学的同时应该进行相关的学术研究。首先，应开展所属学科的学术研究，承担项目，发表成果。同时，应开展应用信息技术和教育技术进行远程教学的研究，包括远程教育资源设计开发的研究、学生学习支助服务的研究和远程教育教学改革的研究等。应对自己参与的远程教育教学改革和实践活动开展有效的评估，取得反馈，指导和改进工作。

（6）开拓和创新——远程教育教师应该具备开拓和创新的能力。远程教育是一种新兴的教育形态，而且处于不断的革新和发展之中。远程教育教师应该在自己的实践中，善于学习、善于研究、善于总结，勇于开拓、勇于创新，积极探索远程教育新的教学模式和学习模式。

（7）管理——远程教育教师同时承担着对课程和学生进行教学管理的职能。在远程教育中，对课程开发和发送、维护和更新的管理，以及对远程学生的学习活动的组织和学习支助服务的管理，都同传统校园面授教育中对课程和学生的管理有不同的特点。比较而言，远程教育教师的管理目标、内容和方式改变了，难度增加了，职能加强了。

从以上对远程教育教师应该具备的 7 种维度的知识结构、基本素质和能力的分析可知：远程教育教师既应具备传统教育教师原本应有的素质要求，还要具备许多新增的或加强的素质要求。总之，远程教育教师应该是一名称职的传统面授教师，然而，传统面授教师未必能成为一名称职的远程教育教师。于是，远程教育教师的专业发展和培训便成为开展远程教育的一项基础工程。

5.4.2 远程教育教师专业发展和培训

上面对远程教育教师的角色、职责和素质的讨论揭示：远程教育教师的专业发展和培训成为实现高质量的远程教学的必要条件，成为远程教育院校的一项重要任务。

远程教育教师专业发展和培训的总的目标是成为两科专家，即所属专业的学科专家和远程教育的学科专家。成为所属专业的学科专家是开展相关学科专业领域的课程设置、课程资源建设和远程教学的学术基础条件。远程教育教师同时应该努力使自己成为远程教育的学科专家，并不是要求个个成为远程教育的学科理论专家，而是要努力成为熟悉和精通远程教学和远程学习实践的教育专家。为此，除了重视所属学科的专业发展和培训外，同时应该注重远程教育教师的信息技术和教育技术的专业发展和培训。本书(参见第 2 章)已经指出，信息技术和教育技术都已经发展成为独立的专业学科。对远程教育教师组织实施与他(她)们业务相关的信息技术和教育技术专业发展和培训是开展高质量的远程教育人员的技术基础条件。与此同时，还应该对远程教育教师开展教育研究、教育评估和教育管理等领域的专业发展和培训。

远程教育教师的专业发展和培训可以通过多种渠道实施。首先，通过远程教育教师的工作实践进行，边工作、边学习。远程教育教师在远程教学中，在参加远程教育课程资源建设、多种媒体课程材料设计创作和对学生提供学习支助服务中学习远程教育的基本概念和基本理论，学习相应的信息技术和教育技术。同样，远程教育建设也可以通过参加学科专业或远程教育的研究课题、参加远程教育教学改革项目、参加各类远程教育教学评估的实践进行学习、求得发展。其次，应该组织对教师的在职继续教育和培训，这是远程教育教师专业发展的切实可行而且卓有成效的方式。各类短期课程学习，各种讲习班和专题报告会，多种形式的项目课题培训，旨在提高英语、计算机技术和教学设计技能的短训班等，直到接受在职学历教育和攻读学位，只要针对性强且精心设计组织，都会收到预期的效果。世界上已有许多国家的大学，包括远程教学大学已经开设大学层次和研究生层次的远程教育专业的学位课程。这类课程大多招收远程学习的学生，适合成人在职学习。一些大学正在合作提供跨国学习远程教育专业课程的机会。创造条件、提倡和鼓励远程教育教师更多地参加各种学术交流活动、包括国内外各类学术会议是远程教育教师专业发展和培训的又一种高效形式。应该要求参加学术会议和交流活动的远程教育教师撰写论文、发表研究成果、积极参加研讨和努力开拓更多更广的学术交流和合作的领域和模式。许多国际组织和基金会出资支助更多的女性远程教育教师和其他远程教育工作者参加此类国际学术会议。如今，国内外已经有越来越多的以远程教育教师专业发展和培训为目标的双向视频会议和计算机会议在组织实施之中。再次，离职学习深造和接受集中培训仍然是远程教育教师专业发展和培训的一种补充方式，尤其对于重点学科领域、关键技术和课题、骨干人才等是必要和值得的，对于远程教育事业是有重大推动作用的。

进入网络教育时代以来，以计算机多媒体和互联网为核心的信息通信技术的学习、网络教学平台的熟悉与使用以及网络课程的设计开发和对在线学习学生的双向通信交流指导与网上学习支助服务，是远程教育教师继续教育和专业化发展的新任务和新内容。在这些领域，远程教育教师与传统学校教师几乎处于同一起跑线上，他们不可能回归校园重新学习，主要依靠在职学习和短期集中培训，更重要地是在探索中边实践、边提高。

5.4.3 远程教育教师管理与评价

在世界各国，远程教育教师队伍通常由两部分组成：远程教学院校在编的专职教师和外聘的兼职教师。不同类型的远程教育教师有不同的职能、不同的管理体制。

大多数国家的远程教学大学依然保持了传统大学的院（学院）系（教学系部）结构。远程教育专职教师大多集中在大学的院系结构中，担任教学和相应的教学管理职责。与传统大学的教学基层组织是相对固定不变的教研组或教研室的设置不同，远程教学大学的教学基层组织通常是设置相对灵活可变的课程组。课程组的设置随课程的确认、创作设计、开发制作、发送和维护、评估和更新的周期而变化。课程组在创作和开发时期集中了较多的教师和教育技术人员，在发送和维护时期只需较少的人员值守。远程教育专职教师参加与自己所属学科专业课程相关的课程组，待该特定课程的资源建设开发就绪后转移到其他课程组或其他工作岗位，具有一定的灵活性和流动性。远程教育专职教师的主要职责是远程教育课程资源的创作设计和开发，学习支助服务系统的设计开发和运行，作为责任教师主持正在发送的课程，指导课程兼职教师并直接面对远程学生提供学习支助服务。

远程教育院校或系统通常聘任大量兼职教师，主要是在远程学生所在地聘任当地教育院校、研究院所和相关企业公司的有关学科的教师、学术研究人员或专业技术人员担任相关课程的兼职辅导教师。这些兼职辅导教师主要在当地学习中心(社区中心)或教学点(教学班)承担课程面授辅导和人际交流，同时与指派的学生进行基于技术媒体(普通信函、电话、电子邮件等)的双向通信，对学生的学习问题进行答疑，对学生的平时作业和检测进行批改，对学习方法进行指导和咨询等。有的兼职辅导教师的主要职责是指导远程学生的实践性进行环节，如实验室工作、野外作业、社会调查、各类实习和毕业论文等。在包括中国和英国在内的许多国家的远程教育系统中，都由其地区机构(地区办公室、工作站、学习中心、教学点或教学班)组织实施对兼职教学人员(主要是辅导教师和咨询顾问)的工作进行检查和管理，同时，组织对兼职辅导教师的培训、教学研究和经验交流等活动。在中国广播电视大学，有将兼职辅导教师按地域和课程组织起来，在课前进行教学培训、在学期中组织扩大的教研组活动的经验。对于多年在广播电视大学担任教学辅导并且教学效果较好的兼职辅导教师颁发特聘证书。在印度，则更进一步将接受培训和通过考核作为聘任兼职教学人员的先决条件。

在我国广播电视大学系统，还有一类身份和职能都很特殊的远程教育兼职教师，即课程主讲主编。在国外，课程学科专家(课程主讲主编)也可以从外校聘请，但多数依然是由远程教育院校自身的专职教师担任。我国广播电视大学长期以来主要举办高等专科教育，广播电视大学的专职教师队伍的学历构成以本科为主，且拥有高级职称的教师比例不高，缺少各类专业的学科带头人。于是，教育部对我国广播电视大学教育和卫星电视师范教育曾经有过这样的政策规定：远程教育专职教师不得承担远程教育课程的广播电视主讲和课程主教材的主编。远程教育课程的广播电视主讲和课程主教材的主编主要从全国普通高校中有较高学术地位、有丰富教学经验的专家学者、学科带头人中聘任。这一政策在一方面保证了我国广播电视教育和卫星电视师范教育课程的学术标准和教学质量，促进了全国重点高校的优秀教育资源得以全社会共享，即所谓一位名师的电视讲课，全国成千上万乃至几十万学员听讲。但是，来自重点高校的专家教授习惯了面对经过精选的英才学子的课堂面授，他们对开放与远程教育缺乏了解，没有编写适合远程学生自主学习的远程教育印刷教材、主讲(应该是进行教学设计和创作)能够发挥广播电视媒体优势和特长的远程教育视听教材的经验。另外，由于他(她)们的学术地位和声望，年轻的远程教育专职教师很难对主讲主编的教学行为进行协调和控制。结果，我国广播电视教育举办

20 年后，依然时常听到诸如"大头像""照本宣科"等对电视教学节目的批评。我国广播电视教育的印刷教材和视听教材教学设计的不如人意在某种程度上与课程的主讲主编长期坚持从普通高校聘任有关。上述政策规定在另一方面产生的后果是给远程教育专职教师专业发展和成长带来了负面影响。我国远程教育专职教师既无承担学科专业课程主讲主编的机会，又缺少开展所属专业学科研究的基本设施、资金条件和学术环境。过了若干年乃至十多年，在我国远程教育系统工作的教师在所属专业学科的学术水平上明显落后于同期毕业的在普通高校或研究院所工作的同学校友。与此相关的还有远程教育专职教师的评价问题。在许多国外的远程教育院校，对远程教育教师有一定的评价制度。通过对教师承担的课程资源的设计开发的评估和通过对远程学生的评估反馈来评价远程教育教师的工作质量、教学效果和学术水平。在我国，对远程教育教师的评价同教师的职称评聘和待遇提升是联系在一起的。多年来，对远程教育教师的评价同传统教育教师的评价采用同一种标准，由统一的委员会组织评审，没有能给予远程教育教学实践及其研究成果足够的重视。从 20 世纪 90 年代末开始实施的"开放教育试点项目"实行中央电大与重点普通高校联合办学，专业学科建设与课程设计开发的任务主要由合作高校的教授学者承担，上述诸多问题依然存在。如今，中国电大已经创建 30 周年，各级电大专职教师队伍中具有高级职称的各科教师数量有了增加，也开始有了博士学位的新增年轻教师，但电大专职教师队伍整体在学历、职称结构和学术科研能力素质上与普通高校相比仍有较大差距。

【思考与练习】

1. 简述远程教育管理的分类。

2. 简述远程教育的国家行政管理体制（分权管理体制和分类管理体制）和管理机制。我国的远程教育国家行政管理体制和管理机制有什么特点？

3. 试比较国内外远程教育的立法和法治状况。

4. 如何理解远程教育成本"谁受益、谁承担"的分摊准则？

5. 为什么要注重课程资源开发中：①教育资源配置的规划和管理；②课程的发送与管理？

6. 远程教育对学生学习支助服务的管理都有哪些主要内容？对于两种不同的远程学习模式：①基于家庭的个别化学习模式；②基于班组的集体学习模式，上述学习支助服务的管理各有什么不同的特点？

7. 你是否同意本书所说的远程教育教师的角色和职能转变，并把这种转变主要概括为助学者？

8. 你是否同意本书提出的远程教育教师应具备的 7 个维度的基本素质要求？远程教育教师的基本素质要求与其角色和职能的转变有什么关系？

9. 你认为应该如何进行远程教育教师的专业发展和培训？

10. 如何对远程教育教师进行评价和管理？这同对传统教育教师的评价和管理应该有什么不同？

【项目与活动】

1. 文献研究项目

①通过网络和文献搜索，查找、阅读并分析评价我国教育部对远程教育院校的行政管理法规及政策举措。②通过网络和文献搜索，查找、阅读并分析评价我国中央广播电视大学或普通高校网络教育学院的教育教学管理规章制度。③在我国远程教育界及相关文献中，有我国远程教育法规制度建设滞后与实践发展需要的"先上马，后备鞍"的说法，请分析这种说法的真实性及合理性。

2. 组织讨论活动

通过网络搜索与文献调研了解我国广播电视大学系统实行的"统一计划，三级开课，分级管理"的远程教育教学计划和课程设置的设计和管理体制的内容及其历史演进过程。讨论：①为什么说这是中国特色的远程教育教学计划和课程设置的设计和管理体制？②该体制的有效性和合理性。③该体制需要完善，还是需要重大改革？

3. 组织讨论活动

①我国远程教育院校有可能脱离政府五级行政建制（中央、省、市、县、基层）的行政管理体制而成为具有较充分办学自主权的高等学校吗？②我国远程教育院校有必要进行独立的国家一流学科建设吗？③我国远程教育院校的教师队伍始终主要依靠全国重点高校的知名教授任主讲主编吗？④我国远程教育院校的教师队伍除了要力争成为远程教育专家外，其学科专业化的目标应该如何确定？

第6章　远程教育质量保证与评估认证

【学习要点】

本章的重点在学习远程教育的质量保证与评估认证。首先，要深刻理解国际远程教育界面对传统教育质量观的挑战与质疑，特别是我国高等学校网络远程教育面临的网络教育文凭与学位含金量的严峻挑战。其次，要深刻理解远程教育质量观创新的必要性及其取得的进步，其中包括我国对高等教育大众化与网络远程教育质量观的讨论。再次，要重点掌握国际国内构建远程教育质量保证体系的实践经验与理论总结，特别是英国开放大学、我国中央广播电视大学以及我国高校网络远程教育构建质量保证体系的探索与创新，以及网络远程教育的质量规范与技术标准。要掌握并能应用远程教育评估的原理和方法，熟悉国际国内远程教育系统质量评估的实践结果与理论研究成果。最后，要理解远程教育质量认证的概念及相关实践。

【内容结构】

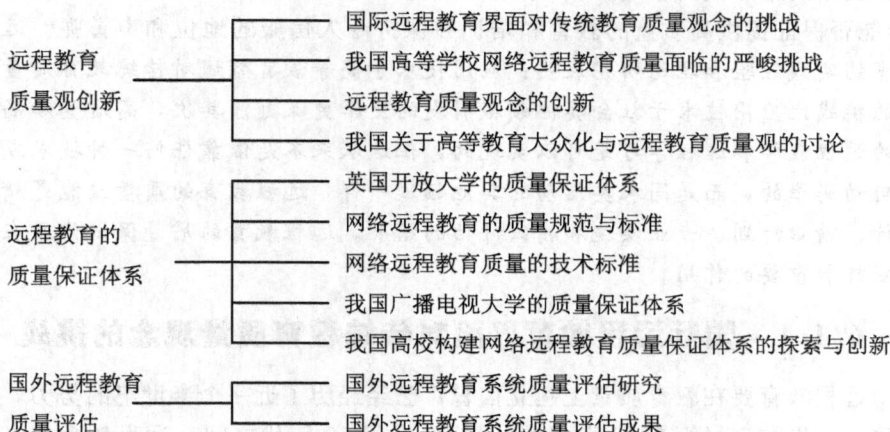

远程教育
质量观创新
- 国际远程教育界面对传统教育质量观念的挑战
- 我国高等学校网络远程教育质量面临的严峻挑战
- 远程教育质量观念的创新
- 我国关于高等教育大众化与远程教育质量观的讨论

远程教育的
质量保证体系
- 英国开放大学的质量保证体系
- 网络远程教育的质量规范与标准
- 网络远程教育质量的技术标准
- 我国广播电视大学的质量保证体系
- 我国高校构建网络远程教育质量保证体系的探索与创新

国外远程教育
质量评估
- 国外远程教育系统质量评估研究
- 国外远程教育系统质量评估成果

我国远程教育
质量评估实践
及其主要成果
├── 首次全国电大毕业生追踪调查
├── 电大教育质量和投资效益评估
├── 全国省级广播电视大学教学评估
├── 新设计的远程教育系统四维评估体系
├── 教育部启动我国高校网络远程教育评估与认证项目
└── 我国网络远程教育技术标准的制定

远程教育
质量认证
├── 教育认证的基本概念
└── 远程教育质量认证

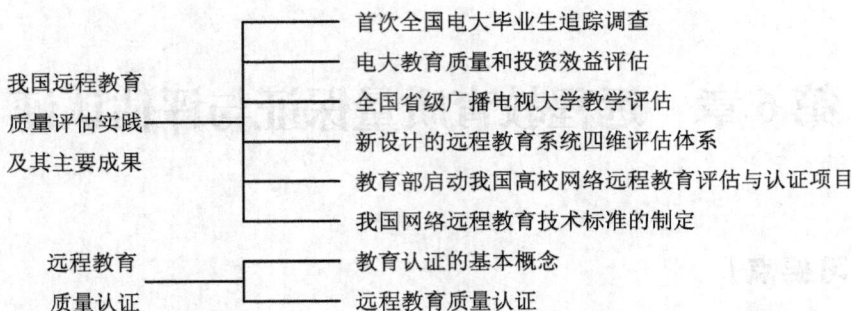

6.1 远程教育质量观创新

在世界各国，高等教育的教育质量和投资效益一直是各国政府和国际社会关注的焦点之一。如今，远程教育的飞速发展及其对革新整个教育体系的重要性使得教育和社会各界对远程教育的质量及其保证体系表现出极大的兴趣和关切。首先，在教育史上，早期形态的远程教育即函授教育尽管不乏名师名校，但总体而言在质量方面地位较低、声誉较差，长期以来，没能改变其处于教育家族中从后门就学的边缘地位，成为教育市场中的二手货。经过 20 世纪最后30 年的努力，远程教育已经从教育家族中的灰姑娘和丑小鸭的身份成长发育成令人瞩目的有地位、有声誉的家庭成员。如今，基于计算机多媒体和网络等信息技术的第三代网络远程教育(包括大批介入远程教育市场的营利性网络公司)能否保证提供高质量的教育和培训并保持令人信服的地位和声誉呢？远程教育的实践经验和理论研究表明：应用技术于高等教育领域对传统教育质量观念的挑战比应用技术于社会其他领域引发的变革更深刻。其次，高质量和高效益的远程教学和远程学习是可以实现的，但这从来不是依靠任何一种技术或媒体自动赐予的，而是同人类活动的其他领域一样，远程教育的质量只能是精心设计、精心计划、专业实施和精细评估的结果。远程教育的质量保证体系在其中发挥着重要的作用。

6.1.1 国际远程教育界面对传统教育质量观念的挑战

远程教育要在教育质量上建立信誉，已经经历了近一个半世纪的努力，有成功，有失败。尽管在 19 世纪中叶至 20 世纪 60 年代之间，远程教育的方法和课程材料曾经在许多国家和在各种不同的条件下(比如苏联、澳大利亚、美国、中国和南非)被成功地用来进行中学后层次的教育，但在 20 世纪 60 年代末，创办英国开放大学的议案仍然遭到了许多方面的嘲笑和蔑视。这一方面是由于过去的一百多年中的函授教育、特别是商业性的函授教育的总体地位较低、声誉较差；另一方面则是由于传统教育质量观念的根深蒂固。以致英国开放大学差一点成了一个夭折在襁褓中的大婴儿（英国开放大学第一任副校长佩里语）。一些学术权威人士蔑视开放大学的思想，他们断言：企图用远程教学的方法教授科学技术课程是荒谬可笑的。他们完全无视苏联长期以来在这方面的经验。英国企业主和当时的反对党（保守党）政治家们宣称：从开放大学取得的学位将是没有价值的，特别是没有通过 A 级考试的学术取得的学位尤其如此（通过 3 门以上中学课程毕业 A 级考试，是英国传统大学的入学资格要求）。但是，至少在英国，这些怀疑、质疑和责难后来被开放大学取得的巨大成功的事实所攻破。开放大学毕业生的质量在有远见的英国企业主眼里并不低下。相当多的开放大学本科毕业生成功地申请、攻读了其他大学的高学位。开放大学的课程材料被教育界和国际社会公认为是高质量的，不仅被许多英国大学广泛采用，而且传播到世界各地。英国开放大学和世界各地远程教学大学的成功实践表明，远程教学方法可以成功地应用于大学和研究生层次的相当广泛的学科专业的课程而并不降低学术标准。美国著名教育传播学家施拉姆（Schramm）在20 世纪 70 年代发表的专著《大媒体，小媒体》中考察了德国、肯尼亚、墨西哥、澳大利亚、日本、英国、美国和波兰等国各种层次的远程教育，并作出如下评论：

这些给人的印象十分深刻的例证表明周密构思并有相应的媒体有力支持的远程教学方法是十分成功的。

这个成功在发展中国家或在高度工业化的国家都得到了证明，并且适用于各种不同的教育层次。所得到的资料几乎都表明：采用多种媒体进行远程学习的学生至少和传统学校学生学习得一样好。

施拉姆(1977)《大媒体，小媒体》
转引自凯伊和鲁姆勃尔(1981)《远距离高等教育》，第 62 页。

尽管如此，在世界各地，即使到了 20 世纪 90 年代末，远程教育工作者仍然必须面对传统教育质量观念的挑战，因为它们继续在教育界和社会上处于支配地位。尤其到了世纪之交，随着第三代信息技术的飞速发展，第三代电子远程教育在教育界扩张的势头迅猛。一大批网络大学、虚拟大学应运而生，其中有不少是信息产业界出身的营利性网络公司。于是，网络教育和虚拟教学的质量保证机制以及完全在线教学颁发的学历证书、文凭和学位的含金量问题再次摆到了教育界和社会公众的面前。英国开放大学副校长丹尼尔曾经在1997年马来西亚吉隆坡召开的亚洲开放大学协会第11届年会开幕式上作的主题报告"巨型大学、虚拟大学和知识媒体：我们能否同时拥有质量和数量?"中论述过英国社会有关高等教育质量的传统观念。他指出：如果你询问普通百姓怎么看大学的质量，或是观察家长们怎样为他们的子女提供有关高等教育的意见，他们通常会认同以下四条准则(丹尼尔，1997)：

(1)建校历史或创办年代。越是古老的大学被认为质量越好。

(2)高度排斥性、选择性的入学政策。对入学学生筛选越严格的大学被认为质量越好。

(3)教学中的人际交流。那些能为师生之间和学生之间提供较多的校园课堂面授人际交流的大学被认为质量较好。

(4)拥有的教育资源。具有各类教育资源(诸如经费、人员和基础设施——建筑、图书馆、实验室和计算机网络等)越多的大学被认为质量越好。

澳大利亚远程教育学者诺斯考特(Northcott)在20世纪80年代则将远程教育面临的传统教育质量观念的挑战概括为"两位暴君"的统治：距离(Distance)和亲近(Intimacy)[Northcott, *University Down Under In Distance Education*(1984)：39]。教(师)与学(生)之间的时空"距离"也即时空分离对远程教育有三重意义：

- 使远程教育从传统校园面授教育中分离出来，最终成为一种相对独立的新型的教育形态；
- 使远程教育从传统校园面授教育中解放出来，最终成为一种开放的、灵活的、虚拟的、分布式的教育形态；
- 使远程教育受到来自传统校园面授教育的巨大压力，始终面临因教(师)与学(生)之间的时空距离也即时空分离给教育教学及其质量带来的挑战。

教(师)与学(生)之间的"亲近"指传统教育理念中教与学必须通过社会群体的人际面对面交流实现，远程教育显然因教(师)与学(生)之间的时空分离、在远程教学和远程学习中较少社会群体的人际面对面交流而同时受到来自传统教育的巨大压力和引力：

- 压力指来自传统教育对远程教育生存合理性和教学质量的怀疑和质难；
- 引力指远程教育倾向于向传统教育，即基于人际交流的校园面授教育"亲近""回归"而丧失自己的特色或放弃自身独特道路的开拓和创新。

世界各国的远程教育工作者必须从理论到实践接受并解答传统教育质量观念的种种挑战。

6.1.2　我国高等学校网络远程教育面临的严峻挑战

我国试点高校现代远程教育不仅要接受远程教育在世界范围内遇到的上述种种挑战，而且要做好长期应对来自我国社会各界的严峻挑战。《远程教育质量保证及质量评估与认证国际比较研究总结报告》（丁兴富，2004）列举了我国试点高校现代远程教育面对的来自我国教育界和社会方方面面的 10 类挑战。挑战来自各个方面：来自教育界、产业界和全社会的传统观念，来自政府的政策导向，来自学校、教师和学生这些远程教育主要参与机构与实践者的素质、理念和行为，来自我国社会转型期的教育市场化、产业化乃至商业化取向，还来自我国文化教育的历史传统和价值观等。试点高校现代远程教育面临的挑战同时还来自对现代远程教育这一新兴教育形态的思想认识、政策法规、学术标准、队伍素质和规范管理等方面的准备不足，来自我国教育系统信息基础设施建设的滞后和优质网络教育资源的不足，来自网络远程教育理论指导和经验积累的不足，来自巨大的教育需求压力下产生的快速扩展和发展带来的各种弊端等。试点高校现代远程教育面临的挑战部分地还来自我国高等教育的组织管理体制。我国高校现代远程教育试点的目标是依托重点高校高起点、跨越式发展，所以被批准进入试点行列的 68 所普通高校大多是全国重点高校。由此而来的是试点高校在我国高等教育界的高度声誉和品牌，教育界、学生及其家庭和全社会对试点高校网络远程教育教学质量和学术标准的高期待同现代远程教育试点工作在全国重点高校内部的边缘地位，以及学生得到的网络远程教育课程和支持服务的质量和水准之间存在明显的落差。我国教育拨款政策明确区分普通高校全日制校内学生和远程教育学生。对前者每个注册学生国家都有相应的培养经费预算拨款，对后者则主要依靠试点高校自我运行。由此而来的两类学生得到的教育培养和服务的差距也是不可避免的。此外，我国试点高校的校外学习中心的办学主体都是独立的法人，与试点高校网络教育学院具有不同的职权分工和利益分配机制，这与国外开放大学一体化的学生学习支助服务体系组织管理体制不同，试点高校网络教育学院对校外学习中心的监管和制约力度有限。

6.1.3　远程教育质量观念的创新

在过去的一个多世纪中，特别是 20 世纪下半叶以来，远程教育在实践的基础上逐步建立起远程教育的创新的质量观念，并对传统教育的质量观念进行了挑战和冲击。

从根本上说，教育质量的定义取决于教育设置的目标。教育质量是指教育院校以其教育产出和服务满足教育目标的能力。教育院校的设置可以服务于多重目标。通常有三类目标最普遍：个人的、机构组织的和社会的。这三类目标相互紧密相关、同时又有显著差别。本书主要讨论院校远程教育。在发达国家和发展中国家，远程教育院校大多是政府建立的，主要为了满足社会经济发展对专业人才培养、劳动力培训和提高全民素质的需要。于是，对于政府设置的公立远程教育院校而言，远程教育质量意味着远程教育院校以其教育产出和服务满足国家的和地区的社会经济发展对专业人才培养、劳动力培训和提高全民素质的需要的能力。传统校园院校和远程教育院校的设置在教育目标上有共性、也各有特点。两者的共性都是以其教育产出和服务满足国家的和地区的社会经济发展对专业人才培养、劳动力培训和提高全民素质的需要。然而，在各个国家的国民教育体系中，传统校园院校和远程教育院校有各自的定位和分工，在教育对象、教育性质、教育宗旨、教育使命和教育模式上各有特点和侧重，在教育承诺和教育哲学上有不同的倾向和信仰。传统校园院校通常以年轻一代的职前教育为主，学生入学(指义务后教育)时通常要经过相当激烈的选择竞争，入学后通常在校园内全日制学习，学业结束时大多数学生能合格毕业；而远程教育院校通常以在职成人的职后教育和培训为主，对学习者实行机会均等的开放入学政策，强调服务于全民终身教育和终身学习，学习者可以在承担工作和家庭职责的同时利用业余时间进行学习，知识更新和技能培训类型的非学历远程教育并不注重考试和文凭，而远程学历教育则实行宽进严出的政策以保证毕业生的质量。就高等教育而言，传统校园大学主要承担着精英教育的任务，特别是那些重点的研究型大学，即使它们举办远程教育，也主要定位在研究生教育和大学后继续教育；而远程教学大学主要承担大众化和普及化高等教育的任务，特别是面向社会经济和文化教育相对欠发达、传统校园大学相对较薄弱的地区和人群。就建立终身教育体系和学习化社会而言，传统校园院校主要定位在正规学历教育(从基础教育到高等教育)、中高等职业技术教育和大学后继续教育；而远程教育院校在提供正规学历教育的同时，承担着开展大量的、各种各类的非学历教育和培训，社区教育、终身教育和终身学习的使命。既然传统校园院校和远程教育院校有不完全相同的教育目标和教育使命，远程教育坚持在其教育宗旨、教育承诺和教育哲学上作出独创和革新，于是，远程教育在质量观念上也必然会对传统教育提出革新和挑战。

　　首先，关于建校历史或创办年代。确实，对传统院校而言，建校历史长和教育质量好存在一定的正相关关系。英国的牛津和剑桥、中国的北大和清华就是例证。然而，世界各国不乏建校新且质量好的大学，如英国的约克（York）和沃里克（Warwick）大学，加拿大的滑铁卢（Waterloo）大学，质量相当拔尖而又并不古老。中国人民大学和中国科技大学可以作为国内的例证。即使在企业界也是如此，像美国的微软、雅虎和谷歌，中国的海尔、方正、联想和百度都是年轻而有为的公司。在远程教育界，英国开放大学创建才过而立之年，已经跻身于英国大学质量前十位之列。至于因教育质量上乘受到联合国教科文组织国际远程教育协会表彰的澳大利亚南昆士兰大学、中国香港公开大学和西班牙开放大学等，都是相当年轻的。

　　其次，关于高度排斥性、选择性的入学政策。远程教育的建校宗旨就是破除高度排斥性、选择性的入学政策，转而实行开放性、平等的入学政策，尤其强调面向各类特殊人群和弱势人群，实现全民终身教育。远程教育的这一宗旨是与教育平等和教育民主化的原则、与人人享有受教育的权利等基本人权的信仰是一致的。远程教育的哲学信奉的是：地球上的物质资源是有限的，唯有人类的智力空间是无限的。应该使得所有人的智力空间都有机会得到最充分的开发。对于当代人类社会，人才的需求是多元的，人力资源的开发也是多元的。精英教育依然是需要的，各国依然需要一批精英人才从事各种社会经济活动。但是，任何社会的人力资源构成是有结构、有层次的，一个只有精英的社会是无法生存的。此外，无论是发展中国家还是发达国家，优质教育资源依然是稀缺的。中国的年青一代不可能也不必要全都上北京大学和清华大学，就如同英国的年青一代不可能也不必要全都上剑桥大学和牛津大学一样。全民终身教育和学习型社会不排除精英教育的成分，但却是比单一注重精英教育先进和深刻得多的教育哲学思想和代表着未来的教育体制，而远程教育正是实现这种教育理念与教育体制的重要选择之一。

　　再次，关于教学中的人际交流。人际交流是教学的基本要素，这是教育学的基本原理和常识。远程教育在这一基点上所作的变革和创新，并非是由于师生在时空上的相对分离而放弃了人际交流，而是在人际交流的方式、渠道、手段、内容等方面进行了革新，从而开发、实现了更为丰富且有效的人际交流和基于技术媒体的双向通信交流。

　　最后，关于拥有的教育资源。众所周知，在从工业经济到知识经济的社会转型期间，拥有巨大的物质资源已经不再是保证质量、赢得竞争优胜的保障了。20 世纪末叶，世界上包括日本、瑞典等国家诞生了许多中小型高新技术公司成功的经验，而在亚洲则出现了"四小龙"和"四小虎"实现现代化和工业化的骄人业绩。在电子信息通信技术等朝阳产业，如上述美国的微软和雅虎、中国的联想和方正，都是依靠高新技术自主知识产权的优势和市场产业经营管理战略而不是依靠物质资源、财力的优势和人员队伍的庞大取胜的。在远程教育界，高质量的教育资源、良好的学习支助服务以及创新的远程教与学的模式也将是保证质量、赢得竞争优胜的保障。进入互联网时代以来，信息资源的无国界畅通以及优质教育资源的全球共建共享更创造了资源创作、加工、传播、分配和应用的新模式，使得原本传统教育资源贫乏的国家、地区和学校可能赶上先进的竞争对手。

总之，传统教育的质量观念不再是天经地义、颠扑不灭的。对于有着自己特殊的教育目标、教育宗旨、教育承诺和教育哲学信仰的远程教育，对传统教育质量观念进行相应的变革和创新是必然的。

6.1.4 我国关于高等教育大众化与远程教育质量观的讨论

事实上，在世纪之交我国高等教育从精英教育阶段向大众化高等教育阶段过渡的时期，由于全国各地大学连年大规模扩大招生，引发了关于高等教育质量、包括成人高等教育和网络远程教育质量的大讨论。

我国高等教育著名学者潘懋元在他的论文和演讲中深刻地论述了进入大众化阶段的高等教育质量观创新问题。潘懋元教授在"高等教育大众化的教育质量观"和"走向大众化时代的高等教育质量"（2001）中提出了大众化阶段高等教育质量观创新的如下主要论题。高等教育从精英阶段到大众化阶段，不只是量的增长，而且是"质"的变化。所谓"质"的变化，包括教育观念的改变，教育功能的扩大，培养目标和教育模式的多样化，课程设置、教学方式与方法、入学条件、管理方式以及高等教育与社会的关系一系列的变化。高等教育大众化并不排斥精英教育作为其不可替代的组成部分。在高等教育大众化阶段，精英型和大众型高等教育机构同时存在。精英高等教育机构不仅存在而且很繁荣，且仍应坚持精英教育的培养目标与规格和高学术水平的教育质量。然而不能用全日制普通高等教育（这是传统精英教育的主体）的准则来规范成人高等教育；不能用课堂教学的准则来规范各种远程教育；不能用精英教育的培养目标与规格、学术取向与标准、课程选择与组织、教学方式与方法、办学体制与管理体制等来规范大众化高等教育。对于快速增长的多种形式的非精英高等教育，就应从传统的精英教育思想中解放出来，转变为大众化教育思想，包括教育价值观、人才观、教育质量观的转变。其中核心问题是教育质量观的转变。教育质量，是高等教育发展的核心问题，也是高等教育大众化的生命线。精英高等教育要保证质量，大众化高等教育也要保证质量。但两者由于培养目标与规格不同、社会适应面不同，因而其质量的标准也就不同。1998 年在巴黎召开的首届世界高等教育会议所通过的《21 世纪高等教育展望和行动宣言》就指出：“高等教育的质量是一个多层面的概念”，要“考虑多样性和避免用一个统一的尺度来衡量高等教育质量”。所谓“多层面”，包括博士、硕士、本科、专科等纵向层次，也包括研究型、理论型、应用型、技能型等横向层面。对于纵向层次的质量要求不同，人们比较清楚，而对于横向层面的质量标准不同，则往往被人有意无意地忽视。但是，从精英高等教育走向大众高等教育，分辨横向层面的不同质量标准却是高等教育大众化能否顺利发展的要害问题。我国《高等教育法》提出：“采取多种形式积极发展高等教育事业”“积极发展高等教育事业”是以“采取多种形式”为前提的。也就是说“高等教育大众化”是以多样化为前提的。没有多样化，只采取一种全日制本科的单一形式，不可能实现高等教育大众化。只采取一个传统的本科的精英教育标准来衡量多种形式的教育质量，会对高等教育大众化的发展方向产生误导。如何保证质量，不断提高质量？关键在于建立教育质量保障体系，包括树立正确的质量观，制定符合客观实际的培养目标与规格，优化教师队伍与生源，改革课程和教学方法，充实教育资源，采用现代化教学手段，改善校园文化环境，以及加强科学的教育管理和教育服务，等等。

6.2　远程教育的质量保证体系

　　远程教育如何实现较高的教育质量和学术标准？远程教育的质量保证体系在这方面发挥了重要的作用。澳大利亚的双重模式院校执行的综合一体化模式（课程设置、课程材料、课程教师和课程考试等统一）其实就是其教育质量保证体系的重要组成部分。《远程教育质量保证及质量评估与认证国际比较研究总结报告》（丁兴富，2004）对国内外的远程教育院校和机构的质量保证体系进行案例研究和比较研究。从关于国外（海外）远程教育院校质量保证体系的案例研究中可以得到关于远程教育质量保证体系的共同的基本要素：

- 远程教育的资源设计、开发与发送及其评估
- 远程教育的学生学习支助服务
- 远程教育的双向通信交互

- 远程教育的管理
- 远程教育的宽进严出政策及其落实(课程考核与学生学业评价)
- 远程教师的专业发展与培训
- 远程教育研究
- 远程教育的基础设施建设
- 远程教育的财政支持和经费保证

除了上述总结得出的构成远程教育质量保证体系的共同基本要素的共识外，各国远程教育院校实践创造了各自的经验，发挥着各自的特色。下面重点介绍英国开放大学的远程教育质量保证体系。

6.2.1　英国开放大学的质量保证体系

英国开放大学提供了一个远程教育质量信得过的国际范例，连英国政府官方也承认：开放大学改变了质量方程。

时任英国开放大学校长的丹尼尔在 1997 年马来西亚吉隆坡召开的亚洲开放大学协会第 11 届年会开幕式上作的主题报告"巨型大学、虚拟大学和知识媒体：我们能否同时拥有质量和数量?"中提出了英国开放大学实现高质量的远程教育的 4 个要素：高质量的多种媒体课程学习材料，为学生提供教学人员的学习支助服务，良好的教学管理以及扎实的研究基础。

第一，高质量的多种媒体课程学习材料。课程学习材料必须是高质量的和多样的，以适应远程学生在家庭或工作地点获得相当的大学学习经验。确保质量的方式之一是由包括学科专家在内的各类专业人员组成课程组来创作、设计和开发课程学习材料。

第二，为学生提供各类学习支助服务。每个英国开放大学的学生学习每门课程都有专门指定的辅导教师，开放大学一共拥有 7 000 名辅导教师。这些兼职辅导教师批改每个学生的作业并作出具体评注，组织必要和可能的小组面授活动，通过电话和电子邮件等给予学生各类学习指导和帮助。

第三，良好的教学管理。确保每个学生都按时收到正确的课程学习材料和教学信息，精心地组织实施各项教学管理。

第四，扎实的研究基础。正是规模经济使得英国开放大学得以有足够的资源来保持教学内容不断更新、学术标准稳定地提高。在英国，高等教育拨款委员会在对大学学科教学质量进行评价的同时定期评价大学的研究质量，并根据这些评价结果来决定各大学每个学科的研究拨款。在研究方面，开放大学如今位列全英国101 所大学的第28 名。20 世纪 90 年代中期以来，英国开放大学的某些研究项目在国际上很有地位，比如地球科学系的考林·琵林格（Colin Pillinger）教授是世界知名学者，他正主持着一个重要而有趣的科研课题：火星上的生命。

丹尼尔随后讨论了信息技术和知识媒体对实现高质量远程教育 4 个要素可能发挥的积极作用。

英国开放大学的质量保证体系体现在其法规文件《开放大学的质量与标准》中（参见英国开放大学网站）。英国开放大学在构建远程教育质量保证体系的实践过程中总结经验，应用远程教育理论制定并不断完善有关远程教育质量与标准的规范。《开放大学的质量与标准》是迄今为止各国远程教育院校中难得的构建远程教育质量保证体系的指导性文件。从中可以看出英国开放大学是如何从大学的组织机构设置和结构功能，各类战略规划中确定的教育目标、价值和绩效评价框架，对投资各方的职责承诺，质量与标准体系的构建，畅通各种交流和反馈渠道来确保机会均等和提供咨询，从计划、学历和课程设置、内外学术可比性、学生评价等多方面确定并保持学术标准（特别是有关课程材料开发及评审、学生作业批改及检查、学生成绩平时考核和课程考试、学分核定和转换），对远程学习和学生的各种支助服务（包括学习基础设施、政策和策略、支助服务组织结构、与课程有关或无关的各类支助服务），学校内外部的各种监督、反馈、评价和改进，对专兼职教师及其他人员的录用、聘任、试用、培训与专业发展，以及建立学生、员工及大学活动参与者之间的各种交流和通信渠道等方方面面来规范、提高和保持高质量的远程教育的。

6.2.2　网络远程教育的质量规范与标准

进入网络教育时代以来，国际远程教育界对于网络远程教育的质量保证体系及其标准规范有了更进一步的探索和成果。这里介绍在网络远程教育上处于领先地位的美国教育界已经发布的三种网络远程教育质量保证体系及其规范标准。

6.2.2.1　《电子发送的学位和证书教育计划的最佳实践》

技术媒介的远程教学正在兴起并成为高等教育的一个重要组成部分。为了应对这一新态势，全美 8 个地区高等教育认证委员会共同制定了《最佳实践》这份文件。《最佳实践》有 5 个构成部分，每个部分对应远程教育院校的某个特定活动领域。它们是：①院校环境和承诺；②课程设置和教学；③对教师的支持；④对学生的支助；⑤评估和评价。

6.2.2.2 《在线教育质量：远程互联网教育成功应用的标准》

2000 年 4 月，美国高等教育政策研究所(Institute for Higher Education Policy)发布《在线教育质量：远程互联网教育成功应用的标准》(*Quality on the Line：Benchmarks for Success in Internet-based Distance Education*)，提出 7 大类 24 项对远程教育有重大影响的评估指标：①学校支持评估指标；②课程开发评估指标；③教学过程评估指标；④教学组织评估指标；⑤学生服务评估指标；⑥教师培训评估指标；⑦教学效果评估指标。

6.2.2.3 《远程教育中的认证与质量保证》

美国高等教育认证委员会(CHEA：Council for Higher Education Accreditation)下设的认证与质量保证调查与研究协会在 2002 年发布了《远程教育中的认证与质量保证》，提出认证机构对远程教育质量保证活动检查的 7 个主要领域：①院校任务：远程教育对该院校有意义吗？②院校组织结构是否根据远程教育进行结构改革？③院校资源：院校是否有足够的支持远程教育的财政资源？④课程与教学：院校是否有合适的课程及教学设计以提供高质量的远程教育？⑤人员支持：教职员工是否胜任远程教育，并有合适的资源、工具及装备？⑥学生支助：学生是否能够获得需要的咨询、建议、设备、工具和教学资源以进行远程学习？⑦学生学习成果：院校是否例行评估学生的学习成果？

6.2.3 网络远程教育质量的技术标准

网络远程教育技术标准问题是一个长久以来未能解决的重大课题。国际学术界和产业界联合对此进行了探索实践，对制定和执行网络远程教育技术标准的意义达成了以下共识：

- 支持资源共建共享：满足标准的网上学习对象可以被多个网络学习系统利用。
- 支持系统互操作：满足标准的各个系统及其组件之间能够交换并使用彼此的信息。
- 保障网络教育服务质量：满足标准的网络远程教育系统及其诸要素能够协同工作，为学习者提供高质量的服务。

国际社会对网络远程教育技术标准已经有较长时期的探索实践。以下简要介绍产生了广泛影响并被经常引用的两个国际标准。

6.2.3.1 美国高级分布式学习项目提出的可共享课程对象参照模型(SCORM)

美国国防部"高级分布式学习(ADL：Advanced Distributed Learning)"研

究项目提出的"可共享课程对象参照模型（SCORM：Sharable Course Object Reference Model)"的目标是解决以下三大课题：

- 实现课程在不同的网络教学平台之间迁移；
- 创建可供不同课程共享的可重用构件或组件；
- 准确快速地搜索到需要的课程素材。

该模型提出了定义和存取学习对象(Learning Object)信息的标准，包括以下规范：

- 课程内容元数据(meta-data)规范：规范如何对课程、内容及媒体素材建立元数据记录；
- 基于可扩展标记语言(XML：extensible Markup Language)课程结构表示规范；
- 运行环境规范：包括应用编程接口(API)、学习内容与内容管理系统间的数据交换模型以及内容分布等多个规范。

6.2.3.2 国际电气和电子工程师协会标准(IEEE-LTSC)

国际电气和电子工程师协会(IEEE：Institute of Electrical and Electronics Engineers)成立的信息技术标准委员会提出的标准(LTSC：Learning Technology Standard Committee)制定了"IEEE1484 标准体系"。该体系首先提出了一个关于学习技术系统的整体架构，作为信息化学教学系统的抽象模型。该模型由过程(学习者、教练、发送、评价)、存储器(学习资源、学习者记录)与信息流〔学习偏好、行为、评价信息、绩效与偏好信息(过去、现在、将来)、索引(查询、目录信息、定位器)、学习内容、多媒体、交互情境〕三类对象组成。在这个模型中，不同学习模式有各自对应的信息流向。"IEEE1484"各项子标准都是依据此架构定位和设计的。其中，"P1484.12"——学习对象元数据(LOM)已经成为一个比较成熟、在国际上被广泛引用和参考的标准。

6.2.4 我国广播电视大学的质量保证体系

我国广播电视大学在过去 30 多年的教育教学实践中建立并不断完善着独具特色的"统一计划，三级开课，分级管理"体制的教育质量保证体系(参见第 5 章 5.3 节"远程教育教学管理")。在文献中，这一教育质量保证体系的核心通常以"课程设置、教学全过程的五统一(教学计划、教学大纲、课程教材、课程考试、学分认定)"和"考试五统一(试卷、时间、组织、评分标准、阅卷登分)"以及"主动适应社会经济发展的按需办学的机制"的表述形式出现。关于广播电视大学"课程设置、教学全过程的五统一"和"考试五统一"的总结表述出现较早，但内涵不尽统一，有时统称为"教学五统一(教学计划、教学大纲、课程教材、课程考试、评分标准)"(也有表述为四统一或六统一的)。

1997 年，丁兴富在马来西亚首都吉隆坡召开的主题为"远程教育的质量保证"的亚洲开放大学协会第 11 届年会上，发表了题为"中国广播电视大学的全面质量保证体系和教育评估"的论文。论文指出：在过去的 20 年中，中国广播电视大学建立并不断完善着自身的全面质量保证体系。这一体系可以用一种三阶段机制来总结：

第一阶段：通过调查劳动力和人才市场确定教育目标，即通过对国家和地区劳动力和人才市场需要和需求的调查确定教育的对象和目标。

第二阶段：通过系统的设计、运行(教与学包括教学检测和考试)和管理实现教育目标，即对学生进行教育和培训，按照确定的教育目标将他(她)们从入学的新生转变成合格的毕业生(专业人才)。

第三阶段：从教育评估取得反馈，调整和完善下一个教学周期的教育目标，即通过各类教育评估评价教育过程，为决策、改进教与学的质量和效益、为完善教育管理提供重要的反馈和建议。

中国电大的全面质量保证体系的三阶段机制如图 6.1 所示。在广播电视大学的教育教学实践中，对每一阶段都逐步发展起一系列准则和原理。丁兴富在论文中对这些准则和原理进行了概括和总结。

6.2.5 我国高等学校构建网络远程教育质量保证体系的探索与创新

事实上，从启动我国高校现代远程教育工程试点起，教育部和试点高校就十分关注网络远程教育的质量保证。但是，从 2001 年现代远程教育试点开始向社会输送毕业生时起，我国普通高校现代远程教育试点的质量问题便成为热点。自 2001 年夏以来，报纸杂志及网络媒体上发表了大量探讨网络远程教育质量，高校网络远程教育质量保证体系构建，以及网络远程教育质量评估与认证的观点和文章。当选"2003 中国现代远程教育十大新闻"第三位的"湖南大学远程教育集体作弊事件"无疑是当年我国远程教育界最骇人听闻的新闻。教育部召开了一系列会议来研究和讨论规范高校现代远程教育试点、提高网络远程教育质量。教育部在调查研究的基础上发布了一系列政策和文件来进一步指导和规范我国高校现代远程教育试点工程。特别就试点高校网络教育招生工作、网络远程教育校外学习中心整顿以及试点高校网络教育部分公共课实行全国统一考试等重大问题统一思想，达成共识，为教育部正式出台对现代远程教育试

国家和地区的劳动力和人才市场

各级政府
教育部门
和
广播电视
大学的决
策部门

阶 段 1
确定
教育目标

教育的社会需要和个人需求

教育对象和教育目标

教学设计

教学计划、课程设置、课程大纲

课程材料的设计、创作和开发

教务处
教学系部
课程组

教
学
管
理

阶 段 2
实现
教育目标

教与学

教育行政
管理部门

课程材料发送

学生学习过程

学习支助服务

学生
辅导教师
课程
主持教师
和
责任教师
教学班
学习支助
服务系统

检测考试和学分认定

阶 段 3
调整
教育目标

教 育 评 估

评估组
研究部门
信息部门

国家和地区的劳动力和人才市场

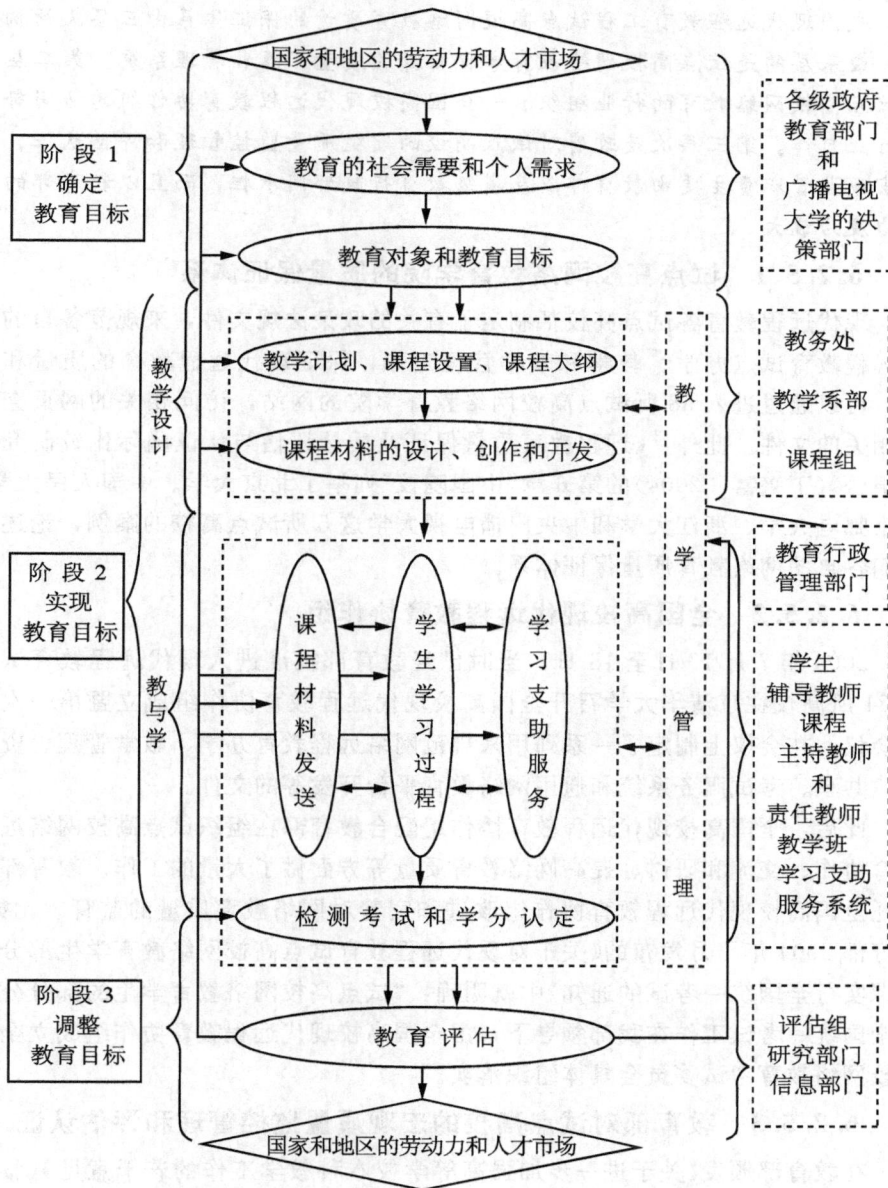

图 6.1　中国广播电视大学全面质量保证体系的三阶段机制

[资料来源：丁兴富"中国广播电视大学的全面质量保证体系和教育评估"(1997)]

229

点高校网络教育的质量监控政策和管理办法奠定了基础。

我国现代远程教育工程试点高校网络教育质量的保证体系由三层次结构组成。最基层的是试点高校网络教育学院自身的质量保障和管理系统。第二层次是试点高校网络教育的行业组织——全国高校现代远程教育协作组的协同努力和行业自律。第三层次是政府对试点高校的宏观质量监控管理和评估认证。这类宏观监管职责主要由教育部以及省级教育行政部门承担，而且以教育部的监管力度为最大。

6.2.5.1　试点高校网络教育学院的质量保证体系

现代远程教育各试点高校都制定了有关的政策法规文件，来规范各自的现代远程教育试点办学、教学和教学管理工作，保证现代远程教育的质量和标准。可以通过进入68所试点高校网络教育学院的网站，访问相关的网页查询到相关的文件。此外，《远程教育质量保证及质量评估与认证国际比较研究案例报告》(丁兴富，2004)的第6章"中国院校"列举了北京大学、中国人民大学、北京邮电大学、浙江大学和中央广播电视大学这5所试点高校的案例，论述了它们各自的网络教育质量保证体系。

6.2.5.2　全国高校现代远程教育协作组

2000年7月17日至18日，当时已经教育部批准进入现代远程教育试点的31所高校在京清华大学召开全国高校现代远程教育协作组成立暨第一次工作会议。在会议上制定了一系列用来规范网络远程教育办学、教学管理、资源共建共享、考试服务系统和通用网络教育平台开发等的文件。

此后，全国高校现代远程教育协作组配合教育部在组织试点高校网络远程教育协作、交流和研讨、提高网络教育质量等方面做了大量的工作。教育部也依托全国高校现代远程教育协作组改进和完善对网络教育质量的监管。比如，教育部2004年1月发布的《关于对现代远程教育试点高校网络教育学生部分公共课实行全国统一考试的通知》中就明确："试点高校网络教育学生的部分公共课全国统一考试工作在我部领导下，由全国高校现代远程教育协作组成立全国高校网络教育考试委员会具体组织落实。"

6.2.5.3　教育部对试点高校的宏观质量监控管理和评估认证

在教育部颁发《关于进一步加强高等学校本科教学工作的若干意见》(教高〔2005〕1号)的基础上，加快构建我国现代远程教育质量保证体系。教育部对现代远程教育试点高校网络教育实行宏观质量监管和评估认证的主要手段是制定、发布和实施相应的政策法规和文件决定，较完整地形成了一套国家层面的远程教育质量监管制度和质量保证体系。主要包括加强了网络学院管理，校外学习中心管理，招生管理，毕业证书和电子注册管理，施行了部分公共课全国统一考试，建设了远程教育公共服务体系，建立了远程教育质量监管系统，实行了年报年检和抽查制度，制定了平台和资源建设的规范和技术标准。这些政策的实施保证了中国远程教育的质量，促进了中国远程教育的科学、可持续发展。

此外教育部经常组织各类会议（工作会、研讨会、论坛、座谈会等）对网络远程教育的质量保证和监管展开交流、讨论和研究。此外，教育部还立项对网络教育的质量认证制度进行理论和实践研究。

6.2.5.4　省级政府教育主管部门的配合与相应举措

以北京市教育委员会为例。为促进北京地区高等学校现代远程教育的健康发展，适应首都经济发展和社会进步对人才的需求，不断优化首都高等教育布局结构和专业结构，保证北京地区现代远程教育的质量，北京市教育委员会根据教育部《关于现代远程教育校外学习中心（点）建设和管理的原则意见（试行）》和《现代远程教育校外学习中心（点）暂行管理办法》文件精神，结合北京市的实际情况，制订了《关于高等学校现代远程教育校外学习中心管理实施意见》。2003 年，北京市教育委员会组织专家组对有关高等学校在京设立的现代远程教育校外学习中心进行了审核检查，并将审核结果向全社会公布，有 8 所试点高校在北京的校外学习中心被暂停招生。北京市教育委员会决定，根据首都教育发展趋势，现代远程教育将逐步由学历教育过渡到职业资格培训、社区教育为主的继续教育。北京市教委将对 8 所暂停招生的校外学习中心进行调整、合并，除 36 所已在市教委登记的校外学习中心外，将不再接受其他校外学习中心的申请。北京市教委组织专家组制订普通高校现代远程教育试点校外学习中心评估指标体系并自 2004 年起开展对在首都地区的普通高校网络教育校外学习中心的年度评估工作。

6.2.5.5　网络远程教育质量保证体系任重道远

我国现代远程教育试点需要做好长期进行网络远程教育质量观念和质量保证体系创新的准备。首先要明确，质量是教育、特别是网络远程教育的永恒主题。在网络远程教育中，质量与数量的基本矛盾，或者质量、规模与效益的三角关系始终处于教育教学和管理工作的中心。要遵循科学发展观的指导，实现质量、规模、结构和效益的协调发展。发展是硬道理，发展中出现的问题，要在发展中去解决。要明确高等教育质量标准的多样性和统一性。要理解，我国进入高等教育大众化发展阶段以后，高等教育依然需要区分精英教育和大众教育两部分。现代远程教育的主要目标和使命是发展大众化的高等教育，特别要发展成人继续教育和终身学习，为构建学习型社会做出重要贡献。既不能按照精英教育的质量标准和规范来要求定位于大众化高等教育的网络远程教育，同时要努力打造网络远程教育的质量品牌、特色和优势。要不断探索与创新实现网络远程教育质量保证体系各项基本要素的最佳实践。依据国际比较研究的结果，网络远程教育质量保证体系共同的基本要素主要包括：

● 远程教育的资源设计、开发与发送及其评估：这是远程教育教学质量保证的资源基础。没有优质的教育资源，就无法组织实施成功的远程教育。没有有效的教育资源开发机制，优质教育资源的提供无法做到可持续发展。没有畅通且有效的发送机制，优质教育资源无法及时抵达远程学习者。没有评估机制，教育资源的有效性无法确认，也无法及时更新。

● 远程教育的学生学习支助服务：这是远程教育教学质量保证的关键。远程教育绝不仅仅是远程学习者基于资源的独立自学，而是需要给予远程学习者多种多样的学习支助服务的。在教(师)学(生)时空分离的远程教育系统中，远程学习是否能真正发生，关键取决于是否能提供适当的和有效的学习支助服务。这种学习支助服务应该是针对并且落实到每个远程学生的，是个别化和个性化的。

● 远程教育的双向通信交互：这是远程教育教学质量保证的难点，也是远程教育学生学习支助服务的核心。事实上，在众多的人员、信息、资源、设施、课程内容相关、学习策略与方法指导、社会性以及财政等众多学生学习支助服务中，最重要和基本的是师生间以及同学间的双向通信交互。这种双向通信交互可以是在学习中心的人际面对面接触的交流，也可以是基于各种技术媒体的实时同步和非实时异步的双向通信交流。针对每个远程学生的课程内容辅导、学习方法指导以及平时作业批改评论与及时返还应该是双向通信交互的重要组成部分。基于网络的虚拟社区有助于加强师生及同学间的双向通信交互。

● 远程教育的宽进严出政策及其落实(课程考核与学生学业评价)：这是远程教育教学质量保证的特定要求。远程教育应该逐步摆脱"应试教育"的传统，引导远程学生走向素质教育，关注课程的基本目标和要求在掌握基本知识、基本技能、基本理论及其应用的基础上，注重学生终身学习能力和综合能力的发展，注重培养学生的实践能力和创新能力。远程教育的宽进严出政策及其落实不应该狭隘地仅仅理解为提升课程考试难度或举行全国统一课程考试。远程教育应该特别注重学习过程及期间的平时作业评价。没有完整的学习过程、不完成平时作业或平时作业评价不合格的，不可以参加期末课程考试。

- 远程教育管理：这是远程教育教学质量保证的保证。我国网络远程教育试点工作同其他许多工作一样，最薄弱的是管理。远程教育的专业课程设置是否适应教育市场对人才培养和培训的需要？优质教育资源的开发与发送是否适应教学需要、及时到位？试点高校的学习支助服务体系运行是否正常？对远程学生的学习支助服务是否有效？这些都要靠教育管理来保证。

- 远程教师的专业发展与培训：这是远程教育教学质量保证的根本。网络远程教育的质量归根结底取决于从事网络远程教育的教学、管理和技术这三支队伍的素质。这里不仅包括试点高校本部网络教育学院的人员队伍，还包括全国各地学习中心的人员队伍。试想：优质网络教育资源靠谁创作、设计和开发？个别化、个性化的远程学生的学习支助服务靠谁提供？网络教育基础设施和平台工具靠谁开发、运行和维护？网络远程教育的质量保证机制靠谁设计规划并组织实施？所以说，队伍建设是远程教育教学质量保证的根本。

- 远程教育研究：这是远程教育教学质量保证的理论基础。没有远程教育的理论指导，会产生盲目实践的弊端而危及远程教育质量。远程教育工作者要在实践探索的同时努力从事远程教育理论研究和应用研究，提升自己的远程教育理论素养和创新能力。

- 远程教育的基础设施建设：这是远程教育教学质量保证的物质基础。优质教育资源的开发与发送、对远程学生的学习支助服务、双向通信交互等都需要稳定可靠且遍及全体学生的基础设施、便捷高效的网络教学与管理平台，以及包括通信费用在内的可持续发展条件。

- 远程教育的财政支持和经费保证：这是远程教育教学质量保证的财政基础。有两方面的问题需要解决，一是如何增加财源，为网络远程教育寻找更多的来自国家财政与社会各界的资金投入；二是如何用好这笔投资、尤其是如何用好远程学生的交费，将它们全部返还到对学生的培养和服务中去，以保证和提升网络远程教育的质量及毕业证书与学位的含金量。

现代远程教育试点高校除了关注上述网络远程教育质量保证体系的共同的

基本要素外，同时要强调发展试点高校自身的特色和优势。要充分发挥试点高校自身的品牌优势，在重点学科、专业课程设置以及教育资源诸方面的优势，在信息技术基础设施、网络教学与管理平台以及课程发送与学习支助服务等方面的优势，并继续开拓创新，形成网络远程教育的新品牌和特色。

6.3　国外远程教育质量评估

远程教育评估是远程教育学科中又一个研究得比较充分、并且已经有了大量研究成果的领域。对远程教育系统(院校、项目)、课程(多种媒体课程材料)以及远程教与学和学生的评估表明，远程教学和远程学习是成功的，同时有待进一步改进和完善。本节重点论述国外远程教育质量评估研究及其主要成果，6.4节则讨论我国远程教育质量评估实践及其主要成果。

6.3.1　国外远程教育系统质量评估研究

在国际开放与远程教育文献中，已经发表了许多关于远程教育的系统(院校、项目)、课程(多种媒体学习材料)，远程教与学和学生(在校生和毕业生)的评估研究及其成果报告。关于课程和学生以及远程教与学的评估研究和相关结果在第3章和第4章中已经分别作了分析讨论，本节着重论述远程教育系统(院校、项目)的教育质量评估研究及相应成果。国际远程教育系统教育质量评估研究主要有两类，一类是提出各种评估的理论方案及至评估的指标体系；另一类则是应用提出的评估方案和指标体系对选定的远程教育系统(院校、项目)的教育质量进行案例分析和评估。下面分别予以讨论。

无论是发达国家还是发展中国家，高等教育都面临着政府、教育界和全社会的与日俱增的关注。各种关于高等教育的"评估体系"和"实绩指标"设计出来并被应用到评估实践中。远程教育更是首当其冲。在许多场合，这些评估方案和指标都指向教育的质量和效益。对教育质量的定义取决于教育的目标。教育的目标可以是多元的，但主要有三种：国家和社会的，组织和机构的，学生个人的。这三类目标是相互关联的，但在许多场合又表现得不尽相同。本书讨论的是院校远程教育，远程教育院校都有其各自的教育(办学的和教学的)目标。无论在发达国家还是发展中国家，远程教育院校多数是国家建立的，用以满足社会和个人的教育需求。

对远程教育系统(院校、项目、计划)评估的理论方案作出过的研究成果很多，限于篇幅，只能介绍其中少数影响较大的。

6.3.1.1　古勒的评估准则

古勒(Gooler)在 1979 年提出过评估远程教育项目的若干准则：

- 入学机会，特别是为各类新的对象扩大教育机会。
- 满足国家、地区和个人需要的程度。
- 提供的教育项目的质量。
- 学习者达到院校和学生个人确定的教育目标的程度；以及未预期的教育成果。
- 成本效益。
- 教育项目在目标、政策、方法和行为等方面对社会、其他项目、院校和个人产生的影响。
- 知识的创新，如成人学习者的特性，新教育技术的应用等。

6.3.1.2　鲁姆勃尔的基于"四项测试"的评估方案

鲁姆勃尔在 1981 年设计了一种基于"四项测试"的远程教育系统的评估方案：

- 反应时间测试(或培养毕业生所需的时间)。
- 产出—投入比测试(或合格毕业生占入学学生数的比例)。
- 产出适应性测试(依据院校的目标、社会对受教育人才的需要、社会对教育的需求、社会中处境不利人群的需要考查毕业生的数量和质量)。
- 成本效率和成本效益测试。

6.3.1.3　基更和鲁姆勃尔的"四维评估体系"

在鲁姆勃尔和哈里主编的《远程教学大学》专著中，基更和鲁姆勃尔撰写了"远程教学大学：一种评估体系"(1982)一文。论文指出：教育评估可以分为基于标准的评估和基于常模的评估两种。基于标准的评估要求依据"理想"的实绩标准对评估对象进行定性和定量的价值判断。但是，制定这种"理想"的实绩标准常常很困难。基于常模的评估提供了一种替代方案。评估远程教育系统的常模可以通过以下三种方式取得：①所有高等院校的正常的(标准的、平均的)实绩；②传统高等院校的正常的(标准的、平均的)实绩；③非传统高等院校的正常的(标准的、平均的)实绩。

由于远程教育系统所在国家的文化、社会、政治和经济的环境差异很大，将各国远程教育系统直接比较困难较大。通常的做法是比较同一个国家中的传统教育系统和非传统教育(远程教育)系统。即使这样，也可能会掩盖这两类系

统在教育目的、目标和条件方面的差异。基更和鲁姆勃尔在上述鲁姆勃尔基于
"四项测试"的评估方案基础上提出了一个扩展的远程教育系统的"四维评估体
系"：

- 远程学习实现的数量。
- 远程学习实现的质量。
- 远程学习实现的声誉。
- 远程学习实现的相对成本。

对于每个评估维度，都设计了相关的评估指标或变量。

6.3.1.4 史密斯的 7 项评估标准

史密斯在 1987 年的论文《远程学习的发展和现状》中提出了远程教育评估
的 7 项标准：

- 系统的产出。
- 毕业生的认可。
- 远程教育院校的地位。
- 课程材料和教学服务的质量。
- 为国家和社会培养的人才。
- 学生对所采用的远程教学方法的评价。
- 远程教育研究。

6.3.1.5 隆特利的远程教育质量评价体系

英国开放大学教育技术开发部教授隆特利（Derek Rowntree）提出的远程教
育质量评价体系包括 4 个维度 20 个项目：

（1）管理

- 被评估的学校（系、部门）开设课程的指导方针和任务目标是什么？
- 学校、系怎样决定开设哪些课程，这些课程将提供哪些内容？
- 教职员工是怎样被挑选和培训的？
- 如何检测与评估教师的工作？
- 对于检测课程的结果与有效性有哪些措施？
- 对于学生的抱怨有哪些解决的步骤和措施？

（2）教材与课程设计

- 课程如何设计，教材如何被选定和开发？根据什么样的教学标准与质
  量考核标准？
- 为使教学适应预想的教学效果、学生的需求和能力、学习的环境，采

取了哪些措施？

- 当实际操作、现场研究、基于工作的学习等符合课程目的时，它们有哪些形式是学生可获得的？
- 采用了哪些形式的学生测评？关于确保标准与其他学校类似课程的标准相等这一方面有哪些措施？
- 课程内容的合适性、结构、新颖程度和平衡性如何？
- 在将教材应用之前，如何评估其可能产生的效果？

（3）学生支持

- 采取哪些措施来确保学生对课程正确了解并作出选择，对他们已选择的课程所提供的内容和要求有所准备？
- 开始学习后提供给学生哪些形式的个别辅导？
- 给予每个学生的直接教学或指导，对他们作业或考试的反馈有多正确或有效？
- 对于学生学业成绩有哪些记录？它们是怎样被利用的？
- 课程快结束时，学生可以获得怎样的帮助或指导？

（4）反馈

- 所观察到的步骤与结果与学校所奉行的职责、指导方针给远程教育领域内的最佳情况存在哪种程度上的一致？
- 学校、学生和资助团体从投入运行的资源中得到多大程度的回报？
- 学校如何对以往的这种类型的评估作出反应？现在采用哪些建议使课程进一步提高？

远程教育评估研究更多地是应用某种评估标准或指标体系对特定的远程教育系统质量展开实际的评估案例研究。例如，基更和鲁姆勃尔在"远程教学大学：一种评估体系"（1982）一文中就应用他们自己提出的"四维评估体系"对当时已经运行的 10 所开放大学进行了比较评估。后来，基更又在其专著《远距离教育基础》（1990）中应用这一远程教育系统的"四维评估体系"，对法国国家远程教育中心、英国开放大学、美国佛罗里达大学的函授独立学习部、莱比锡大学远程教育部、新英格兰大学校外学习部进行了比较评估。

6.3.2　国外远程教育系统质量评估成果

自 20 世纪 80 以来，远程教育评估成果表明：一大批远程教育院校已经成功地实现了远程教育质量观念的创新，初步构建起远程教育质量保证体系。英国开放大学代表了单一模式远程教学大学在提供高质量的远程教育方面取得了成功。许多发达国家和发展中国家独立设置的远程教学大学都以优秀的教育质量赢得了社会公众和国际同行的认可和赞誉，比如西班牙的远程教学大学、加拿大的阿萨巴士卡大学、日本的放送大学、南非大学、印度的英迪拉·甘地国立开放大学、泰国的素可泰·探玛提叻开放大学、伊朗的帕亚莫·努尔大学和中国的香港公开大学等。双重模式远程教育的质量更是在同校园教育的竞争比较中经受住了直接的考验和检验。声誉较高的有苏联和中国重点高校举办的函授教育、美国的国家技术大学、澳大利亚的综合一体化双重模式大学举办的校外教育等。比如，澳大利亚的新英格兰大学、迪肯大学和南昆士兰大学等，以注册学生数比较，远程教育已经超过了它们校园教育的规模。这些综合一体化双重模式的院校，不是将为传统校园学生设计的教材提供给校外学生使用，而是首先为远程学习学生设计多种媒体的课程材料，随后将远程学习的教材提供给校内学生使用。不仅课程材料统一，而且课程教师统一，课程考试统一，毕业证书、文凭和学位也是统一的。从同学科专业同课程的统一的考试成绩比较，校外学生的成绩还常常领先于校内学生。就是说，远程教育和校园教育在澳大利亚双重模式院校中基本实现了统一的教育质量和学术标准。中国广播电视大学在培养大批应用型高级专业人才和开展继续教育和终身教育方面的业绩及其教育质量也得到了国内社会各界的认可、赢得了国际声誉。以下对国外若干有代表意义的远程教育院校的评估成果进行讨论。

6.3.2.1　澳大利亚开放学习共同体的教育评估

从20世纪90年代开始，澳大利亚政府鼓励所有大学开展远程教育，并组成了澳大利亚开放学习共同体(Open Learning Australia)。这是自愿参加的一个澳大利亚双重模式大学的联合体，所有成员院校同时开展校内教育和校外教育。澳大利亚政府委托墨尔本大学高等教育研究中心对澳大利亚开放学习共同体进行评估。确定评估的主要任务是三条：①独立地评估开放学习创新满足澳大利亚联邦政府的要求的程度，对此，联邦政府为主要评估对象；②独立地调查由提供课程单元的院校、提供教学服务的院校和其他院校提出的各种问题，对此，组成开放学习共同体学术委员会的成员院校为主要评估对象；③支持提供课程单元和教学服务的院校开展自评并对自评报告作出评论，对此，有关院校的教职工和学生是主要评估对象。

评估组主要考察了构成开放学习创新的指导原理的如下基本问题：质量、入学机会、灵活性、革新、现有资源的应用和成本效益。1995年3月。评估组发表了"中期报告：概要"。1995年6月评估组发表了以下5份评估系列报告(讨论稿)：①校园教育、远程教育和开放学习的综合；②开放学习创新中的开放性；③开放学习创新中的学生检查和考核；④开放学习创新中的学习支助服务；⑤开放学习创新中的课程单元设计和开发。

1996 年 1 月评估组发表了《澳大利亚开放学习创新评估总结报告》[艾钦森（Atkinson）等，1996]，对在过去 21 个月的评估期间获取的信息进行了分析和总结，得出结论是：开放学习创新确立 3 年以来，以下 3 项基本目标已经成功地实现：①高等教育的入学规模已经得到扩大，而且控制在成本预算范围内。②由于开放学习创新，高等教育领域里的灵活性和在一定程度的革新得到增长；各院校提供的开放学习课程在质量上与它们校园教学的相当。③开放学习创新建立在各院校原有的远程教育和电视开放学习试点项目的经验、专业知识和技能、课程和基础设施上；但至今，在职业和继续教育、职业教育和培训领域，灵活的开放学习创新还相当有限。

6.3.2.2　加拿大的教育评估实践简介

在国际远程教育协会第 18 届世界大会上，沙尔（Shale）和戈麦斯（Gomes）报告了加拿大两所远程教学大学——不列颠·哥伦比亚省的开放学习联合体（Open Learning Agency）和阿尔伯塔省的阿萨巴士卡大学采用传统大学制定的实绩指标体系进行评估。这些实绩指标主要包括：入学机会；毕业结业；转学；成本指标；空间利用；学生满意程度；就业指标；雇主满意程度；研究指标，作者集中讨论了如何设计对远程教育院校评估更适用和有效的指标（沙尔和戈麦斯，1997）。

6.3.2.3　印度英迪拉·甘地国立开放大学的教育评估实践简介

在国际远程教育协会第 18 届世界大会上，来自印度英迪拉·甘地国立开放大学的柯瑟（Kishor）和赛克希纳（Saxena）则指出，高等教育评估在印度越来越受到重视。他们提出了对英迪拉·甘地国立开放大学在院校层次上进行自评的模型。模型主要包括 5 方面内容：入会机会；教育计划和课程；学生的学习成果；效益和效率；对其他院校和个人的影响（柯瑟和赛克希纳 1997）。

6.3.2.4　英国开放大学的教育评估

(1)英国高等教育评估与认证的历史沿革
- 1988 年起英国大学体制改革：多科性技术学院（Polytechnic）升格为大学，使大学数量一下子从 47 所发展到 100 多所。这类新大学的招生人数高于老大学。老大学、政府和社会关注这类新大学的质量[张泰金，《英国的高等教育：历史·现状》(1995)：214]
- 英国大学高等教育质量评估数据的基础工作：

- ■ 各大学向社会公开发表的《年度报告》(包括经费决算报告);
  - ■ 英国政府教育部每年向社会公开发表详尽统计年报资料,并组织对各大学的拨款审计。
- 1989 年起英国政府开始组织高等教育质量评估。在 1997 年成立高等教育质量保障总署(QAA)以前,英国政府对高等教育质量的官方评估由英国三个高等教育拨款委员会组织实施,它们是英格兰(及北爱尔兰)高等教育拨款委员会、苏格兰高等教育拨款委员会以及威尔士高等教育拨款委员会。它们对英国大学进行三年一个周期的评估,主要包括对高等教育质量的"审计"和对科研成果的评比。评估结果作为今后三年年度拨款的依据。
- 第一次评估结果公布:1989 年《泰晤士报》(评估周期:1987～1989 年)。
- 第二次评估结果公布:1992 年 10～12 月《泰晤士报》(评估周期:1990～1992 年)(1992 年 10 月,英国《泰晤士报》公布了对英国各大学科研成果的评比结果,在社会上引起了不同的反响。(张泰金,《英国的高等教育:历史·现状》(1995):214)
- 第三次评估结果公布:1995～1996 年《泰晤士报》(评估周期:1993～1995 年)
- 1997 年成立高等教育质量保障总署(QAA)并开始由高等教育质量保障总署组织实施高等教育质量评估。QAA 的任务是提高公众对高等教育提供的质量及其判定标准的信任。

高等教育质量保障总署成立于 1997 年,它给英国高等教育提供一个综合的质量保障服务,是一个由高等教育院校捐款的独立体。因此,高等教育质量保障总署是一个非政府第三方代理机构。高等教育质量保障总署与主要的高等教育投资体,即与英国三个高等教育拨款委员会先后签订契约明确承担高等教育质量评估使命。从此,英国高等教育质量评估不再由国家高等教育拨款委员会这些政府机构自身操作,避免了集评估与拨款于一身的做法。

高等教育质量保障总署的主要任务是评论英国高等教育的质量和标准——审核每所大学管理其总体质量和水平的方式,并且评论每一个学科领域的教学和学习的质量和标准。

高等教育质量保障总署的评论结果通过其网站或者出版物公布于众。另外,高等教育质量保障总署还出版在高等教育中保证学术质量和标准的实践准则、高等教育鉴定的国家框架和学科基准水平的声明。

　　高等教育质量保障总署还要就大学资格和学位授予权等向政府提供建议，以及批准一些代理机构来负责认证一些高等教育课程。

　　高等教育质量保障总署实施 6 年一个周期的学科和院校评估（第一轮：2000～2006 年）：对每一所大学的每一个学科进行评估。通过网站和公开出版物公布评估结果，即学科评估结果（某校某学科）和院校评估结果（开设同一学科的所有大学）。但是，高等教育质量保障总署、国家高等教育拨款委员会以及英国政府并不发布英国大学排行榜。发布英国大学排行榜是英国媒体及民间的行为。

- 1993 年起由英国巴克利银行资助、《泰晤士报》主持、专家评估团组织实施英国高等教育质量的民间评估。评估团对 96 所大学进行评估，从各方面收集数据形成《初评报告》交给各大学。85 所大学作了认真核实，11 所大学拒绝合作。1993 年 5 月 9～14 日 96 所大学的评估结果在《泰晤士报》公布。英国社会将民间评比称为"优秀大学指南（Good University Guide）"，指导社会选择大学（张泰金，《英国的高等教育：历史·现状》(1995)：214-215）。

- 进入 21 世纪以来，英国媒体［如《每日电讯报》(*The Daily Tele-graph*)（该报纸在全英国发行）、高等教育时报副刊《*The Times Higher Education Supplement*》（英国高等教育部门的专家周报）以及《星期日时报》(*the Sunday Times*)等］继续发布英国大学排行榜。它们所依据的数据主要有四个来源：高等教育统计局（HESA）、高等教育质量保障总署（QAA）、国家高等教育拨款委员会和高等学校自身。

（2）英国开放大学评估结果

　　英国政府教育部以及高等教育拨款委员会、高等教育质量保障总署已经先后对英国开放大学组织进行了一系列教育评估并发布了评估报告。

　　①英国教育科学部和开放大学的联合评估。

　　英国教育科学部和开放大学在 1991 年联合发表了题名为《开放大学评价》的评估报告。这一评估的主要目标是两个：

- 为政府对开放大学在整个业余高等教育体系中的重要地位的决策提供依据；

- 确认对开放大学的公众拨款的投资效果是好的，并探讨更有效地促进开放大学学位教学计划发展的拨款体制。

　　这是一次总结性评估，对英国开放大学建校 20 年（1970～1989 年）来的实绩及其投资的利用效率和产生的成本效益等方面的经济学分析作了全面评估，得到了评估预期的结果，坚定了英国政府对开放大学作为英国成人业余高等教育主体的政策支持。

②英国大学拨款委员会的定期评估。

在 1997 年，马来西亚首都吉隆坡召开的亚洲开放大学协会第 11 届年会的主题是"远程教育的质量保证"。英国开放大学副校长丹尼尔在其所作的主题报告中以英国政府 3 方面的评估结果来确证开放大学的上乘质量。

第一，英国的英格兰、威尔士和苏格兰 3 个高等教育拨款委员会（Higher Education Funding Council）对英国境内大学的学科（discipline）教学总体质量考察评价的综合结果显示：在英国的 98 所大学中有一小组常青藤大学（premier league of universities），它们的大多数学科教学都是"优秀"级；英国开放大学在这组常青藤大学中名列第 10，即位于英国所有大学的顶尖的 10％中，并稳定了许多年。这一结果是令人十分信服的（表 6.1）。

表 6.1　英国 98 所大学高等教育质量评价结果一览表

常青藤大学 (50％＋优秀)	分组 Ⅰ (35％～50％优秀)	分组 Ⅱ (20％～34％优秀)	分组 Ⅲ (5％～19％优秀)	分组 Ⅳ (没有优秀学科专业)
剑桥大学	爱丁堡大学	埃塞克斯大学	设菲尔德汉勒姆大学	伯恩茅斯大学
约克大学	伯明翰大学	牛津·布鲁克斯大学	东伦敦大学	布赖顿大学
牛津大学	格拉斯哥大学	萨里大学	诺丁汉·特伦特大学	提赛德大学
帝国理工学院	布里斯托尔大学	萨塞克斯大学	泰晤士瓦利大学	索尔福德大学
伦敦政经学院	利兹大学	利物浦大学	中央兰开夏郡大学	布拉德福德大学
沃里克大学	加的夫大学	诺森布里亚大学	行业大学	米德尔塞克斯大学
伦敦大学学院	伦敦皇家学院	阿伯丁大学	哈德斯菲尔德大学	斯塔福德大学
达勒姆大学	尤米斯特大学	伦敦大学玛丽王后学院与韦斯特菲尔德学院	戈尔德史密斯大学	利物浦—约翰·毛里斯大学
设菲尔德大学	布里斯托尔—西英格兰大学	雷丁大学	兰彼特—威尔士大学	卢顿大学
开放大学	曼彻斯特大学	莱斯特大学	朴次茅斯大学	佩斯利大学
南安普敦大学	东英吉利亚大学	斯特灵大学	中央英格兰大学	桑德兰大学

常青藤大学 (50％＋优秀)	分组Ⅰ (35％～50％优秀)	分组Ⅱ (20％～34％优秀)	分组Ⅲ (5％～19％优秀)	分组Ⅳ (没有优秀学科专业)
诺丁汉大学	巴斯大学	阿尔斯特大学	伯克贝克大学	内皮尔大学
兰开斯特大学	赫尔大学	普利茅斯大学	赫里奥特—沃特大学	
班戈—威尔士大学	埃克塞特大学	坎特伯雷—肯特大学	邓迪大学	
圣安德斯大学	等等	等等	等等	
共 15 所大学	共 21 所大学	共 24 所大学	共 26 所大学	共 12 所大学

第二，对于地质学和音乐这两个学科专业，在所有获得"优秀"级别的大学中，开放大学的学生数占了多数，而其他所有大学的学生总共只占了少数。这个结果是相当惊人的。因为人们认为地质学和音乐需要实践教学活动，远程学习在这些学科专业上并无天然的优势。然而，考察评价结果表明：这些学科专业接受质量"优秀"的大学教学的英格兰学生大多数是通过开放大学的远程学习实现的（表 6.2）。

表 6.2　部分学科专业英国开放大学学生数占"优秀"大学学科专业在校生数的百分比（英格兰）

学科	学生百分比
音乐	65％
地质学	62％
社会政策	54％
化学	42％
工商	23％

第三，苏格兰高等教育拨款委员会最近进行的一项苏格兰大学业余学习学生调查的结果显示：除了一项外，其他各项在学生满意度方面开放大学得分较高、并且往往大大高于其他校园大学。仅仅在"友好氛围（Friendly Atmosphere)"方面，开放大学的得分低了三个百分点，这明显是远程学习的结果（表 6.3）。

表 6.3　课程评价等级：优秀和良好课程所占百分比(苏格兰)

因素	开放大学	其他大学
课程内容	95	78
单元选择	76	48
教学	70	63
学生学习支助服务	64	17
教科书、图书馆、学习材料	93	48
友好氛围	58	61
费用	56	35

　　上述质量评价结果有什么意义？英国政府究竟如何考察评价大学教学质量？以英格兰高等教育拨款委员会为例，评价体系由高等教育的 6 个核心方面组成，它们是：课程设置的设计，教学内容和教学组织；教，学和检查考核；学生学习进步和成果；学生学习支助服务和指导；学习资源；质量保证和完善机制。

　　对每所大学各个学科专业的教学，从上述 6 个方面分别评价给出 1～4 分，其中 1 分为不合格。每个学科专业教学能得到的最高分是 24 分。委员会认为得分 21 分或更高的学科教学属于"优秀"级。显然，英格兰高等教育拨款委员会采用的评价高等教育的 6 项准则比上述创建年代、排斥性、人际交流和资源这些传统教育质量测量方法更合理。在最近一次评价大学社会学专业教学时，英国开放大学得了满分 24 分。这是有史以来英国大学赢得的第一个满分。

　　③英国高等教育质量保障总署对英国开放大学的评估结果(2002 年)。

　　英国高等教育质量保障总署在 1999 年对英国开放大学的学科专业进行过评估，2001 年对英国开放大学的课程进行了评估。在 2002 年 7 月 27 日的英国《每日电讯报》(The Daily Telegraph)的英国大学排行榜上，英国开放大学名列第 9。这份英国大学排行榜是在高等教育质量保障总署进行的质量评估的基础上得出来的，是按照各大学学科专业的优秀率进行排名的。在评估的 25 个学科专业中，有 18 个学科专业达到了"优秀"，优秀率是 72%。而在 2001 年的《每日电迅报》中，英国开放大学名列第 13 名，在评估的 19 个学科专业中，有 12 个学科专业达到了"优秀"，优秀率是 63%。《每日电迅报》从 1992 年起开始使用整个考察期间的信息进行报道。

　　2002 年 8 月《高等教育时报副刊》(The Times Higher Education Supplement)刊登的英国大学排行榜上，英国开放大学排名并列第 6。这张表也是在高等教育质量保障总署进行的质量评估的基础上得出来的，这份英国大学排行榜按英国各大学的平均分进行排名，开放大学的平均分是 22.5 分，满分是 24 分。该平均分是从 1995 年到 2001 年累积的各大学学科专业评估得分综合核算得出的。

④英国高等教育质量保障总署发表《远程学习质量保障指南》。

鉴于远程学习的特点，英国高等教育质量保障总署发表了《远程学习质量保障指南》。这是该机构针对远程学习提出的质量保障建议性指南。该指南提出了一些比传统校园学习更加详细和具体的要求。其中包括 6 个专项指南和 23 项细则：

指南 1　系统设计：完整方案的开发（含 5 项细则）；

指南 2　课程设计与开发：建立课程设计、批准与检查过程中的学术标准和质量要求（含 6 项细则）；

指南 3　课程发送：课程发送管理中的质量保障和标准（含 3 项细则）；

指南 4　学生发展与支助：（含 1 项细则）；

指南 5　学生交流与表达：（含 3 项细则）；

指南 6　学生评价：（含 5 项细则）。

每个指南包括一般标准和概要指南。一般标准指出了远程教育机构需要特别关注、并要举证说明的措施；与之相关的概要指南则是为远程教育机构提供可根据实际情况应用的建议。该指南原文附录还包括一些问题样例，这些问题样例用于远程教学机构自检使用，内容涉及指南的各个部分。

《远程学习质量保障指南》还指出，影响教学质量的因素有 6 个，但往往最薄弱的正是需要重点关注的部分，因此需要对远程教学进行全面监控与管理，并及时采取有效的措施。影响远程学习质量的因素还有远程学习的基础设施，并没有包括在本指南中，但并不代表不应认真对待。同时，英国高等教育质量保障总署也指出，该指南的实施需要考虑与英国高等教育质量保障总署发布的《高等教育质量保障实践守则》的衔接问题。守则中的一般标准和概要指南也有助于保证远程学习的质量。

⑤英国高等教育质量保障总署的最新评估结果。

在英国高等教育质量保障总署组织进行的学科评估基础上，依据英国媒体《星期日时报》(the Sunday Times) 在 2003 年 9 月 14 日发布的"2003 年英国大学排行榜"(University Guide 2003's)，英国开放大学的教学质量已经从 2002 年 8 月的第 10 位上升到 2003 年 9 月的第 5 位，赶上并超过了英国著名的牛津大学(Oxford)（位列第 6 位）、帝国大学(Imperial College)（第 7 位）和伦敦大学学院(University College London)(第 8 位)。

《星期日时报》报道称：自 1995 年以来，在高等教育质量保障总署组织进行的学科专业教学评估中，英国开放大学在总数 14 个学科专业中有 12 个获得优秀。英国大学排名就是依据学科专业教学优秀的比率决定的。此外，在 1995 年前，英国开放大学还有 7 个学科专业被评为优秀，但没有进入该次排名核算。

英国开放大学副校长勃兰达·葛里(Brenda Gourley)教授对这一排名结果作了如下评论：

"每一年都有许多学生告诉我们，他们是多么赞赏开放大学教学材料和教学方法的质量。开放大学及其教职员工有理由为我们的教学质量和专长骄傲，并将继续以此帮助成千上万学生实现他们的理想，提高他们的知识和技能，发展他们的职业生涯，并从学习中取得最佳效果。"

6.3.2.5　美国高等教育质量评估与认证

美国是一个联邦制国家，联邦政府教育部并不直接组织对高等院校的评估和论证。全美有 8 个地区高等教育认证委员会负责对高等教育院校及其学科学历教学计划和课程设置的评估与认证。它们是：

- 中部各州大专院校与学校协会高等教育委员会
- 新英格兰学校与大专院校协会高等教育院校委员会
- 新英格兰学校与大专院校协会技术与职业学校委员会
- 中北部大专院校与学校协会高等教育院校委员会
- 西北学校与大专院校协会大专院校委员会
- 南方大专院校与学校协会大专院校委员会
- 西部学校与大专院校协会社区与初级学院认证委员会
- 西部学校与大专院校协会高级学院与大学认证委员会

这 8 个地区教育认证委员会联合发布了一个《对电子发送的学位和证书教育计划进行评估的承诺》。该《承诺》指出：

"技术媒介的远程教学已经成为高等教育的一个重要组成部分。越来越多的学院和大学正在将更多的课程和教学计划上网进行在线教学，而那些早期的先驱也纷纷扩展它们的活动。还出现了许多新的网络远程教育提供机构，它们通常没有传统院校的身份。这种新的教育形态正在创造出为新的学生对象服务和为已有人群提供更好的服务的机会，而这正在激励整个教育界进行革新。在发生这些值得庆贺的发展的同时，新的教育发送系统也在考验传统的假设，对教育经验以及支持这种教育经验需要的资源的本质和内涵提出了新的质疑。它以这种方式对上述 8 个地区认证委员会提出了非常规的、特殊的挑战，而这些委员会的职责在于保证美国授予学位的大多数高等教育院校的质量。

这些地区委员会对这类新的教育形态的处置方式被表述在旨在保证远程教育高质量的一组承诺中。它们包括对有关传统、原理和价值的承诺并用以指导本地区对教育革新的处置；8 个地区委员会之间协作的承诺并用以指导与其他机构的合作来实现对远程教育评估的一致的处置；以及用来支持有关院校实现最佳实践的承诺。"

这 8 个地区高等教育认证委员会为达到上述目标，一直保持寻求高等教育认证委员会（CHEA：Council for Higher Education Accreditation）的帮助。在原先西部教育电信协作体（WCET：Western Cooperative for Educational Tele-communications）的草案基础上制定了"电子发送的学位和证书教育计划的最佳实践指南"。

6.4　我国远程教育质量评估实践及其主要成果

我国远程教育的评估几乎与普通高等学校的评估研究和实践同步。中央广播电视大学和各地省级广播电视大学开展了一系列教育评估活动，对中国电大教育的改革和发展，尤其对提高教育质量和投资效益方面发挥了积极作用。我国函授教育也在普通高等学校和成人高等学校的评估活动中参与了实践与理论研究。进入 21 世纪以来，随着组织实施普通高校现代远程教育工程，对高校网络教育学院的质量评估也开展起来。本节主要论述中央广播电视大学在全国开展的主要的教育评估项目以及普通高校网络远程教育的质量评估。

6.4.1　首次全国电大毕业生追踪调查

毕业生追踪调查是总结性教育评估的一种方法。从 20 世纪 60 年代起，国外就开始使用这一方法对学校教育进行评估。它可用于预测社会对人才的需求、比较不同类型学校培养的毕业生水平、某类学校在某段时间内的毕业生质量和使用情况，还可以用于评价教育改革对毕业生质量的影响，以改进学校的教学和管理工作。

对毕业生追踪调查的主要方法有 3 种。第一种是跟踪法，分两阶段进行。第一阶段开始于学生即将毕业之前，对毕业生进行抽样，调查那些抽作样本的学生在校的背景情况，同时登记学生的永久通信地址；第二阶段对作为调查对象的毕业生进行跟踪调查，了解其离校后的工作情况，这可进行多次。第二种是回溯法。调查对象是毕业2～3年的学生，经抽样后，调查被查学生毕业前后若干年的变化情况，调查内容应包括上述跟踪法前后两个阶段的内容。第三种是定点调查法。在某些企事业单位中对特定教育程度的毕业生进行调查。由于电大建校初期没有积累毕业生在校的基本数据，因此，首次对电大毕业生的追踪调查采用回溯法。选择电大82届、83届和85届共三届321 899名电大毕业生作为被查总体进行分层随机抽样调查。分层随机抽样就是将总体单位按其属性特征分为若干层，然后在各层中抽取样本。这种方法可以通过合理分层、缩小层内方差来减少抽样误差，提高样本的代表性。抽取样本后，用所得到的样本数据，对总体目标量进行估算，从而对总体特征作出推断。经过科学设计的、严格实施的抽样调查可以获得可靠而准确的结果，即使产生抽样误差，也可控制在允许的范围内。

全国电大毕业生首次追踪调查按毕业届别、专业门类、注册类别和经济发展水平不同的地区等项目共分20层，参加这项活动的35个省级电大的随机抽样总数为12 682人，实际发放问卷表共12 311套。回收毕业生情况调查表10 087张，有效回收率80.7％，回收用人单位反映情况表9 847张，有效回收率78％。个人问卷表主要内容包括毕业生的基本情况，在校的学习情况，毕业后的收获与提高，毕业后的工作情况等；单位问卷表主要内容包括毕业生的德智体情况，毕业生的使用情况，毕业生所取得的成绩等。在整个数据处理过程中，从统计分析到绘制图表、报告打印等工作，全部使用了计算机。调查结果表明，电大教育成绩显著，电大毕业生质量是好的和比较好的。用人单位对电大生质量的评价为信任和较信任的共占86.2％。电大生毕业后，工作得到了适当的安排，被安排在要求大专以上学历的工作岗位和专业对口工作岗位的比例均在76％以上。88.7％的电大毕业生能独立胜任工作。这次调查为进一步开展电大教育研究、进行科学决策提供了一批可靠的、宝贵的资料。

6.4.2 电大教育质量和投资效益评估

"电大教育质量和投资效益评估"的总目标是，对全国电大办学11年（1979～1989年）的高等专科学历教育质量和教育投资的总体效益和结构进行全面的、系统的、定量的评估，总结经验，揭露矛盾，揭示规律，从而改进教学，完善管理，以高质量和高效益求得电大在20世纪90年代的发展，进一步确立广播电视教育在我国高等教育体系中应有的战略地位。

评估结果对电大建校11年来的教育质量和投资效益作出了一个比较全面的、客观的、定量的历史性回答，并与普通高校和其他成人高校作了比较分析

（参见第 7 章 7.3 节）。评估报告对继续发挥电大教育在质量和效益方面的优势和特长，克服和改善被揭露的薄弱环节，提出了改进的建议。它对广播电视大学在 20 世纪 90 年代的宏观规划和决策、改革与发展已经产生了积极的影响［参见丁兴富《中国电大教育质量和投资效益评估》(1992)］。

6.4.3　全国省级广播电视大学教学评估

全国省级广播电视大学教学评估(1997～1999)是我国电大系统创建以来规模最大、规格最高的一次全国性评估活动，也是我国电大建校 20 周年之际对全国电大高等专科教育的首次历史性的全面检查和评价。开展本次教学评估工作，是为了促进电大系统的建设，加快电大改革和发展的步伐，提高开放办学和现代化教学的质量和效益；同时，也是为了积累开展评估工作的经验，为今后在电大系统全面开展教育评估工作做准备。

6.4.3.1　教学评估目标、对象和内容的设定

全国省级电大教学评估的目标是：通过考察省级电大高等专科教育的教学工作情况，检查电大的教学过程、教学管理、教学条件以及教学效果等；促进电大更好地利用现代教学手段和多种媒体进行远程开放教学，充分发挥电大系统教育资源的优势，深化教学改革；加强电大系统的教学指导，提高现代化教学管理水平，促进教学管理的科学化、规范化和正规化；改善教学条件，提高教学质量和效益；使电大高等专科教育更好地为我国经济建设和社会发展服务。同时，决定全国电大教学评估的对象是省级电大，评估范围主要是电大高等专科教育的教学和教学管理工作。根据将目标评估和过程评估、条件评估相结合、以过程评估为中心的指导思想，确定了这次教学评估的主要内容由教学过程、教学管理、教学条件和教学效果四部分组成。

6.4.3.2　教学评估的方案设计和组织实施

这次教学评估由教育部电教办和中央电大直接组织领导，全国 44 所省级电大都参加了评估。设计制定了包括"省级电大教学评估指标体系""省级电大教学评估量表"以及"学生调查表""教师调查表"和"省级电大调查表"在内的评估方案。设计开发了具有多种功能的全国省级电大教学评估数学模型和统计软件。包括教学过程、教学管理、教学条件和教学效果 4 个方面的五级评估指标体系是评估方案的核心。指标总数 168 项。其中，125 项属末级指标（占指标总数的 75%），其相应得分由原始调查数据资料经专门设计的数学模型和计算机软件处理运算确定。其余 43 项导出指标（占指标总数的 25%）得分依据末级

指标得分及相应的权重系数经专门设计的数学模型和计算机软件处理运算确定。原始数据资料采用对全国电大学生和教师的典型加抽样调查和对44所省级电大的普查取得。这次教学评估重点调查了当时刚刚结束的1996~1997学年教学和教学管理工作，以及刚刚毕业的1997届毕业班学生(即1994级三年制学生和1995级二年制学生)在整个教学周期的情况，以及1996级新生入学第一年的教学和学习状况。1996~1997学年全国电大共有高等专科分专业全科在校生(不计注册视听生)516 077人。其中，1997届分专业毕业班学生200 325人。专任教师21 505人。全国电大1996~1997学年开设一级学科9类、二级学科55类，专业共计534个。这次教学评估选择计算机应用、法律、财务会计和英语4个专业分别作为理工农医、社会科学、经济管理和教育文学4大学科群的典型代表。上述4个参评专业都是电大高等专科教育相关学科中通用性强、覆盖面大、相对稳定的专业，它们在1996~1997学年共有在校生194 361人，占该学年在校生总数的32%，有相当大的代表性。这次教学评估对4个参评专业学生组织了分层、整群和等距相结合的抽样调查，共发放学生问卷33 323份。用光电扫描机仪录入计算机数据库的参评学生有效答卷20 883份，有效回收率63%。发放教师问卷7 009人次，录入教师有效答卷4 874人次，有效回收率70%。完成录入全国省级电大普查问卷表44份。本次评估取得了大量珍贵的原始评估数据资料。经过计算机运算处理和分析总结，形成了全国44所省级电大的《教学评估自评报告》。1998年中，分两批组织了12个复评组对全国44所省级电大进行了认真细致的复评。各复评组依据统一的复评方案全面检查审核了各省级电大的自评结果、自评工作及其成果，对44所省级电大分别作出了复评结论。1998年底前完成了对部分省级电大的专项验收。1999年1月至1999年3月，在汇集全国省级电大经复评修改的《自评报告》及相应的评估原始数据库的基础上，对全国省级电大的教学评估数据进行综合运算和各种统计分析处理，撰写形成了《中国广播电视大学教学评估(1997~1999)报告》。1999年3月全国电大教学评估领导小组确认评估结果，作出评估结论，并在1999年3月全国电大教育工作会议(沈阳)上进行了全国电大教学评估工作的总结表彰。大会共表彰了14所省级电大为教学工作先进学校，其余30所省级电大均为合格学校。同时有12所省级电大获教学现代化、教学管理、教学支助服务、实践性教学、队伍建设和民族语言教学先进表彰。从启动到总结，整个全国电大教学评估工作前后历时两年多。

6.4.3.3　全国省级电大教学评估的主要结果

表6.4给出了这次全国省级电大教学评估总指标和一、二级指标6个常用

统计量的分值。

表 6.4　全国省级电大教学评估总指标与一、二级指标常用统计量分值表

指标名称	得分（均值）	中位数	最大值	最小值	标准差	差异系数
教学评估总指标	4.499	4.524	4.733	4.132	0.138	0.030
教学过程	4.320	4.300	4.780	3.995	0.199	0.046
多种媒体教材使用	4.033	3.964	4.690	3.434	0.291	0.072
教学支助服务	4.261	4.289	4.730	3.505	0.246	0.057
实践性教学	4.444	4.433	4.974	4.003	0.205	0.046
检查与考试	4.361	4.340	4.876	3.915	0.242	0.055
教书育人	4.625	4.632	4.962	4.173	0.198	0.042
教学管理	4.778	4.837	5.000	4.341	0.156	0.033
制度建设	4.992	5.000	5.000	4.488	0.046	0.010
计划管理	4.565	4.300	5.000	3.300	0.415	0.091
大纲管理	4.810	5.000	5.000	3.317	0.426	0.088
教材管理	4.750	4.881	5.000	3.740	0.365	0.077
考务管理	4.707	5.000	5.000	3.625	0.393	0.083
学籍管理	5.000	5.000	5.000	5.000	0.000	0.000
文件管理	4.953	4.999	5.000	3.985	0.185	0.037
管理手段	4.386	4.000	5.000	2.000	0.722	0.164
教学条件	4.311	4.343	4.899	3.128	0.390	0.090
队伍建设	4.540	4.634	4.957	3.320	0.361	0.079
教学经费	4.108	4.090	5.000	2.280	0.617	0.150
教学设施	4.125	4.075	5.000	2.650	0.672	0.163
教学效果	4.580	4.621	4.902	3.734	0.219	0.047
学生思想品德	4.654	4.686	4.822	4.325	0.133	0.028
理论学习成绩	4.602	4.750	5.000	3.250	0.433	0.094
专业技能考核成绩	4.953	5.000	5.000	3.896	0.182	0.036
毕业设计作业成绩	4.471	4.500	5.000	3.500	0.446	0.099
按期毕业率	4.512	4.750	5.000	2.500	0.631	0.139
社会等级考试通过率	3.840	3.781	4.616	3.019	0.389	0.101

（1）教学评估总指标得分及分析

由表 6.4 可见，全国省级电大教学评估总指标得分（以下简称总分）为 4.499 分（满分 5 分，以下同），最大值 4.733 分，最小值 4.132 分，差异系数 3%。这就是说，全国 44 所省级电大高等专科教育的教学和教学管理工作总体是好的和比较好的。省级电大之间的差距并不很大。从图 6.2 可见，全国 44

所省级电大教学评估总分分布成明显的两组：高分组 36 所省级电大(占全国省级电大总数的 82%)以高峰值 4.5～4.6 分为中心分布，得分均大于 4.4 分，其中更有 13 所省级电大(占全国省级电大总数的 30%)得分大于 4.6 分，反映出这些省级电大的教育教学工作相对比较先进，教育教学质量稳定并有可靠保证。低分组 8 所省级电大(占全国省级电大总数的 18%)以低峰值 4.2～4.3 分为中心分布，高低峰值相差 0.3 分。说明低分组 8 所省级电大的教育教学工作尽管也都符合基本要求，质量也有基本保证，但在教学和教学管理工作或教学条件的一些方面仍有差距，有待进一步加强和改进。

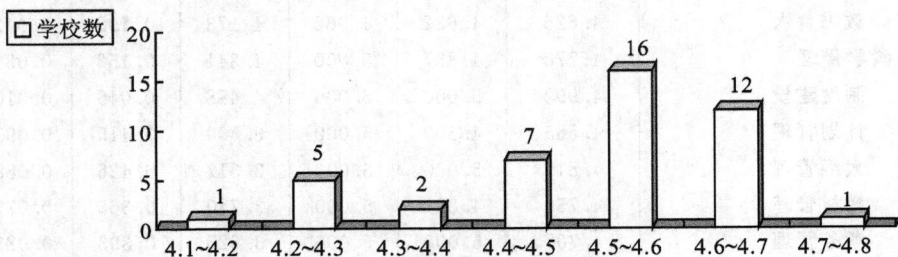

图 6.2 全国 44 所省级电大教学评估总分分布

(2)教学评估 4 项一级指标得分及比较

全国省级电大教学评估 4 项一级指标的得分分别为：教学过程 4.320 分，教学管理 4.778 分，教学条件 4.311 分和教学效果 4.580 分(见表 6.4 和图 6.3)。总体而言，4 项一级指标的得分均在 4.3 分以上，表明全国省级电大高等专科教育的教学工作各个方面都是好的和比较好的。其中，教学管理和教学效果 2 项一级指标得分值较高，且大于教学评估总分(4.499 分)，反映出全国省级电大教学管理工作较有成效，教学效果比较显著。相比之下，教学条件和教学过

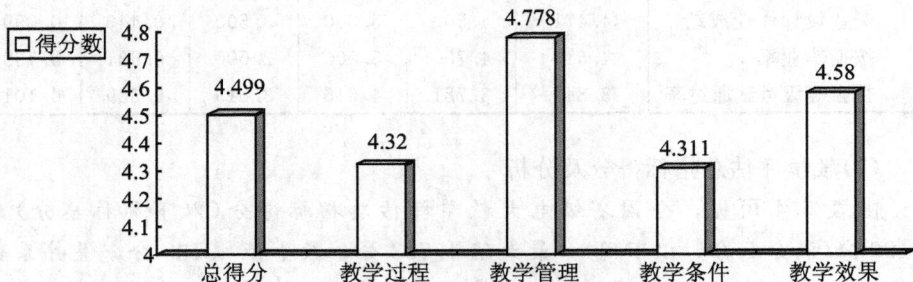

图 6.3 全国省级电大教学评估 4 项一级指标得分比较

252

程 2 项一级指标得分值较低，且低于教学评估总分，表明尽管全国省级电大教学条件已有较大改进，教学过程积累了不少成功经验，依然是全国电大教学工作中有待进一步重点加强的。

　　对全国省级电大教学评估及其结果的全面分析和论述可参见丁兴富主编的《中国广播电视大学教学评估(1997～1999)报告》，也可参见丁兴富的专著《远程教育研究》(2001)。

6.4.4　新设计的远程教育系统四维评估体系

　　在 1998 年上海电视大学召开的开放与远程教育国际研讨会上，丁兴富发表了题为"远程教学大学的评估——来自中国的观点和经验"。丁兴富依据前面介绍的基更和鲁姆勒尔在 1982 年提出的四维评估体系，结合多年来我国远程教育评估的实践经验和理论研究成果，提出了一个新设计的远程教育系统的四维评估体系：

1　远程教育系统的数量

1.1　系统规模

1.1.1　院校

1.1.2　学生

1.1.3　教职工

1.2　教学计划和课程设置

1.2.1　层次和类型

1.2.2　学科和专业

1.2.3　课程开发和发送

1.3　系统对高等教育和人力资源开发的贡献和改善

1.3.1　入学机会

1.3.2　地理分布

1.3.3　层次结构

1.3.4　学科结构

1.3.5　高质量专门人才

1.3.6　劳动者培训

2　远程教育系统的质量

2.1　课程

2.1.1　课程设置与更新

4.2.3　生均固定资产值

4.2.4　生均建筑面积

4.2.5　生均校园面积

4.3　投入结构

4.4　开支结构

丁兴富在论文中应用这一评估体系对我国广播电视大学系统给出了总结性评价。

6.4.5　教育部启动我国高校网络远程教育评估与认证项目

在组织实施我国高校现代远程教育试点工程的同期，教育部于 2001 年 10 月启动了"网络教育质量认证研究与实践"研究项目。该研究项目立项的主旨是探索建立一种网络远程教育的第三方评估与认证制度，通过更为规范的管理和评价来促进我国现代远程教育的健康发展。该研究项目共划分为 10 个子课题，包括"网络教育学院认证研究""网络教育学习中心认证研究""网络课程认证研究"和"网络教育基础课程质量认证研究""远程教育质量保障及质量评估与认证国际比较研究"等。2003 年 12 月启动网络教育教学工作评估的研究，2004 年 6 月正式成立课题组，2004 年 12 月高教司发函对制定的评估方案与指标体系征求意见，2005 年 5 月高教司组织通过验收，形成了《现代远程教育试点普通高等学校网络教育教学工作评估方案》《现代远程教育试点普通高等学校网络教育教学工作评估指标体系》《现代远程教育校外学习中心评估指标体系》。同期，教育部组织制定了《中央广播电视大学人才培养模式改革和开放教育试点项目中期评估方案》和《中央广播电视大学人才培养模式改革和开放教育试点项目总结性评估方案》并组织专家组实施。

6.4.6　我国网络远程教育技术标准的制定

我国教育部于 2000 年成立了隶属于国家信息技术标准化技术委员会之下的现代远程教育标准化委员会，启动了中国远程教育技术标准（CELTS：Chinese Learning Technology Standards）研究项目。在跟踪国际远程教育标准的基础上，已经制定出一系列符合我国国情的网络远程教育技术标准。2001 年教育部颁布了由现代远程教育标准化委员会制定的《现代远程教育技术规范（教学资源相关部分）V1.0 版》。此后，技术标准的制定工作一直在继续进行中。据 2006 年初在该标准化委员会网站上发布的《中国远程教育技术标准

(CELTS)索引》，已经发布比较成熟的标准共 5 类，以下是这些标准系列分类索引表。

表 6.5　中国远程教育技术标准(CELTS)系列分类索引表

标准分类	子标准(编号)	主要参考的国际标准
指导类	1. 系统架构与参照模型(CELTS-1)	IEEE 1484.1
	2. 术语(CELTS-2)	IEEE 1484.3
	4. 绑定技术指导(CELTS-4)	IEEE 1484.14
	25. 本地化指南(CELTS-25)	IEEE 1484.9
教学资源类	3. 学习对象元数据(CELTS-3)	IEEE 1484.12
	8. 课程编列(CELTS-8)	IEEE 1484.6
	9. 内容包装(CELTS-9)	IEEE 1484.17
	10. 测试互操作(CELTS-10)	IMS QT
	41. 教育资源建设(CELTS-41)	—
	42. 基础教育资源元数据(CELTS-42)	—
学习者类	11. 学习者模型(CELTS-11)	IEEE 1484.2
	13. 学生身份标识(CELTS-13)	IEEE 1484.13
	14. 学力定义(CELTS-14)	IEEE 1484.20
学习环境类	17. 平台与媒体标准族谱(CELTS-17)	IEEE 1484.18
	18. 工具/代理通信(CELTS-18)	IEEE 1484.7
	20. 学习管理(CELTS-20)	IEEE 1484.11
教育管理类	22. 网络课程评价(CELTS-22)	ASTD－ELCS
	24. 教学服务质量管理(CELTS-24)	ISO 9000
	30. 教育管理信息数据代码(CELTS-30)	—
	40. 教育管理信息系统互操作(CELTS-40)	—

（注：以上分类索引表于 2009 年 3 月下载）

　　2008 年初，由国家标准化管理委员会正式公告发布了中国远程教育技术标准化委员会制定的《学习对象元数据》《基于规则的 XML 绑定技术》和《参与者标识符》3 项标准。网络远程教育国家技术标准的制定、颁布和实施对规范网络远程教育系统设计和运行、提高网络远程教育资源建设和支持服务的质量具有重要的指导意义。

6.5 远程教育质量认证

在国际国内远程教育界普遍组织实施远程教育质量评估的同时，远程教育质量认证开始受到关注，并开始了实践探索和研究，已经取得了部分成果。

6.5.1 教育认证的基本概念

6.5.1.1 教育认证的缘起

世纪之交，各国产业界对工商企业的质量论证开始普遍兴起，并开始引入国际教育界。质量管理专家朱兰（Junan）指出："21世纪是质量的世纪。"顾客对质量的期望更加严格，竞争更加激烈，而竞争的根本是质量。质量问题是国家经济发展中的一个战略问题，质量水平的高低是一个国家经济、科技、教育和管理水平的综合反映。提高教育质量是高等院校的永恒主题。作为快速发展的现代远程教育，这一任务越发显得重要和紧迫。质量认证就是在全面质量管理的基础上产生发展起来的。全面质量管理的理念是：教育质量是教育活动满足预期需要的程度。教育机构对教育质量的管理，就是选择自己的教育教学计划满足社会的需要，并通过对教育活动全过程有关因素的控制，使整个教育教学活动向预定的方向发展，确保设计、实施的各项活动达到预定的目标、满足预期的需要。而由国际标准化组织（ISO：International Organization for Standardization）设计、开发、制定的"ISO 9000质量管理体系标准"是在全面质量管理理论和实践基础上发展起来的质量管理新模式，也即质量认证模式：把质量管理从传统的对结果（产品）实行评估转为对过程实施控制，强调的是组织全体人员参与对形成最终结果的全部工作，实施全部过程的监督管理。按照"ISO 9000标准"定义：质量管理是"在质量方面指挥和控制组织的协调的活动"。国际标准化组织于1979年成立了质量技术委员会，1987年改名为质量管理和质量保证技术委员会，负责质量管理和质量保证国际标准的制定工作。经过各国专家的共同努力，1987年发布了"ISO 9000质量保证标准"，1994年第一次修订，2000年推出了第二次修订改版，如今称为"2000年版的ISO 9000质量管理体系标准"。该标准引言中明确指出："标准是通用的，不是专门为某一工业行业或经济部门而制定的。""ISO 9000标准"覆盖了房地产、信息技术等39个行业，教育亦列在其中。由此可见，"ISO 9000标准"在制定和实施中就已包含了在教育领域的应用。我国从 1998 年以来，开始有一些教育部门试图采用这些标准来提升教育的管理质量，这些学校包括高等学校、中等教育和职业学校。

6.5.1.2　教育认证的概念定义

教育质量认证通常是院校外部的行为，可以是远程教育院校提请政府或社会认证机构进行的、也可以是政府组织的或政府委托社会认证机构进行的。质量认证通常注重被认证机构自身的或行业的质量目标与标准规定及实现质量目标与标准的运行全过程，要求被认证机构出示文件资料和成果数据分析、进行举证。质量认证通常由有专家参加的专业认证机构来组织实施。

6.5.1.3　教育认证和教育评估的关系

如上所述，质量评估可以是远程教育院校自身的行为，如院校组织对远程教育专业课程设置或课程教学的评估、院校组织学生对教师远程教学效果的评价等。但在本报告中，质量评估主要指政府(直接组织和委托第三方组织)对远程教育院校的教育质量和标准的评估。质量评估通常基于针对性很强的评估指标体系(通常分为基于标准和基于常模两种)，通过自评和专家组评估(文件数据和现场考察相结合)来实现。教育评估的指标体系通常是由被评估对象上层教育行政领导部门或外部代理机构制定的，较注重指标体系的客观性、可比性和可测性。指标体系的运作通常是定量与定性结合、以定量为主。教育认证的目标和标准通常是被认证机构在某种国际、国家或行业标准的基础上自行制定的，是被认证机构自身对政府和社会、对投资方和用户、对认证机构做出的质量目标和标准承诺。这些认证目标和标准可以是定量指标，也可以是定性的文本陈述，其界定的目标和标准是可以用对事实的记录和举证来验证，被认证机构及专家观察、操作和评价的。教育评估的对象通常是一个同质的群体，评估指标具有可比性、客观性和公平性，评估的结果有可能显示出各个体之间的差异，含有比较、选择、褒贬和奖惩的意义。教育认证通常是个体行为而不是集体行为。教育认证更注重被认证对象的整体形象和特色，注重国际、国家或行业的质量目标和标准规范，以及被认证对象自身制定和承诺的质量目标和标准，含有是否合格、达标(指达到符合国际、国家或行业规范的自定质量目标和标准)的意义。教育认证并不强调可比性、选择性和竞争性。

在我国，常常将教育机构或项目的建立和启动前所做的评估当做准入性教育认证。比如，我国普通高校参加现代远程教育试点要通过教育部组织的专家组准入认证。教育部同样要求试点高校在全国各地设立的网络教育校外学习中心要经过当地省级政府教育行政主管部门组织的准入认证和备案。就其实质而言，这种准入认证并非上述真正意义上的教育认证，而应该是教育评估的一种，即属于教育机构和项目投入运行前的替代性(或准入性)评估。

6.5.1.4   构建远程教育质量体系同时需要教育评估与教育认证

从教育评估和教育认证的不同性质和不同功能来看，我国现代远程教育试点高校既需要教育评估，同时也需要教育认证。教育评估可以在相当大的层面上较快地实现对各试点高校网络远程教育质量(包括对整个网络教育学院和各个网络教育校外学习中心)的评价，促进网络教育质量和标准的提高，鼓励高质量办学、教学和管理的试点高校，警示和处分质量和标准出现重大失误的试点高校。教育认证可以有效地帮助一个个试点高校建立起比较完善的网络远程教育质量保证体系，改进和完善网络教育的质量和标准管理工作，将网络教育质量和标准的保证和监管落实到网络教学和管理的全过程，落实到试点高校网络教育各相关部门、相关人员、每个教师，以及遍布全国的校外学习中心。我国教育部于 2001 年 10 月启动了"网络教育质量认证研究与实践"研究项目，就同时关注网络远程教育的评估和认证。

6.5.2   远程教育质量认证

在国际远程教育界，澳大利亚南昆士兰大学远程教育第一个通过"ISO 9000质量管理体系标准"认证。此前，该校已经取得国际开放与远程教育协会(ICDE)颁发的世界远程教育最佳院校奖。国际开放与远程教育协会(ICDE)成了远程教育质量认证机构，聘请远程教育专家为世界各国远程教育院校机构提供远程教育质量管理体系标准的认证。

2003 年 3 月 28 日，北京大学医学网络教育学院以其规范的办学行为和较高的教育教学质量与标准成为我国首家通过 2000 年版"ISO 9000 质量管理体系标准"认证的试点高校网络教育学院。该院制订的质量方针是："管理规范，资源优秀，服务满意，技术可靠，提供一流的医学网络教育。"该院制定的质量目标是：①主讲教师为高级职称的占教师总数 85％以上；②教学层次丰富(包括研究生、本科、专科、继续医学教育，各类培训)；③学生综合满意度大于或等于 70％；④课件提供率为 100％。

2008 年，上海电视大学通过了国际开放与远程教育协会(ICDE)的远程教育教学质量认证，成为我国第一个通过该国际权威机构认证的远程教学大学。

【思考与练习】

1. 你心目中的教育质量理念是什么？怎样理解远程教育面临的传统教育质量观念的挑战与责难？

2. 你同意本书对建立远程教育创新的质量观念的论述吗？怎样理解远程教育对传统教育质量管理的革新、挑战和冲击？

3. 英国开放大学的教育质量是如何得到英国政府、高等教育界和全社会认可的？

4. 简述：(1)英国开放大学的教育质量保证体系的四项基本要素；(2)中国广播电视大学的教育质量保证体系的结构和主要内容；(3)我国高等学校网络远程教育质量保证体系的三层次结构及其主要内容。你认为远程教育质量保证体系应如何建立？

5. 简述以下规范标准的主要内容(1)美国有关网络远程教育的质量规范指南；(2)国际网络远程教育的技术标准；(3)我国网络远程教育的技术标准。

6. 简述本书介绍的国外远程教育系统评估的理论方案和指标体系。

7. 简述英国大学拨款委员会对英国大学的评估方法、英国开放大学的评估结果及其意义。

8. 简述首次全国电大毕业生追踪调查及其主要结果。

9. 简述全国省级广播电视大学教学评估及其主要结果。

10. 什么是远程教育质量认证？质量认证与质量评估有什么异同？

【项目与活动】

1. 文献研究项目 1

通过文献或网络调查，学习我国教育部高教司发布的《现代远程教育试点普通高等学校网络教育教学工作评估方案》《现代远程教育试点普通高等学校网络教育教学工作评估指标体系》以及《现代远程教育校外学习中心评估指标体系》。依据你学习到的评估理论与方法，以及对远程教育质量观创新的理解，对上述评估方案与指标体系进行分析讨论。

2. 文献研究项目 2

通过文献或网络调查，学习我国教育部高教司发布的《中央广播电视大学人才培养模式改革和开放教育试点项目中期评估方案》和《中央广播电视大学人才培养模式改革和开放教育试点项目总结性评估方案》，以及我国广播电视大学系统发表的评估报告，对上述评估活动做出评价。

3. 组织讨论活动 1

围绕本章 6.1 节对"我国高等学校网络远程教育质量面临的严峻挑战"的论述，组织讨论活动。

4. 组织讨论活动 2

分小组查询中国远程教育技术标准（CELTS）系列中与网络远程教育质量相关的部分子标准，学习其内容并做出报告，在小组间展开讨论。

5. 案例研究项目

尝试建立你自己参与学习的某门网络教育课程的质量评估方案和指标体系。将它应用于该课程质量的评估。请与其他同学的结果进行比较研究。

第 7 章 远程教育经济学

【学习要点】

　　本章的重点在学习远程教育经济学基本原理与计量分析方法。要理解远程教育经济学的宏观理论与微观理论的研究对象及其功能。深刻理解远程教育的"规模—成本—质量"基本三角关系及其对分析远程教育系统发展的意义。重点掌握对远程教育系统进行成本核算的计量方法以及分析原理，深刻理解并掌握总成本、平均成本、固定成本、可变成本、边际成本、成本方程与曲线、远程教育与传统教育的成本结构特征对比、盈亏平衡点以及规模经济等核心概念及其计量公式。熟悉国内外远程教育经济学研究的重要成果，特别是关于我国广播电视大学教育投资效益评估的经济学分析方法以及我国农村中小学现代远程教育工程总拥有成本的概念与分析工具。

【内容结构】

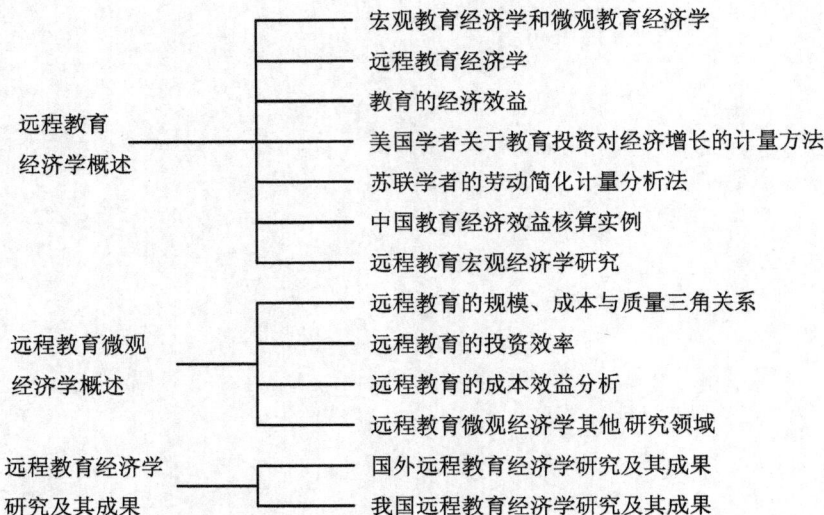

远程教育
经济学概述
— 宏观教育经济学和微观教育经济学
— 远程教育经济学
— 教育的经济效益
— 美国学者关于教育投资对经济增长的计量方法
— 苏联学者的劳动简化计量分析法
— 中国教育经济效益核算实例
— 远程教育宏观经济学研究

远程教育微观
经济学概述
— 远程教育的规模、成本与质量三角关系
— 远程教育的投资效率
— 远程教育的成本效益分析
— 远程教育微观经济学其他研究领域

远程教育经济学
研究及其成果
— 国外远程教育经济学研究及其成果
— 我国远程教育经济学研究及其成果

7.1　远程教育经济学概述

本节是远程教育经济学的一个概述。首先指出自 20 世纪 60 年代开始成熟的教育经济学分为宏观经济学和微观经济学两部分，分别研究教育与社会经济以及教育系统自身的经济现象及其规律。远程教育经济学作为教育经济学的一个分支同样包括宏观理论和微观理论两部分。

7.1.1　宏观教育经济学和微观教育经济学

教育经济学形成于 20 世纪 60 年代中期，其基本标志是人力资本理论的成功。厉以宁在《教育经济学》(1984)中指出："教育经济学是研究教育在经济增长以及经济和社会发展中的作用，研究智力投资的经济效果的科学"；或者，"教育经济学是研究智力投资的社会经济功能和经济效果的科学"。全国教育经济学研究会编写出版的《教育经济学概论》(1983)指出："教育经济学是研究教育与经济相互关系及教育领域内经济现象及其规律的科学"。由上可见，教育经济学主要研究：(1)教育与其所处的社会环境的经济关系和相互作用的规律(宏观教育经济学)；(2)教育领域自身的经济现象及其规律(微观教育经济学)。在信息社会和知识经济时代来临之际，我国教育界和理论界已经对教育是一种基础性、全局性、前瞻性的产业达成了共识。于是，研究教育产业与社会经济的相互作用及其规律就是宏观教育经济学的对象和任务，而研究教育产业自身的经济现象及其规律就是微观教育经济学的对象和任务。在宏观教育经济学的体系结构中，教育与经济的关系和相互作用是核心。教育与经济的关系和相互作用有条件和功效两个方面。教育的经济条件是指教育的可用经济资源，也即经济对教育的投资，体现出教育对社会经济的依存性或社会经济对教育的制约性。教育的经济功效是指教育产生的社会经济效益或收益，也即教育对社会经济发展的贡献，体现出教育对社会经济的促进性或社会经济对教育的依存性。可以将教育与经济的相互作用关系图示如下(图 7.1)。

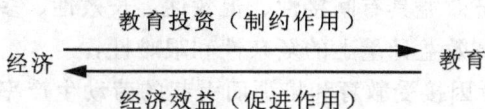

教育投资（制约作用）

经济　————→　教育

←————　经济效益（促进作用）

图 7.1　教育与经济的相互作用关系

在微观教育经济学的体系结构中，教育的投入产出关系、即教育投资的产出水平也即教育产业和教育过程的经济效率或经济效益是核心。用计量经济学的术语来说，就是要研究教育投资的成本效率和成本效益。

7.1.2 远程教育经济学

远程教育经济学可以看做是教育经济学的一个分支，也可以分为宏观理论和微观理论两部分。远程教育经济学的宏观理论主要研究远程教育投资与经济建设和社会发展的关系，特别是远程教育对提高社会生产力、国民收入和社会总财富等方面的经济效益。同时，研究远程教育投资的结构比例和方向选择，并将它与传统教育投资进行比较。远程教育经济学的微观理论主要研究远程教育事业或产业(系统、院校、项目等)的经济现象和经济活动规律，包括远程教育投资的预算预报、成本核算和成本分析等，并将它与传统教育投资进行比较，从而为远程教育的系统设计、规划、管理、控制、评估提供可靠的经济学依据。远程教育以媒体教学为重要特征，建立在以电子信息通信技术为核心的现代科学技术基础之上。所以，对各类信息技术和传播手段的经济学研究，对各种教学媒体的成本核算和成本分析，是远程教育经济学微观理论的研究中心之一。

7.1.3 教育的经济效益

7.1.3.1 教育经济效益的定义和内容

教育的经济效益是指通过教育提高劳动者的专业知识和技能、劳动能力和素质，提高整个社会的知识总量和科技文化水平，从而在物质生产部门取得国民收入的增长；上述国民收入增长额在扣除用于教育和培训的全部经费之后得到的余额或纯收益，即是教育经济效益的量值。

教育经济效益的概念表明：教育投资并非单纯消费性、福利性投资，而是与物质资料投资类似，甚至效益更大的生产性、建设性投资。

7.1.3.2 教育经济效益的特性

由于教育的经济效益具有间接性、迟效性、长效性、多效性和综合性等特性，产生了教育经济效益计量上的复杂性和艰难性：

- 劳动生产者因接受教育和培训而引起的劳动生产率的提高，由于上述种种特性而变得不易计量；
- 与劳动生产者的劳动生产率相比，专业人员和管理人员对物质资料生产的贡献更难计量；

- 因教育和培训而创新和传播的社会知识总量和科技文化水平对物质资料生产和经济增长的贡献不易计量；
- 存在其他诸多社会因素的影响：如社会精神文明水准、职业道德水准、人口控制和健康水平等。

7.1.3.3 教育经济效益的计量指标

- 劳动生产率的增量
——直接相关指标类：生产定额完成率；产品质量合格率等。
——积极条件间接相关指标：先进生产(工作)者比例；技术水平或等级比例；掌握新工种、新技术、新工艺速率；合理化建议与技术革新的数量及价值比等。
——消极条件间接相关指标类：事故率；生产工具、设备损坏率；成本(原材料、能源)消耗率等。
- 国民收入增量比
这是国际上较流行的考核和计量教育经济效益的综合指标。用报告期和基期比较，考核在某一历史时期的国民收入(全部净产值)增长额中，由于国民教育水平(程度)的提高所作的贡献占有的比率。
- 教育投资(费用)收益率(回收率、回收期)

7.1.3.4 教育经济效益的计量分析方法

计量经济史学也是自 20 世纪 60 年代兴起并得到迅速发展的一门科学。它把经济计量学运用于历史研究领域内，对历史事件(包括昨天在内的一切过去时间内发生的事件)进行数量的分析。国际流行的教育经济效益的计量分析方法主要有以下诸种：

- 经济增长余额分析法
- 经济增长因素分析法
- 相关系数分析法
- 反事实度量法

下面简单讨论美国学者普遍采用的经济增长余额分析法和经济增长因素分析法；苏联和中国学者普遍采用的劳动简化率分析法。最后，应用劳动简化率分析法核算中国教育的经济效益(1952～1978 年)及(1978～1997 年)。

7.1.4 美国学者关于教育投资对经济增长的计量方法及其主要成果

美国的教育经济效益计量研究的代表人物是舒尔茨(Schultz)和丹尼森

(Danison)。他们的计量分析方法建立在西方经济学的"生产三要素"理论基础上，即认为劳动、土地和资本是构成生产过程的三个基本要素。

7.1.4.1 舒尔茨的人力资本理论和增长余额分析法

舒尔茨因其人力资本理论对经济学的贡献而获得 1979 年诺贝尔经济学奖。他应用经济增长余额分析法核算了美国教育投资对国民收入增长的贡献(主要成果发表于 1961 年的专著《教育和经济增长》)。美国 1929～1957 年国民收入增长总额(ΔY)为 1 520 亿美元。其中，810 亿美元增长额可以用物质资本投资增量和劳动力数量的增加加以说明，同期的国民收入增长余额 710 亿美元有待说明。舒尔茨的经济增长余额分析法表明：美国 1929～1957 年由于教育投资实现的经济效益(纯收益)495 亿美元，占美国同期经济增长余额 710 亿美元的 70％，占美国 1929～1957 年国民收入增长总额(ΔY)1 520 亿美元的 33％。

7.1.4.2 丹尼森的增长因素分析法

丹尼森在分析美国国民经济的增长过程中接触到教育经济学问题。他在《美国经济增长的因素和我们面临的抉择》(1962 年)等专著中分别对教育和知识进展在美国经济增长中的作用进行了计量分析。同舒尔茨不同，他应用西方增长经济学理论和增长因素分析法，核算全部要素生产率对年均经济增长率的贡献作用。丹尼森认为对长期经济增长发生作用并影响经济增长率的主要有 7 项因素：

①就业人数及其年龄、性别构成；②包括非全日制工作的工人在内的工时数；③就业人员的教育程度；④资本存量的大小；⑤资源配置的改善；⑥以市场的扩大来衡量的规模节约；⑦知识进展。依据西方增长经济学理论，上述①～④项属于要素的投入量，⑤～⑦项属于要素生产率，其中第③项和第⑦项因素属于智力投资范畴，与教育在国民收入增长中的贡献有关。

与舒尔茨的人力资本理论将教育投资归入资本项不同，丹尼森认为教育程度较高表示劳动力质量较高，归属劳动投入量范畴。丹尼森依据不同教育程度的工人的收入差别核算得出不同质量的劳动力在劳动投入量上的差别。至于知识进展，丹尼森认为应包括技术知识、管理知识和国内外的各种研究发明等，这是保证要素生产率持续增长的一个最大的和最基本的原因。丹尼森的结论是：美国 1929～1957 年间国民收入年均增长率(2.93％)中教育的经济效益占38％(1.12％)。其中，作为生产要素投入量增长的劳动力质量增长的贡献占23％(0.67％)；作为单位投入量的产出量增长(即生产要素生产率的增长)因素之一的知识进展及其在生产中的应用所作的贡献占 15％(0.45％)。

7.1.5　苏联学者的劳动简化计量分析法

7.1.5.1　劳动简化法的理论基础

苏联学者斯特鲁米林、科斯坦扬、科马洛夫等提出劳动简化法作为核算教育投资对经济增长的贡献的基础。这一方法的理论基础是马克思的劳动价值学说。马克思指出：比较复杂的劳动等于"多倍的简单劳动，因此，少量的复杂劳动等于多量的简单劳动"。"比社会平均劳动较高级较复杂的劳动，是这样一种劳动力的表现，这种劳动力比普通劳动力需要较高的教育费用，它的生产要耗费较多的劳动时间，因此它具有较高的价值。既然这种劳动力的价值较高，它也就表现为较高级的劳动，也就在同样长的时间内物化为较多的价值"。

7.1.5.2　劳动简化法的核算方法

首先，要确定劳动简化率，即依据某种数量关系，将复杂劳动量折算为简单劳动量。确定劳动简化率的常用计量方法有以下 4 种：（1）工资差异法：以不同教育程度劳动者的工资差异为比较尺度来确定劳动简化率的方法；（2）教育年限法：以劳动者受教育年限的长短为比较尺度来确定劳动简化率的方法；（3）教育费用法：以劳动者培养费用的多少为比较尺度来确定劳动简化率的方法；（4）劳动生产率法：以不同教育程度劳动者的劳动生产率（单位时间内的净产值）为比较尺度来确定劳动简化率的方法。

7.1.5.3　教育经济效益劳动简化法的核算原理和步骤

教育经济效益劳动简化法的核算原理和步骤参见丁兴富的专著《远程教育研究》(2001)。

7.1.6　中国教育经济效益核算实例

应用上述劳动简化法核算中国教育经济效益[（1952～1978 年）及（1978～1997 年）]。核算结果表明，1952～1978 年因教育水平提高对国民收入增长额的总贡献是 962 亿元（按 1978 年不变价格计算），占国民收入总增长额的41％；而 1978～1997 年因教育水平提高对国内生产总值增长额的总贡献是7053 亿元（按 1978 年不变价格计算），占国民收入总增长额的 47.8％[详见丁兴富《远程教育研究》(2002)]。

7.1.7　远程教育宏观经济学研究

远程教育宏观经济学理论主要研究远程教育投资与经济建设和社会发展的

关系，特别是远程教育在提高社会生产力、国民收入和社会总财富等方面的经济效益。同时，研究远程教育的投资结构和方向选择，并将它与传统教育投资及其效益进行比较。就是说，应用各种理论模型与计量方法核算社会对远程教育的投资与远程教育对国民经济发展的贡献的关系，论证远程教育在解决优质教育资源短缺与分配不均条件下对人力资源开发、经济建设和社会发展的独特贡献，并同传统教育投资产生的社会经济效益进行比较，是远程教育宏观经济学研究的重大课题。与此同时，核算在发展中国家，发展远程教育对实现大众化高等教育、在职培训与继续教育的经济效益，也是一件有意义的工作。可惜这项研究的难度较大，尚无成功的计量模型，缺少有充分说服力数据的实证研究和案例研究。在20世纪80年代中，本书作者丁兴富曾经发表两篇论文"人才开发的一条战略途径——试论广播电视大学的发展方向和远大前景"和"以较少的投入量，取较多的产出量——从成本结构的特点看广播电视大学的优势和巨大潜力"，尝试探讨远程教育对于实现我国高等教育大众化和人力资源开发的战略意义以及我国远程教育投入产出的经济学分析。我国台湾空中大学学者也曾发表论文探讨"远程教育投资对台湾社会经济增长的贡献"。进入网络教育时代以来，远程教育的全球化，全球教育市场的形成以及世界贸易组织"服务贸易共同协议(GATS：the General Agreement on Trade in Services)"条款对远程教育的适用性，以及全球网络远程教育资源共建共享与知识产权的关系等；远程教育的商品化、市场化、产业化与商业化，网络教育院校与网络教育技术提供商的合资办学及其赢利模式，商业网络教育公司以及民营和私立网络教育机构的发展与运行模式等；在线学习网络、在线课程以及移动学习经营的商品化等，都是远程教育宏观经济学研究的对象。

7.2 远程教育微观经济学概述

远程教育微观经济学研究远程教育事业或产业的经济现象和经济活动规律。主要包括对远程教育系统和远程教育过程的经济学研究两部分。远程教育系统的经济学研究主要关注远程教育系统、院校、项目的投资效率和成本分析；而远程教育过程的经济学研究则主要关注远程教育课程开发与发送、多种媒体教学以及各类学习支助服务中的投入产出、成本核算和成本分析。同时将它们与传统面授教育投资进行比较，从而为远程教育系统的设计、规划和管理，以及为基于信息技术和媒体的远程教育课程开发和远程教学设计提供可靠的经济学依据。

7.2.1　远程教育的规模、成本与质量三角关系

　　1995 年，当国际开放与远程教育协会（ICDE）在英国伯明翰举行第 17 届世界大会之际，在时任该届大会承办东道主的英国开放大学校长丹尼尔的倡议下，当时的 10 所巨型大学（分别来自中国、法国、印度、印度尼西亚、韩国、南非、西班牙、泰国、土耳其和英国）的行政首脑聚会在一起探讨规模较大的远程教学大学面临的机遇和挑战及其革新和发展等共同关心的问题。会后，由英国开放大学和国际远程学习中心（ICDL）编辑出版了《世界上最大的 10 所巨型大学》的小册子，丹尼尔在为该书撰写的前言中指出：

　　开放与远程学习技术的发展及其在全世界的应用，是 20 世纪下半叶国际教育和培训界的重大进展。最显著和最充分地体现开放远程教育发展和成长的是在本书中描述的巨型大学的创新和成就……

　　传统教育的发展始终受到"规模、成本和质量"这一永恒的三角关系的局限，巨型大学突破了这一限制。巨型大学已经成为它们所在国家扩大高等教育的先驱；已经证实能够保持学术标准和教学质量；已经表明可以为与日俱增的学生提供不断完善的高质量课程材料和学生支助服务……巨型大学的成就为下一代人类选择 21 世纪需要的教育和培训提供了明确的启示。地球的物质资源也许是有限的，但人类智力的开发空间是无限的。

　　这是国际远程教育文献中对"巨型大学"概念以及"规模、成本和质量（Access，Cost and Quality）"这一高等教育发展的永恒的"三角关系"的首次论述。自那以后，巨型大学的概念在世界远程教育界得到了广泛的传播。其后，丹尼尔在其 1995 年年底完成的教育技术硕士论文《巨型大学与知识媒体：新技术对大型远程教学大学的影响》、1996 年出版的《巨型大学与知识媒体：高等教育的技术战略》以及陆续发表的《巨型大学、虚拟大学和知识媒体：我们能否同时拥有数量和质量》（1997）、《巨型大学对规模、成本和质量的巨大冲击——在 2003 世界开放大学校长会议上的报告》（2003）、《从三角形到五边形：21 世纪的开放大学》（2004）等诸多论文中阐述并发展了这一三角关系。"三角关系"概念的主要含义是：

- 制约高等教育特别是远程高等教育发展的是规模（Access，有时译作机会、数量）、成本（Cost，有时译作效益）和质量（Quality）这三个矢量构成的基本三角关系；
- 规模（机会、数量）矢量是指巨大的人力资源开发需求和高等教育发展压力要求发展远程高等教育发展的规模；更好地满足教育这一基本人

权、解决教育资源分配不公带来的数字鸿沟、实现教育民主化、大众化、终身化的目标，也都要求开放远程高等教育的机会；

● 成本(效益)矢量是指远程高等教育由于其较高的信息技术含量、资源共享优势以及动员全社会力量提供学习支助服务的战略，具有比传统教育较高的成本效益，即能够以较小的投资实现较大的人才培养和知识创新产出；

● 质量矢量是指精心的教学资源与学习材料设计、精心的学习支助服务体系设计与组织实施、精心的质量保证体系构建与管理和评估以及远程教学的信息通信技术日新月异的发展，能够保证远程高等教育的质量创新；

● 规模的扩大通常会带来成本的降低和质量的下降，成本的降低可能会带来规模的扩大和质量的下降，而质量的提高通常会带来规模的下降和成本的提升。但是，远程高等教育尤其是巨型大学的实践经验和理论研究表明：有可能在扩大教育规模、降低教育成本的同时保证并实现高等教育的质量创新。

远程教育的"规模—成本—质量"三角关系事实上就是高等教育"数量—质量—结构—效益"关系的另一种理论诠释。以"成本效益"为轴心来讨论"规模—成本—质量"这一基本三角关系就成了远程教育微观经济学研究的指导原则之一。

7.2.2 远程教育的投资效率

7.2.2.1 效率、经济效率和教育投资效率

在一般科学技术和工程学科中，效率是指输出与输入之比。

在经济科学中，经济效率是指产出(产值)与投入(投资)之比，成果与消耗之比，所得与所费之比。

在教育经济学中，教育投资效率是指教育(投入)资源的利用效率，用教育成果与资源消耗之比、即教育产出与教育(投入)资源之比来表示。

7.2.2.2 教育投资效率的计量指标

教育投资效率的计量指标是反映教育投入资源与教育产出之间的定量关系的各种指标。

● 教育投入资源：在特定教育周期(如学年或某种学制规定的学习年限)投入教育系统的人力物力和财力的总和，财力是人力物力资源的货币

表现。

- 教育产出成果：在特定教育周期中培养的人才，即在特定教育周期中思想、才智、知识、技能、体魄等得到提高与增长的学生（在校生或合格毕业生）。

（1）教育成本（平均成本）：教育投资效率的综合计量指标

教育投资效率的综合计量指标应能反映教育投入资源的总体利用效率，所以，用教育总产出对教育总投入之比（单位教育投入的教育产出）、即教育成果与资源消耗之比（单位教育资源消耗对应的教育成果）及其货币表现也即教育成本（平均成本）来表示。

教育投资效率 ＝ 教育产出 ／ 教育投入 ＝ 教育成果 ／ 资源消耗

（单位教育投入的教育产出）

教育平均成本＝ 教育投入 ／ 教育产出 ＝ 资源消耗 ／ 教育成果

（单位教育产出的教育投入）

（2）人均占有单项资源强度：教育投资效率的单项指标

教育投资效率还可以用许多单项指标来计量，它们从各个方面定量地标志了人力、财力、物力各项教育资源的具体利用效率，或者用一系列人均占有各项资源数量的强度量（如师生比，人均占有固定资产值、人均占有建筑面积等）来表示，即

单项资源利用效率 ＝ 教育成果数量 ／ 单项资源投入数量

或者：

人均占有单项资源强度 ＝单项资源投入数量 ／ 教育成果数量

例如：

人力资源（教师）利用效率是指每个教师平均负担的学生数，即通常所说的生师比：

教师利用效率 ＝ 学生总数 ／ 教师总数　　　　　（生师比）

而生均配有教师强度，即通常所说的师生比：

生均配有教师强度 ＝ 教师总数 ／ 学生总数　　　　　（师生比）

同理，各类物力（或单项财力）资源利用效率，是各对应资源人均占有强度量的倒数。常用的人均占有单项物力、财力资源的强度量有：

人均占有固定资产值（固定资产总值、分类资产值）；

人均占有建筑面积（总面积、各类用房面积）；

人均占地面积；

人均占有图书资料（藏书量、出纳量）等。

7.2.3　远程教育的成本效益分析

7.2.3.1　成本函数和成本曲线

既然教育平均成本是对教育投资效率的综合计量指标，有必要对教育成本进行更深入的分析[详见丁兴富《远程教育研究》(2002)]。

将教育成本对产出量的函数图像描绘出来，就得到相应的成本曲线。图7.2描绘的就是在限定规模范围内($0 < N < N_1$)教育系统的总成本—产出量"TC-N"曲线。

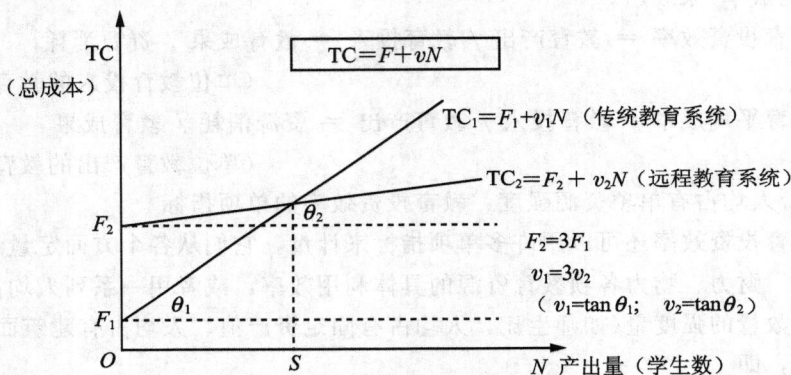

图7.2　在限定规模范围内教育系统总成本—产出量"TC-N"曲线

[资料来源：依据凯伊和鲁姆勃尔《远距离高等教育》(1981)第240页，图表12.1改编]

图中水平横轴代表产出量（学生数）N，纵轴代表总成本 TC。图中描绘了两条总成本曲线 $TC_1 = F_1 + v_1 N$（相当于传统教育系统1）和 $TC_2 = F_2 + v_2 N$（相当于远程教育系统2）。其中，远程教育系统2的固定成本 F_2 是传统教育系统1的固定成本的3倍；而传统教育系统1的平均可变成本 v_1 是远程教育系统2的平均可变成本 v_2 的3倍。在图中，平均可变成本值的大小与总成本直线的斜率对应。两个系统的总成本曲线（两条直线）交点对应的横坐标产出量值 S 称为盈亏平衡点，其量值用下式确定：

$$S = (F_2 - F_1)/(v_1 - v_2)$$

盈亏平衡点的意义下面将讨论。与上述总成本曲线对应的是图7.3描绘的在限定规模范围内教育系统的平均成本曲线。

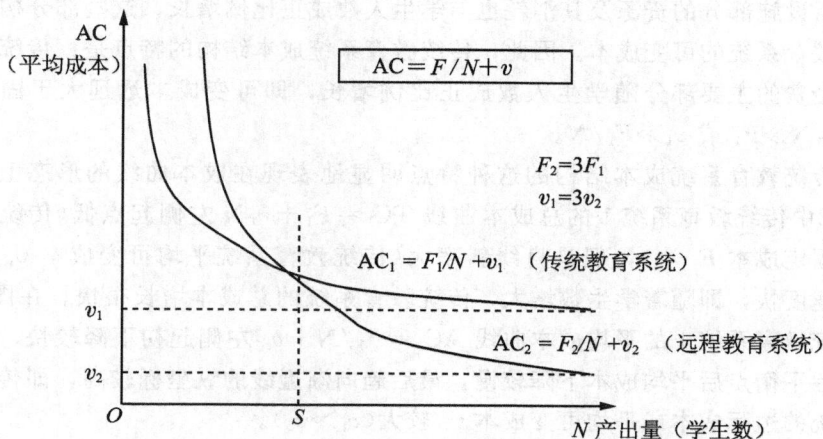

图 7.3 在限定规模范围内教育系统平均成本—产出量"AC-N"曲线

[资料来源：依据凯伊和鲁姆勃尔《远距离高等教育》(1981)第 241 页，图表 12.2 改编]

图中水平横轴代表产出量(学生数)N，纵轴代表平均成本 AC。图中描绘了两条平均成本曲线 $AC_1 = F_1/N + v_1$ (相当于传统教育系统 1)和 $AC_2 = F_2/N + v_2$ (相当于远程教育系统 2)。其中，远程教育系统 2 的固定成本 F_2 是传统教育系统 1 的固定成本的 3 倍；而传统教育系统 1 的平均可变成本 v_1 是远程教育系统 2 的平均可变成本 v_2 的 3 倍。在图中，两个系统的平均成本曲线(两条直线)交点对应的横坐标产出量值就是图 7.2 中的盈亏平衡点 S。图中的两条水平渐近线 $AC = v_1$ 和 $AC = v_2$ 表明当产出量(学生数)足够大时，两个教育系统的边际成本即趋向于各自的平均可变成本 v_1 和 v_2。这是因为当产出量(学生数)足够大时，固定成本在被产出量分摊后的平均固定成本值趋近于零。

7.2.3.2 成本结构及其特征分析

应用上述成本分析的概念、变量、函数、曲线和模型等，即可对教育系统的成本结构、尤其是对传统教育系统和远程教育系统的成本结构特征进行比较分析研究。教育系统的成本结构取决于教育模式。教育教学模式不同，固定成本和可变成本的相对比重不同，成本结构不同，总成本和平均成本随产出量增加时的变化规律不同，成本曲线的走向不同，投资效率和规模效益也不同。

(1)传统教育系统：劳动密集型

传统教育系统属于劳动密集型经济。因为传统教育系统以教师面授教学活动为基础，有庞大的校园、教室和宿舍等与学生直接相关的教学和生活基础设施。教师面授教学活动所需的资源及其消耗直接与学生人数成正比例增长，学生生活设施部分的资源及其消耗也与学生人数成正比例增长，这些部分构成了传统教育系统的可变成本。因此，传统教育系统成本结构的特点是：传统教育学校经费的主要部分随学生人数成正比例增长，即可变成本远远大于固定成本：$v_1 N \gg F_1$ 或 $v_1 \gg F_1/N$。

传统教育系统成本结构的这种特点明显地表现在成本曲线的形态上。在图7.2中传统教育系统1的总成本曲线 $TC_1 = F_1 + v_1 N$ 左侧起点低（传统教育系统固定成本 F_1 小），但是直线斜率大（传统教育系统平均可变成本 v_1 大），上升速度快，即随着学生数增大，传统教育系统的总成本增长很快。在图7.3中传统教育系统1的平均成本曲线 $AC_1 = F_1/N + v_1$ 左侧起初下降较快，但过了盈亏平衡点后平均成本下降较慢，最后趋向渐近线的纵坐标较高，即传统教育系统的边际成本或平均可变成本 v_1 较大（$v_1 \gg v_2$）。

（2）远程教育系统：资本(资金/技术)密集型

远程教育系统属于资本(资金/技术)密集型经济。因为远程教育系统以现代信息技术和多种媒体教学为基础，创建远程教育系统的初始投资巨大，不仅要有多种媒体课程材料的开发制作基地，还要有远程教学课程的传输、发送和接收设施和设备，以及实施学生学习支助服务的基础设施和双向通信机制等。这部分基础设施是创办一个远程教育系统必需的前期投资，它们形成远程教育系统的固定资产。这些前期投资在特定教育周期中的消耗以及后续同种性质的投资及其消耗构成远程教育系统在该周期中的固定成本。它们并不随着该特定教育周期中的学生人数呈线性地变化。所以远程教育系统的固定成本量值很大（通常 $F_2 \gg F_1$）。但是，由于远程教育系统的规模很大，在产出量(学生人数)足够多时，固定成本在被巨大的学生人数分摊后的平均固定成本值极小，并且趋近于零。即远程教育系统的固定成本总量 F_2 大，但学生人数 N 更大，所以分摊后平均固定成本 F_2/N 变得很小且趋近于零。反之，由于远程教育系统较少或没有教师面授教学，而且远程教育系统中的学生并没有固定的校园、教室以及其他配套的生活服务设施，学生在家中或在工作单位学习，因此，远程教育系统中与学生人数呈线性关系变化的那部分可变成本很小（$v_2 \ll v_1$）。因此，远程教育系统成本结构的特点是：远程教学学校的较大的固定成本被巨大的学生人数分摊后变得很小，而其平均可变成本也远远小于传统教育系统的平均可变成本；在学生人数足够多时，远程教育系统的平均固定成本趋近于零，从而使其边际成本几乎等于平均可变成本：$v_2 \ll v_1$；当 N 足够大时：$AC_2 = F_2/N + v_2 \rightarrow v_2$。

远程教育系统成本结构的这种特点同样明显地表现在成本曲线的形态上。

在图 7.2 中远程教育系统 2 的总成本曲线 $TC_2 = F_2 + v_2 N$ 左侧起点高(远程教育系统固定成本 F_2 大),但是直线斜率小(远程教育系统平均可变成本 v_2 小),上升速度慢,即随着学生数增大,远程教育系统的总成本增长较慢。在图 7.3 中远程教育系统 2 的平均成本曲线 $AC_2 = F_2/N + v_2$ 左侧起初下降较慢,但过了盈亏平衡点后平均成本下降较快,最后趋向渐近线的纵坐标较低,即远程教育系统的边际成本或平均可变成本 v_2 较小($v_2 \ll v_1$)。

(3)远程教育和传统教育的成本结构比较

上面对传统教育系统和远程教育系统的成本结构分别进行了分析。下面对两种系统的成本结构进行综合比较。

● 固定成本

远程教育系统的(总)固定成本 F_2 大于传统教育系统的(总)固定成本 F_1;但由于远程教育系统的规模巨大(N_2 远远大于 N_1),所以,远程教育系统的平均固定成本 F_2/N_2 反而比传统教育系统的平均固定成本 F_1/N_1 小。

● 可变成本

资金(技术)密集型的远程教育系统的平均可变成本 v_2,比劳动密集型的传统教育系统的平均可变成本 v_1 小。

● 边际成本

在学生人数(产出量)足够大时,两个系统的边际成本均趋向于平均可变成本。远程教育系统的边际成本较小。

● 规模经济

无论是传统教育系统还是远程教育系统,都能够并且应该实现规模经济。这对于远程教育系统尤其重要。远程教育系统可以实现大产出量的规模经济运行,这正是远程教育系统的经济学优势所在。

● 盈亏平衡点

从图 7.2 和图 7.3 都可以看到:在盈亏平衡点 S 的左方,传统教育系统的总成本低于远程教育系统的总成本;相应地,远程教育系统的平均成本反而高于传统教育系统的平均成本。这就是说,在产出量(学生人数)不太大的条件下,传统教育系统比远程教育系统有较高的成本效益,此时,采用远程教育模式是不适当的。但是,当产出量(学生人数)超过盈亏平衡点 S 时,情况正好相反:传统教育系统的总成本高于远程教育系统的总成本;相应地,远程教育系统的平均成本开始低于传统教育系统的平均成本,而且两者的差距越来越大。这就是说,在产出量(学生人数)足够大的条件下,远程教育系统比传统教育系统有较高的成本效益,此时,采用远程教育模式是一种投资效益较高的选择。

而且，随着产出量(学生人数)的巨大增长，远程教育系统的成本效益优势更加明显。这正是为什么许多远程教学大学都发展成为巨型大学的经济学动力。

7.2.4 远程教育微观经济学其他研究领域

上面集中论述了远程教育系统的经济学研究，主要是对远程教育系统投资效率和成本分析的讨论，并且将远程教育与传统教育的成本结构及各自特征进行了对比研究。远程教育微观经济学还包括了对远程教育教学过程的经济学研究。它们主要是对远程教育课程开发和发送，应用各类信息技术和多种媒体进行远程教学，以及远程教育中对学生的学习支助服务及基于技术的双向通信交流的经济学研究及相关的成本核算和成本分析。

7.2.4.1 课程开发和发送的经济学分析

远程教育是一种基于技术、基于资源的教与学。因此，课程的开发、多种媒体课程材料的设计、制作和发送成为远程教育的重要基础，也构成了远程教育微观经济学研究的对象之一。远程教育课程的教学成本可以划分为课程的开发成本和发送成本两部分。课程的开发成本又可以进一步划分为设计(创作原型)成本和制作(生产复制)成本。课程的设计成本、制作成本和发送成本的绝对量值和相对比重既取决于所选用的课程教学媒体类型，也与远程媒体教学的模式有关。印刷材料的开发成本较高而发行成本较低。对视听材料而言，广播的和非广播的教学模式相关的各种成本就很不一样。即使是广播电视教学，英国开放大学精心设计制作的广播电视教学节目同美国国家技术大学的卫星电视课堂直播教学的成本结构也大不相同。英国开放大学的广播电视教学节目开发成本中主要是设计成本极高、发送成本较低(英国本土较小)；而美国国家技术大学卫星电视课堂直播教学开发成本较低、发送成本较高。中国广播电视大学的广播电视教学的成本结构与美国模式比较接近。广播电视传输可以通过卫星、微波和有线(光纤)等形式以及多种形式的结合，各自的传输成本也不一样。视听材料还可以通过发行盒带或租赁盒带的方式，以及到资源中心或学习中心的视听阅览室观看的方式进行学习。通常在学生数量大而且分散分布时，宜用广播的方式发送，而在学生数量不大或相对集中时，可考虑使用非广播的发送方式。像中国这样地域辽阔、学生众多，许多学生分布在农村和边远地区的情形，采用卫星传输和地区有线网与家庭直接接收相结合的发送系统比较适合。总之，一项远程教育计划的实际成本在很大程度上取决于课程开发和发送的成本。因此，决策者和计划者在创建和组织实施一项远程教育系统前，应该依据学生对象的数量和分布状况、开设的专业和课程总数及各自的学时数，去进行课程设计、制作、播送或发行成本的核算和比较分析，作出恰当的抉择。

7.2.4.2　应用信息技术进行多种媒体教学的经济学研究

远程教育是应用信息技术开展的多种媒体教学。不同的信息技术和教学媒体，不仅教学模式和教学效果不同，其教学成本也不相同。应该进行各种信息技术和教学媒体相对成本分析及其教学成本对教学效果的比较研究。特别地，应该考察那些应用最新高级技术的教学媒体（如双向交互卫星电视直播课堂教学、双向交互电子通信会议系统、计算机多媒体和计算机网络系统等），其教学效果上的优势是否足以补偿较高的成本开支？同样地，对于应用传统成熟技术的小型媒体（如印刷材料、录音带和语音广播等），能否在教学效果上有所提高？通常认为，三代信息技术及相应的各代技术媒体的教育学特征和经济学特征是各不相同的，需要进行系统的比较研究。第一代函授教育应用的印刷媒体和普通邮件作业批改与通信辅导成本比较低廉（当然，在不同的国家，负责进行作业批改和通信辅导的辅导教师的人员酬金水平也是很不一样的。在某些西方国家，成本可能是相当高的）。第二代应用印刷、广播电视、录音录像这些单向传输的大众媒体的远程教育，可以同时发送给最广大的受众（学生对象），因而平均成本可能变得很低，从而实现规模经济而达到很高的投资效益。在以双向交互和计算机网络为主要特征的电子信息通信技术及相应的第三代电子远程教育到来时，在看到新技术新媒体的教育学特征和优势的同时，不可忽略了对其经济学特征的分析，并将其与前二代信息技术和教学媒体的经济学特征进行综合的比较研究。已经有不少研究成果开始表明，由于增加了双向交互的特征、由于增加了师生和同学之间基于新技术媒体（如计算机网络）的双向通信和交流，从异步非实时的通信（如电子邮件、电子公告板讨论和计算机会议等）到同步实时通信（计算机网络在线教学和双向视频会议系统等），第三代信息技术媒体在某些方面失去了广播电视大众媒体具有的大规模工业化生产成本效益高的经济学特征，反而显示出向劳动密集型经济回归的经济学特征：不仅极大地增加了参与双向交互远程教学过程的教学人员的工作量，而且增加了第三代远程教育的平均可变成本。只要不放弃对基于第三代信息技术实现远程教育双向交互教学的数量和质量的期望，以及对个体化（个别化）学习及协作学习等符合建构主义的学习新模式的期望，随着学生人数的增加，可变成本也会相应增加，第三代远程教育的总成本结构及其变化规律就和前面讨论的第二代远程教育系统的经济学特征有明显不同。所有这些值得进一步深入研究。

7.2.4.3　与学生学习支助服务活动相关的经济学研究

在远程教育系统中，除了多种媒体课程材料的开发与发送外，学生的学习支助服务活动构成了远程教与学过程的重要组成部分。为了组织实施学生学习支助服务，首先，需要一支专兼职结合的教学人员（辅导教师和咨询人员）和管理人员队伍；其次，需要建设和运行相应的基础设施，如国外开放大学的地区办公室和学习中心网络及相关的教育资源建设，或者像中国广播电视大学的各级地方电大直到教学班的教学基地和教学设施的建设。此外，还需要建设和运行能实现学生与远程教学院校及其代表（教师和管理人员）之间以及同学之间进行教学信息沟通和反馈、实现双向通信和交流的机制。研究上述各类学习支助服务活动的经济学特征，进行相关的成本核算和成本分析是重要的。由于各类学习支助服务活动是直接面对学生的，相应的成本开支往往具有可变成本的性质，即随着学生人数的增加，学习支助服务活动增多，相应的成本开支也就要增加。既要为远程学生提供充分的有效的学习支助服务，又要将平均可变成本控制在适当的预算水平上，这是远程教育微观经济学研究的又一个重要课题。

7.3 远程教育经济学研究及其成果

本章的前面两节分别概述了远程教育经济学宏观理论和微观理论的基础以及相关的研究课题和分析方法。本节讨论国内外远程教育的经济学研究及其主要成果。

7.3.1 国外远程教育经济学研究及其成果

7.3.1.1 从开放大学到巨型大学的经济学研究及其成果

20 世纪 70 年代，瓦格纳（Wagner）发表的英国开放大学的成本核算和分析的经济学研究论文引起了很大兴趣。瓦格纳的研究结果表明：英国开放大学在校生的平均年经常费用是传统大学的三分之一，而其每个毕业生的平均成本则是传统大学的二分之一。瓦格纳和其他学者认为，"传统大学成本里主要一项是教师的薪金，而它在英国开放大学所占的比例不超过 15％，且与学生数无关"。开放大学在经济学上的真正优势是"以资本替代劳动力的方式获得潜在的规模经济"，而"在传统大学内教育技术只是现行教学方法的辅助手段，而不能将其取代"。

在 20 世纪 80 年代，对许多规模较大的远程教学大学的成本分析及其与传统大学的比较研究逐渐增多。研究成果表明，当学生人数很大时，远程教育每个等价全科学生的培养成本低于传统院校全日制学生的培养成本。日本放送大学与国立大学、公立大学、私立大学日校的培养成本之比分别为 1∶4、1∶3 和 2∶3。研究认为，合格毕业取得学位的人数才是教育产出的最终度量，则毕业率——合格毕业生占注册入学学生总数的比率是测量教育产出、从而影响教育系统成本效益的一个重要参量。合格毕业率最高的是中国，约 70%，英国开放大学约 55%，韩国是 30%，哥斯达黎加则不足 25%。用这种观点来比较两种系统的成本效益，则有如下结论：英国开放大学的毕业率只要达到 30%，日本放送大学的毕业率只要达到 20%，它们同本国国立大学的成本效益则大致相当。而且，远程教育系统的学生并不都以取得学位为现行目标。即使在英国开放大学，尽管开设学位教育计划并实行开放入学政策，仍有 40% 的学生注册学习单科课程而无意取得学位。除了学位教育外，对比职业技术培训领域两种系统的成本效益的差异更明显。以英国为例，用远程教育方式进行在职培训，只要每门课程的学生数在 500 人以上，平均每个学生每个学时的成本在 4～8 英镑；而传统的离职培训，平均每个学生每个学时的成本则需 15～20 英镑。离职培训成本较高，是因为要加上薪水开支和放弃的收入等项成本。这就显示出远程教育模式在成本效益上的巨大优势。佩拉顿（1982）通过对韩国、以色列、毛里求斯、肯尼亚和巴西等国的实例分析得出成本比较中另一个值得重视的课题：人员经费和课程制作经费问题。在传统教育系统中，人员经费占去了教育经费预算中的很大一部分；课程制作经费则因教育层次而异，高等教育的课程制作经费开支远比中等和初等教育的要高。在远程教育系统中，人员经费所占比例较低；课程制作经费随教育层次而变动的幅度不大。因此，用远程方式进行高等教育其成本效益上的优势更明显。佩拉顿指出，用远程方式进行基础教育，必须使学生数量达到足够大的规模才会实现较高的成本效益。另外一项有价值的案例研究是核定两种系统中不同学科领域的单位成本之比。史密斯（1986）的研究结果表明：文理两科的单位成本之比，在传统大学是 72∶133，在开放大学是 83∶130，比率接近。这就是说，远程教育系统的总成本是降低了，但不同学科领域的单位成本之比并不因为教学信息传递系统的不同而发生明显变化。关于教育系统成本结构的分析结果表明，教学人员（包括兼职人员）的经费开支，在传统院校约占总成本的 60%～70%，在远程教学院校降为 25%～30%。史密斯对英国开放大学的成本结构的分析结果如下：各教学院系经费开支占 16%，各类课程材料的制作经费（包括支付给英国广播公司的开支）占 21%，对学生学习支助服务经费（包括辅导、咨询、计算机教学服务）占 18%，一般各类费（包括行政、后勤开支）占 44%。由于各教学院系经费和一般管理费这两笔开支与注册学生数并无直接的线性关系，它们属于固定成本，并且占总成本的 60％。这样的成本结构特点要求远程教育院校必须有足够多的学生，才能达到较好的成本效益。此外，课程材料制作经费也可能随决策发生重大变动。此项开支在不同媒体间的分配差距很大。经验表明，电视媒体成本相当高，而很受学生欢迎的盒式录音带则成本较低。在英国开放大学，欢迎电视教学并经常受益的学生约占 50％，但电视教学对提高社会公众心目中开放大学的地位却产生了广泛而深远的影响。最后，对经费分摊问题的案例研究。日本放送大学经费开支的 50％～60％ 来自政府拨款，其余部分来自学生交费。英国开放大学的学位教育计划，政府拨款占总预算的 85％；但各类继续教育计划(包括职业技术教育和社会教育计划)则完全依靠自筹资金开办。此外，学生负担的费用还有：教材费，视听设备费用，去学习中心的交通费等。如今，更增加了个人计算机及上网的费用。这种要求学生家庭承担更多的学费和自己解决学习设施的趋势和做法，已经对社会上经济处境不佳的家庭成员的求学产生不良影响。比如，1985 年，有 40％ 开放大学申请入学者因为无力支付学费而失去了注册入学的机会。同样的问题发生在世界各地：学生承担的费用的增长正在成为遏制远程教育发展的一种力量。

20 世纪 90 年代，丹尼尔对巨型大学的研究表明，传统面授教育的成本是昂贵的。远程教育比传统教育有较高的成本效率。成本最低的模式是巨型大学。巨型大学每个学生的成本约为同一个国家中传统大学成本的 10％～50％。丹尼尔指出：世界上有 11 所巨型大学共注册 280 万学生，其人均院校成本不足英美高等院校平均成本的一半(其中英国高等院校 182 所共约 160 万学生，人均成本约 10 000 美元；美国高等院校 3 500 所共约 1 400 万学生，人均成本 12 500 美元)。为什么巨型大学会这样成功呢？丹尼尔指出巨型大学"与其他大学运行方式不同"，"技术的革新改变了产业结构"。当然，这并不是说技术可以决定一切。技术使我们有可能让成本降下来，但我们必须通过教育结构和进行模式的革新去实现它。比如，招收足够多的学生从而确保在课程设置和系统上的投资；为每门课程选择与学生数相适应的成本结构及相关技术。

7.3.1.2　网络远程教育的经济学研究成果

贝茨在探讨三代信息技术和三代远程教育时非常敏锐地抓住了经济学问题。他认为，新技术要求对通信网络的基础设施进行大量投资，然而，一旦这些基础设施建成了，无论是为了工商的目的还是为了教育的目的而建造的，第三代技术的成本结构就显示出与工业化远程教学院校的非常不一样。贝茨认为可以将远程教育的成本分为三类：制作成本、发送成本和支持成本。他认为对工业化模式的远程教育，制作成本、发送成本和支持成本三部分的比例大致是：10∶1∶10～20。贝茨认为，第三代远程教育的一个有明显吸引力的特点是：它可能极大地降低远程教学的制作成本，教师和学科专家不需要大规模的开发和制作就可利用新技术。然而，第三代信息技术强调交互作用，其发送成本无论在绝对数量上、还是在相对结构上同工业化模式都有很大差别。工业化模式的发送成本基本上是固定成本，同学生数量无关。举例说，电视节目转播费用固定不变，无论有一人收看还是有一百万人收看。然而，在电子远程教育中，如果要保持交互作用等级不变，发送成本基本上将随学生数量成正比例变化。这不仅因为学生设备和大致通信费用随学生人数正比例增长，而且因为教师数量也要增长。当然，电子远程教育可以应用当地人员和资源来提供交互作用的机会，但这将增加支持成本。同工业化模式相似，这些支持成本将与学生人数成正比例增长。所以，将基于第三代信息技术的电子远程教育的全部成本（制作、发送和支持成本）计算在内，它对工业化远程教学模式未必有成本效益上的优势。所以，贝茨的结论是：当学生人数较少时，第三代技术就特别有价值，因为它可以节省工业化模式很高的固定制作成本。然而，新技术并不总能给电子远程教育带来适度规模经济，除非以削减单个学生的交互作用机会为代价。

鲁姆勃尔是对远程教育经济学研究有特殊贡献的学者。他在"远程教育：高等教育中的革命性力量"一文中指出：传统校园大学主要对中学毕业生进行面授教学，由于它过分昂贵和无法满足终身教育的需求而难以存在发展成为一种普遍的组织机构形式。当然，未来还会有一些孤立的传统大学存活下来——专为那些富人们的子女——但这是一种例外而不是常规，并且进入这些大学将是十分昂贵的。在各种产业，劳动生产率都因应用技术而提高，如今对大学也提出了同样的要求。远程教育以各种方式应用技术，在适当的环境条件下，降低了成本。更进一步，远程教育通过突破固定授课时间表和教室围墙的限制，提供相当灵活的教学方式，从而适应了学习者同时承担其他社会职责的需要。这使得远程教育成为成人教育和培训的绝好形式。正是这些理由使得远程教育引起了机构首脑、教育规划者、政府和诸如联合国教科文组织和世界银行等国际组织的极大兴趣。

在另一篇题名为"网上教育将如何影响远程教育的成本和结构"中，鲁姆勃尔正确地指出："只要网上教育是在作为实验项目小规模地开展，其成本核算很少有结果。随着网上教育规模的扩大，成本就成为构建网上学习产业的头等重要的因素。"他在总结了自己及许多学者的研究成果后，得出如下结论：网上教育的巨大优势就在于它支持教与学的个别化的和建构主义的模式，并因此克服了第一代(函授)和第二代(多种媒体教学)远程教育的内在的人际交流上的退化和高度标准化的缺陷。然而，这是一种劳动密集型的活动。因此，相对于具有规模经济优势的第一代和第二代远程教育而言，网上远程教育的成本结构更接近面授教学模式。英国开放大学的辅导教师一致提出他们通过网络为学生提供支助服务所用的时间大大超过通过函授和电话辅导所用的时间。他们没有收到与这部分增加的工作量相应的酬金。开放大学正在探讨有关的计算机网络协议以便对学生向辅导教师要求支助有所约束。很清楚，网络教育具有与传统教育以及函授和远程教室形式的远程教育都不同的成本结构。建立基于网络的远程学习环境需要大量投资；对于学校而言，建设必要的基础设施，满足取得网上资源、尤其是互联网的要求都存在资金问题。除此之外，我还要加上开发如今网上学习者可以取得的课程材料的大量成本，和通过师生网上对话进行建构主义学习支助服务的异常巨大的成本。这就是如今存在将成本转移给学生的压力的原因。作为一个网络学习者的各项成本——设备、消耗品、上网费等——是不可忽略的。学生不仅要变得更独立，而且要承担更多的接受教育的费用。这就会影响那些在社会—经济上被剥夺的阶层参与网上学习的能力。

7.3.2　我国远程教育经济学研究及其成果

7.3.2.1　我国远程教育经济学研究的起步及成果

我国远程教育经济学研究尚在起步阶段。已有的研究成果主要集中在对广播电视大学的成本核算和成本分析，及其同传统教育的经济学特征的比较研究上。

1983年，中国电大有了首届毕业生92 000名，毕业生的质量不错，引起国家和社会的普遍重视，认为办电大适合中国国情，是培养人才的一种多快好省的办法。从1982年到1986年发表的关于中国电大投资和成本分析的多份报告证实了上述观点。这些报告主要有：中国广播电视大学和短期大学世界银行贷款项目论证期间，世界银行教育经济学专家奥列弗尔(Orivel)在对江苏南京电大、浙江杭州电大和湖北武汉电大进行调查后提交了一份取名为《中国电大的经济合理性》的研究报告(1982)；本书作者丁兴富在1984年收集有关数据撰写的研究报告《以较少的投入量，取较多的产出量——从成本结构的特点看广播电视大学的优势和巨大潜力》；以及辽宁广播电视大学的彭忱对1986年卫星电视教育频道开通前辽宁省电大投资和成本效益的分析报告《试论广播电视大学的办学效益》(1987)等〔参见丁兴富《远程教育研究》(2002)第八章〕。

7.3.2.2　中国广播电视大学投资效益课题研究及其主要成果

(1)国家重点科研课题：中国电大投资效益研究

由中国哲学社会科学基金会资助、国家"七五"重点科研课题"以电子信息技术为主要教学手段的远程教育"对中国广播电视大学的教育质量和投资效益进行了评估研究(1989 年 4 月至 1990 年 12 月)。研究结果以《中国电大教育质量和投资效益评估》(丁兴富主编，1992)专著形式出版，再次确认广播电视大学这种新型的远程教育的质量和效益。对中国电大教育投资效益的评估研究在远程教育经济学一般原理的基础上设计开发了评估数学模型和计算机数据处理统计软件。下面着重阐述广播电视大学投资效益评估模型的主要内容和特征。

(2)广播电视大学投资效益评估模型的主要内容和特征

①评估模型对经费来源结构和经费支出结构都作出了深层分析。经费来源包括国家财力(中央财政、地方财政)、社会财力(办学单位投资、用人单位投资、各级各类单位社会集资)、个人财力——学生家庭投资、其他财源(预算外收入)。经费支出包括社会现实成本(经常费——人员费、公共费、固定资产折旧费)、个人现实成本以及机会成本。为了体现电大教育实行印刷教材与视听教材相结合、重视实践性教学环节的多种媒体教学，经费支出中的业务费的深层结构设计包括广播(录音)教学经费支出、电视(录像)教学经费支出、实验(实践性教学环节)教学经费支出、实验教材资料编写发行业务费支出及其他支出；固定资产折旧费的深层结构设计是：电教用房、设施设备折旧费，实验用房、设施设备折旧费，图书资料及相关设施设备折旧费及其他。根据电大学生经费开支特点，将经费支出中个人现实成本的深层结构设计为包括学习费用(教材资料费、学费、考试费、杂费等)，生活增支费用，指因上电大而增加的生活(交通、通信、食宿等)开支。根据电大学生大多为在职成人，他们带薪学习，有全脱产、半脱产和业余学习多种类型的特点，电大教育机会成本结构设计(一年为周期)如下：社会机会成本 = 个人机会成本总和，个人机会成本 = 离岗期工资 = 学生年基本工资×(该生全年折合脱产学习日之和/全年法定工作日之和)。

②评估模型对广播电视大学教育固定成本与可变成本的分类设计。固定成本和可变成本的划分：电大广播电视教学节目的制作和播放费用与学生数无关，因此，从中央到地方各级广播电视部门用于电大教育的费用划归固定成本。从中央到地方[省、地(市)、县三级]各级各类电大(分校、工作站)一旦建立起来，就构成了一个多层次结构的办学实体，有一定的基建规模、人员编制、预算额度，就要维持其日常运行，各级电大(分校、工作站)面向所辖地区

(系统、部门)全体学生提供教学服务，其教育费用在一段时期相对稳定，并不随学生数线性变化，因此也划归固定成本。各级各类电大教学班和学生个人开支的费用显然与学生数有关，且呈线性关系变化，故划归可变成本。

③评估模型对广播电视大学直接成本与间接成本的分类设计。电大举办多层次(大专、中专、工程师继续教育等)、多种类(学历教育、非学历教育)、多学科(理工科、文科、经济管理科等)、多规格(3年制、2年制、短期等)教育，教育成果种类较多，为了对不同类学生分别核算其教育成本并进行比较，就应将教育总成本划分为直接成本和间接成本。广播电视大学利用广播电视多种媒体进行远程教学，不同种类的电大教育使用的教学媒体的种类和数量各不相同，由此引起不同种类电大学生的培养费用也不相同。因此，将总固定成本分为直接固定成本和间接固定成本。将业务费中的广播(录音)、电视(录像)、实验教学经费开支和固定资产中的电教用房、设施设备折旧费，实验用房、设施设备折旧费划归直接固定成本。将固定成本中其他使用状况差异不大的媒体(如印刷教材)教学费用和难以分类归属的费用(如公务费、修缮费等)划归间接固定成本。可变成本是由各级各类教学班及各类电大学生个人开支的费用求和而得，因此，从理论上和实际上都容易将它们当作直接成本处理。在核算不同科类的电大高等专科全科毕业生人均培养费用时，就应用上述划分原理。

④评估模型采用的固定资产折旧使用年限法。根据我国当时的会计、统计制度，包括高等学校在内的事业单位的固定资产不进行折旧，即固定资产按原值在账、在册进行管理、统计，直到完全报废处理为止。所以，一般高等学校在进行成本核算时，也不将固定资产折旧费列入成本。广播电视大学以电子信息技术为主要教学手段，电大教育成本核算中不计入包括广播电视教学设施设备在内的固定资产折旧费是不合理的。但当时高等学校经济效益分析中固定资产折旧尚无成熟定型的做法，电大教育投资效益分析模型采用了较简明的使用年限法。

⑤评估模型设计的电大各类学生折合大专全科生方案。电大举办的各层次、各类型教育所培养的学生都是电大教育的产出(成果)，无论是计算人均培养经费，还是核算人均占有资源，都应将电大各类学生统计在内。然而，将各类学生数简单相加作为电大教育总产出量(N)是不妥的，因此，折算是必要的。电大以举办高等专科教育为主，故以高等专科教育全科生为标准设计电大各类学生折算方案。

⑥评估模型设计的单科合格人课次总数折合教育成果方案。物质生产可能产生半成品仍能实现部分社会经济效益，并非废品。电大教育实行学分长期

（一般为 10 年）有效的制度，当年经一次性补学分考试后仍未能毕业者在随后几年中陆续毕业的机会很多。所以，采用传统校园大学固定学年制、以当年合格毕业生数作为教育产出总量（N）是不完全符合开放与远程教育完全学分制的管理体制的。应该将当年未毕业者已取得合格成绩的人课次总数折算成一定量的教育成果（ΔN），计入教育总产出（$N+\Delta N$）。

　　⑦评估模型设计的兼职教师折合专职教师方案。兼职教师通常在原单位有工作任务，在电大只担任部分工作量。在计算师生比时，对兼职教师采用如下折算方案：首先普查中央电大和省级电大聘任兼职教材主编教师总人数，兼职广播（录音）电视（录像）课（包括辅导课）主讲教师授课周学时总数，抽查并推断电大教学班聘任兼职教师授课周学时总数，然后，利用相关折算公式折算出折合专职教师人数。

　　（3）广播电视大学投资经济效益整体核算模型

　　这里给出的是省级电大系统各类教育在校生人均年培养费用整体核算模型。

$$AC_i = \frac{F_c}{N} + \frac{[(F_{pi}+F_{pri}+F_{coi}+F_{soi})+(V_{di}+V_{si})]}{N_i} = \frac{F_{cb}+F_{cu}}{N} +$$

$$\left\{\left[\left(F_{pbi}+\sum_j F_{prbij}+\sum_k F_{cobijk}\right)+\left(F_{pui}+\sum_j F_{pruij}+\sum_k F_{couijk}+\sum_i F_{souii}+\sum_j F_{souijj}\right)\right]+\right.$$

$$\left.\left(\sum_l N_{il}v_{dil}+\sum_m N_{im}v_{sim}\right)\right\}\div\left(N_{io}+\sum_j N_{ijo}+\sum_k N_{ijk}+\sum_i N_{ii'}+\sum_{jj} N_{ijj'}\right)$$

　　式中各个下标的意义如下：i 省级电大系统编码；j 地（市）级编码；k 县级编码；i' 省电大管辖社会办电大编码（$i'>j$）；j' 地（市）电大管辖社会办电大编码（$j'>k$）；c 中央级；p 省级；pr 地（市）级；co 县级；so 社会办；b 广播电视部门；u 电大（分校、工作站）；cl 电大教学班；s 电大学生；l 教学班分层层号；m 学生分层层号；o 直管直属班。

　　为了对我国广播电视大学系统结构有更清晰的了解，请参考图 7.4 中国广播电视大学系统树。

　　（4）广播电视大学投资经济效益多极核算模型。

　　这里给出的是省级电大系统各类教育在校生人均年培养费用多级核算模型。

$$AC_i = f_c + (f_{pi}+f_{pri}+f_{coi}+f_{soi}) + (v_{cli}+v_{si})$$

$$f_c = (F_{cb}+F_{cu})/N$$

$$f_{pi} = (F_{pbi}+F_{pui})/N_i$$

$$f_{pri} = \sum_i P_j(F_{prbij}+F_{pruij})/N_{ij}$$

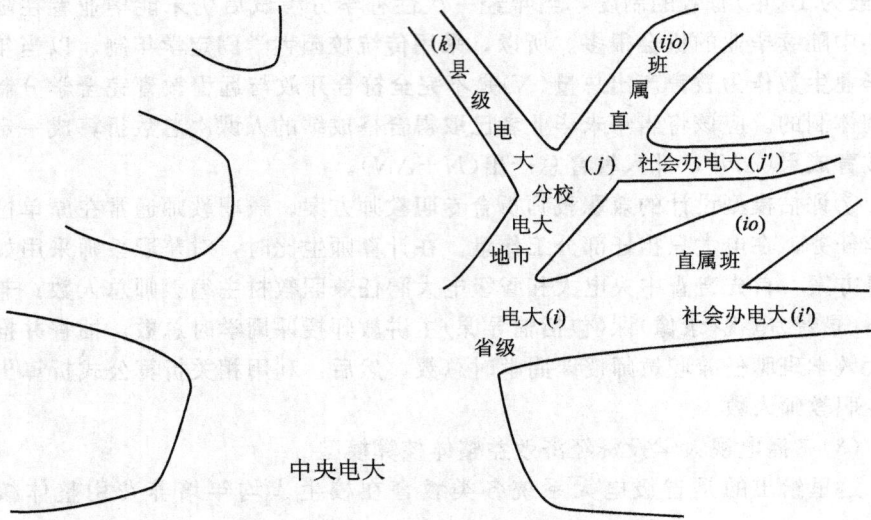

图 7.4　中国广播电视大学系统树

[资料来源：丁兴富(主编)《中国电大教育质量和投资效益评估》(1992)第 443 页，图 7-3]

(5)广播电视大学生均成本精细分类

为了对中国广播电视大学进行经济学分析并与传统教育开展对比，有必要讨论广播电视大学生均成本精细分类。这部分内容参见丁兴富主编《中国电大教育质量和投资效益评估》(1992)和丁兴富专著《远程教育研究》(2002)。

7.3.2.3　中国广播电视大学投资效益评估主要结果

(1)电大生均年培养经费

表 7.1 从全社会的观点给出了我国广播电视大学在 1988～1989 学年的生均固定成本、可变成本、现实成本、机会成本和总成本。计入全体学生时，我国广播电视大学在 1988～1989 学年生均总成本(AC)为 1 198.6 元；包括生均现实成本(ACr)952.9 元和生均机会成本 245.7 元，各占生均总成本的 79.5%和 20.5%。在生均现实成本 952.9 元中，生均固定成本和生均可变成本分别为 452.4 元和 500.5 元，各占 48%和 52%。生均固定成本所占比例(48%)与普通高校相比明显高出许多。这是建立在技术媒体教学基础上的远程教育的成本结构特点，但随着学生数的增长可能下降。事实上，在各级各类广播电视大学和广播电视机构的固定成本中，中央、省级和地方三级所占的比例分别为 4.3%、28.9%和 66.8%。在生均可变成本 500.5 元中，电大教学班和学生个人消费的各是 250.5 元和 250 元，基本上是 1∶1。这里学生个人平均消费的

包括学习开支 148 元(约 3/5)和生活增支费用 102 元(约 2/5)。

表 7.1 广播电视大学生均年度成本(1988~1989 学年) 单位/元；%

统计对象	平均固定成本(ACf)				平均可变成本(ACv)			平均现实成本 ACr	平均机会成本 p	平均成本 AC
	中央 ACc	省级 ACpr	地方 ACl	小计 f	教学班 ACtvcl	学生个人 ACs	小计 v			
仅大专生	26.2	156.1	357.3	539.6	225.1	249.2	474.3	1 013.9	241.5	1 255.4
占小计的%	4.9	28.9	66.2	100.0	47.5	52.5	100.0	—	—	—
占 ACr 的%	2.6	15.4	35.2	53.2	22.2	24.6	46.8	100.0	—	—
占 AC%	2.1	12.4	28.5	43.0	17.9	19.9	37.8	80.8	19.2	100.0
所有学生	19.4	131.0	302.6	452.4	250.4	250.1	500.5	952.9	245.7	1 198.6
占小计的%	4.3	28.9	66.8	100.0	50.0	50.0	100.0	—	—	—
占 ACr 的%	2.0	13.7	31.7	48	26.3	26.3	52.0	100.0	—	—
占 AC%	1.6	10.9	25.2	37.7	20.9	20.9	41.8	79.5	20.5	100.0

[资料来源：依据丁兴富主编《中国电大教育质量和投资效益评估》(1992)改编]

(2)电大与普通高校生均年度培养经费的比较

我国普通高校的生均年度经常费统计见表 7.2。我国广播电视大学的生均年度培养经费比普通高校的要低得多。

表 7.2 中国普通高校生均经常费(1979~1989 年) 单位/元

年份	1979	1980	1981	1982	1983	1984	1985
生均经常费	1 844.00	1 752.38	1 752.81	1 922.43	2 185.31	2 228.59	2 477.29
年份	1986	1987	1988	1989			
生均经常费	2 564.10	2 314.70	2 610.45	2 832.23			

(资料来源：依据国家教委计划财务司提供的数据)

通常的做法是将广播电视大学的年度生均总成本(包括学生离岗工资等机会成本在内)与普通高校的年度生均培养经费(实际上只是高校经常费一项)相比。结果如图 7.5 所示。从全国范围看，在 1988~1989 学年，仅计入高等专科学生，广播电视大学的年度生均总成本(包括机会成本)是普通高校的年度生均培养经费(高校经常费)的 46%(不足 1/2)；若除去电大学生机会成本，则只占 37%(略大于 1/3)。如果计入电大所有各类学生(折算成高等专科全科生)，上述比例还将降低。

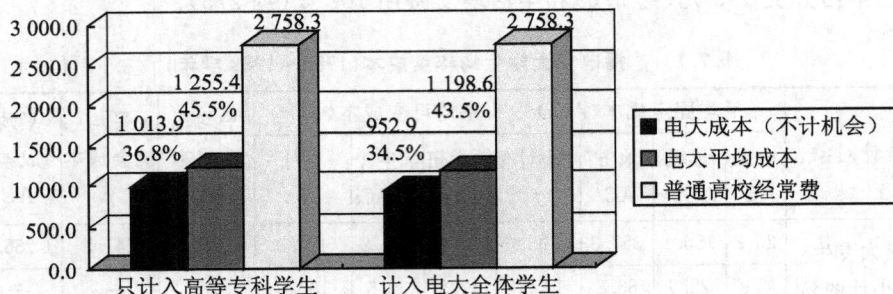

图 7.5　广播电视大学和普通高校年度平均成本比较(1988～1989 学年)

　　如上所述，由于我国普通高校的生均年培养经费仅仅包括高校的经常费开支，即我国普通高校的平均院校成本(ACi)中不包括平均院校折旧费(ACcd)，更不包括学生家庭个人承担的学习开支和生活增支费用以及机会成本等。为了有可比性，这里将我国普通高校的生均年经常费与广播电视大学的生均年经常费、生均院校成本(含经常费和折旧费两项)同时再作进一步的比较，结果见图 7.6。从全国范围看，在 1988～1989 学年，仅计入高等专科学生，广播电视大学的生均年经常费(598.8 元)不足普通高校生均年经常费(2 758 元)的 22%(约 1/5)；而在广播电视大学平均院校成本中加入平均折旧费用后，广播电视大学的平均院校成本(702.8 元)仍不足普通高校生均年经常费的 26%(约 1/4)。远程教育相对于传统教育在成本效益上的经济学优势再一次在这里得到验证。图中另外两组给出了北京市和湖北省两地广播电视大学与当地普通高校在1988～1989 学年生均院校成本及经常费的比较结果。

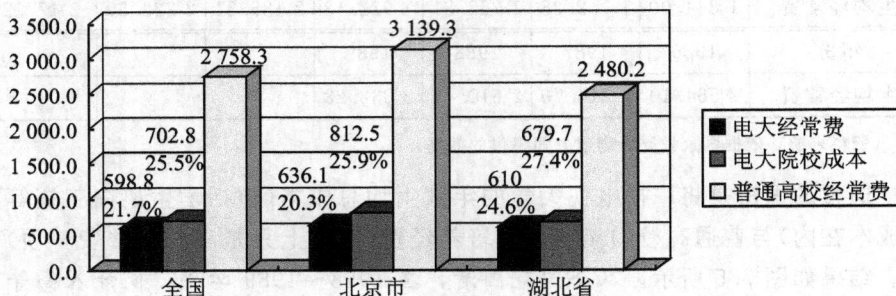

图 7.6　广播电视大学和普通高校生均年培养费用比较(1988～1989 学年)

[资料来源：依据丁兴富主编《中国电大教育质量和投资效益评估》(1992)改编]

　　(3)电大毕业生生均培养经费及其与普通高校的比较

　　广播电视大学生均院校培养经费比普通高校有明显的优势。但是，远程教育院校的按期毕业率(我国广播电视大学高等专科教育按期毕业率平均为70％～80％)一般比传统教育院校显著地低许多，应该进一步核算每个合格毕业生的培养费用。此外，毕业生的培养费用通常与学科专业关系较大。图 7.7 给出了在 1986～1989 学年电大教学周期中合格毕业的理工科、文科和经济科毕业生的生均培养费用与同期普通高校的比较。从图 7.7 可见，全国范围，在1988～1989 学年，仅计入高等专科学生、广播电视大学的生均年度院校成本(包括经常费和折旧费两项)同普通高校生均年度培养费用(仅经常费一项)相比，理工科、文科和经济科毕业生分别为：40.8％(约 2/5)、28.6％(略大于1/4)和 34.5％(约 1/3)。远程教育相对于传统教育在成本效益上的经济学优势再一次在这里得到验证。如果将广播电视大学系统的折旧费除去而仅保留经常费与普通高校直接比较，上述比例还将下降，即远程教育的经济学优势将更加明显。

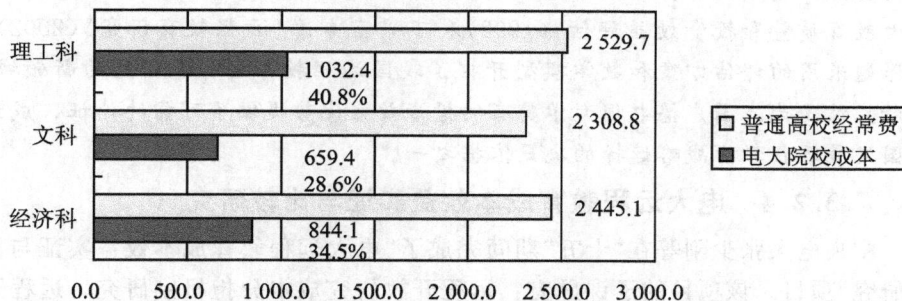

图 7.7　广播电视大学和普通高校毕业生平均年培养费用比较(1986～1989 学年)

[资料来源：依据丁兴富主编《中国电大教育质量和投资效益评估》(1992)改编]

　　(4)电大生均占有各类教育资源的单项指标及其比较优势

　　表 7.3 给出我国广播电视大学、普通高校和其他成人高校利用各项教育资源的经济效率的单项指标。我国广播电视大学(学生教师比：73，学生教职工比：65，生均占有固定资产 1 308 元，生均占有建筑面积 10.8 m²，生均占地13 m²)比普通高校(学生教师比：5.5，学生教职工比：2.2，生均占有固定资产16 860 元，生均占有建筑面积 41.8 m²)和其他成人高校也表现出明显的优势。

表 7.3　广播电视大学与普通高等学校、其他高等学校各类教育资源利用

效率单项指标的比较(1988～1989 学年)

高等学校类型	学生教师比		学生教职工比		生均占有固定资产		生均占有建筑面积		生均占地面积	
	比率	电大/高校	比率	电大/高校	比率	电大/高校	比率	电大/高校	比率	电大/高校
电大	73.0	—	65.2	—	1 308	—	10.8	—	13	—
普通高校	5.5*	13.3	2.2*	29.6	16 860**	0.08	41.8	0.26	—	—
成人高校	17.2*	4.2	7.5*	8.7	4 902#	0.27	21.7#	0.50	50#	0.26

[资料来源:依据丁兴富主编《中国电大教育质量和投资效益评估》(1992)改编]

注:带 * 号的数据取自国家教委计划和建设司编《中国教育统计年鉴 1989》。

　　带 ** 号的数据由国家教委财务司提供。

　　带 # 号关于成人高等学校的数据取自湖北省教委编《湖北省各级各类学校统计》。

　　关于中国电大教育投资评估的上述结果及其他结果(电大的经费来源结构及其特点,电大的经费开支结构及其特点等)的深入讨论参见丁兴富主编《中国电大教育质量和投资效益评估》(1992)和丁兴富专著《远程教育研究》(2002)。本课题采用的评估方案和数学模型开拓了我国远程教育经济学研究的新领域,其研究结论为我国广播电视大学具有的投资效益优势提供了可靠的论证,成为我国发展远程教育战略选择的决策依据之一。

7.3.2.4　电大远程教育成本效益实证与比较研究

中央电大张少刚等在"十五"期间完成了"电大远程教育成本效益实证与比较研究"项目。该项目的子课题有:远程开放研究成本分担机制研究、远程开放教育规模经济的实证研究、远程开放教育范围经济的实证研究、远程开放教育收支平衡点的实证研究、远程开放教育学习者个人学习支出特征及其影响因素研究、远程开放教育成本与经济学理论探讨、远程开放教育成本与经济学比较研究以及远程开放教育成本与经济学预测应用软件开发。这是继"中国电大教育质量和投资效益评估"后于近年完成的一个重要研究课题。

7.3.2.5　普通高校网络远程教育成本效益研究

(1)网络远程教育学院成本分析的理论框架

清华大学李海霞在综述国际远程教育界网络远程教育经济学研究成果的基础上提出了我国普通高校网络远程教育学院的成本分析框架。文章指出,从接触到的英文文献看,对网络远程教育成本分析的经济学探讨不少,但争议较多,尚无公认的坚实的方法论基础。随后,作者尝试提出了应用于我国普通高

校网络远程教育学院成本分析的理论框架，其核心是由支出性质和关联的活动与过程两维组成的成本分析架构。同时提出了若干值得重视研究解决的问题：成本核算的相关计量参数，固定资产折旧和机会成本，等等。

（2）清华大学网络教育学院成本分析与比较

清华大学案例研究（李海霞与吴庚生）采用了李海霞设计的网络远程教育学院两维成本分析框架，进而核算出固定成本、可变成本和生均成本，并将清华大学网络教育的生均成本同清华大学普通高等教育生均成本、全国及部分地区普通高等教育生均成本，以及清华大学网络教育与前两代远程教育及传统高等教育的成本结构进行了广泛的比较研究。

（3）北京大学医学网络教育成本效益实证研究

北京大学医学网络教育案例报告（高澍苹）则依据网络学院 2001～2004 年度的运营投入和财务报表，整理和统计了各自然年度的各类费用数据，并根据成本构成性质的不同，分别从总成本和人均成本、成本结构、固定成本和可变成本、课程运营成本、成本函数和成本收益 5 个层面进行了实证分析。文章指出：网络远程教育的成本结构与传统教育有较大差异，前者的规模经济效益显著；并进一步提出医学网络远程教育具有较明显的成本优势和较大的外部社会效益。为达到和扩大网络远程教育的成本效益优势，作者提出应加强对网络远程教育成本的系统管理理念。

（4）网络远程教育中技术应用的成本分析

网络远程教育机构面临日趋复杂的技术抉择问题，技术应用的成本对远程教育项目总成本有决定性的影响，是机构战略决策中需要考虑的重要因素。清华大学刘冬雪和李海霞依据鲁姆勃尔和丁兴富对远程教育中课程资源开发和学习支助服务两大子系统的划分，提出了网络远程教育中技术应用的成本分析框架设计，并应用这一框架对清华大学网络远程教育进行了案例研究。这一研究集中在对该校网院的 7 种主要课程资源的 6 个环节的各个活动单元的成本进行了数据收集和核算分析，得出了课程资源技术总成本和平均成本，构造了成本随学时数和学生数变化的函数、绘制了成本曲线，并进行了不同技术成本间的对比研究。这一研究成果揭示了网络远程教育经济学研究的一个值得注重的方向。

7.3.2.6 我国农村中小学现代远程教育工程的经济学研究

（1）远程教育工程项目的总拥有成本

对全国农村中小学现代远程教育工程（以下简称农远工程）的经济学研究表明，应该注重应用总拥有成本和投资回报的理念对工程进行分析和评估，建立农村基础教育信息化的滚动投资和优化配置体制，实现可持续发展和较高的投资回报（丁兴富"对农远工程的经济学思考——重视对工程总拥有成本的分析"，2008）。

①总拥有成本概念。

总拥有成本是一种基本概念和分析工具，源自经济学，被广泛应用于信息技术产业的经济学分析和决策。近年来，国内外在组织实施教育信息化和网络远程教育工程与项目时，也开始应用总拥有成本的概念来分析投资与回报、投资结构与投资配置。总拥有成本是指"实现工程或项目预期产出目标的总投资及其合理的结构、配置和进度"。总拥有成本（TCO：Total Cost of Ownership）与总成本（TC：Total Cost）是两个不同的概念。总成本是指"工程或项目运行周期结束时在该周期中实际发生的各项成本之和"，比如某个远程教育院校某个学年或财政年度实际开支的所有固定成本和可变成本之和。而总拥有成本则是"工程或项目设计规划时核算的工程或项目在运行周期中实现预期产出目标的总投资及其合理的结构、配置和进度"。比如某个现代远程教育工程在第一期运行的5年中实现预期产出目标必须初期一次性投入和在以后5年中持续投入的总投资及其合理的结构、配置和进度。如果总拥有成本核算科学、合理、精确，而且投资结构、配置、进度落实、到位、平衡，则工程或项目的预期产出目标就能实现，工程或项目的总投资发挥最佳效益。如果总拥有成本核算有误，或不足，或结构、配置、进度不合理不均衡，或投资主体不明确或无力承担，则工程或项目的预期产出目标就无法实现；工程或项目的实际部分投资不落实、不到位从而不足，另一部分投资就可能因为没有其他相应投资的配合而发生过度被闲置从而产生浪费。

②我国农远工程的总拥有成本。

对我国农远工程而言，总拥有成本是指确保优质教育资源进入课堂、被广大师生有效利用从而实现信息技术与各科课程日常教学整合需要的总投资及其合理的结构、配置和进度。应用总拥有成本对我国农村中小学现代远程教育工程这样一类教育信息化工程进行分析时，需要关注：工程或项目的预期产出目标，总投资（总拥有成本总量），投资结构（总拥有成本结构），投资配置（总拥有成本配置），投资进度（总拥有成本到位进度），以及投资主体（总拥有成本投资主体）等要素。

依据发达国家的成功经验，对于教育信息化工程或网络远程教育项目，首先，一次性投资（成本）中的基础设施硬件装备建设、软件课件教育资源建设以及人员配备和培训三部分资金大致各占1/3。其次，后续投资（成本）通常远大于一次性投资（成本）。对于我国农远工程而言，可以考察各个层次的总拥有成本。比如，可以考察实施整个工程的总拥有成本，也可以考察某一所农村中小学实现其预期工程目标的总拥有成本。当然，也可以以省、市、县为单位考察其总拥有成本。如果我们认真地对待发达国家的成功经验，从整个工程的总拥有成本来考察，120 亿元只是一次性投资中基础设施硬件建设成本，所以，这一次性投资总额约在 360 亿元。后续投资应大于一次性投资，于是，总拥有成本应该在 800 亿元以上。这就是经济学中通常所谓的"冰山效应"，即人们往往只关注了冰山浮在海面上的可见部分（相当于基础设施硬件建设部分的投资），而忽略了隐藏在海面下的庞大的冰山山体部分（相当于总拥有成本中其余更多的不可缺少的投资）。当然，我国的国情与欧美发达国家不尽相同，发达国家的总拥有成本结构不可以照搬，但作为设计决策的借鉴和参考总还是可以的。

谁应该成为我国农远工程总拥有成本的一次性投资和后续投资中各项资金的投资主体？全国农村中小学现代远程教育工程办公室编撰的《架起通向未来的桥梁——中国农村中小学现代远程教育工程》（2007）指出：五年（2003～2007）来，工程总投入资金 111 亿元，其中中央投入 50 亿元，占 45.1%，地方投入 61 亿元，占 54.9%。中央资金的分配方案特别关注了西部农村的教育发展。对西部 12 个省、自治区、直辖市和新疆生产建设兵团，中央投入 2/3，地方投入 1/3；对中部 11 个省，中央投入 1/3，地方投入 2/3；中央资金还对东部 5 省的欠发达地区给予了补贴。大部分省、自治区和直辖市采取省、市、县三级落实地方资金，省级承担了地方投入的主要责任。这里提及的工程"总经费"和"总投入"只是一次性投资中的基础设施装备建设经费，没有包括并明确教育教学资源开发、发送与接收以及人员培训等经费。例如，教育部、国家发展和改革委员会、财政部共同编制的《农村中小学现代远程教育工程试点工作方案》规定，2003 年试点工程总投入 19.154 28 亿元，其中中央投入 10 亿元，由国家发展改革委员会和财政部各承担 5 亿元，地方配套 9.154 28 亿元。中央投入 9.8 亿元用于三种模式的设施建设，另 2 000 万元用于教育教学资源开发。由此可见，教育教学资源开发的投资只占"总投入"的 1%。关于人员培训的经费投入，在教育部和香港李嘉诚基金会合作共同实施的西部中小学现代远程教育项目中，每个远程教育教学示范点的投资金额是 2 万元。其中，1.6 万元（占80%）用于卫星收视点的基础设施投资，4 000 元（占 20%）用于人员培训：为每个装备卫星收视点的中小学培养一名安装、维护和应用卫星收视设备的骨干教师。而在整个全国农远工程的上述投资预算中，却没有任何人员培训的资金投入。农远工程应注重投资回报评估，建立合理的投资机制，以实现工程的预期目标和投资的最大回报。

- 注重对工程的投资回报评估。总拥有成本概念的一个核心是要求"实现工程或项目预期产出目标"，也即要求实现工程或项目投资的最大回报。这同我国农远工程实施过程中提出的"引进课堂、面向学生、重在应用、增加产出、提高成效""宁可用烂，不可放坏"的口号一致。就是说，三种模式的基础设施装备到位并不是农远工程的最终目标，所有设施设备的有效应用及其对农村教育教学产生实际效果才是工程的真正目标。建议加快制定工程投资回报的评估方案，对投资的产出目标和绩效目标开展系统的评估。这将有利于改变工程实施过程中"重硬轻软""只建不用"的弊病。

- 变"地方负责"为"中央与地方分担"的投资体制。鉴于全国农远工程的覆盖面主要在中西部，如果实行县级财政为主的农村基础教育地方负责体制，工程总拥有成本中的许多项目有可能落空。建议实行中央财政和省市级地方财政分担的体制，核算总拥有成本中的其余各项投资金额并进行合理配置，在中央财政和省市级地方财政设立专项资金，实现转移支付。

- 采取适用技术方案和滚动投资体制。我国农远工程采取的三种模式的技术路线是依据地区发展不平衡采取的应对战略，但由于我国农村地域广大、国情复杂、发展不平衡，在组织实施中还应该依据当地具体条件和三种模式予以变通。以计算机和互联网为核心的信息通信技术发展到今天，适用于学校教育信息化和网络远程教育的技术方案和模式是多种多样的，应依据当地具体条件采取适用技术方案和滚动投资体制，以实现工程投资的最大回报。

（2）对总拥有成本的案例研究

王珠珠和杨晓宏等对我国农远工程的总拥有成本进行了实证研究和案例研究。杨晓宏在《农村中小学现代远程教育成本效益分析》（2008）中建立了以"作业成本法"（ABC：Activity-Based Costing）为核心的农远工程总拥有成本核算方法。核算法首先确定资源、作业以及资源动因与作业动因，并依据实际消耗关系建立资源向作业的分配。在农远工程中，资源指三种技术模式，对应三种模式的工程基建成本；相应的三种作业就是三种模式设备的运行使用，对应三种模式的工程运行成本。工程总拥有成本就是工程基建成本与工程运行成本之和。以甘肃红安县一所农村初级中学为案例进行估算，该校配备模式一数字播放机 3 套、模式二卫星接收站 1 套、模式三计算机教室 1 套。依据国家农远工程三种模式配备标准，工程设备配置成本分别为：模式一 3 000 元/套，模式二 16 000 元/套，模式三 15 万元/套，再加上工程土建成本 53 550 元，合计该校工程基建成本为 228 550 元。估算得到三种模式的年度运行成本分别是 2 645.6 元、33 893.4 元、61 363 元。于是，年度工程运行成本为 97 902 元。若三种模式设备及其配套土建的使用周期是 3 年，则该校 3 年周期的工程总拥有成本为 522 256 元。由此可见，该校工程初期一次性基建投资 228 550 元，约占总拥有成本的 44%；而后续 3 年运行成本为 293 706 元，约占总拥有成本的 56%。上述估算是基于"红安县农村中小学现代远程教育工程实施方案"做出的一种假想案例研究，尚不是真正的实证研究。而且，在估算运行成本时，人员成本核算基准为：模式一按 1 名兼职教师、模式二按 1 名专职教师、模式三按 1 名专职教师加 1 名兼职教师进行。就是说，上述估算方法尚没有考虑如何充分发挥三种模式对全校教师与学生可能产生的各种效益。

【思考与练习】

1．简述教育投资效率的计量指标。

2．结合"教育系统总成本—产出量"图 7.2 和"教育系统平均成本—产出量"图 7.3 比较分析传统教育系统和远程教育系统的成本函数、成本曲线和成本结构的特点；说明以下成本变量或特征点、线和值在图中的表示及其对成本分析的意义：①总成本和固定成本；②平均成本和单位可变成本；③边际成本；④图 7.2 中的直线斜率；⑤图 7.3 中曲线的渐近线；⑥两图中的盈亏平衡点及其数值。

3．为什么说①传统教育系统属于劳动密集型经济；②远程教育系统属于资金/技术密集型经济；③远程教育系统具有实现规模经济的优势？

4．远程教育经济学的理论成果、尤其是远程教育系统的成本分析对加深理解以下理论有什么意义？①远程教育的工业化理论和福特主义理论；②远程教育发展的动力基础理论。

5．简述远程教育微观经济学的其他研究领域。

6．简述国外开放大学对远程教育系统的成本效率和成本结构及其与传统教育比较的研究结果。

7．简述国外对巨型大学成本效率的研究结果。

8．简述国外对第三代远程教育成本结构的特征分析、对网络教育的成本分析及其与面授教育和前两代远程教育的成本分析比较的初步结果。

9．简述国家"七五"重点科研课题"以电子信息技术为主要教学手段的远程教育"对中国广播电视大学投资效益进行的评估研究(1989年4月至1990年12月)采用的成本核算模型的基本思路、创新特点及主要结果。

【项目与活动】

1. 组织讨论活动 1

围绕丹尼尔提出的远程教育"规模—成本—质量"铁三角形讨论远程教育发展中的基本矛盾关系。进入网络远程教育时代以来这一基本三角关系有什么新的发展？

2. 组织讨论活动 2

围绕丁兴富提出的要重视对我国农村中小学现代远程教育工程总拥有成本的经济学分析的观点展开讨论。如何保证我国农远工程取得最佳效果并可持续发展？

3. 案例研究项目

尝试分组对有可能获取基本财务数据的网络远程教育课程的开发与运行进行成本核算并对核算结果进行分析讨论。

第 8 章　远程教育的理论研究与学科建设

【学习要点】

本章重点是学习远程教育学科的基本理论内容。首先，了解国际远程教育理论研究发展史分期及其主要代表人物和相关理论学说。其次，理解远程教育学科专业建设的相关问题及有关争论，特别是远程教育学的研究对象、远程教育的基本问题、相关学科与理论基础、远程教育学科理论体系结构以及主要分支学科。再次，重点理解并掌握远程教育哲学理论、宏观理论和微观理论的主要内容。学习应用相关理论观点和方法分析远程教育实践及其发展中的具体问题。

【内容结构】

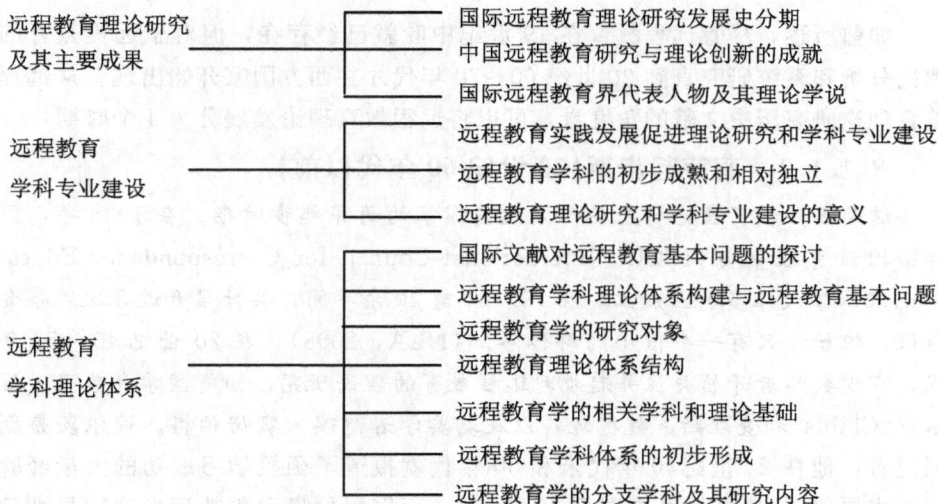

远程教育理论研究及其主要成果	国际远程教育理论研究发展史分期
	中国远程教育研究与理论创新的成就
	国际远程教育界代表人物及其理论学说
远程教育学科专业建设	远程教育实践发展促进理论研究和学科专业建设
	远程教育学科的初步成熟和相对独立
	远程教育理论研究和学科专业建设的意义
远程教育学科理论体系	国际文献对远程教育基本问题的探讨
	远程教育学科理论体系构建与远程教育基本问题
	远程教育学的研究对象
	远程教育理论体系结构
	远程教育学的相关学科和理论基础
	远程教育学科体系的初步形成
	远程教育学的分支学科及其研究内容

```
                          ┌── 外国学者对远程教育特殊性与合理性的哲学论证
远程教育的     ├── 远程教育学的逻辑起点
哲学理论      └── 远程教育的主要矛盾和主要矛盾方面

                          ┌── 对建立远程教育普遍理论体系的尝试
远程教育的     ├── 对远程教育发展动力基础理论的探讨
宏观理论      ├── 远程教育工业化理论的提出和发展
                          └── 三代信息技术和三代远程教育的理论

                          ┌── 远程教学两大功能要素的理论
远程教育的     ├── 以学生为中心的远程学习圈理论
微观理论      ├── 远程学习的交互作用理论
                          └── 远程学习模式的理论
```

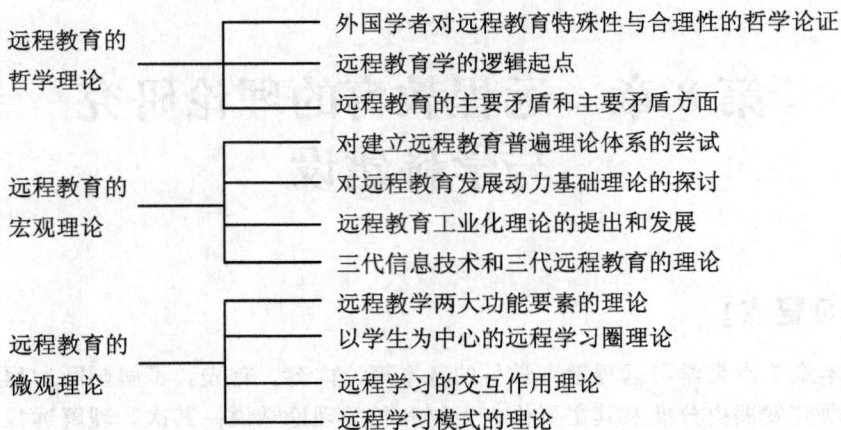

8.1 远程教育理论研究及其主要成果

本节概述国际国内远程教育理论研究的历史脉络、主要代表人物及其研究成果。

8.1.1 国际远程教育理论研究发展史分期

如前所述，尽管远程教育在 19 世纪中叶就已经存在，但对于远程教育的理论分析和系统研究直到 20 世纪 60～70 年代才在西方国家开始出现。从远程教育理论研究历史文献的角度看，可以将远程教育理论发展分为 4 个时期：

8.1.1.1 萌芽起步期(20 世纪 60 年代以前)

这是远程教育理论研究在西方欧美国家的萌芽起步时期。在 1938 年，国际函授教育理事会(ICCE：International Council for Correspondence Education)在加拿大维多利亚成立，在 1961 年前 20 余年间，共计召开过 5 次理事会会议，但始终只有一个很小的群体参加(NLA，2008)。在 20 世纪 40～50 年代，有少数学者开始关注并起步对远程教育的理论研究，如美国学者盖里·蔡尔茨(Childs)和查理斯·魏德迈，以及瑞典学者博瑞·霍姆伯格。蔡尔茨是新闻记者，他在 20 世纪 40 年代末和 50 年代就报道了函授学习成功的大量经验研究成果(目前最早的可追溯到 1949 年)。而霍姆伯格和魏德迈发表的早期理论研究成果可以分别追溯到 1960 年和 1963 年，显而易见他们的早期研究在 20 世纪 60 年代以前就已经开始展开。

8.1.1.2　早期发展期(20 世纪 60～70 年代)

这一时期是远程教育理论在西方欧美国家取得明显研究成果的早期发展时期。依据基更对远程教育理论研究文献史的研究成果,"最基础的远程教育研究是 1960～1970 年间在德国做的";"作为一个新的领域,远程教育的学术研究在 20 世纪 70 年代初已达到了相当成熟的水平";"主要的贡献出自一个研究集体,我提议称之为蒂宾根小组(The Tübingen Group)";"蒂宾根小组主要由多曼、格拉芙、奥·彼得斯、里贝尔和德林组成。这个小组的功绩在于他们确立了如斯帕克斯(Sparkes)所说的'对一门学科来说新出现的最基本的一系列重要问题'。在 70 年代中期蒂宾根小组至少发表了 60 篇研究论文";"蒂宾根小组贡献中最突出的就是彼得斯的工作。他的 4 项研究是远程教育研究史的基础"。它们是:《远距离教育:新教学形式分析溯源》(1965)、《高等教育层次的远程教育:新大学教育形式研究溯源》(1968)、《大学远程教育文献》(1971)和《远程教学的教学理论结构》(1973)(基更,1996:5～7)。同期,霍姆伯格发表了众多函授教育论著。在 1977 年,霍姆伯格发表了题名《远程教育:调查和文献》(*Distance education:a survey and bibliography*)的专著,对远程教育领域的理论研究成果做了综述。魏德迈则在 70 年代(1971、1977)提出并论证了远程教育的独立学习(independent study)理论。

远程教育领域范围及其研究对象,以及远程教育(Distance Education)、远程教学(Distance Teaching,Teaching at a Distance)和远程学习(Distance Learning,Distance Study)这些概念术语也是在这一时期首先由德国蒂宾根小组学者们提出和论证的。穆尔和凯斯利在《远程教育:系统观》中指出:"穆尔在与瑞典学者霍姆伯格的对话中,首次听到'远程教育(Distance Education)'一词,并以此来界定教与学的关系。'远程教育'的特征是教师与学习者的时空分离。霍姆伯格是瑞典赫莫芝(Hermods)函授学校校长,他的德文很流利,读过蒂宾根大学学者的研究文献。在这些文献中,使用'远程教育'(Fernstudium)和'远程教学'(Fernunterricht)等词,而不用'函授学习'。这些著名的学者就是里贝尔、德林、格拉芙、多曼和彼得斯。他们的论文都以德文发表。因此,虽然魏德迈与里贝尔偶有联系,英语国家的研究者直到最近几年,才经由基更(1986)的努力引介而得知蒂宾根大学学者们的观点和主张"(穆尔和凯斯利,1996:198)。基更在《远距离教育基础》中指出:"70 年代后期远程教育这个术语被明确并朝着定义方向取得了进展(参看第 3 章)"(基更,1996:8)。

8.1.1.3　独立成熟期(20 世纪 80～90 年代)

这是远程教育理论研究取得丰硕成果并开始作为一门教育学学科走向相对

独立和成熟的时期。这与远程教育实践发展在 20 世纪最后 30 年(70～90 年代)的巨大发展密切相关。以英国开放大学为主要代表的单一模式远程教学大学自 20 世纪 70 年代起在发达国家和发展中国家同时崛起；在同一时期，提供远程教育课程计划的双重模式大学在世界各大洲的众多国家持续发展，形成了远程教育的第一个繁荣期。到 20 世纪 80 年代初，世界上首批远程教学大学教育工作者开始对远程教育实践的研究成果进行理论概括和总结，出版发表了大批论文和专著。基更在 1980 年澳大利亚《远程教育》杂志创刊号上发表的在国际远程教育界产生深远影响并被广泛认同的关于远程教育的 6 个要素的定义，明确界定了远程教育这一基本概念及其研究领域。该时期产生广泛影响的代表作有凯伊与鲁姆勃尔主编的《远距离高等教育》(*Distance Teaching for Adult and Higher Education*)(1981)(有中译本 1987 年出版)、尼尔(Niel)主编的《远程成人教育》(*Education of Adults at a Distance*)(1981)、鲁姆勃尔和哈里(Harry)主编的《远程教学大学》(*The Distance Teaching Universities*)(1982)。20 世纪 80 年代初期出版的最重要的理论著述是西沃特(Sewart)、基更和霍姆伯格在 1983 年联合主编的《远程教育：国际视野》(*Distance Education：International Perspectives*)。三位主编选录了 20 世纪 70 年代及 80 年代初国际远程教育界一流学者发表的并具有标志意义的论文，其中部分论文是从其他语言翻译成英文第一次发表。这是远程教育理论发展史上影响最深远的经典论著。到 80 年代中后期，首批标志远程教育学科理论开始成熟并相对独立的专著纷纷出版，代表作有：

- 霍姆伯格的《远程教育的现状和趋势》(1985)
- 霍姆伯格的《远程教育的发展和结构》(1986)
- 基更的《远距离教育基础》(1986，1990，1995)
- 鲁姆勃尔的《远程教育的规划管理》(1986)
- 霍姆伯格的《远程教育的理论与实践》(1989，1995)
- 伽里森的《远程教育概论》(1989)

其中，基更的《远距离教育基础》被国际远程教育界公认是远程教育学科开拓奠基的一本重要代表作。在 20 世纪 80 年代末和 90 年代初，霍姆伯格和基更等学者认为远程教育学科至少在西方发达国家已经开始成熟并相对独立，尽管对此依然有争论。当时国际远程教育界思想活跃，围绕远程教育的有代表意义的学术讨论和争论很激烈、也很深入，如：

- 关于远程教育的概念定义、远程教育与开放学习概念术语的异同及其相互关系；

- 关于远程教育学科的相对独立与成熟；
- 关于远程教育学生自治与学习支助服务的关系；
- 关于远程教育媒体教学功能差异及媒体教学模式；
- 关于单一模式、双重模式远程教学大学以及校园面授传统大学的竞争优势和劣势；
- 关于远程教育的工业化理论以及福特主义、新福特主义和后福特主义分析体系。

进入 20 世纪 90 年代后，远程教育开始成熟、逐渐成为教育学学科中一门相对独立的学科，而且成为一门"时髦的显学"，进入国际教育界学术研究和研讨的主流。标志远程教育学科理论成熟的论著更是层出不穷，以下论著就是很有影响的代表作：

- 贝茨的《技术、电子学习与远程教育》(1995)；
- 丹尼尔的《巨型大学与知识媒体：高等教育的技术战略》(1996)；
- 穆尔和凯斯利的《远程教育：系统观》(1996)。

8.1.1.4　繁荣转型期(21 世纪以来)

这一时期是远程教育空前繁荣并进入了广泛而深刻的社会—教育—文化转型期。这一转型期在远程教育领域的主要标志是：远程教育形态经历第一代函授教育、第二代广播电视大教育进入第三代网络在线教育；远程教育主体从单一模式的远程教学院校和双重模式院校发展到各级各类学校组织实施的教育信息化，包括面向校内学生的网络在线学习以及面对校外学习者的网络在线课程；远程教育类型从高等学历教育为主发展到继续教育、企业培训和全民终身学习；远程教育理论从教育学科中的边缘分支学科发展为主流核心学科；远程教育研究从少数先驱者的开拓探索走向国际教育界的协同建构。这一时期的远程教育论著和文献呈爆炸式增长趋势，作者与学者群也多到不胜枚举。2008 年上海高教电子音像出版社出版的《世界远程教育经典文丛》（张德明主编）中有两篇初版于 21 世纪初的专著论述了这一转型期的远程教育，集中探讨了网络教育、虚拟教学和在线学习的教学论原理以及虚拟学习社区的构建，它们的作者依然是远程教育理论研究的先驱者：

- 彼得斯的《转型中的远程教育：新的趋势与挑战》(2002)；
- 伽里森和安德森（Anderson）的《21 世纪的网络学习：研究与实践框架》(2003)，该《文丛》中其余两本"论文集"则展示了更多学者对 21 世纪以来远程教育发展得更全面、更广阔的视野；
- 潘德（Panda）的《远程教育的规划和管理》(2003 年初版)；

该《文丛》选编的《开放远程学习：趋势、政策和战略思考》(2008 年初版)。

8.1.2 中国远程教育研究与理论创新的成就

在"中国远程教育研究与理论创新的成就"(2004)一文中，丁兴富对我国远程教育理论研究的历史发展做了初步的梳理和总结。以下是该文的主要内容纲目：

- 导论
- 研究活动的发展
- 研究机构与专业学会的建立
- 专业杂志和出版物的增加
- 学术项目和活动的繁荣
- 理论基础的构建
- 学科体系的发展
- 研究方法论
- 不同的学派和学者
- 大学研究与教学
- 远程教育理论研究的主要成果
- 海外研究成果的引进
- 理论研究及其主要成果
  - 远程教育的最初论著
  - 比较研究和分类学
  - 远程教育概念定义
  - 远程教育发展动因
  - 远程教师的两大教学功能
  - 以学生为中心的远程学习圈分析框架
  - 远程教与学的交互分析
  - 远程教育的心理学研究
  - 我国远程教育的经济学分析
  - 远程教育研究方法论研究
- 应用研究及其主要成果
  - 中国远程教育独特系统模式研究
  - 一体化课程材料的精心设计研究
  - 远程教育中技术、媒体和网络教学研究

- 远程学生、远程学习与学习支助服务研究
- 质量保证和评估研究
- 中国电大系统远程教育模式异化的研究
- 开放性与现代化研究
- 现代远程教育工程研究
- 远程教育标准化研究

● 结论

从目前我国介绍引进的国际远程教育理论研究成果看，大多是英文文献，所以本研究报告关注的远程教育理论研究及其成果主要来自英、美、加拿大、澳大利亚及其他国家用英语写作的学者，包括瑞典学者霍姆伯格、德国学者彼得斯、印度学者潘德等用英文著述的论著。这里有两个主要原因。其一，国际著名的远程教育专业杂志和论著大多是英文出版物。同样，远程教育国际会议及其会议文集大多使用英语作为工作语言。如今，以互联网、全球网为主体的网络上内容传播的主流语言也是英语。其二，国内远程教育工作者包括我和我的团队比较熟悉的外语也是英语。这确实有相当的局限性。要改变这种状况尚待时日。

同样的情形发生在我国远程教育实践发展和理论研究成果对国际产生的影响，也主要依靠英语媒体来传播。其一是在国际国内开展的以中英文或英语为工作语言的学术交流，包括会议；其二是中国学者在国际英文杂志和其他出版物上发表的英文论著以及我国出版的英文文献。

8.1.3 国际远程教育界有较大影响的理论学说和代表人物

8.1.3.1 《远程教育：国际视野》收录的理论学说（1983）

英国学者西沃特、爱尔兰学者基更和瑞典学者霍姆伯格在 1983 年联合主编出版了远程教育理论发展史上影响深远的论著《远程教育：国际视野》。三位主编选录了 20 世纪 70 年代及 80 年代初国际远程教育界一流学者发表的、有标志意义的论文。全书划分为 8 个部分：远程教育的概念，远程教育的理论，远程教育和社会：基本原理，学生及其进步，媒体选择：新通信技术，课程开发，学生支助服务，经济学。每一部分由 1 篇导言和 3 篇论文组成。从全书的结构可以看出：前两部分论述远程教育的概念和理论，即远程教育学的基础理论；后六部分则分别论述远程教育各分支学科领域的理论和实践。可以说，该书是在 20 世纪 80 年代初远程教育主要理论研究成果及形成的基础理论体系的

一个集大成,其中收录的众多理论学说对后世的远程教育理论和实践产生了重大的影响。

8.1.3.2 基更《远距离教育基础》中对远程教育理论体系进行的概括(1986,1990)

基更曾经担任国际远程教育协会(ICDE)理论研究组组长,对远程教育理论研究及其诠释做了许多有益的工作。早在 1980 年澳大利亚《远程教育》杂志创刊号上,时任主编的基更发表了在国际远程教育界产生深远影响并被广泛认同的关于远程教育的 6 个要素的定义。他在 1986 年首次出版、1990 年再版的《远距离教育基础》专著中对远程教育的基础理论体系进行了概括。在该书第 1 篇"远程教育的概念"中,基更追溯了远程教育理论研究的历史,并进而论述了"远程教育"这一核心概念及其定义。在第 2 篇"远程教育的理论"中,基更将远程教育的基础理论归纳为 3 类:自主和独立(autonomy and independence)的理论,工业化(industrialisation)理论和交互与通信(interaction and communication)理论。在第 3 篇"综合"中,基更在论述远程教育的教育哲学理论基础上提出了他自己的"远程教与学活动再度整合(The Reintegration of the Teaching-Learning Acts)"的理论。在第 4 篇"评估"中,基更对"远程教育经济学(economics)"以及"远程教育系统的评估(evaluation)"进行了理论概括。

8.1.3.3 霍姆伯格《远程教育的理论与实践》中对远程教育理论体系的构建(1989,1995)

霍姆伯格被国际远程教育界公认为本领域的重要开创者和奠基者之一。自1960 年起,他就发表多种函授教育论著。在 1977 年,霍姆伯格发表了取名《远程教育:调查和文献》(*Distance Education:a Survey and Bibliography*)的专著。到 20 世纪 80 年代中期,他连续出版了专著《远程教育的现状和趋势》(*Status and Trend of Distance Education*)(1985)和《远程教育的成长和结构》(*Growth and Structure of Distance Education*)(1986),并于 1986 年在《加拿大远程教育杂志》第 1 卷第 1 期上发表了"远程教育学科"(*A Discipline of Distance Education*)一文,于 1987 年出版《远程教育简明手册》(*Distance Education:a Short Handbook*)一书。霍姆伯格的专著《远程教育的理论与实践》(*Theory and Practice of Distance Education*)是其远程教育理论著述的集成之作,初版于1989 年,1990 年和 1992 年重印,1995 年第 2 版。该书第 1、2 章提供了远程教育的概览和背景,第 3~9 章是对远程教育基础理论体系的构建,第 10 章分述了远程教育分支领域的理论与实践,第 11 章中论述了远程教育学科建设问题。

8.1.3.4　基更主编《远程教育的理论原理》(1993)

基更主编的《远程教育的理论原理》(*Theoretical Principles of Distance Education*)在 1993 年出版。基更在该书中分 5 篇分述了远程教育的理论原理：教学原理，学术原理，分析原理，哲学原理和理论原理。在第 2 篇"学术原理"中，收录了阿曼德森(Amundsen)撰写的"远程教育的理论演进"一文。该文综述了当时有较大影响的远程教育基础理论学说：彼得斯的远程教育与工业生产的比较理论，穆尔的交互距离与学生自治的理论，霍姆伯格的有指导的教学会谈理论，基更的远程教与学活动再度整合的理论，伽里森等人的通信与学生控制(communication and student control)的理论，范迪(Verduin)和克拉克的三维远程教育理论(a three dimensional theory of distance education)。

8.1.3.5　劳瑞拉特的《反思大学教学》及其倡导的学习过程会话模型(1993，2003)

英国学者劳瑞拉特在 1993 年初版、2003 年再版了其专著《反思大学教学》(*Rethinking University Teaching*)。该书在过去的 10 多年中在国际远程教育界产生极大兴趣并被广泛引用。劳瑞拉特将对教学技术的讨论转向学习技术，指出教学的终极目的是媒介和促进学习。该专著的核心是在归纳各类教学实例的基础上抽象得出以教与学活动之间的多重双向交互为特征的"学习过程的会话模型(Conversational Framework)"。劳瑞拉特进而应用会话模型分析研究了学习过程中各类学习技术和教学媒体的交互特征，针对每种主要学习技术和教学媒体均给出了学习过程的会话模型分析图解。该书还在课程开发和院校运行层次讨论了学习技术的应用问题。劳瑞拉特的著述对理解和解决远程教育中的核心课题——远程教与学过程中的交互做出了独特的贡献。

8.1.3.6　贝茨的远程教育技术系列专著(1995，2000，2001)

贝茨的研究专长是远程教育技术和媒体。他从英国开放大学转到加拿大不列颠·哥伦比亚省的开放学习共同体(OLA：Open Learning Agency)和不列颠·哥伦比亚大学(UBC：University of British Columbia)的技术和远程与继续教育研究所。他发表了一系列有关远程教育技术和媒体的专著，主要包括《技术、开放学习与远程教育》(*Technology, Open Learning and Distance Education*)(1995)、《把握技术变革：高等院校领导的战略》(*Managing Technological Change: Strategies for University and College Leaders*)(2000)和《教会大学教师应用技术》(*Teaching Faculty How to Use Technology*)(2001)等。贝茨指出：为了满足对高素质劳动力的需要，也为了在一个日益复杂的社会中终身学习的需要，中学后教育和职业培训体系必须进行重大变革。最新的技术发展为应用开放与远程学习对教育和培训进行革新提供了机遇。那些能够驾驭电子通信和计算机技术并使之满足劳动力教育和培训需要的国家将成为21世纪世界经济的领袖。其间，如何应用技术提高教与学的质量和成本效益依然是关注的焦点之一。贝茨在《技术、开放学习与远程教育》中为指导教学媒体的选择和组合提供了一个取名"行动纲领（ACTIONS）"的实际决策模型。应用"行动纲领"模型，贝茨分析了各种技术媒体的优势和弱点，并对每种技术的成本进行了综合比较分析，并由此展望了21世纪基于技术的开放学习与远程教育的前景。

8.1.3.7 丹尼尔的《巨型大学与知识媒体：高等教育的技术战略》（1996）

丹尼尔在1996年出版了专著《巨型大学与知识媒体：高等教育的技术战略》（*Mega-universities and Knowledge Media：Technology Strategies for Higher Education*）。该书的特色是应用珀特（Porter）的"价值链"学说来论证高等教育的技术战略，对各国大学在21世纪以知识经济为基础的信息和学习社会中的发展有指导意义。该书有两章专门讨论了巨型大学（第3章）和"远程教育基础"（第4章）。丹尼尔曾长期担任英国开放大学副校长职务，后移任联合国教科文组织主管教育的助理总干事，现任加拿大学习联邦共同体（COL：Commonwealth of Learning）主席。他对作为20世纪下半期远程教学大学主流代表的巨型大学做了全面的分析和论述，特别是其对解决高等教育"规模（Access）、质量（Quality）和成本（Cost）"这一永恒的三角关系所作出的历史性贡献。并进而对远程教育从历史学、技术学、教育学和经济学的多学科角度进行了阐述。

8.1.3.8 穆尔《远程教育：系统观》论远程教育的理论基础（1996）

在1996年，穆尔和凯斯利在《远程教育：系统观》（*Distance education：A systems view*）的第10章论述了"远程教育的理论基础"（*The Theoretical Basis for Distance Education*）。穆尔和凯斯利在评述远程教育理论的早期发展史时：援引了德国蒂宾根大学学者群和霍姆伯格的研究工作及其成果的重要性，讨论了彼得斯的远程教育的工业化理论和魏德迈的独立学习的理论，集中阐述了穆尔自己提出并发展的远程教育的交互距离（由结构和对话两个要素组成）与学生自治的二维教育学理论。此外，穆尔和凯斯利还综述了其他学者做出的远程教育理论贡献：基更对远程教育概念的定义，伽里森等人的通信与学生控制的理论，萨巴（Saba）的远程教育系统动力学（the system dynamics）理论，以及坎伯（Kember）的开放学习模式（open learning model）理论。

8.1.3.9　彼得斯的《远程教育中的学与教》和《转型中的远程教育》对远程教育的理论诠释（1998，2001）

　　如上所述，彼得斯同样被国际远程教育界公认为本领域的重要开创者和奠基者之一。他在 20 世纪 60 年代和 70 年代的研究工作及其成果使他成为远程教育理论的重要开拓者。进入 20 世纪 90 年代以及 21 世纪以来，彼得斯对远程教育理论研究的新贡献综合在专著《远程教育中的学与教：国际视野中的教学论分析与诠释》（*Learning and Teaching in Distance Education. Pedagogical Analysis and Interpretation in an International Perspective*）（1998，2000，2001）和《转型中的远程教育：新的趋势与挑战》（*Distance Education in Transition: New Trends and Challenges*）（2002，2003）这两本专著中。《远程教育中的学与教》一书是彼得斯对远程教育学与教理论诠释的集大成之作。这一理论诠释超出了他早期提出和发展的远程教育工业化理论，转而建立在对远程学与教的教育学与教学论分析的基础上。彼得斯追溯了魏德迈、穆尔、伽里森、范迪与克拉克以及萨巴等人走过的教学分析路线，同时汲取了霍姆伯格与基更等人的理论分析理念，综合阐述了他建构的远程学与教的教育学与教学论（pedagogy 或 didactics）基本概念及理论体系。此外，20 世纪 90 年代和 21 世纪初，在电子信息通信技术飞速发展的推动下，人类社会开始进入信息与学习社会，这是一个以数字、网络、知识经济为标志的新时代。近年来，彼得斯正在从一种综合的观点和对理论与实践最近发展的反思出发整合他对远程与在线学习的研究。他的最新理念及其研究成果被编辑在《转型中的远程教育：新的趋势与挑战》一书中。在书中，他描述了数字化信息通信技术对远程教育、特别是对当前远程与在线学习的革命性影响并进而应用教育学和教学论的观点进行了诠释。

8.1.3.10　联合国教科文组织出版远程教育系列丛书（2000，2001，2002）

　　联合国教科文组织从 20 世纪末到 21 世纪初出版了多种远程教育系列丛书，有法内斯（Farnes）主编的调查分析报告《信息社会的远程教育：政策、教育学与专业发展》（*Distance Education for the Information Society — Policies, Pedagogy and Professional Development*）（2000）、贝茨主编的《中学后教育与培训中应用电子学习的国家战略》(*National strategies for e-Learning in Post-secondary Education and Training*)(2001)、穆尔和泰特(Tait)主编的专著《开放与远程学习：趋势、政策和战略》(*Open and Distancce Learning：Trends，Policy and Strategy*)(2002)、穆尔主编的培训课程教材《远程教育中的信息通信技术》(*ICTs in DE — Specialized Training Course*)(2002)、佩拉顿等撰写的《教师教育指南：应用开放与远程学习——技术、课程设置、成本和评估》(*Teacher Education Guidelines — Using Open and Distance Learning：Technology，Curriculum，Costs and Evaluation*)(2002)、凯夫隆(Khvilon)主编的《教育中的信息通信技术：中小学与教师发展计划的课程设置》(*ICT in Education：A Curriculum for Schools and Programme of Teacher Development*)和《教师教育中的信息通信技术：规划指南》(*ICT in Teacher Education：A Planning Guide*)(2002)、热斯塔(Resta)主编的会议文集《教师教育中对远程教育和信息通信技术的应用：趋势、政策和战略》(*The Use of DE & ICTs in Teacher Education：Trends，Policy and Strategy Considerations*)(2002)，等等。其中，穆尔和泰特主编的《开放与远程学习：趋势、政策和战略》(2002)是该组织出版的远程教育众多论著中综述远程教育基本概念和基础理论体系的一本专著。从书名可知专著的主要定位是宏观的理念。全书包括导言在内共 7 章。第 2 章讨论全球变革对教育的挑战以及开放与远程学习的机遇。第 3 章论述开放与远程学习的基本概念。第 4 章探讨开放与远程学习的最新发展趋势。第 5 章论述互联网和网络教育。第 6 章论述远程教育经济学。第 7 章阐述联合国教科文组织如何倡导开放与远程学习。

8.1.3.11 丁兴富的《远程教育学》和《远程教育研究》：尝试创建中国特色的理论体系(2001，2002)

本书作者丁兴富的博士论文《中澳远程高等教育系统比较研究》经基更推荐由德国哈根远程教学大学的远程教育研究所在 1999 年正式出版发行。此后，丁兴富于 2001 年和 2002 年先后撰写出版了专著《远程教育学》和《远程教育研究》。上述两专著的创作特点是：在广泛借鉴国际远程教育界的学术研究成果的同时，努力总结和反映我国远程教育取得的实践和理论成就(包括作者 20 多年的探索成果)，尝试构建有中国特色的远程教育学科结构和基础理论体系。

8.1.3.12 香港公开大学"开放及遥距教育"课程列举 8 种远程教育理论学派(2002)

我国香港公开大学自 2002 年起开设"开放及遥距教育"硕士研究生课程。

在已经开发的硕士研究生系列课程之一"开放及遥距教育：理论与模式"中，列举了8种在国际上有较大影响的理论学派及其代表人物（见表8.1）。

表 8.1 主要的远程教育理论学派及其代表人物

理论学派代表人物	理论基本内容
奥托·彼得斯 (Otto Peters)	工业化理论：遥距教育是一种具有工业性质的新型教育方法
查尔斯·韦达梅亚（（这里译作魏德迈） (Charles Wedemeyer) 米高·摩亚（这里译作迈克尔·穆尔）(Michael Moore)	学生独立学习论：遥距教育系统就是一个让学生独立学习的系统
希拉里·柏立顿（这里译作佩拉顿） (Hilary Perraton)	综合理论：这套理论综合了遥距教育的一些重要和不可缺少的元素
米高·西门信 (Michael Simonson)	相等学习理论：这理论强调使用新的教育科技，注重教师与学生的交流和沟通，使遥距学生可获得与面授学生在课堂上所得到的价值相同的学习经验
波佐·霍姆伯格 (Borje Holmberg)	引导教授式对话理论：最能令学生有效学习的教材是使用"教授式对话"的模式
大伟·坎伯 (David Kember)	学生流失模式理论：坎伯找出了遥距教育的"流失"和"浪费"的主要原因和这些原因的相互关系
丁兴富 (Xingfu Ding)	遥距学习圈：学生是学生的主体及教学系统的中心。学生、助学者和学习资源是遥距学习的三个主要组成部分
德斯蒙德·基更 (Desmond Keegan)	综合理论架构：借分析遥距教育是否教育活动、是否传统教育借遥距教育的可行性，提出教育的本质

（资料来源：香港公开大学研究生课程（E821C）《开放及遥距教育：理论与模式》（2002），单元三"开放及遥距教育的理论"表一"主要的遥距教育理论"，第3页）

8.1.3.13 基更的《移动学习》：移动学习研究的开山之作（2002）

早在2000年本书作者丁兴富即在《开放教育研究》杂志上发表了基更《从远程学习到电子学习再到移动学习》的论文。2002年，德国哈根远程教学大学远程教育研究所出版的国际远程教育学者系列文丛发表了基更的专著《学习的未来：从电子学习到移动学习》。2004 年，基更以同名在上海电视大学承办的亚洲开放大学协会年会上发表了关于移动学习研究最新进展的主题报告。他报告了近年在欧洲和非洲开展的 5 个无线移动学习项目所取得的经验和成果，提出了亚洲开放大学可以采用的 7 项移动学习策略，得出了"有两个市场适合移动学习"和"未来属于无线移动学习"等 7 项结论。基更的研究及其成果是国际远程教育界移动学习研究的开山之作。

8.1.3.14 穆尔主编的《远程教育手册》对远程教育理论体系的最新集成（2003）

美国学者穆尔和安德森（Anderson）于 2003 年主编出版了《远程教育手册》（*Handbook of Distance Education*）。这是进入 21 世纪以来国际远程教育文献中最新最全的集成，正好在西沃特、基更和霍姆伯格主编出版《远程教育：国际视野》的 20 年后。事实上，它并非关于远程教育最佳实践的书本或指导远程教育实践工作者的一本工作手册，而是一本提供了远程教育研究及迄今为止主要成果的最新文献的集成。

8.1.3.15 伽里森和安德森合著的《21 世纪的网络学习》：网络在线学习的精心之作（2003）

从世纪之交以来，伽里森和安德森独立并合作，在计算机网络在线学习以及构建虚拟学习共同体领域开展了广泛而深入的研究，发表了众多国际领先、产生重大影响、富有实践指导意义的论著，《21 世纪的网络学习》一书是他们精心合作的集成之作。该书的主题是论证网络在线学习能够建立异步通信的探究社区，它具有支持开发网络协作学习共同体，也即虚拟知识建构共同体的潜力。作者坚信网络在线学习技术一旦与有效的教学论、教学法以及反思教学结合，就会引发高等教育结构变革和教学创新。鉴于当前虚拟社区网络在线合作学习主要基于异步文本通信，附录论述了最新发展起来的极有应用价值的内容分析法。

8.1.3.16 潘德主编的《远程教育的规划和管理》：远程教育规划管理领域众多学者的协力之作（2003）

早在 1986 年，鲁姆勃尔即已发表了专著《远程教育的规划管理》，这是该领域研究成果的奠基之作。桑托西·潘德是国际远程教育界知名的印度学者，由他主编的《远程教育的规划和管理》一书是该领域国际远程教育界众多著名学者的协力之作。该书对远程教育规划和管理的主要领域进行了界定，包括：远程教育政策，核心组织的规划，组织的领导阶层、管理和改变，员工培训、科研和发展工作，财政资源和人力资源，多媒体资源开发及发送，学习支助、网络学习和远程学习，教学项目评估、教学质量保证及教学质量合格鉴定，远程教育与培训的国际化。随后，由各个研究领域的专家对远程教育规划管理的上述重要核心和功能领域进行了评论和反思，提出需要形成决策的根据。

8.1.3.17　张伟远主编的《国际论坛：现代远程教育的理念与实践》(2003~2005)

我国学者张伟远自 2002 年 8 月起在《中国远程教育》杂志上开设了"国际远教论坛"专栏，发表当代国际远程教育界知名学者有影响的论著的译文，进行评论，并将它们汇编成册连同英文原文一起出版，至今已经硕果累累。

8.1.3.18　丁新及其合作者的远程教育国际名家研究(2004~2005)

我国学者丁新等人分别于 1996 年和 1999 年翻译出版了基更的专著《远距离教育基础》和主编的论文集《远距离教育理论原理》。2000 年，刑发国和李果红翻译出版了基更的专著《远程教育研究》。基更关于远程教育的论著(特别是《远距离教育基础》一书)的出版对我国远程教育理论研究产生了促进作用。自 2004 年以来，丁新及其合作者在《中国电化教育》杂志连载发表"远程教育国际名家研究"。2008 年，丁新主编的《国际远程教育研究》一书出版发行，全书分名家、名校、专题和名会 4 篇。

8.1.3.19　我国出版的国外远程教育译著(1989~2008)

我国最早(1987 年 3 月)出版的国外远程教育译著是丁兴富与王遵华等人翻译的凯伊和鲁姆勃尔在 1981 年主编的《远距离高等教育》(*Distance Teaching for Higher and Adult Education*)一书。不久(1987 年 7 月)又出版了由丁兴富和杨亭亭编译的贝茨和加拉赫(Gallagher)在北京的"远程教育媒体技术讲习班"上的讲稿《远距离教育工艺学引论》。自 20 世纪 90 年代初(1990 年 12 月)和 21 世纪初(2000 年 4 月)，我国先后翻译出版了国外远程教育论文集《当代远距离教育研究译文选集》(由霍姆伯格推荐篇目，赵宇辉主编主译)和《国外远程教育的发展与研究》(黄清云、汪洪宝与丁兴富主编，丁兴富主译)。此外，我国举办的首届国际远距离高等教育研讨会(1989 年)和我国承办的亚洲开放大学协会(AAOU)第 13 届年会(1999 年)翻译出版的会议论文集均发表了众多英文论文译文。特别要提及的是由上海远程教育集团主席、上海电视大学校长张德明主编、众多中外远程教育专家参与的《世界远程教育精品文丛》于 2008

年初出版了第一辑。该辑收入了6本专著和2本论文集。其中，6本专著是基更的《远距离教育基础》，穆尔的《远程教育：系统观》，丹尼尔的《巨型大学与知识媒体：高等教育的技术战略》，贝茨的《技术、电子学习与远程教育》，彼得斯的《转型中的远程教育》，以及伽里森和安德森的《21世纪的网络学习》(*E-Learning in the 21st Century*)；2本论文集是潘德主编的《远程教育的规划和管理》以及由编委会选编的论文集《开放与远程学习：趋势、政策和战略思考》(联合国教科文组织的远程教育文件及选自远程教育国际论坛的8篇演讲论文)。这是我国远程教育研究史上的一件盛事。

8.2 远程教育学科专业建设

远程教育学科专业建设是指远程教育从学科理论及专业教学两方面都开始成熟并相对独立的过程。从国际范围尤其是西方欧美国家看，这一过程始于20世纪80年代末90年代初；从我国看，这一过程则始于世纪之交。远程教育学科建设的核心是构建远程教育的学科理论体系，这正是本章讨论的主题。远程教育专业建设的核心是远程教育作为大学教学的一个相对独立的专业进行的课程设置规划设计和主干课程系列教材的建设。如同其他学科专业一样，远程教育学科专业的相对独立和成熟也是有基本标志的。远程教育学科专业的建设将反过来促进远程教育实践的发展。

8.2.1 远程教育实践发展促进理论研究和学科专业建设

很显然，40多年前，远程教育还是一个相对较少被了解、较少被研究的领域。远程教育曾经是教育大家族里的灰姑娘或丑小鸭。从20世纪70年代起，远程教育实践的发展导致了远程教育理论研究日益增长和远程教育学科走向独立。与此同期，一些国际的、地区的和国家的远程教育专业协会和学会组织纷纷建立，促进了远程教育实践、研究和理论的发展以及远程教育院校机构间的合作：

- 国际开放与远程教育协会(ICDE)
- 非洲远程教育协会(AADE)
- 亚洲开放大学协会(AAOU)
- 欧洲函授学校协会(AECS)
- 欧洲远程教学大学协会(EADTU)
- 加拿大远程教育协会(CADE)

- 澳大利亚开放与远程学习协会(ODLAA)
- 中国教育技术协会(CAET)

另有一些国际的、地区的和国家的组织从事与远程教育紧密相关的事业:

- 国际远程学习中心(ICDL)
- 开放学习共同体(COL)
- 远程教育和培训委员会(DETC)

此外,一些国家和远程教学院校建立了远程教育研究机构:

- 英国开放大学的教育技术研究所(IET)
- 英国开放大学的知识媒体研究所(KMI)
- 德国哈根远程教学大学的远程教育研究所(ZIFF)
- 澳大利亚南昆士兰大学的远程教育中心(DEC)
- 澳大利亚迪肯大学的远程教育研究所(DEI)
- 美国宾夕法尼亚州立大学的远程教育研究中心(ACSDE)
- 德国蒂宾根大学的远程教育研究所(DIFF)
- 日本国立多媒体教育研究所(NIME)
- 中国中央广播电视大学的开放与远程教育研究所(IODE)
- 中国香港公开大学的远程与成人教育研究中心(CRIDAL)
- 北京师范大学的远程教育研究中心(DEC)
- 华南师范大学的远程教育研究所(DEI)
- 首都师范大学的远程教育研究所(IDE)

世界各国出版了关于远程教育系统、院校、项目和计划,及其实践和经验的大量文献,同时有众多远程教育理论研究及其成果的专业出版物。

远程教育文献在 20 世纪 80 年代和 90 年代的迅速增长从世界各地的远程教育专业杂志的发展中可见一斑。以下是以英文出版的国际上主要的远程教育专业杂志:

《美国远程教育杂志》(*American Journal of Distance Education*)

《远程教育》(*Distance Education*)(澳大利亚)

《欧洲远程教育杂志》(*European Journal of Distance Education*)

《加拿大远程教育杂志》(*Canadian Journal of Distance Education*)

《开放学习》(*Open Learning*)(其前身为《远程教学》)(英国)

《远程实践》(*Open Praxis*)(国际开放与远程教育协会刊物)

此外,还有德文、法文、西班牙文和意大利文的远程教育刊物。我国也有多种远程教育专业刊物,比如中央广播电视大学的《中国远程教育》(原名《中国电大教育》)，黑龙江广播电视大学的《现代远距离教育》，上海电视大学的《开放教育研究》、四川广播电视大学的《现代远程教育研究》、天津广播电视大学的《远距离教育的理论与实践》和浙江广播电视大学的《远程教育研究》等。此外，西北师范大学的《电化教育研究》、中央电化教育馆的《中国电化教育》及清华大学的《现代教育技术》等杂志均开设了"远程教育"专栏。至于有关远程教育的专著、报告、丛书、论文集等专业出版物，从20世纪80年代以来增长得非常快。各国公共图书馆和大学图书馆都有了相当数量的远程教育学科专业藏书，并且在不断增长之中。

进入20世纪80年代以来，远程教育学术交流活动十分活跃，在国际教育界和学术界形成一个明显热点。这些学术交流活动的成效明显，对各国政府的教育决策和远程教育实践产生了良好的影响。联合国教科文组织及其在各地的分支机构、世界银行和亚洲开发银行等国际组织自20世纪70年代起即积极主办或参与远程教育的学术交流活动。而创建于1938年的国际开放与远程教育协会(以前称为国际函授教育协会、国际远程教育协会)每两年主办一次的世界大会已成为全球远程教育的盛事。1995年在英国伯明翰举办的第17届世界大会的主题是"一个世界，多种声音——开放与远程学习的质量"；1997年在美国宾夕法尼亚州举办的第18届世界大会的主题是"新的学习环境：全球展望"；1999年在奥地利维也纳举办的第19届世界大会的主题是"教育新的前沿：网络世界的教与学"；2001年在德国杜塞尔多夫举办的第20届世界大会的主题是"学习的未来——为未来而学习——创新和变革"；而2004年(原定于2003年，因受非典影响而推迟)在中国香港举办的第21届世界大会的主题是"网络世界的终身学习"。此外，迄今已举办了22届年会的亚洲开放大学协会也已发展成为亚洲地区很有影响力的一个国际的和地区的远程教育论坛。我国中央广播电视大学于1999年在北京承办了第13届亚洲开放大学协会年会，其主题是"面向21世纪信息与学习社会的开放与远程教育系统和模式"。第18届、20届、22届亚洲开放大学协会年会分别于2004年、2006年、2008年在我国由上海电视大学、云南广播电视大学和天津广播电视大学承办。

与此同时，自20世纪80年代起，国外不少大学开始开设作为独立学科的远程教育学位课程。一个早期的著名代表是澳大利亚迪肯大学(Deakin University)和南澳大学(University of South Australia)在20世纪80年代末合作开设的远程教育硕士课程。英国开放大学(UKOU：Open University of United Kingdom)和诺丁汉大学、加拿大的阿萨巴士卡(Athabasca)大学和不列颠·哥伦比亚大学(UBC：University of British Columbia)、印度的英迪拉·甘地国立开放大学(IGNU：Indira Gandhi National University)等也都提供研究生层次的远程教育专业课程设置。此外，美国马里兰大学(University of Maryland)的大学学院(University College)和德国的欧登堡(Oldenburg)大学还面向全球联合开设远程教育研究生学位课程。

8.2.2　远程教育学科的初步成熟和相对独立

1989 年 10 月，中央广播电视大学在北京主办了国际远程高等教育研讨会(北京，1989)和远程教育系统和理论研究讲习班。这是在中国召开的远程教育的第一次高层次国际会议。霍姆伯格在其学术报告"远距离教育研究的回顾与展望"中声称："远程教育学科如今已在研究和大学教学两方面牢牢确立了"(霍姆伯格，1989：170)。基更也在其报告"1880 年至 1990 年间西方的远距离教育研究"中作了类似的评论(基更，1989：171，179)。

8.2.2.1　远程教育学科独立成熟的基本标志

本书作者丁兴富在对远程教育的实践和理论进行长期深入研究的基础上，于 1997 年在论文"当代开放远距离教育发展和革新中的重大课题"中第一次提出(此后多次发展、完善)，同其他学科专业一样，远程教育作为一门相对独立的学科专业，其确立有以下 8 项基本标志(丁兴富，1997)：

- 远程教育专业协会、学会的普遍建立；
- 专业刊物和学术出版物的明显增长；
- 学术交流活动的活跃及其成效和影响；
- 学科的理论基础基本形成；
- 学科体系得以建立和发展；
- 学科研究方法的创新和发展；
- 远程教育各种学派及其代表人物的产生和形成；
- 传统大学开设相应的专业课程，招收培养本科、硕士、博士学生。

依据对上述 8 项基本标志的考察，可以认为，自 20 世纪 80 年代末和 90 年代初起，远程教育在学术研究(作为学科)(前 7 项)和大学教学(作为专业)(第 8 项)两方面都已开始确立为一门初步成熟、相对独立的学科专业。当然，远程教育学科专业的成熟和完善依然需要经历一个相当长的发展过程，这同教育技术学科专业及教育学中诸如教育经济学等分支学科专业的发展处境是一样的。

随着以计算机多媒体和互联网为核心的电子信息通信技术的飞速发展，随着我国现代远程教育工程以及教育信息化工程的组织实施和长足进展，远程教育无论作为校园教育信息化进程中的一种重要的手段和课堂面授教育的补充，还是作为校外远程教育这种相对独立的新兴教育方式，其发展速度和实现的规模与效益都得到了政府、教育界和全社会的共识。远程教育已经成为一种教育职业和教育产业，远程教育从业人员也在迅速增长。远程教育实践的发展需要理论指导，远程教育从业人员需要接受专业教育和培训，远程教育学科与专业建设在我国显得越来越重要和迫切。

8.2.2.2　关于远程教育学科专业独立和成熟的争议

但是，直到20世纪90年代末期，我国和国际教育界对远程教育是否开始成为教育学中的一门独立的学科和一个独立的专业是有争议的。如穆尔在《远距教育：系统观》(穆尔和凯斯利，1999)中指出：远程教育学科尚未成熟，许多远程教育分支学科(如远程教育哲学、远程教育历史学等)尚未最终形成。在国外，尽管有些国家已经在大学设置了独立的远程教育专业，开发了远程教育专业的系列课程及相关课程资源材料，授予大学本科和研究生各个层次的远程教育专业的证书、文凭和学位。但在另一些国家，远程教育学科专业的设置仍然依附在教育技术或成人教育学科专业而没有完全独立。在我国，本书作者及丁新、张伟远、陈丽等于2004年发表系列论文，主张并论证了远程教育学作为一个相对独立的学科专业设置对于远程教育事业发展、理论研究进步和人才培养培训的极端重要性。但是，教育技术界的部分学者主张远程教育只是教育技术学科中的一个新兴的重要的研究方向，但尚未成熟到足以构成一门独立的学科。因此，在教育学科专业课程设置中，他们主张远程教育可以作为二级学科的教育技术专业课程设置中的一个主要专业方向，可以设置一门主干课程和一组系列方向课程，但不赞同独立设置远程教育专业，培养相对独立的远程教育学科毕业生。

8.2.3　远程教育理论研究和学科专业建设的意义

世界和中国远程教育的发展历史表明，在21世纪信息和学习社会中，远程教育将成为各国学校教育和终身教育体系的重要组成部分，并对国际教育全球化大格局产生与日俱增的重大影响。对远程教育理论研究和学科建设的考察则表明，远程教育无论从理论研究、还是从大学教学看，都已经开始成为一种相对独立的学科和专业。在重构21世纪我国国民教育体系和终身教育体系的历史进程中，远程教育以其独特的优势和潜力，正在发挥不可替代的越来越重要的作用。自20世纪末以来，我国已有68所重点普通高校设立网络教育学院，加上中央广播电视大学，共有69所高等院校开始现代远程教育(即网络远程教育)试点。在全国共设立网络远程教育校外学习中心 2 347 个，参加网络远程教育试点工作的教职员有 33.6 万人，其中各类教师 17.1 万人，包括专职教师 1.5 万人，兼职教师 15.6 万人(2003 年)。此外，我国还有尚未列入现代远程教育试点的规模巨大的前两代远程教育：函授教育和广播电视教育。仅全国广播电视大学系统就有 1 所中央电大，44 所省级电大，961 所地市级电大分校和 2 075 所县级电大工作站，专职教师 4.25 万人(2003 年)。然而，所有普通高校网络教育学院、各级电大、校外学习中心以及其他众多远程教育机构，都缺乏受过系统远程教育和训练的专业人士的参与。由于我国教育学科中尚未将远程教育设置为独立的二级学科，大学院系中尚无独立设置的远程教育专业，受过远程教育学科专业教育和培训的教育工作者极其稀缺。我国远程教育教学、管理、技术和研究人才培养和培训远远滞后于远程教育的实践和事业发展，远程教育政策的制定缺乏高质量的研究支撑和理论指导，这势必影响远程教育优势的发挥、质量的提高及其可持续发展。因此，积极推进远程教育的理论研究和学科建设，并在我国高等院校教育学科各相关专业(如教育技术专业、高等教育专业、成人教育专业)开设《远程教育学》主干课程和远程教育方向其他系列课程，并进而设置独立的远程教育学位(学士、硕士和博士)专业课程，积极推进远程教育人才的培养和在职培训是急需的、适时的和可行的。

8.2.3.1 总结实践经验进行理论概括和创新

在我国大学设置远程教育课程和专业开展远程教育学科的教学和研究工作有利于总结我国远程教育的实践经验并进行理论概括和创新。我国应用视听技术和媒体开展社会和学校电化教育已有近一个世纪的历史，应用教育技术和广播电视大众媒体进行开放远程教育已有半个世纪的历史，应用电子信息通信技术开展网络远程教育也已经历时 10 来年，积累了丰富的实践经验。在我国远程教育的长期实践中，已收获了不少理论研究成果，进行了积极的理论探索和创造。但是，在总体上，相对于我国远程教育的宏大规模和巨大成就而言，理论研究和学科建设的步伐仍显得有些滞后。通过在我国相关大学的院系开设远程教育课程和专业，可以推动远程教育的理论研究，促进远程教育的学科建设。从我国远程教育实践的广袤的土壤中吸收取之不尽的营养，探索创造，推陈出新，开创开放远程教育的中国模式和中国学派，为世界远程教育的繁荣和发展做出我们的贡献。

8.2.3.2 借鉴世界各国的实践经验和理论研究成果

在我国大学设置远程教育课程和专业开展远程教育学科的教学和研究工作

有利于我国教育工作者积极地借鉴世界各国远程教育的实践经验和理论研究成果。世界各国的远程教育已经有了一个半世纪以上的历史经验，并且已经总结建立了相对完整的远程教育学科理论体系，涌现出众多的实践模式和理论学派。积极借鉴世界各国远程教育的实践经验和理论研究成果，可以使我国远程教育学科理论研究和教学的起点高、成效快，进而推动和促进我国远程教育事业的发展，并尽快与国际学术交流和理论创新接轨，积极参与远程教育全球化体制的构建。

8.2.3.3　以理论指导教育决策

设置远程教育课程和专业、开展教学和研究的一大功能是争取更好地以理论指导教育决策。首先，远程教育已经成为教育发展新的增长点。在 20 世纪，远程教育已经在世界各国显示出巨大的活力、取得了重大的成就。在知识经济和学习社会到来的 21 世纪，远程教育必将成为世界各国教育发展新的增长点。知识经济需要的大量高级专业人才的培养、整个国家人力资源的深度开发和民族素质的提高都离不开远程教育的参与和发展。许多国家、尤其是发展中国家的高等教育大众化的任务为发展远程教育提供了难得的历史契机。各国终身教育体系的建立和学习型社会的最终形成更离不开远程教育。远程教育的理论研究和学科建设将为这一新的发展增长方向作出科学的论证和预测，帮助拉动和规划新的增长，使之与整个教育事业的发展、与国家经济建设和社会发展相互协调、相互促进。其次，远程教育的发展已经引起国际社会和教育界的关注。联合国教科文组织、世界银行、经济合作发展组织、亚洲开发银行等国际组织，以及全球和各洲、各大陆、各地区的远程教育专业组织与机构均在它们的跨世纪发展战略和议程中列入了进一步开发远程教育的项目计划。远程教育的理论研究和学科建设有助于进一步推动国际社会和教育界对远程教育的关注、指导和投资，形成发展远程教育的良好的国际环境。最后，远程教育已经成为各国政府教育决策新的热点。进入 20 世纪 90 年代以来，我国教育界和社会各界对发展远程教育表现出巨大的热情，推进国家信息基础设施建设、发展远程教育已成为我国教育决策的新的热点之一。然而，在有关政策的制定上仍存在众多课题有待探讨和决策。比如，在国家信息基础设施和远程教育专业平台的建设中，发展卫星和有线电视网络、计算机网络和公众电子通信网络的相互关系问题；在开展远程教育的组织机构中，独立设置的远程教育院校与传统院校两大系统之间以及众多传统院校之间的相互竞争和合作的问题；在发展远程教育的规划中，信息基础设施硬件建设、教育信息资源软件课件建设，以及教学支助服务、管理和质量保证以及人员培训等教育院校、组织系统、建设三者的关系问题；在发展远程教育项目、开展学历教育和非学历教育时，国家统筹、部门规划、区域协调、院校自治和市场调节的相互关系问题等。在大学设置远程教育课程和专业、开展教学和研究将有助于推动相关政策的探讨、研究和评估，做出正确的决策。

8.2.3.4　以理论指导教育实践

归根结底，远程教育的理论研究和学科建设将有利于指导远程教育的实践活动，指导远程教学、远程学习和远程教育的管理。尽管我国远程教育事业已经取得了巨大的成就，但是在有中国特色的远程教育人才培养的教学模式、学习模式和管理模式的探索、革新和发展，在应用各种信息技术和教育技术开展各专业学科教学，在多种媒体课程材料——从印刷教材到视听材料和基于计算机网络的多媒体课件——的开发、设计、制作和发送，以及在提供以学生为中心的学习支助服务和教与学的双向交互通信等领域，都存在着众多亟待进一步研究和解决的课题。开展理论研究和学科建设、加强学术交流和项目合作，将为远程教育院校和在远程教育实践第一线的教学和管理工作者提供理论指导。帮助远程教育院校改善教学管理水平和教育投资效益，帮助远程教育实践工作者提高教学质量和工作效率，帮助远程学习者更加有效地进行自主而灵活的学习。

8.2.3.5　培育专业人才和专业队伍

远程教育事业的迅速发展需要大量有专业知识和技能的专门人才。我国远程教育事业的发展、理论研究和学科建设的未来归根结底取决于远程教育专门人才的培养和专业队伍的形成、提高和发展。在我国大学设置远程教育专业和课程、开展远程教育学科的系统研究工作，将加快远程教育专门人才的培养和专业队伍素质的提高。规划和加强远程教育人才培养基地和实验基地的建设，重视远程教育学科带头人的作用及学者专家的梯队建设，支持和开拓在远程教育领域的国际合作和学术交流，应列入各级政府和相关院校领导的议事日程。

8.3　远程教育学科理论体系

远程教育学是教育学的一个分支学科，是研究远程教育这一新兴教育形态的现象、规律和本质，探讨作为方式或方法的远程教育在人类教育和培训体系中的地位和作用及其原理、方法和特点的学问。在 20 世纪的最后 20 年中，大量远程教育理论文献问世，初步形成了远程教育学科的基础理论体系，标志着远程教育学作为一门独立学科的起始。

远程教育学科理论体系是本章论述的主题。本节从论述构建远程教育学科理论体系的基本问题开始，随后依次探讨远程教育的理论体系结构、远程教育的理论基础以及远程教育的分支学科体系。后续3节将依次探讨远程教育学科理论体系的3个主要组成部分：远程教育的哲学理论、宏观理论和微观理论。

8.3.1　国际文献对远程教育基本问题的探讨

在国际远程教育权威学者的理论著述中，通常有对远程教育基本概念和基本理论两部分的论述。比如，英国学者西沃特、爱尔兰学者基更和瑞典学者霍姆伯格联合主编的论著《远程教育：国际视野》的第1章是"远程教育概念"，第2章是"远程教育理论"(西沃特，基更和霍姆伯格，1983)。霍姆伯格的《远程教育的现状和趋势》(1985)第1章是"远程学习概念"，第2章是"远程教育哲学"。基更《远距离教育基础》(1996)的第1篇是"概念篇"，第2篇是"理论篇"。美国学者穆尔和凯斯利在《远程教育：系统观》(穆尔和凯斯利，1996)中设专章讨论远程教育的理论基础(The Theoretical Basis for Distance Education)，主要论述了远程教育概念的历史演进和若干重要理论。事实上，国际远程教育专家学者在探讨远程教育的基本概念和对远程教育领域作基本界定时都涉及了对远程教育基本问题的"元分析"和"元研究"。

8.3.2　远程教育学科理论体系构建与远程教育基本问题

对"远程教育基本问题"的基础性研究是构建有中国特色的远程教育学科理论体系必须解决的一个重大课题。那么，什么是远程教育的"基本问题"(essential issues 或 critical issues 或 principal issues)呢？远程教育的基本问题应该就是远程教育学研究和构建远程教育理论体系的基本问题。远程教育学作为教育学下的一门相对独立的分支学科于20世纪80年代末在西方发达国家初步形成，在我国则正在形成之中，在国际国内都尚未成熟。其基本标志是自20世纪50年代与60年代开始的对远程教育理论的系统研究已经硕果累累，对远程教育基本概念(basic concepts of distance education)和基本理论(basic theories of distance education)的探讨已经形成了众多学说，达成了许多共识。同时，鉴于当今社会经济和科学技术的迅猛发展，基于日新月异的信息通信技术基础上的网络远程教育的发展也是一日千里。与之相应地，对远程教育基本概念的探讨和争议不断深入，对远程教育学科理论体系(theoretical framework of distance education as a discipline)的构建更是众说纷纭。这就表明，需要加强对构建远程教育学科理论体系本身的理论研究，即所谓元分析（meta analysis）和元研究（meta study）。"远程教育基本问题"主要就是指进行远程教育学科理论体系构建时开展的元分析和元研究所涉及的基本问题。如前所述，远程教育学科理论体系确立的主要标志是远程教育基本概念与远程教育基本理论的提出、论证和共识。远程教育基本问题的界定与探讨还与对远程教育理论研究的学科性质定位有关。在远程教育学的定义（参见"8.3.3 远程教育学的研究对象"）中已经明确，远程教育学兼有基础科学学科和应用技术学科的双重性质。于是，相应地，远程教育的基本问题也有两类：具有基础科学学科研究性质的基本问题和具有应用技术学科性质的基本问题。综上所述，可以界定以下 6 个远程教育基本问题，即构建远程教育学科理论体系"元研究"必须面对的 6 个基本问题：①远程教育的基本概念；②远程教育学的逻辑起点；③远程教育的主要矛盾；④远程教育理论体系结构；⑤远程教育的理论基础；⑥远程教育分支学科体系。前 3 个基本问题与远程教育的基本概念相关，后 3 个基本问题与远程教育的基本理论相关。前 5 个基本问题主要属于基础科学研究的性质，即将远程教育作为客体作科学探究的求真研究；第 6 个基本问题同时具有基础科学研究和应用技术学科的性质，既将远程教育作为一个历史存在的教育形态客体进行解释性的求真研究，同时又将远程教育作为人类实践活动进行应用技术开发运行战略的求效与优化研究。第 1 个基本问题"远程教育的基本概念"在本书第 1 章 1.2 节"什么是远程教育？——远程教育的基本概念"中已有论述，下面将在其对远程教育基本概念讨论的基础上首先给出"远程教育学的研究对象"的结论。本节其余篇幅则将对第 4、5、6 个基本问题进行简要论述。而第 2、3个基本问题"远程教育学的逻辑起点和主要矛盾"将在第 4 节中从远程教育哲学理论的高度展开论证。

8.3.3　远程教育学的研究对象

在英语中，学科名称与学科研究对象的名称是用同一个词汇表述的。"Distance Education"既表示"远程教育"，也表示"远程教育学"。至少在中文的语境中，对"远程教育学"的讨论依然有其独特的意义。

依据第 1 章对广义的和狭义的远程教育的定义，可以给出远程教育学及其研究对象的如下表述：远程教育学是教育学的一门相对独立的新兴分支学科，是研究远程教育这一新兴教育形态的现象、规律和本质，探讨作为方式或方法的远程教育在人类教育和培训体系中的地位、作用、原理、方法和特点的学问。远程教育学的研究对象是远程教育，即将远程教育这一社会历史现象的各个方面作为研究客体，探讨这类新型教育形态的发生和发展的内在规律及其丰富的表现形式。远程教育是与传统校园课堂面授教育相对的一种新型的教育形态，包括从函授教育到基于广播电视录音录像等大众媒介的多种媒体开放与远程教育再到基于电子信息通信技术的网络远程教育。随着以计算机多媒体和互联网为核心的电子信息通信技术的发展，远程教育已经进入学校校园教育信息化的进程，越来越普遍地成为课堂面授教育的一种重要补充手段。伴随着信息技术与学科课程教学整合的深入发展，将远程教育与面授教育结合在一起的混合教育也在发展之中。因此，远程教育有着极其广泛而丰富的研究内容。上述新定义的主旨是：①涵盖了作为教育方式的狭义远程教育与作为方法的广义远程教育；②明确地依学科性质将远程教育学的研究内容区分成两部分，其一是将远程教育作为客体作科学探究的求真研究，具有社会科学或教育科学的属性；其二是将远程教育作为人类实践作开发运行的求效研究，具有技术学科的属性。在求真和求效研究中，均涵盖了作为教育方式和教育方法的所有远程教育形态、现象和活动。所以说，上述定义在内容的界定上更清晰、更明确了。上述远程教育学定义比仅仅将狭义远程教育(学校远程教育或机构远程教育)作为研究对象的远程教育学有更大的视野和更广、更强的适应性。

8.3.4 远程教育理论体系结构

本章主要内容是探讨远程教育的理论研究与学科建设，构建并论证远程教育学科理论体系。远程教育学科理论体系的奠定主要表现在远程教育基本概念和学科研究领域的确立，远程教育基本原理和基本理论的阐述和发展，以及远程教育各种学派的形成。远程教育学科理论体系的核心内容构成远程教育理论体系结构的主体框架。

远程教育基本概念的确立是远程教育基础理论研究的前导，是构建远程教育学科理论体系的基础。对远程教育基本概念的界定，也就是对远程教育形态与活动领域有别于其他教育形态与活动领域的特殊性的界定，它也是对远程教育学科的特定研究领域的确认。远程教育学科领域有许多重要的基本概念，其中，"远程教育"是反映该教育形态本质的最基本最核心的概念。在界定远程教育概念的基础上，可以阐明远程教育学的研究对象(参见第1章1.2节和本节"8.3.3 远程教育学的研究对象")。

远程教育基本原理和基本理论的阐述和发展是形成远程教育基础理论、构建远程教育学科理论体系的核心。这些基本原理和基本理论反映了对远程教育内在规律和本质的认识的深化和综合，是指导远程教育决策和实践活动的理论基础。在确定了远程教育学的研究对象后，依据研究内容属性的不同，远程教育的基本原理和基本理论可以相应地划分为两类：一类是"将远程教育作为客体作科学探究的求真研究"的成果，具有社会科学或教育科学属性的理论学说；另一类是"将远程教育作为人类实践作开发运行的求效研究"的成果，具有技术学科属性的理论学说。诚然，许多理论是包括了两类研究的综合成果。在过去的 20 多年中，本书作者丁兴富一直在思考这样一个问题：国内外众多学者已经提出了各自的远程教育理论和学说，应该如何概括和提炼这些理论学说，形成综合的集成的远程教育学科理论体系？经过多年来的综合考察和深思熟虑，丁兴富在 2000 年首次提出：可以将远程教育的理论体系划分为宏观理论、微观理论和哲学理论 3 部分。远程教育的哲学理论则是对远程教育的合理性、远程教育的本质属性的理论论证和哲学阐述，将在本章 8.4 节讨论。远程教育的宏观理论主要阐述远程教育与其所处社会环境的相互作用关系及其规律和特征，将在本章 8.5 节讨论。远程教育微观理论主要阐述远程教学和远程学习的本质、规律和特征，将在本章 8.6 节讨论。随着远程教育基础理论体系的建立，各种远程教育的理论学派和学说也就发展起来。不同的理论学派和学说反映出各国远程教育实践的丰富和多样，也体现了从不同角度、不同层面对远程教育的理性认识和理论概括，丰富和深化了对整个远程教育这一社会历史现象的把握。

8.3.5　远程教育学的相关学科和理论基础

从学科关系上说，远程教育学是教育科学的一个分支，是整个教育科学体系的组成部分。在教育科学中与远程教育学科最接近、关系最密切的有教育技术学科、成人教育学科以及教育传播学科。无论从学科发展的逻辑关系还是学科发展史来看，教育技术学科、成人教育学科以及教育传播学都构成了远程教育学科发展的主要理论基础。传统的教育科学通常是以儿童和青少年为主要研究对象的学校教育学、课堂教育学和面授教育学。教育技术学科研究教学（学习）过程和教学（学习）资源的开发、设计、应用、管理和评价的理论和实践，以期实现教学（学习）的优化，这极大地丰富了传统教育科学，并开始突破学校教育学、课堂教育学和面授教育学的校园和课堂局限。远程教育是建立在应用教育技术和教学媒体基础之上的新型的教育形态，以其特殊的教育属性[（教）师（学）生时空分离状态下的教育、培训和学习]而与教育技术学科有着紧密的内在联系。成人教育学则是独立于传统的学校教育学而发展起来的新兴教育学科，研究以成人为对象的教育和培训。继续教育理论、终身教育和终身学习理论，以及学习化社会和学习型组织的理论都可以看做是成人教育学科的最新发展成果。与此相关的还有新兴的成人教育心理学(包括成人学习理论等)。远程教育的学习者主要是成人，他们与儿童和青少年处于人生不同的发展阶段，拥有不同的社会生活环境和条件，具有不同的心理特征和发展任务。因此，远程教育学科与成人教育学科(包括成人教育心理学)也有着紧密的内在联系。此外，教育传播学既是教育技术学的理论基础，也是远程教育学的理论基础之一。既然远程教育学科研究(教)师(学)生时空分离状态下的教育、培训和学习，远程教育学科应用和借鉴教育传播学的理论研究成果显然是必要的。但是，既不应将远程教育学科当做是教育技术学科或成人教育学科的一个分支，也不能将远程教育学科看做是教育技术学、成人教育学以及教育传播学的简单混合或交集。远程教育学科有自己特定的研究对象和研究内容，有自己特有的基本概念和基本理论，有相对独立、自成一体的学科体系。利用和借鉴其他教育和心理学科，特别是教育技术学科、成人教育学科和教育传播学的理论研究成果是必要的，但更重要的是面向远程教育实践，探索远程教育自身特有的规律和本质，形成远程教育学科理论的个性和特色。

当然，远程教育学科毕竟仍是教育科学的组成部分。远程教育与其他教育现象一起拥有许多共同规律和普遍属性，分享着教育科学(包括教育心理学科)的最新发现和研究成果。因此，教育科学的最新发展，如继续教育、终身教育、终身学习与学习型社会理论的发展；以及教育心理学及其教学理论和学习理论的最新发展，如建构主义理论的兴起和发展，对远程教育学科建设，尤其是对远程教育系统工程学的发展，对远程教育系统的分析、设计、规划、开发与管理等研究；以及对远程教育心理学及其教学理论和学习理论的发展，对远程教育中的多媒体教学、网络教学和虚拟教学等研究将产生重大影响。同理，教育传播学、教育管理学、教育经济学、教育测量学、教育评估理论、教育未来学等的发展也将促进远程教育学科的成长。此外，以电子信息通信技术为核心的科学技术的进展将不断改造远程教育的物质技术基础并进一步发展系统科学工程理论、信息论和控制论、传播和通信理论，从而引起远程教育学科的不断革新。所有这些教育科学、心理科学乃至信息通信科学技术发展的相关理论成果都可能为远程教育学科的进一步发展和进步提供新的理论基础。在一定意义上，远程教育是一门有着自身独特的研究对象和内容、特定的概念和理论体系，又借鉴、应用和整合众多其他学科理论成果的综合学科。

8.3.6 远程教育学科体系的初步形成

随着远程教育理论研究的进步及其基础理论的初步形成，远程教育学科体系也逐步建立和发展起来。众所周知，一种新的学科一旦确立，其本身又往往构成一个学科群，即由许多分支学科组成的体系。远程教育学科也是如此。早在 1986 年，霍姆伯格在《远程教育的成长和结构》一书中描述了远程教育学科的结构和分支领域（转摘自霍姆伯格，1989：170）：远程教育理论和哲学；远程教育学生，他们的背景，条件和学习动机；教学内容的呈现；学生和学习支助组织（辅导教师、学生顾问、管理人员和其他学生）之间的交流与相互作用；管理和组织；经济学；系统（比较远程教育，分类学，评估，等等）；远程教育史。以下列举 20 世纪 90 年代中期远程教育学科研究领域的主要分支：远程教育的基本概念和基本原理，远程教育的哲学理论，系统分析和设计，组织、行政和管理，决策和评估，经济学，远程教育和社会经济发展，教育技术和媒体，课程开发和发送、教学设计，学习支助服务，学生和支助组织的交流和通信，远程教学和教学人员的专业发展，远程学习和学生对象，远程教育中的学科教学，远程教育历史，远程教育国际比较研究与分类学等。有很多学者投入这些专门领域的研究并进行理论创造，发表了众多论文和专著，逐渐发展形成一些相对独立的分支学科，从而初步建立起一个相对完整的远程教育学科体系。

从以上简短论述可以看到：远程教育学科体系有着丰富的理论内容。对各分支学科的深入研究将会促使整个学科理论体系更趋成熟和完善，而重视和加强远程教育学的基础理论研究，也将为各分支学科的发展及各类综合研究提供理论指导。在学科发展不断分化与综合的规律的作用下，远程教育学正在从整个教育科学中分离出来，形成与传统的学校教育学并行发展的相对独立的教育学科和学科体系。

8.3.7　远程教育学的分支学科及其研究内容

如上所述，远程教育学科有着广阔的研究领域及丰富的研究内容。远程教育的主要分支学科及相应的研究领域可以划分为：远程教育系统工程、远程教育技术和媒体教学、远程教育传播和通信、远程教育心理学及相应的教学理论和学习理论、远程教育的课程开发和教学设计、远程教育的学生和学习支助服务、远程教育经济、远程教育管理和质量保证、远程教育测量和评估、远程教育国际比较研究与分类、远程教育历史研究、各专业学科的远程教学、远程教学人员专业发展以及远程高等教育、远程基础教育、远程培训和远程终身学习等。以下简述主要分支学科及其研究内容。

远程教育系统工程是应用远程教育的基础理论以及系统科学与工程的理论

和方法来研究远程教育系统设计、开发、运行与管理的分支学科。主要研究内容包括：远程教育系统的目标和功能，层次结构，系统与环境的相互作用，系统内外信息流及其控制，系统分析、系统优化设计和系统管理等。其主要任务是对远程教育在国家、院校和院校内诸子系统各个层次上进行系统分析、系统设计、系统管理和系统评价。鉴于远程教育的独特属性，远程教育系统是有别于传统校园课堂教学的新型教育系统，为远程教育系统工程研究赋予了特殊性。

远程教育技术和媒体教学是应用远程教育的基础理论以及教育技术学的理论和方法研究如何应用教育技术和教学媒体实现远程教学和远程学习优化的重要分支学科。主要研究内容包括：对远程教育中应用教育技术和教学媒体的基础理论研究，研究媒体教学和基于资源的学习在远程教育系统中的地位和作用，对媒体教学和面授教学进行比较研究，对各国远程教育的媒体教学模式进行比较研究等；对在远程教育中应用的各种传统教学媒体和现代教学媒体进行单项的和综合的实验研究，对新兴的网络教学、在线教学和虚拟教学进行实验研究和比较研究，研究各类媒体的教学功能、成本结构的特点和差异，研究媒体的选择和组合；研究多种媒体课程材料的设计、制作、发送和评估，研究远程教育系统中教材建设的开发战略、实施原则和管理体制等；研究如何应用技术和媒体为远程学生提供多种多样的学习支助服务和双向通信交流；研究远程教育中媒体教学过程各环节的设计、实施、控制、组织和管理；研究教育技术和信息技术的应用对远程教育中的学生、教师和院校的影响；研究远程教育系统中各专业学科及其课程的媒体教学法等。远程教育技术和媒体研究的主要目标是指导远程教学和远程学习的实践，最大限度地普及教育、提高教育质量和投资效益。教育技术和信息技术在远程教育中的应用有别于在传统校园教育课堂面授教学系统中的应用，这使得远程教育技术和媒体研究不同于一般教育技术学研究。而且，还有必要进而研究技术和媒体在混合学习中的应用，即研究技术和媒体在实现面授教学与远程学习整合中的应用。

远程教育传播与通信是应用远程教育的基础理论以及教育传播学和电子信息通信技术研究远程教育传播与远程教与学双向通信交流的分支学科。

远程教育心理学是应用远程教育基础理论以及教育心理学与其他心理科学的基本理论和基本方法，研究远程教育过程中的心理现象及其规律的分支学科。主要研究内容有：远程学习者的心理学研究，研究远程学习者（多数是成人、且是在职成人）所处的社会环境、面临的发展任务及其心理特征，研究远程教育和培训与学习者个体成熟和发展的关系等，这是远程教育心理学研究的基础；远程教育的教学理论，研究教师和学生、教的行为活动与学的行为活动之间的物理的和心理的距离及其对组织实施远程教学的意义，研究在远程教育中教学诸要素的角色变换及其交互作用关系，研究在远程教育环境中应用教育技术进行课程开发、教学设计、组织实施媒体教学和提供学生学习支助服务有关的心理学问题，对远程教学中的教学信息传播和双向通信机制进行心理学分析等，远程教育的教学理论成果将指导远程教育工作者实现优化教学；远程教育的学习理论，研究开放的、灵活的、以学生为中心的和基于资源的学习的心理学问题，研究在远程学习环境中认知建构的特点，感知、理解、保持、迁移与应用等基本认知因素的作用规律特点，研究知识的获得、技能的培养、智力和能力的开发在远程学习中的相互关系和制约作用，研究自学能力的培养及其在远程学习中的意义，研究动机、动力、指向及其诱导和强化，情感、意志、性格和个性等心理因素对远程学习的影响，进行远程学习的模式或战略设计等，远程教育的学习理论将指导和帮助远程学习者改进学习方法、提高学习效率、增强学习效果。

远程教育的课程开发和教学设计是应用远程教学和远程学习理论、教学设计与教学系统开发的基本理论和基本方法研究远程教育课程资源的教学设计和对远程教学和远程学习全过程的教学系统开发的分支学科。远程教育课程资源的教学设计与开发包括对远程教育课程设置，多种媒体课程材料的设计、开发和发送，以及教学和学习环境的创设。

远程教育的学生和学习支助服务是应用远程教学和远程学习理论、教学设计和教学系统开发的基本理论和基本方法研究远程学生及学习支助服务，特别是对远程学生的学习支助服务体系的构建及其实施策略和方法，以及相应的教与学双向通信交流机制的综合设计和开发的分支学科。

远程教育经济学是应用远程教育的基础理论以及教育经济学与其他经济学科的理论和方法研究远程教育系统经济特征和成本效益的分支学科。按研究对象的不同可划分为宏观理论和微观理论两部分。

远程教育管理是应用远程教育的基础理论以及教育管理学与其他管理学科的理论和方法研究远程教育的管理过程及其规律的分支学科。按照远程教育管理对象的层次结构可以将远程教育管理学分为宏观理论和微观理论两部分。宏观理论将整个国家的远程教育系统作为研究对象，主要研究国家各级政府及其教育行政部门应用立法、行政、财政等手段，对各级各类远程教育院校机构和项目进行规划、组织、指导和控制，使有限的远程教育资源得到合理的配置，以实现远程教育管理目标的最优化。所以，远程教育管理学的宏观理论也可以称作远程教育国家行政管理学。远程教育管理学的微观理论以远程教育院校机构为研究对象，主要探索远程教育院校与社会环境的关系，远程教育院校内部的组织结构和功能，以及为了保证远程教学的正常运行、提高远程教育的质量和效益而开展的各种行政的、教学的和人员(教师和学生)的管理。因此，远程教育管理学的微观理论也可以称作远程教育学校管理学。远程教育学校管理可以进一步划分为课程管理、学生管理、行政管理和后勤管理等。其中，远程教育的质量保证同远程教育的规模和效益一样始终受到教育界、政府和全社会的关注。而远程教育管理同远程教育课程资源开发和远程学生学习支助服务一样，是对远程教育质量的重要保证。因此，教育质量保证是远程教育学校管理的重要内容，而教育质量评估与认证是远程教育国家行政管理的重要内容。

远程教育测量和评估是应用远程教育的基础理论以及教育测量学与教育评估的理论和方法研究远程教育系统的测量和评估。

远程教育国际比较研究和分类是应用远程教育的基础理论以及比较教育学理论和方法对世界各国远程教育的实践和理论进行综合的分析和比较研究，探讨远程教育发展的普遍规律和共同特征以及各国不同的特色和个性的分支学科。

远程教育历史研究。

各专业学科的远程教学是应用远程教育和教育技术的理论和方法研究各类专业学科课程的远程教学方法与策略的分支学科。

远程教学人员专业发展是应用远程教育和教师专业化理论研究远程教育的教师以及其他教育工作者的培训和专业化发展的分支学科。

远程高等教育、远程基础教育、远程培训和远程终身学习分别研究不同层次和不同类型的远程教育与培训。如远程高等教育学研究大学层次的远程教育，更广义地讲，研究中学后第三级教育层次的远程教育，包括大学专业学历教育、高等职业技术教育和大学后继续教育。

8.4 远程教育的哲学理论

远程教育的哲学理论注重对远程教育及其核心远程教学和远程学习的本质的特殊性及其合理性进行论证，即其中心课题，是论证远程教育形态的本质及其合理性。同时，远程教育的哲学理论也包括对构建远程教育学科理论体系的基本问题的"元分析"和"元研究"，特别是对远程教育学的逻辑起点和主要矛盾的研究。前者是对远程教育实践在哲学层面的反思，后者是对远程教育理论在实践层面的反思，两者都是对远程教育的"元认知"。

8.4.1 外国学者对远程教育存在的特殊性与合理性的哲学论证

远程教育的哲学理论注重对远程教育及其核心远程教学和远程学习的本质的特殊性及其合理性进行论证，即其中心课题，是论证远程教育形态的本质及其合理性。在这种新的教育形态中，面对面交流的核心地位被放弃了。而在以往，无论是西方文明和东方文明，从2 000多年前的柏拉图和孔子直到如今，上述人际面接交流一直被公认为所有教育形态的必备要素和核心。恰恰是远程教育，依据工业化和现代信息通信技术提供的可能性，用非人际的即机械的或电子的通信手段替代了原先的人际面接交流。就是说，远程教育的哲学理论要论述以下主要论题：远程教育作为一种新兴教育形态的特殊性；远程教育这种独特的教育形态存在的合理性；以及远程教育存在和发展对整个教育和教育学、对人类社会及其进步和演化的意义和价值等。远程教育的本质特征是教师和学生，也即教学和学习行为在时空上的分离。于是，学生和教师，或学生和学习支助组织之间的通信就是非连续的。远程教育以此打破了校园教育的传统时空限制而显示出或多或少的开放性特征。这是远程教育的特性及其产生的独特意义和价值之根源。但是同时，也出现了对远程教育的核心——远程教学和远程学习得以存在和发展的合理性进行论证的要求。在远程教育系统中，非连续通信是由技术媒体实现的。所以，远程教育系统本身的成长、发展和革新就和工业化技术的发展，尤其是和现代信息通信技术的发展密不可分。远程教育面临的主要挑战是通过非连续通信克服时空间隔重新产生，重新组合，再度构建或再度综合教与学的过程。远程教育的微观理论指出，上述挑战可以通过教和学两方面的努力来解决。在教的方面，教师和学习支助组织的功能有两类：由预先设计制作的多媒体课程材料提供单向通信（包含模拟的人际交流）；由各种技术媒体手段、包括面授辅导（代表真实的人际交流）实现师生间的双向通信和学习支助服务。在学的方面，学生的职能以独立学习（包括自主学习和协作学习、基于资源的学习和基于通信的学习）和学生自治为特征。学生应该革新其在新的学习环境中的学习方法，通过非连续通信和与学习支助组织的相互作用实现对学习过程的有效激励和控制。限于篇幅，这里重点论述在远程教育的各种学说中，发展并形成的两组论证远程教育的本质及其合理性的较有影响的理论：远程教育学生自治和通信交互的理论，以及远程教育教与学重组的理论，它们可以看做是远程教育哲学理论的主要代表。

8.4.1.1　远程教育学生自治和交互通信的理论

学生自治和交互通信的理论学说是远程教育理论体系中论述最多、也是对远程教育实践和决策影响最大的。各国探讨远程教育学生自治和交互通信理论的学者众多、学派林立。在综合比较和深入分析后可以识别出三种主要理论派别。第一种是注重和强调远程教育中学生自治的理论，认为理解和实施学生自治、自主学习、自我控制是开展远程教学和远程学习的灵魂。远程教育学生自治的理论的主要代表有魏德迈的独立学习理论以及穆尔的交互距离和学生自治的理论。第二种是注重和强调远程教育中师生以及学生之间开展双向交互通信的理论，认为以双向交互通信为核心的对远程学生的学习支助服务在远程教学和远程学习中具有重大的教育学和社会学意义。远程教育双向交互通信的理论的主要代表有巴斯(Baath)双向通信的理论和霍姆伯格的有指导的教学会谈的理论以及西沃特的对远程学生的持续关心的理论。第三种则是注重和强调学生自治和双向交互通信应当均衡发展的理论，认为学生自治必须经历一系列发展阶段才能达到其终极目标，而正是以双向交互通信为核心的对学生学习的各类支助服务帮助远程学生培养和发展自主学习、自治和自我控制的能力、实现上述不断进步和成熟的过程。远程教育学生自治和交互均衡发展的理论的主要代表有丹尼尔和玛奎斯的独立学习与相互作用均衡发展的理论，史密斯的相互依存的远程学习理论，伽里森的通信和学生控制的理论，范迪和克拉克的三维远程教学的理论，以及沙巴的远程教育系统动力学理论。

8.4.1.2　远程教育教与学重组的理论

基更在他1986年初版、1990年再版的《远距离教育基础》一书中，提出并发展了他的远程教和学的再度整合的理论。远程教育教与学重组的理论是对远程教育本质进行的一种哲学论证。这一理论来自对远程教育许多学说的深思熟虑和综合加工，是一种更高层次的理论抽象。这一理论对教育的核心——教与学的本质、远程教育与传统教育的关系以及远程教育的特质作出了自己的哲学诠释。基更论证说，远程教育是以学的行为和教的行为在时空上分离为特征的，因此，远程教育理论应对教—学行为的重新整合进行论证。他认为，对远程学生来说，教—学的重新整合必须通过人际交流来实现。基更指出，人际交流不只限于面授辅导，电话辅导和其他双向通信技术都能提供人际交流。基更还认为，印刷教学材料也可以设计包含许多人际交流的特征。他指出：教—学过程是在教师和学生的交互作用中发生的，这在远程教育中必须人为地重新整合创造出来。远程教育系统跨越时空重新构建教—学相互作用。使学习材料同学习行为紧密结合是这个重建过程的核心。

亨利和凯伊在主编出版的法文著作《在家中接受教育：远程教育的教育学分析》(1985)中提出了一个与基更理论类似的理论体系，这是加拿大法语地区远程教育工作者对理论创造的贡献。亨利和凯伊在分析远程教育时指出，为了克服时空间隔和学生的孤立状态有必要实现教育实践和方法的重大变革。这些变革给教育系统带来了完全的功能变换，它将学习材料的设计、制作和发送变成中心。学生变成了利用学习材料和其他学习支助服务的自学者。这样的一种教育结构改变了传统教育以教师为中心，由教师来控制教学过程，学生主要从教师面授中学习的模式。亨利和凯伊指出：在远程教育中教和学分解为在不同时间发生在不同地点的分离的行为。对远程教育的挑战就是重新产生教—学过程。

8.4.2　远程教育学的逻辑起点

8.4.2.1　逻辑起点

什么是构建学科理论体系的逻辑出发点或逻辑起点？这里的论述主要以马克思在其政治经济学批判、资本论和剩余价值学说史研究中做出的研究范式为依据。众所周知，马克思关于学科理论体系构建的理论起点的思想来源是黑格尔的相关论述，但是马克思在他自身的政治经济学研究中发展了这一学术研究的方法论体系。黑格尔的学科逻辑起点是先验的，整个学科体系从这个先验的逻辑起点出发进行架构，正如黑格尔本人的客观唯心主义哲学体系是建构在先验的宇宙精神这个逻辑起点上，随后逐步发展演绎出具体的现实世界。而马克思的学科逻辑起点却是经验研究和辩证逻辑思维的结果，是建立在对学科领域客观现实的经验研究、对大量现象的分析和事实的掌握，经过辩证逻辑思维抽象得出的。马克思本人在其《"政治经济学批判"导言》(1859)[《马克思恩格斯选集》(第 2 卷)北京：人民出版社，1972]中对他本人的政治经济学批判研究及其理论体系的构建所采用的研究方法论做了精辟的阐述。本书作者丁兴富将马克思的阐述分为两层论题：研究与著述的全程逻辑结构以及逻辑起点在其中的地位和作用。

马克思认为学科研究与著述(指构建学科理论体系)大致可划分为两个阶段，其全程应遵从"具体—抽象—具体"的逻辑结构："在第一条道路上，完整的表象蒸发为抽象的规定；在第二条道路上，抽象的规定在思维形成中导致具体的再现。"(同上)就是说，学科研究的前半程的主体逻辑结构是"具体—抽象"，即学科研究应从各个社会历史时期中研究对象的具体形态和生动丰富的现象出发进行研究，也就是以具体经验为起点，这就是"前端具体"的含义。上述研究的最重要的成果之一是从有关研究对象生动丰富的现象的具体经验中"抽象"出最简单、最基本、最抽象的范畴，即确定该学科研究的"逻辑起点"。所以，前半程学科研究的逻辑结构也可以表述为："具体经验—(抽象)—逻辑起点。"学科研究的后半程(通常表现为著述过程)的主体逻辑结构是"抽象—具体"，即从学科研究前半程得出的"逻辑起点"出发，构建整个学科理论体系，形成一个反映和揭示人们对研究对象的本质属性和作用规律理性认识结果的理论学说，这就是"终端具体"的含义。所以，后半程学科研究(著述)的逻辑结构也可以表述为："逻辑起点—(构建)—理论体系。"由此可见，逻辑起点是学科研究全程的关键支点，它是前半程学科研究的终极目标，同时又是后半程研究(著述)的初始起点。

马克思认为，从逻辑起点出发构建学科理论体系"显然是科学上正确的方法"(同上)。在"具体—抽象—具体"或"具体经验—(抽象)—逻辑起点—(构建)—理论体系"的学科研究过程中，马克思特别强调了逻辑起点在学科理论体系构建中的重要地位和作用：

- 逻辑起点是学科理论体系中最简单、最基本、最抽象、最普遍(碰到过亿万次)的范畴。它是一个内涵和规定性最少、外延和包容性极大的反映研究对象最本质属性的范畴。
- 理论起点是表征研究对象的"纯存在"范畴，即要体现学科研究从现象论到存在论(实体论或本体论)再到本质论的逻辑结构。在这里，研究对象的"纯存在"就是研究对象的"直接存在"，不以任何事物为前提和中介，除最本质属性外不含任何其他内容。
- 逻辑起点应该内在地蕴涵着学科研究对象的所有矛盾及其发展的萌芽，从它出发可以实现从抽象到具体、从简单到复杂、从思辨到现实的发展。正如马克思所说："在思维的进程中，范畴发展的顺序应该是从最简单的范畴发展为复杂的范畴，前者为后者提供根据和前提，后者为前者提供论证和发展。"(同上)
- 逻辑起点应该与历史起点一致。诚如恩格斯所说："历史从哪里开始，思想进程也应当从哪里开始"；"从最简单上升到复杂这个抽象思维的进程符合现实历史的进程。"(同上)

我们可以从马克思的经济学说体会上述学科研究和著述、理论体系构建方法论的要义。在马克思的政治经济学研究中，对逻辑起点的探索经历了从"劳动"到"价值"最后到"商品"的认识的深化过程。在马克思的《经济学手稿

(1857～1858)》"导言"中指出：劳动范畴是"现代经济学的起点"。后来，他曾经提出"价值"是资产阶级经济学的初始范畴，即逻辑起点。到 1859 年正式发表《"政治经济学批判"导言》时，正式将"商品"作为其经济学理论体系的逻辑起点，用整个"第一章"来论述，并在后来的《资本论》等著述中一直坚持了下来。商品就是不用于自身消费而用于市场交换的产品，产生于原始社会的后期。为此，商品同时具有使用价值和交换价值。从交换价值到等价物、一般等价物再到货币。从货币再到能够增值的特殊货币：资本。货币到资本的转化需要作为商品的劳动力的介入。劳动力的消费即劳动创造的价值不仅包含了劳动力商品的成本（工资）而且形成了剩余价值（资本增值利润的来源）。随后，马克思探讨了资本主义生产、分配、流通、消费；市场和计划、竞争和垄断、经济危机及其周期性规律；等等。这就是马克思《资本论》揭示的从商品这一逻辑起点到整个资本主义的经济学体系。当然，马克思的《资本论》只是资本主义经济学的一种理论体系。同一学科不同的理论体系可能有不同的逻辑起点。不同的学科理论体系的构建连同其逻辑起点的假说都要接受社会实践的检验。

远程教育研究和远程教育学科理论体系的构建是否也应该考察逻辑起点这一基本问题呢？

8.4.2.2　教育学的逻辑起点

自从 1986 年我国学者瞿葆奎等在《教育研究》上发表《教育学逻辑起点的历史考察》以来，参与讨论教育学科（其中包括高等教育学、教育技术学、远程教育学等）逻辑起点的论文和专著已有近百篇之多。对于什么是教育学的逻辑起点也是众说纷纭。瞿葆奎等在其论文中就列举了教育学的 11 种逻辑起点，包括人本起点论、体育起点论、管理起点论、知识起点论、生活起点论、目的起点论、本质起点论、教师起点论、儿童起点论、受教育者起点论、教学起点论，并指出："每一门科学都有特定的理论体系，每一种体系都有各自的逻辑起点。"（瞿葆奎等，1986）依据前述马克思关于学科研究与著述的逻辑起点的论点，本书作者丁兴富认为比较贴切的教育学的逻辑起点可以是教学起点论和学习起点论，即更倾向于"学与教"即"学习（Learning 或 Study）与教学（Teaching 或 Instruction）"是教育学的逻辑起点。在这里，"学习"和"教学"均是最简单、最原初、最基础、最抽象的范畴，从中可以发展出教育学的种种具体、生动、丰富、复杂的概念和原理的理论体系。比如，学习可以发展出听道、从师、受业、受训、上学、上课、听讲、研究、探讨、探究、探索、求学、求索、自学，等等；教学可以发展出传道、授业、解惑、传授、教训、讲课、讲学、培训、辅导、答疑、指导、助学，等等。当然，从"学与教"还可以发展出教育管理、教育决策、教育规划、教育心理、教学过程、教学资源、教学策略、教学评价、教学技术，等等。将教育学的逻辑起点仅仅确定为"学习"，认为"教"是为了"学""教"可以从"学"中引申和发展出来，是不妥的。事实上，"教育"有两个"本体"，即"学"与"教"，更具体地说，是学习活动和教学(仅指教)活动，即学习的思维和行为与教学的思维和行为。这两个本体有各自的主体，即学生(学习者)和教师(助学者)。只强调学生(学习者)主体及其学习的本体活动是不妥的；同样，只强调教师(助学者)主体及其教学的本体活动也是不妥的。相应地，教育技术学的逻辑起点应该是"基于信息技术的学与教"而不是"基于技术的学习"或"基于媒体的学习"。

8.4.2.3 远程教育学的逻辑起点

当人们试图构建远程教育的学科理论体系时，势必会探讨远程教育学的逻辑起点，尽管他们可能并不使用"逻辑起点"这一术语。许多国际远程教育的权威学者就是如此。

对远程教育学逻辑起点的探讨与对远程教育基本概念的界定密切相关但又不尽相同，而且会随着远程教育基本概念的确立、修正和完善而并行地发展。众所周知，最初由彼得斯和霍姆伯格等提出的远程教育概念的定义，主要经过基更和穆尔等的努力，开始在国际远程教育界形成共识。现在我们知道，中文"远程教育"(最初译作"远距离教育")是对英文 Distance Education 的直译[相应地，远程教学是对 Distance Teaching(最初为 Teaching at a Distance)、远程学习是对 Distance Learning 或 Distance Study 的直译]。而世界上最先提出和使用远程教育这一概念术语的是德国蒂宾根大学德国远程教育研究所(DIFF：Deutsches Institut für Fernstudien，Tübingen)的一群学者(基更称之为蒂宾根小组：The Tübingen Group)。在德文中，与远程教育对应的是 Fernstudium 和 Fernunterricht(有时，前者主要指高等教育层次或公立的远程教育，而后者主要指继续教育领域或私立的远程教育)。蒂宾根小组中的彼得斯、德林和多曼在 20 世纪 60 年代中期发表的论著中定义并界定了远程教育这一领域的范围。彼得斯的专著《远程教育：新教学形式分析溯源》(彼得斯，1965)发表于1965 年。德林和多曼对远程教育的定义分别发表于 1966 年(德林，1966)和1967 年(多曼，1967)，它们被基更《远距离教育基础》全文引用(基更，1996：34～35，46)。尽管美国远程教育的先驱魏德迈与蒂宾根小组的学者里贝尔偶有联系，但对蒂宾根小组的工作成果了解与介绍不多。霍姆伯格精通德文，他是从阅读蒂宾根小组学者的论著中得知远程教育术语概念定义的。而穆尔是从与霍姆伯格的对话中首次耳闻"远程教育"一词，并从此开始用远程教育来界定这一研究领域的。德国蒂宾根小组学者们的工作成果主要经过基更《远距离教育基础》的介绍与论述(基更，1996：6~7，12~13，34~35，40~41，46~47，73~82)才为英语世界的广大读者所了解。而我国读者对西方国家学者远程教育研究成果的了解始于本书作者丁兴富及其合作者在 20 世纪 80 年代中后期发表的早期译文与著述。而基更的《远距离教育基础》一书由丁新等人翻译后于1996 年出版，对我国读者了解西方学者的远程教育理论研究成果作出了重要贡献。

穆尔从与霍姆伯格的对话中得知远程教育概念术语后在 1972 年首次给出了美国学者对远程教育的界定。此前，穆尔与魏德迈在威斯康星大学麦迪逊校区(University of Wisconsin-Madison)已经有两年合作的经历。穆尔在 1973 年发表于美国《高等教育杂志》第 44 期上的论文"独立学与教的理论初探"(穆尔，1973)中给出了远程教育的新定义："远程教学可以定义成教学方法大全。在这个教学方法家庭中，教学行为与学习行为是分开实施的，也包括有学生在场进行接触的情况。结果在学生和教师之间的交流必须通过印刷的、电子的、机械的或其他手段来促进。"穆尔进而向国际远程教育界发出了构建远程教育理论体系(theoretical framework)的研究任务：

当我们继续发展各种非传统的教学方法以便将教育扩展到那些不能或者不愿进入传统教育机构而是选择与他们的教师处于分离状态进行学习的日益增多的人们时，应该将某些资源转向宏观要素：

- 描述并界定该领域
- 区别该领域中的各个组成部分
- 确认该领域各种教与学形式的要素
- 构建能够包含该教育领域整体的理论体系。

事实上，穆尔在这里提出的正是发展远程教育的基本概念和基本理论的任务，而他强调的是要识别和确认远程教与学的核心要素(Critical Elements)。

基更在总结前人工作的基础上于 1980 年在澳大利亚《远程教育》国际杂志创刊号上发表了"论远程教育的定义"一文(基更，1980)。基更综合分析了其他学者提出的被广泛认可和接受的远程教育定义的共同特征，并进而提出了一个由 6 项基本要素组成的远程教育的描述性定义：①教师和学生分离；②教育组织的影响；③应用技术媒体；④双向通信机制；⑤可能有面授交流的机会；⑥教育的工业化形态。基更在 1986 年初版、1990 年再版的《远距离教育基础》中引证了自己在 1980 年的这一工作，并就远程教育研究的方法论和历史渊源以及远程教育的核心要素进行了深入的论述。基更本人明确指出，他的工作是对穆尔构建远程教育理论体系的号召的直接响应。这些研究成果在很大程度上与对远程教育逻辑起点的探讨有关。只是，基更并没有直接使用"逻辑起点"的术语，而是间或使用了"要素(critical elements)(essential elements)""焦点(high-lighted characteristics)""核心或中心特征(central characteristic)"和"核心命题(central position)"等用词。

(1)非传统教育

丁兴富在讨论远程教育基本概念的著述中一再指出，许多学者将远程教育学的逻辑起点确定为传统教育与远程教育两大家族的划分。正如基更指出的："研究工作是从大量具有非常规或远距离因素的院校开始的"(基更，1996：17)。穆尔在1977年发表的《独立学习模型》中指出：大量的成人学习者是在非校园课堂班组面授的环境中接受教学的。他随后论述了教育活动的两大家族。人们将新的家族称为远程教育，以便与师生直接面授的传统教育相区别。近代以来，在教育实践和教育文献中，面授或课堂讲授的学校校园传统教育一直被视为教育的正统。穆尔进一步指出，"两类教育活动拥有许多共同特征"，但是两类教育活动又有"重大差别，能满意解释一类活动的理论往往不能解释另一类活动"。而传统的教育学(教育、教和学的研究和理论)主要(即使不是完全)适用于传统教育形态，这就需要研究并构建新的远程教育理论(穆尔，1977)。这就是说，远程教育与传统教育的划分成为远程教育学的逻辑起点。

许多学者都对远程教育与传统教育的划分乃至对立进行了论证。英国的凯伊和鲁姆勃尔对传统教育的定义是："传统教育一词用于学校、学院或大学环境中的正规的课堂教学，其间教师和学生同时出现在同一地点。"[凯伊和鲁姆勃尔著，丁兴富等译，(1979，1986)《远距离高等教育》：22]而霍姆伯格在《远程教育的理论与实践》中则使用"连续面授"一词来描述传统教育的特征，即传统教育是程度最高的连续面授教育。而远程教育则是非传统教育，即非连续面授教育(霍姆伯格，1995)。非传统教育、非正规教育、非常规教育等用词作为与传统教育的对立面有比远程教育更丰富的内涵和更广泛的外延。古尔德(Gould)主编的卡内基(Carnegie)非传统教育委员会(Committee on Non-tradi-tional Education)的"设计的多样性(Diversity by Design)"权威报告(1973)指出："如何准确和全面地定义非传统学习，是一个使我们为难且从来不会满意的障碍"[转引自基更著，丁新等译(1991，1996)《远距离教育基础》：18~19]。在"缺乏一个完整合适的定义"的非传统教育中，有若干概念术语与远程教育相近或相关，它们是"间接教育(Indirect Education)"或"媒介教育(Mediated Ed-ucation)"。依据教(师)与学(生)间是否存在传统的面授交流可以将教育区分为

"直接教育(Direct Education)"和"间接教育"或"媒介教育",意即通过媒体技术媒介教(师)与学(生)间通信交流的教育。基更曾经将彼得斯在 1973 年发表的对直接(传统)教育与间接(非传统)教育的分类改编成以下的示意图(见图 8.1),说明远程教育属于间接教育,而其余基于各类媒体技术的间接教育由于缺少基更远程教育定义中的某一个或几个要素而不能归入远程教育。

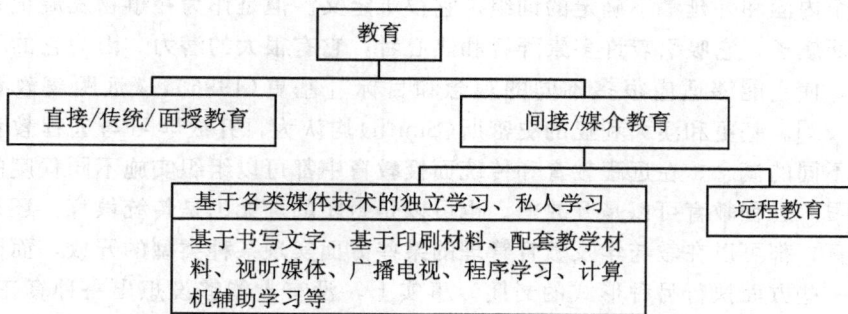

图 8.1 远程教育与其他间接/媒介教育形式的关系
[资料来源:基更《远距离教育基础》(1996)第 20 页图 2-1]

综上所述,有一群学者将远程教育与传统教育的对立(两大教育家族的划分),或者说将非传统教育、间接教育或媒介教育,作为远程教育学的逻辑起点。更确切地说,将"教(师)与学(生)间缺失基于传统学校校园课堂集体面授交流的非传统教育、间接教育或媒介教育"作为远程教育学的逻辑起点。

(2)开放学习

丁兴富在讨论远程教育的基本概念的著述中也曾指出,有一些学者认为开放学习才是远程教育的本质属性或第一要义,应该成为远程教育学的逻辑起点。这些学者认为开放学习是一个更加基本、外延更加广泛的类概念或范畴,而远程教育只是其中的一个子集。他们认为,远程教育的教(师)与学(生)时空分离不是最本质的属性,在教(师)与学(生)间实现双向通信交互的技术与媒体也不是最重要的构成因素。时空分离只是一种物理的和地理的间隔和距离,是一种物质的有形的分离,而远程教育中教(师)与学(生)间更重要的是社会的、心理的、教育学的、通信交互的阻隔和距离。技术与媒体只是远程教育的手段和工具。决定远程教育本质的是参与远程教与学的人以及教育的属性。所以,远程教育最本质的属性或要素是教育的开放性,即新的教育形态在教与学的时间、空间、对象、内容、手段、方法、理念等全方位的开放性与灵活性。这种主张由于 20 世纪 70 年代以来以英国开放大学为代表的一批远程教学大学的命名和成功及其创造的历史功绩而引起广泛关注。当然，也有专家学者反对将开放学习作为远程教育的基础范畴或逻辑起点。他们论证说，开放学习是一面极富吸引力和号召力的旗子，但不是一个可以严格界定的学术概念。使用开放学习来作为远程教育这一新的教育领域的基础范畴或逻辑起点在学术上是不妥当的、行不通的。麦肯齐在1975年出版的《开放学习》一书中就声称："开放学习是一个内涵和外延都不确定的词组。它很难定义。但是作为在事物发展记录中的一面旗子，它吸引着许多崇拜者和热心者，它有很大的潜力。因为它的不确定性，使它能够适应很多不同的观念和目标"[基更(1996)，《远距离教育基础》：22]。基更和澳大利亚的史密斯(Smith)均认为，开放学习与远程教育是两个不同的概念。在远程教育和传统面授教育中都可以组织实施不同程度的开放学习。远程教育可以是开放的、也可以是封闭的。无论是传统教育，还是远程教育，都可以在教与学及教育管理的某些方面实现某种类型的开放，而同时在另一些方面执行另种形式的封闭。事实上，没有人能够设想出一种真正的、绝对的、纯粹的开放学习；现实中，也已经很难找到一个真正的、绝对的、纯粹的、封闭的教育系统。

（3）信息技术或教育技术

丁兴富在讨论远程教育历史发展的论著中[如《远程教育学》(2001)和《远程教育研究》(2002)]指出，部分专家学者将信息通信技术认作是远程教育学的逻辑起点。德国蒂宾根小组的德林是历史上主张"基于双向通信技术媒体的学习"作为远程教育学的逻辑起点的第一人。在1966年的著述中，德林在论述远程教育的8个维度时，强调学习者而忽略教师（德林称为帮助组织：helping organization）；强调学习（学习目标、学习内容、学习结果）而避免直言教学；并且特别强调距离和信号载体。德林似乎想将远程教育置于教育学科理论之外。他认为远程教育属于通信工程范围，其主体内容是研究基于技术媒体的远程对话和双向通信过程。他同时将教师的作用降到最低限度、少谈或不谈教学而将重心放在远程学习者基于技术媒体的自主学习。使用我国常用的术语，在姓教育还是姓技术的分水岭上，德林偏向于承认远程教育姓通信技术，属工程学，而不是姓教育，属教育学[基更(1996)，《远距离教育基础》：46～47]。

有的学者进一步认为，终身教育和终身学习，同信息技术一起成为远程教育学的逻辑起点。依据这些学者的见解，终身教育和终身学习的思想理念有较长远的发展历史，但始终像乌托邦一样无法实现。到了20世纪中期由于广播电视录音录像等视听技术和大众媒体的出现以及20世纪末叶得益于计算机多媒体技术和网络技术的迅猛发展，才使终身教育和终身学习的思想理念找到了实现的物质基础。所以，远程教育是终身教育和终身学习思想理念与电子信息通信技术结合的产物。于是，信息通信技术同终身教育和终身学习思想应该是远程教育学的逻辑起点。但是，远程教育归根结底是一种教育形态，是以教与学为核心的。并非所有的信息通信技术在教育中的应用都是远程教育，也并非所有教与学中应用的技术手段和方法都是远程教育的研究对象。传统学校校园课堂教学也正经历着引进电子信息通信技术，实现以计算机多媒体和互联网为核心的数字信息通信技术与课堂面授教学整合、实施混合教学的进程。教育技术学（Educational Technology 或 Instructional Technology）有着自己的研究对象和研究领域，已经形成相对独立的学科。教育技术与远程教育是姊妹学科，教育技术学的某些概念原理和理论学说可以借鉴成为远程教育学的理论基础之一，但是，信息技术和教育技术都不是远程教育最本质的属性和要素，不可能成为远程教育学的逻辑起点。

（4）工业化形态的教与学

众所周知，德国蒂宾根小组的核心人物之一、德国远程教学大学的创始校长彼得斯是远程教育工业化理论的创立者。他自 1967 年起倡导和发展的远程教育工业化理论将"工业化形态的教与学（the most industrialized form of teaching and learning）"作为远程教育学的逻辑起点（彼得斯，1967）。彼得斯认为远程教育发源于工业经济和工业化社会。没有工业经济和工业技术，没有工业社会对人才的需求，就没有远程教育。远程教育的本质是放弃占核心和统治地位的人际面授通信交流，而代之以基于印刷的、机械的、电子的、技术媒体的、非人际的、非连续的双向通信。所以，远程教育的基础是高度工业化、技术化形态的教与学，是基于技术媒体的教与学。同时，分析和构建远程教育理论体系需要借鉴工业化大生产的经济学理论模型。他把用于分析工业生产过程的那些概念和方法技巧应用来分析远程教育，比如分工和生产流水线，机械化，大规模生产，规划和准备，标准化，功能转换和专业化，集中和垄断的趋向等。随着计算机网络等信息通信技术的发展和知识经济、信息社会的到来，彼得斯又发展了后工业化时代和后现代主义的远程教育理论（彼得斯，1993）。彼得斯关于"工业化形态的教与学"是远程教育学的逻辑起点与他关于远程教育的历史起点的论述是一致的。这种观点与对信息技术的注重或将"基于双向通信技术媒体的教与学"作为远程教育学的逻辑起点比较接近。

（5）结论：师生时空分离的学与教是远程教育学的逻辑起点

本书作者丁兴富主张，"师生时空分离的学与教"是远程教育学的逻辑起点。如上所述，教（师）与学（生）的时空分离是远程教育定义诸要素中最本质的属性。在这里，教(师)与学(生)的时空分离不只是一种物理的和地理的间隔和距离(物质的有形的分离)，而且更重要的是社会的、心理的、教育学的、通信交互的阻隔和距离。这是狭义的和广义的远程教育同传统院校校园课堂面授教育最后的分水岭。所以，"师生时空分离的学与教"是远程教育学的逻辑起点。这种表述，反映出远程教育的核心词依然是"学与教"，依旧姓教，属于教育学而非技术学或工程学。而且，它表明远程教育不同于传统教育，传统教育的逻辑起点是"基于学校校园课堂面授的学与教"。因为教(师)与学(生)之间有了时空间隔和距离，所以人际面授通信交流无法实现，于是，必须借助于信息通信技术。由此可见，信息通信技术的应用是远程教育的一个不可缺少的本质要素，但不是最本源的而是从属的、协生的。这同教育技术和教育技术学不一样。在教育技术和教育技术学中，信息技术、媒体技术是最本质的属性，所以，"基于信息技术的学与教"是教育技术的逻辑起点。这表明，教育技术的核心词依然是"学与教"，依旧姓教，属于教育学而非技术学或工程学。但是，远程教育与教育技术的逻辑起点不同，它们的学科研究领域和研究对象也不同。

从"师生时空分离的学与教"这一逻辑起点出发，可以演绎、发展和构建完整的远程教育理论体系。因为远程教育依然属于教育大家族，其核心依旧是"学与教"。而教(师)与学(生)的时空分离正是远程教育最本质的属性和要素。

将"师生时空分离的学与教"确定为远程教育学的逻辑起点，体现了逻辑起点与历史起点的一致。远程教育在历史上的发生就是同师生在时空上的分离联系在一起的。进入工业社会后，社会经济的发展要求教育(学与教)扩展到学校围墙、校园课堂以外的人群(尤其是在职成人)中去。而科学技术的进步和产业革命的成果也为教育(学与教)的这种扩展提供了物质技术基础。远程教育发源于19世纪中叶的英国，其直接的发端是基于全国铁路交通和邮政通信系统的函授教育、伦敦大学首创的校外学位制度和剑桥、牛津大学倡导的大学推广运动。历史事实印证了上述观点。

8.4.3 远程教育的主要矛盾和主要矛盾方面

什么是远程教育的主要矛盾？它是指远程教育学科理论体系结构的主要矛盾，进一步说，它实质上是远程教育这一研究对象自身存在的主要矛盾及其在人类认识、学科研究和理论体系构建中的反映。这里的论述以毛泽东的矛盾论思想，尤其是关于研究对象自身固有矛盾的特殊性、及其主要矛盾和主要矛盾方面的论述为主要依据。在引证并论述毛泽东的矛盾论思想的基础上，系统考察了国内外远程教育学者关于远程教育主要矛盾与主要矛盾方面的研究成果及其相关论述，一一作出评价。最后，本书将提出并论证本书作者丁兴富对远程教育主要矛盾的观点，并应用这一见解对远程教育现实和理论研究中的若干重大问题展开深入的讨论。

8.4.3.1　毛泽东论事物的主要矛盾和主要矛盾方面

什么是一门学科理论体系结构的主要矛盾？它应该就是该学科研究对象自身存在的主要矛盾及其在人类认识、学科研究和理论体系构建中的反映。本文的论述以毛泽东的矛盾论思想，尤其是关于研究对象自身固有矛盾的特殊性、及其主要矛盾和主要矛盾方面的论述为主要依据。毛泽东在其《矛盾论》第三节"矛盾的特殊性"（《毛泽东选集》，北京：人民出版社，1968：284）中指出：

每一物质的运动形式所具有的特殊的本质，为它自己的特殊的矛盾所规定。这种情形，不但在自然界中存在着，在社会现象和思想现象中也是同样地存在着。每一种社会形式和思想形式，都有它的特殊的矛盾和特殊的本质。

科学研究的区分，就是根据科学对象所具有的特殊的矛盾性。因此，对于某一现象的领域所特有的某一种矛盾的研究，就构成某一门科学的对象。

教育和培训大家族中的远程教育自然也是如此，远程教育必有它不同于其他教育和培训形式的自身的特殊的矛盾和特殊的本质。远程教育的理论研究必须首先准确地抽象出远程教育形态自身固有特殊的矛盾性。

在《矛盾论》第四节"主要的矛盾和主要的矛盾方面"（《毛泽东选集》，北京：人民出版社，1968：296～297）中毛泽东指出：

任何过程如果有多数矛盾存在的话，其中必定有一种是主要的，起着领导的、决定的作用，其他则处于次要和服从的地位。因此，研究任何过程，如果是存在着两个以上矛盾的复杂过程的话，就要用全力找出它的主要矛盾。捉住了这个主要矛盾，一切问题就迎刃而解了。

远程教育研究中是否也有一个寻找和解决远程教育这种特殊形态的教育的主要矛盾及其主要矛盾方面的问题呢？

8.4.3.2　主要矛盾与逻辑起点的关系

每一种相对成熟的学科理论体系都应该有特定的逻辑起点和主要矛盾。逻辑起点是构建学科理论体系的逻辑出发点，而主要矛盾则规定了该学科研究对象和研究领域运动变化发展过程的本质规律和属性。由此可见，学科的逻辑起点是一个或一组基础范畴即原初概念，而主要矛盾则要揭示出隐藏于这个（或这组）基础范畴中的对立统一法则，从而奠定该学科研究的核心基础。就以马克思在《资本论》中构建的经济学说体系而言，商品是其逻辑起点，而使用价值与交换价值的矛盾是商品这一基础范畴的主要矛盾。马克思正是在对商品使用价值与交换价值这对矛盾的论述中演绎、展开、发展和构建起从商品(具有使用价值和交换价值的矛盾对立统一体)到货币(经历了特殊等价物、一般等价物再到特定的一般等价物的矛盾冲突的逻辑的和历史的发展过程),再到资本(会增值的货币)以及劳动力(一种特殊的商品,其使用价值就是在创造财富的同时创造价值,包括剩余价值)和劳动(劳动力的使用价值,消费劳动力的过程就是创造财富和价值包括剩余价值的过程)这一系列基本概念或范畴所组成的《资本论》理论体系大厦。也正是在商品的使用价值与交换价值这一基础范畴的主要矛盾的逻辑(理念)的和历史(现实)的统一的发展中,产生了商品生产高度发展的资本主义社会中资产阶级(现实社会中资本这一基本范畴的人本化和主体化;反之,资本正是资产阶级在理念体系中的人格神化和客体化)与无产阶级(现实社会中劳动力这一基本范畴的人本化和主体化;反之,劳动力正是无产阶级在理念体系中的人格异化和客体化)的主要矛盾。这就是说,作为近现代资本主义社会主要矛盾的资产阶级与无产阶级的阶级矛盾,在《资本论》构建的理论体系中正是由其逻辑起点商品的使用价值与交换价值这对基础的主要矛盾发展而来的资本与劳动力这两个基本范畴的矛盾在现实生活中的实现。

这样的一种研究方法和分析框架能否被用来探讨远程教育及其学科理论体系的构建呢?

8.4.3.3 对远程教育主要矛盾的研究

远程教育拥有众多的特殊矛盾,正是这些特殊的矛盾构建了远程教育学科得以区别于其他教育形态从而相对独立和生存发展的依据。在远程教育的众多特殊矛盾中,必定存在远程教育的主要矛盾。正是这一主要矛盾规定了远程教育的本质,影响了远程教育其他矛盾的展开和作用,决定了远程教育理论体系的构建和远程教育实践发展的走向。

(1)数量与质量的矛盾。

有的学者主张将数量与质量(或规模与质量、开放与质量等)的矛盾确定为远程教育(或开放教育)的主要矛盾。众所周知,远程教育可以增加教育机会、扩大教育规模、实行教育开放。但是如何保证远程教育的教学质量和学术水准是一个巨大的挑战和难题。所以,数量与质量(或规模与质量、开放与质量等)的矛盾构成了远程教育的主要矛盾,由它规定了整个远程教育的运行和发展。远程教育实践中的分散教学与管理同集中质量保证与控制的矛盾,教学与考试作为教学全过程的闭环统一同作为管理职能的教考分离的矛盾,远程教育课程资源的大规模、大批量开发与发送同远程学习的个别化、个性化学习支助服务的矛盾等上述主要矛盾相关。然而，更深入的分析表明，数量与质量（或规模与质量、开放与质量等）的矛盾是所有教育形态的共同的基本矛盾，既不是远程教育的特殊矛盾，更不是远程教育的主要矛盾。详见后文。

（2）丹尼尔的远程教育三角关系。

英国开放大学前任校长在其著述中一再提及远程教育的三角关系，即规模（数量或机会：Access）—质量（Quality）—成本（Cost）三个要素的相互作用关系，并将它作为分析远程教育的主要参考框架，其地位相当于主要矛盾。

众所周知，开放是大多数远程教育系统的重要特征，特别是远程教育的主流模式——单一模式的远程教学大学（包括开放大学、开放学习学院、广播电视大学、放送大学、巨型大学、虚拟大学等）的办学宗旨、主要使命和显著特征。远程教育的定位就是举办大众化高等教育、继续教育、在职培训和终身学习，特别是为不能或不愿进入传统学校学习的广大人群、也包括各类特殊人群提供接受教育和培训的机会。所以，追求数量和规模，实现开放灵活的教育，是远程教育的宗旨和使命决定了的。此外，远程教育的核心是基于信息技术的工业化形态的教与学，必须拥有相应的信息技术基础设施以便开发高质量的多种媒体课程资源和提供完善的基于双向通信交互的学习支助服务，于是，远程教育的初始投资和固定总成本势必较大。所以，远程教育通常需要实行较大规模的运行，以便将平均成本降低下来。这就是通常所说的远程教育的经济学特征，即远程教育较传统教育具有较大的成本效益，其前提是拥有较大的学生数量和办学规模。如果注册学生数量较少和办学规模不大，远程教育无法实现规模经济，远程教育的成本效益的优势和潜力不仅得不到发挥，而且会比传统教育更差。英国政府投资 6 200 万英镑创立于 2001 年 5 月的英国网络大学（UKeU）的初衷是政府投资（6 200 万英镑，原计划从市场吸引等额民间投资）、公司运作（UKeU 是有限责任公司）、英国一流大学联盟、开拓海外市场。但是，自 2003 年 3 月开始招生，9 月第一批学生入学，到 2004 年 2 月仅有注册学生 900 名。由包括剑桥大学、约克大学、曼彻斯特大学、里兹大学、诺丁汉大学和开放大学等 10 余所大学提供的商务管理、科学技术、卫生健康、师资培训、英语、环保和法律等课程不足 20 门。经英格兰高等教育拨款委员会（HEFCE）的评估，宣布关闭英国网络大学。已经注册的 900 名学生交由开设课程的大学管理。这是一则数量和规模不足导致远程教育院校失败的典型案例。相反地，20 世纪 70 年代招生开学的英国开放大学（UKOU）的成功从正面说明了数量和规模对于远程教育院校的意义。英国开放大学的前任校长丹尼尔曾经陈述过数量和规模对于成功创办英国开放大学的意义：

开放大学的创建是有争议的。该计划本是哈罗德·威尔逊(Wilson)大脑的产儿。他在1964年成为英国首相。尽管他对他起初命名的"播送大学(the University of the Air)"作了极大的承诺，但该项目从未成为他所属的政党，即工党的官方政策⋯⋯ 教育部的公务员们对威尔逊的激进的革新表现出深深的怀疑。他们 ⋯⋯ 要求被任命为开放大学校长和行政首脑的沃尔特·佩里(Perry)先组织实施一个小的试点项目，看看远程教育项目是否可行。对于今天聚集在"巨型大学上海峰会"的我们来说，值得庆幸的是沃尔特·佩里没有考虑这一建议。我相信他这样做持有双重理由。即使在早期，他就已经懂得远程学习的巨大价值在于其规模运行的潜力。他已经看到创建一所开放大学需要一笔巨大的投资，但是他同样也看到如果能够实现规模运行，那么每个新增学生的边际成本有可能比传统院校的要低。因此他懂得，如果他启动一个只有几百学生的小规模的试点项目，每个学生的成本将是巨大的，而人们可能因此嘲笑整个理念。于是，他开始的第一年招生就是25 000人，超过了当时英国任何一所大学的住校生总数。事实上，仅仅在几年前，当哈罗德·威尔逊声称要创办播送大学时，全英国大学学生总数也只有13万。[丹尼尔(2003)"巨型大学对规模、成本和质量的巨大冲击——在2003世界开放大学校长会议上的报告"]

但是，远程教育的质量是远程教育的声誉和生命所在。由于远程教育院校承诺增加教育机会、扩大教育规模、实现教育平等、推行教育开放等崇高的教育哲学理念，不仅使得远程教育的学生数量和办学规模十分巨大，成为有史以来最大的"巨型大学"，而且其教育对象不但不是经过排他性考试"择优"产生的"精英"，而是专门关注各类社会弱势人群，以致远程教育的对象是不同质的千差万别的学生。面对这样的学生对象群体，如何保证远程教育课程的学术水平和教学质量，如何让远程教育的教学计划、课程设置和课程材料得到教育界同行的认同，如何使培养出来的毕业生经受住就业市场的竞争和考验，这一系列挑战和难题直截了当地摆在了远程教育工作者的面前。这就是部分学者认为"数量与质量(或规模与质量、开放与质量等)"构成远程教育的主要矛盾的理由。

可喜的是，正如丹尼尔在为《巨型大学与知识媒体：高等教育的技术战略》一书写的"中文版序"中指出的那样，远程教学大学，特别是巨型大学的远程教育工作者们成功地解决了上述矛盾。历史经验证明，远程教育不仅"能够降低高等教育的成本和提供更多的受教育机会"，而且"已经成为教学质量的领先者"。在英国《星期日泰晤士报》的"英国大学排行榜"上，丹尼尔任校长的英国开放大学的教学质量已经排在了丹尼尔获得博士学位的母校牛津大学的前面，名列第五。当时，丹尼尔任联合国教科文组织负责教育事务的助理总干事。他在上述"中文版序"中的结束语是：

这是一个十分重要的结果。世界发展面对的最重大挑战是为全民提供优质教育。联合国教科文组织章程第一次表述了这一宗旨："所有人享有完全的和平等的教育机会。"将近 60 年过去了，我们依然离这一目标甚远，这是一种耻辱。事实表明，仅仅应用传统教育手段我们将永远无法达到上述目标。

巨型大学的历史功绩是打开了这一死结。巨型大学的实践表明：大规模地应用技术可以使提高质量、降低成本和扩大教育机会同时实现，并由此开创了一场教育革命。[丹尼尔（2003）《巨型大学与知识媒体：高等教育的技术战略》]

在 2003 年世界巨型大学上海峰会上，丹尼尔选择了"巨型大学对规模、成本和质量的巨大冲击"作为他主题报告的标题。他指出："我的结论是，巨型大学能够而且已经实现了一场教育革命，即同时实现增加机会，降低成本和提高质量。我的永恒的三角形已经以一种对人类充满希望的方式被重新建构。"在 2004 年上海举办的亚洲开放大学协会第 18 届年会上，丹尼尔再次选择"从三角形到五边形：21 世纪的开放大学"为其主题报告的标题。他回顾了远程教育三角形提出的经过：

你们中的许多人都知道我喜欢借助规模（Access）、成本（Cost）和质量（Quality）这三个矢量构成的铁三角形来普遍地说明教育技术、特别是开放与远程学习的成功。印度的某些同行甚至把它称为"丹尼尔三角形（Daniel Triangle）"。尽管我没有宣布过对它的任何所有权。

这三个矢量在教育上的重要性是不言而喻的。我第一次听说是在 20 世纪 80 年代中期。它们被用来分析高等教育的发展。当时我是一所新大学的校长，也是我第一次去参加安大略省大学（Ontario Universities）理事会的会议。与会的多伦多大学的校长乔治·康乃尔（George Connell）就曾应用这三个矢量来分析安大略省政府的高等教育政策。这一理念从此在我心中扎下了根。今天，我将增加两个矢量，将目前开放大学面临的挑战描绘成一个五边形。[丹尼尔（2004）"从三角形到五边形：21 世纪的开放大学"]

丹尼尔这里所说的五边形的另外两个矢量是印度大学拨款委员会主席阿伦·倪伽维卡（Arun Nigavekar）提出的"相关性（Relevance）"和"领导（Governance）"（丹尼尔，2004：11）。

应该承认，丹尼尔提出和反复论证的远程教育的三角关系是构建远程教育理论体系的一个重要的、基本的关系，但依然不能认同为远程教育的主要矛盾。诚如丹尼尔自己陈述的，这一三角形是从高等教育政策分析模型中借用来的。事实上，我国高等教育界和政府很久以来就用"规模—质量—效益—结构"这四个矢量构成的四边形关系来分析高等教育的发展和决策。所以，上述分析工具也不是远程教育特有的矛盾，便不能构成远程教育的主要矛盾。

（3）学生自治与通信交互。

学生自治和双向通信的理论学说是远程教育理论体系中论述最多、也是对远程教育实践和决策影响最大的。各国探讨远程教育学生自治和双向通信理论的学者众多、学派林立。综合比较和深入分析后可以识别出三种主要倾向。第一种是注重和强调远程教育中学生自治的理论，认为理解和实施学生自治、自主学习、自我控制是开展远程教学和远程学习的灵魂。第二种是注重和强调远程教育中师生以及学生之间开展双向通信的理论，认为以双向通信为核心的对远程学生的学习支助服务在远程教学和远程学习中具有重大的教育学和社会学意义。第三种则是注重和强调学生自治和双向通信应当均衡发展的理论，认为学生自治必须经历一系列发展阶段才能达到其终极目标，而正是以双向通信为核心的对学生学习的各类支助服务帮助远程学生培养和发展自主学习、自治和自我控制的能力、实现上述不断进步和成熟的过程。

于是，我们要问：学生自治与通信交互能否成为远程教育的主要矛盾？这对矛盾确实抓住了远程教育区别于其他教育形态的特殊矛盾。事实上，学生自治和通信交互的矛盾是远程教育学科理论体系的主要矛盾在远程教育实践应用中的反映，而不是远程教育理论体系的主要矛盾本身。

8.4.3.4　远程教育的主要矛盾

每一种相对成熟的学科理论体系都应该有特定的逻辑起点和主要矛盾。逻辑起点是构建学科理论体系的逻辑出发点，而主要矛盾则规定了该学科研究对象和研究领域运动变化发展过程的本质规律和属性。由此可见，学科的逻辑起点是一个或一组基础范畴即原初概念，而主要矛盾则要揭示出隐藏于这个（或这组）基础范畴中的对立统一法则，从而奠定该学科研究的核心基础。那么，如何通过对远程教育逻辑起点的认定和分析引导出对远程教育的主要矛盾的论证？

（1）教（师）与学（生）的时空分离的双重性。

丁兴富认为，远程教育的主要矛盾，也即在远程教育理论体系构建中起主要的、领导的、决定的作用的矛盾，同时也是远程教育区别于其他教育形态的特殊矛盾是教（师）与学（生）的时空分离带来的革命性与解放性同致命性与缺失性之间的矛盾。这就是说，教（师）与学（生）的时空分离这一最本质属性和要素具有双重性，是一面双刃剑。它具有非常革命性和解放性的一面，表现为对传统教育形态的优势、强势和潜能；但是，同时它又具有非常致命性和缺失性的一面，表现为对传统教育形态的劣势、弱势和缺陷。正是这种双重性，即革命性（解放性）和致命性（缺失性），构成了远程教育的主要矛盾。

①突破与解放。

对于远程教育的革命性和解放性的一面，即远程教育的优势、强势和潜能已经有了相当充分的论述。对传统教育时空障碍和束缚的突破与解放，具有巨大的革命性和解放性的意义。教育机会的增加、教育规模的扩大、教育平等的实现、投资效益的提高、开放与灵活的学习，以及丹尼尔的三角关系等等，都是时空障碍和束缚的突破与解放的结果，唯此才使得教育的大众化、全民性、终身化等理念得以有真正实现的可能，才使得学习型社会的理想能够变成现实。

②距离与亲近。

对于远程教育的致命性一面，即远程教育的劣势、弱势和缺陷，在国际远程教育界的文献中论述得尚不充分。在第 6 章 6.1 节曾指出澳大利亚学者诺斯考特在20 世纪80 年代发表过很有见解的分析。他认为远程教育面对两位暴君：距离（Distance）和亲近（Proximity）[Northcott，1984，*University Down Under In Distance Education*：39]。彼得斯在 2001 年出版的专著《远程教育的学与教》(*Learning and Teaching in Distance Education*)（平装本）中也对此做了深入的论述（彼得斯，2001：18）。教（师）与学（生）的时空分离不只是一种物理的和地理的间隔和距离（物质的有形的分离），而且更重要的是社会的、心理的、教育学的、通信交互的阻隔和距离。远程教育的这一距离使得人际集体的面授通信交流无法实现，而这正是几千年的人类文明史乃至几百万年来的人类进化史中被公认的铁律：学与教是要通过人际集体面授通信交流实现的，在近现代以来又将基于学校校园课堂的班组面授教学公认为学与教的唯一正统。正是基于人际集体面授通信交流的学与教将一个生物学意义上的人的个体转变成一个社会学意义上的人类群体的成员，没有这样一个社会化的教育过程，上述转化过程是不可能的。所以远程教育中的教（师）与学（生）的时空分离中的距离是一种致命的缺失性，失去了传统教育学赖以生存的依据：人际集体面授通信交流。另一位暴君是亲近，即教育界、学术界、人类社会（包括学生家庭及业主）均已经将基于人际集体面授通信交流、基于学习校园课堂教学的传统教育认作唯一正统和标准。比如，丹尼尔在其论文《巨型大学、虚拟大学和知识媒体：我们能否同时拥有数量和质量》中列举的传统教育质量观的四条金科玉律：院校有悠久的历史，入学资格高度排他性，优质的教育资源（教授队伍、专业课程设置、教学材料、图书馆、实验室、基础设施、人均校园面积、建筑面积和固定资产、人际培养经费等)以及尽可能多的面授教学与个别化指导辅导机会。所以这些构成对远程教育的巨大压力，压迫远程教育"亲近"传统面授教育，及向传统面授教育靠拢。远程教育必须依靠精心的教学设计和教学系统开发，依靠基于信息通信技术的优质课程资源的设计、开发和发送，依靠提供完善的以基于技术媒体的双重通信交互为核心的远程学习支助服务，以及规范的管理、质量保证体系的构建以及评估来克服上述致命的缺失性，去开拓和创新远程教育独特的学与教的结构和模式，才有可能取得成功。远程教育工作者从理论和实践都可以做到这一点，这已经为一个半世纪的实践、尤其是20世纪末叶以来的历史事实所证明。

(2)关于远程教育主要矛盾的结论。

丁兴富的结论是："师生时空分离的学与教"是远程教育学的逻辑起点。而师生时空分离的学与教必然带来的革命性(解放性)同致命性(缺失性)之间的矛盾是远程教育的主要矛盾。它主要表现为对传统教育时空障碍和束缚的突破与解放同人际集体面授通信交流的致命性缺失上。而学生自治与通信交互正是上述主要矛盾在远程教育中寻求解决方案时的反映，即在应用实践中产生的主要矛盾的映射。

8.4.3.5 远程教育的主要矛盾方面

丁兴富认为，远程教育的主要矛盾方面是指在某个特定的远程教育系统(院校、项目、课程)中，远程教育主要矛盾的两个对立面中占主导或控制地位的方面。就是说，在某项特定的远程教育实践中，是远程教育中教(师)与学(生)的时空分离带来的革命性与解放性占据主导或控制地位，还是致命性与缺失性占据主导或控制地位。在革命性与解放性成为远程教育的主要矛盾方面时，远程教育表现为对传统教育时空障碍和束缚的突破与解放，具有巨大的革命性和解放性的意义。远程教育表现出对传统教育形态的优势、强势和潜能，诸如教育机会的增加、教育规模的扩大、教育平等的实现、投资效益的提高、开放与灵活的学习，成为教育大众化、全民性、终身化以及学习型社会等理念得以实现的一种战略。此时，远程教育就是成功的。在致命性与缺失性成为远程教育的主要矛盾方面时，远程教育表现为对传统教育的劣势、弱势和缺陷，诸如没有能在现实中真正发挥信息技术、教育技术、教育传播、教学设计的优势、强势和潜能，克服远程教育中教(师)与学(生)的时空分离带来的社会的、心理的、教育学的、通信交互的阻隔和距离，有效地解决好人际集体的面授通信交流的致命性缺失。此时，远程教育就是失败的。

8.5　远程教育的宏观理论

远程教育的普遍理论既要概括远程教育系统的内部规律，又要总结远程教育系统与整个社会及其政治、经济、文化和教育各个子系统的相互作用和规律。诚如霍姆伯格所述，建立涵盖所有社会和其他相关方面的综合的远程教育普遍理论体系看来还为时尚早。但是，已经有若干学者尝试构建这类远程教育普遍理论的基础。同时，中外学者已经提出并发展了一些反映远程教育与其所处社会环境相互关系的某些规律性认识的特定的宏观理论，它们是有价值的。

8.5.1　对建立远程教育普遍理论体系的尝试

自 20 世纪 80 年代以来，建立远程教育普遍理论体系的尝试和探索没有间断过(例如霍姆伯格 1985，1995；基更 1986，1993；穆尔和凯斯利，1996；彼得斯，1998)。英国学者佩拉顿在 1981 年提出的一个由 14 条原理构成的远程教育的普遍理论(佩拉顿，1981，1983)是一个例证。他在第 2、第 3 和第 5 条原理中表述了远程教育有增加教育机会、扩大教育规模、实现规模经济和较高的成本效益的优势，在第 6 条和第 10 条至第 13 条，则主要表述了远程教育体系自身的特征。很显然，这样一种远程教育的普遍理论构架完全是纲领性的和尝试性的。

8.5.2　对远程教育发展动力基础理论的探讨

在第 1 章 1.3 节"为什么要发展远程教育？——远程教育的发展原理"中已有论述。

8.5.3　远程教育工业化理论的提出和发展

远程教育的工业化理论是在远程教育思想界有深远影响的一种理论学说。在过去的 40 余年间，德国的彼得斯一直是这一理论的倡导者和发展者。这一理论赢得了远程教育决策者、理论研究者和实践工作者们的广泛兴趣和热烈讨论，既有坚定的支持者，也有众多的质疑者。进入 20 世纪 90 年代以后，远程教育的工业化理论有了许多新的发展，围绕这一理论学说的争论也有了更丰富的内容和更深入的探讨。

在 1967 年，彼得斯首次用德文发表了他的远程教育的工业化理论，并于 1983 年发表了这一理论的修订的英文论文。彼得斯理论的核心是将远程教育比作教育的工业化和技术化形态，而将传统的、面授的和集体的教育归结为教育的前工业化形态。

彼得斯的分析工作从中世纪大学开始。他认为，在中世纪大学中，古代世界通行的演讲、论辩的教育形式被讲座、专题报告和课堂讲授等替代，并一直延续至今，成为世界各国传统教育的基本特征。而远程教育则是工业化社会的产物。没有产业革命，没有现代科学技术的进步，没有现代邮政、交通、电子通信和广播电视等工业化社会的技术成果，就不会有远程教育。彼得斯指出，构成传统教育教学过程基础的人际交流在远程教育中被建立在技术和工业化基础上的非人际的、机械的和电子的通信所取代。就是说，远程教育以教学过程的高度技术化为其基本特征。远程教学主要依靠技术媒介来实现，而传统教学则主要是面授的和以集体为基础。

彼得斯的远程教育理论进一步指出，适合于分析这种新的工业化教育形态的理论模型是工业化大生产的理论。他把用于分析工业生产过程的那些概念和方法技巧应用来分析远程教育，比如分工和流水生产线、机械化、大规模生产、规划和准备、标准化、功能变换和专业化、集中和垄断的趋向等。

在整个 20 世纪 80 年代，彼得斯的远程教育工业化理论受到基更的有力支持。在 20 世纪 80 年代末和 90 年代，彼得斯的远程教育工业化理论被堪培奥（Campion）、鲁姆勒尔等人及彼得斯自己发展了。远程教育工业化理论在这一时期的发展主要得到以下几方面成果：关于远程教育的福特主义、新福特主义和后福特主义的理论，后工业化时代和后现代社会的远程教育形态的理论，远程教与学的技术化、信息化理论，及其和人力资源开发市场理论和组织管理学理论等学科的交叉发展。其中，堪培奥等人提出的远程教育的福特主义理论发展了彼得斯的远程教育工业化理论，赢得了远程教育界的热烈响应和广泛争议，为远程教育决策提供了新的思路和理论借鉴。堪培奥提出，现代工业化理论已经历了从福特主义到新福特主义、后福特主义的发展。远程教育的工业化理论也应有相应的发展。福特主义是指工业化发展中的大规模生产和大规模消费相结合的经济模式。以英国开放大学为代表的大规模的远程教育主流模式可以用福特主义的工业化理论来说明。而远程教育的某些最新发展可以用新福特主义和后福特主义来解释。彼得斯自己也发展了后工业化时代和后现代社会的远程教育形态理论，并强调了他提出的远程教育工业化理论与远程教与学的技术化、信息化理论，以及人力资源开发市场理论和组织管理学理论等学科的紧密关系的交叉发展。

8.5.4　三代信息技术和三代远程教育的理论

在第 1 章 1.1 节"远程教育的发展历史回顾——三代信息技术与三代远程教育"以及第 2 章 2.1 节"远程教育与信息技术"中已有论述。

8.6　远程教育的微观理论

远程教育的微观理论揭示在远程教育系统中教和学的本质属性和规律，即在与传统面授教学的联系和对比中，揭示远程教学和远程学习的特殊本质和特定规律。远程学习是指（教）师（学）生时空分离状态下学生主体的学习行为和思维活动。院校远程学习（狭义远程学习）是指远程学生接受远程教育院校或机构及其代表（远程课程设置与远程学习资源的创作设计开发者、辅导教师和咨询顾问等）的指导和支助服务（远程教学）、通过各类信息通信技术和媒体构建的学习环境、发送的课程材料，实现基于资源和双向交互通信的远程学习。广义远程学习泛指学习者利用各类学习资源，在没有助学者（教师）连续面授指导情境下的学习行为和思维活动。于是，学习者（包括社会生活情景中的个人或校内学生）利用各类技术媒体的独立自主学习和协作学习，基于资源和通信的开放、灵活和分布式的学习，通过网络的电子学习、在线学习和虚拟学习等都应认同为广义的远程学习。而远程教育院校或机构及其代表（主要指课程创作设计开发者和辅导教师）的远程课程设置与远程学习资源的创作设计开发与发送，以及通过基于技术媒体的双向通信交互和直接人际面接交流对远程学生的指导、辅导和支助服务都应认同为远程教学。各种远程学习和远程教学的理论学说构成了远程教育微观理论的重要组成部分，而且是整个远程教育学科理论体系的核心和基础部分。

8.6.1　远程教学两大功能要素的理论

比较系统地提出远程教学具有两大功能的思想首先应归功于瑞典学者霍姆伯格关于课程设计开发发送以及学习支助服务的论述。他认为在远程教育系统中，远程教育院校和教师是通过发送事先准备好的课程材料和为学生提供学习支助服务两种方式进行远程教学的。所以，远程教育中教师的教学功能主要有两个：设计、开发和发送多种媒体的课程材料，以及在学生学习时通过各类双向通信机制实现师生交互作用、为学生提供学习支助服务。霍姆伯格认为远程教育是一种师生分离的非连续面授教育，即与面授教与学的连续双向交互活动不同，远程教与学具有非连续通信的特征。其中，事先设计、开发和发送的课程材料代表教学信息的单向的、非同步的传输。尽管霍姆伯格强调在课程材料设计和制作时应遵循有指导的教学会谈的思想，但事先准备好的课程材料中的教学会谈毕竟是模拟的，不是真实的师生人际双向交流。而通过各类双向通信机制实现师生交互、为学生提供学习支助服务，则代表了远程教育中教学信息的双向同步通信与双向异步通信。在很长的一个历史时期，这种双向同步通信机制主要限于面授辅导、暑期学校、电话辅导，而双向异步通信的主要形式是函授作业辅导。仅仅到了 20 世纪末期，计算机和电子通信技术的飞速发展及其在教学中的广泛应用，才开始改变上述限制，越来越多的基于各类信息和通信技术的师生双向交互通信机制得以实现。凯伊(1981)和鲁姆勃尔(1979)在对远程学习系统进行分析时，引进并论述了课程和学生两个运行子系统及其相互关系。课程子系统的功能是负责课程的设置、开发和多种媒体课程材料的设计、制作和发送。而学生子系统的主要功能包括对学生的教学全过程的组织和管理、教学咨询、学籍学业管理，以及对学生学习提供各类双向通信和支助服务。凯伊和鲁姆勃尔在对课程和学生两个运行子系统的分析，是远程教学具有课程开发和学生学习支助服务两大功能要素的理论的另一种表述形式。在向中国读者介绍和引进霍姆伯格、凯伊和鲁姆勃尔的思想时，丁兴富首先将其概括上升为远程教学具有两大功能要素的理论，并一再强调课程资源开发与学习支助服务这两大功能因素在整个远程教育和远程教与学中的重要地位。

8.6.2 以学生为中心的远程学习圈理论

在第 4 章"4.1 远程学习"中已有论述。

8.6.3 远程学习的交互作用理论

在关于远程教育和远程学习的各种理论学说中，远程学习的交互作用理论得到较多关注、已有较多研究成果。这类研究主要关注远程教与学中的双向通信与交互作用的性质与功能，作用与控制机制，及其对远程教育系统设计与开发、远程教学及远程学习实践的指导。

8.6.3.1 远程学习三种交互作用理论

美国远程教育学者穆尔是宾州大学成人教育学院教授、《美国远程教育杂志》主编。他于 1989 年在《美国远程教育杂志》上发表"三种基本相互作用(Three Types of Interaction)"一文对远程教育理论研究和实践都产生了有益的影响。基更认为这一理论的提出标志着远程教育理论基础的日臻成熟。穆尔提出的远程教与学的三种基本相互作用是指学生和教育资源(课程学习材料)、学科教学内容的相互作用，学生与教师的相互作用，以及学生与学生的相互作用。

第一种是学生和(教学、学习)内容的相互作用。这主要通过教师基于技术媒体设计、开发和发送的各类教育资源(其主体表现为课程材料)实现的。远程教学的主要目的之一就是精心设计、开发和发送课程材料的内容来指导和帮助学生们的认知建构过程进行得更顺利、更有效。自古代和中世纪以来，课本曾经是教学内容的主要载体。在 19 世纪，家庭学习指导书的发明推进了印刷技术对教学的应用。这类学习指导书同课本一起发送给学习者，为他们提供课本内容的解释和学习方法的指导。在这个时期，学生同教师和同学的相互作用是极少的。学生用大量时间学习课程印刷材料，和学习材料中呈现的学科教学内容发生相互作用。自 20 世纪以来，学习者与教学内容的相互作用渠道大大扩充了：通过播音和电视广播大众媒介、录音录像电子视听媒体、计算机软件、相互作用多媒体，以及计算机网络来实现。计算机多媒体和网络已经成为向学生提供的与教学内容进行相互作用的最先进的技术。

第二种是学生和教师间的相互作用。大多数学生和教师都认为师生交互作用是教学过程最根本的属性，并给以高度的期望，在远程教育中依然如此。在教学内容发送呈现之后，教师们都要帮助学生与这些教学内容进行有效的相互作用。为此，他们要保持并激励学生对教学内容学习的兴趣及其学习动力；要组织学生们应用学习到的内容，通过实践去掌握已演示过的技能，去应用已经学习过的知识、原理和理论。教师要组织各种类型的教学测试和评价，以便确定学生学习取得的进步并帮助学生决定如何改进学习方法。教师还要对每个学生提供咨询、指导和帮助。在远程教育中，除了组织面授辅导和假期住宿学校外，学生与远程教师还可以通过函授、电话，以及近年来发展起来的电子远程会议系统及基于计算机的通信系统(从电子邮件到各种计算机会议和讨论)进行交互作用。有了学生和教师的相互作用，有教师的个别指导、辅导和帮助，远程学生的自主学习和协作学习才能坚持和有效。

第三种是学生和学生间的相互作用。这种学生间的相互作用，可以发生在个别学生之间，也可以在学生集体之中，可以有也可以没有教师的组织和参与。对许多远程教育的教师来说，这是一个新兴的领域：组织远程学生进行协作学习。即使如今在课堂教学外已经具备了在学习者之间组织通信的其他技术手段，课堂教学和小组讨论依然是学生间交互作用的主要组织形式。在某些涉及培养集体精神、探讨团体功能和协作关系等教学目标和教学内容的课程中，有必要组织学生取得集体相互作用的经验并以此作为一种学习方式。在计算机网络时代，基于网络通信技术(如电子邮件、网络论坛和计算机会议系统等异步通信技术和聊天室、网络白板等同步通信技术)的虚拟学习社团已经成为实现协作学习的一种重要的发展方向。总之，远程教育工作者的最高境界是同时有效地实现所有上述三类相互作用。

8.6.3.2　远程学习是基于技术的非连续双向交互通信的理论

当今世界高等教育面临的最急迫也是最复杂的问题之一，即关于在大学层次进行教学的人员与通过高等学术研习来发展自己的人员之间进行通信交互的问题。在从小规模的亚里士多德式的精英授徒机构到大规模的民主的大众教育组织的发展历程中，全世界的大学都失去了某些传统的通信交互的品质。在大学教学人员与其教学对象之间的紧密的交往无论从时间还是人员来看都是不充分的，而这曾经是以往世纪中高等教育的品牌。传统大学可以从学习远程教育院校得到巨大收益，因为后者从其存在的起始就注重解决通信交互问题。今日高等教育的关键问题也正是远程教育长期致力解决的主要问题：教师与学生间的通信交互，这也一直是远程教育研究和发展的主题。远程教育双向交互通信理论的主要代表有瑞典学者巴斯和霍姆伯格。

巴斯自20世纪70年代末起在一系列著述中将双向通信的概念引入函授教育。他首先提出在函授教材中可能提供某种双向通信交互的设计思想。他指出，通过在函授教材中设计各类练习、提问及附有案例和参考答案的自我检测等实现双向通信交互，这可以在一定程度上取代通过上交作业进行的双向通信交互。巴斯强调双向通信交互是远程学习的中心，而远程教师的指导作用是双向通信交互概念的核心。他指出，远程教师有重要的指导与教学功能，不仅可以纠正学生学习中的错误和评定学生的作业与试卷，而且可以通过多种方式在远程学习材料同远程学生的学习活动之间建立联系中发挥主要的作用：把学习材料同学生以前的学习以强化的方式结合起来(斯金纳)，或同帮助学生开始学习活动结合起来(罗斯科菲)，或同学生以前的知识和认知结构结合起来(奥苏伯尔)，或同学生对先前课程基本概念和原理的理解结合起来(布鲁纳)，或同致力于建立友好的师生人际关系结合起来(罗杰斯)等。

霍姆伯格在过去的半个世纪中一直倡导并发展一种史称"有指导的教学会谈"或"基于技术的非连续双向交互通信"的理论。霍姆伯格强调所有创新的、强化的、认真的和成功的教育过程的目标取向——由教师进行精心设计和适度控制。霍姆伯格在传统课堂教学情境中获得的大量经验使他提出在远程教育中采用一种非常具体的"教学会谈(didactic conversation)"的战略方法。从霍姆伯格的观点来看，教学会谈并非只是教与学的对话，而是包含更大的教育目标。在这里，"人际交互"与"人格交流"同样受到重视以便实现对教师和学生两者的终身教育和再教育。从"教学会谈"到"远程教育中的双向通信交互"只有一步之遥。所需要的只是从专注于充满智慧的精致的书面的和口头的对话扩展到各种类型的完整会谈(holistic conversation)。在此，完整会谈包括人类用以交流理性的和感情的信息(rational and emotional messages)的所有各种符号和编码、结构和过程(symbols and codes, structures and processes)。远程教育的未来将同教学者与被教者之间的双向通信交互的适当解决方案联系在一起。

8.6.3.3　远程学习交互距离与学生自治的二维理论

穆尔自 1972 年起提出并发展了一种史称"交互距离与学生自治"的二维理论(穆尔，1972，1973，1977；穆尔和凯斯利《远程教育：系统观》，1996)。在远程教育中，师生间的交互是在时空分离的特殊情境中发生的。师生不仅要跨越物理的和地理的时空阻隔，更要克服心理的和通信的时空障碍，顺利地实现教与学的和社会性的双向交互。穆尔提出了分析远程交互距离并进而构建远程教与学理论的复二维结构及相关的核心概念：第一层二维结构由交互距离(TD：Transactional Distance)与学生自治(SA：Student Autonomy)两个变量组成。而在交互距离维度还有一个深层次二维结构：由课程结构(S：Structure)及师生对话(D：Dialogue)两个变量组成。于是，远程教育的特定形态模式(DE：Distance Education)是交互距离和学生自治两个变量的函数，也可表达为课程结构、师生对话及学生自治三个变量的复合函数：

$$DE = F(TD, SA) = F[TD(S, D), SA]$$

8.6.3.4　三代信息技术和三代远程教育中的交互理论

国际远程教育界普遍接受的三代信息技术和三代远程教育理论与远程学习中的交互理论有密切的关系。三代理论的倡导者伽里森和尼珀，尤其是贝茨及本书作者丁兴富反复强调前两代信息技术和远程教育与第三代信息技术和远程教育的一个根本差异就在于其交互特性：前两代远程教育以单向发送通信(发送函授教材和发送广播电视教学节目)为主要特征，双向交互(邮件、电话、面授等)极为有限；而第三代远程教育则以基于网络的双向交互通信为主要特征，课程材料既有单向发送的各类光盘和数字电视广播等，也有具有丰富人机交互的网页课程材料和流媒体视频点播等，更有多种多样的异步(非实时)和同步(实时)双向交互通信。从媒体技术方案考察，目前应用较普遍的双向交互信息通信技术有基于计算机网络及基于其他通信介质的系统，即基于公共电话网的音频会议系统和语音图形会议系统，基于各类专用线路的视频会议系统，基于计算机网络的同步或异步讨论园地，基于计算机网络技术的视频或音频会议系统、电子邮箱、计算机协同工作系统和交互电视系统等。显然，第三代远程教育需要交互理论的指导，电子信息通信技术使交互成为第三代远程教育最具时代特征的术语。

8.6.3.5 远程学习中媒体与交互

随着信息技术和教育技术的发展，教学媒体自19世纪末以来有了巨大的进步，媒体教学的实践也是富有成效的。但是，关于教学媒体的本质，尤其是教学媒体的交互功能和效果的争论一直在进行和延续。早在20世纪80年代中后期，丁兴富即重点论述了包括交互和控制特性在内的媒体教学功能，提出并发展了分析媒体教学功能的方阵图并将之应用于媒体教学设计、开发和发送（丁兴富，1988，1989）。劳瑞拉特在《大学教学反思：有效应用教育技术的框架》(1993，2001)中认为，不同媒体的交互性能有所不同。媒体的交互功能直接决定远程教育中交互的质量。因此，要充分研究媒体在支持交互方面的功能差异。劳瑞拉特进一步认为教学媒体可以依据以下4类交互特性：表述的(Discursive)、可调的(Adaptive)、交互的(Interactive)和响应的(Reflective)进行分类。贝茨在《技术，开放学习与远程教育》(1995)中对劳瑞拉特的上述观点提出了挑战。他认为，高质量的交互与使用的媒体没有直接的关系。即使面授教学也不一定有高质量的交互。高质量的教学设计和教学实施比媒体的特性更重要。因此，在对媒体的选择做出决策前，首先应该确定预期的学习目标，进而选择合适的教学策略，随后确定教学模式，最后根据教学模式选择合适的媒体。

我国学者陈丽在"远程教学中交互规律的研究现状述评"(2004)一文中对远程学习中的媒体与交互分专题进行了考察：①印刷教材中的交互策略和方法；②计算机课件中的交互；③基于媒介的人际交互；④课程交互水平的评价。

劳瑞拉特的学习过程的会话模型 劳瑞拉特在《大学教学反思：有效应用教育技术的框架》(1993，2001)中首次提出了"学习过程的会话模型"（见图8.2）。

劳瑞拉特认为其模型的精髓是学习过程中的教学交互。在上述著述的以下各章中，劳瑞拉特应用该会话模型分析了基于以下各类教学媒体的学习过程中的交互特征：

- 表述(Narrative)媒体：讲课、印刷教材、视听材料、电视、录像、数字多功能光盘；
- 交互(Interactive)媒体：超媒体、强化超媒体、网络资源、交互电视；

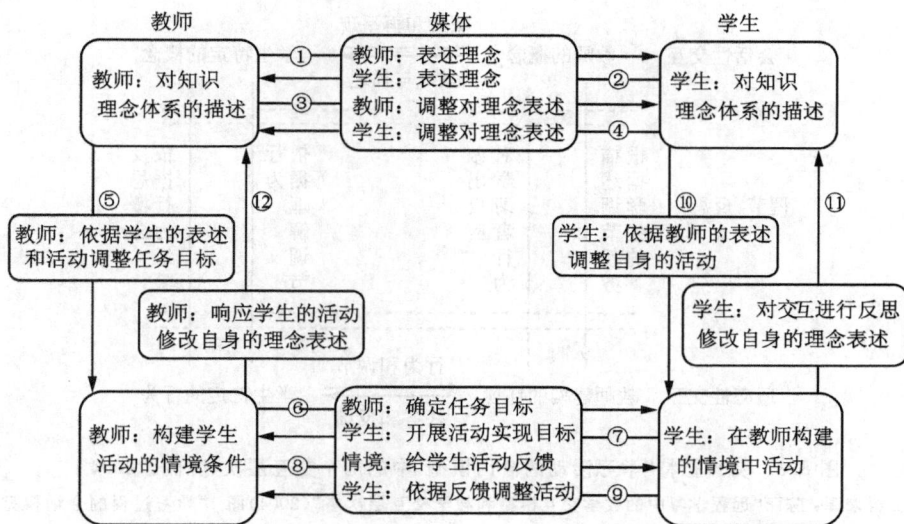

図 8.2　劳瑞拉特的学习过程的会话模型(1993，2001)

[资料来源：丁兴富依据劳瑞拉特在《大学教学反思：有效应用教育技术的框架》(1993)第 103 页图 11.1 编译]

- 可调(Adaptive)媒体：模拟仿真、虚拟环境、辅导、模拟辅导、教育游戏；
- 通信(Communicative)媒体：计算机会议、数字文档讨论环境、音频会议、视频会议、学生协作；
- 制作(Productive)媒体：微观世界、协作微观世界、建模。

针对每种主要教学媒体，劳瑞拉特均给出了学习过程的会话模型分析图解。

8.6.3.6　远程学习的交互层次理论

我国学者陈丽在引进劳瑞拉特论述的学习过程的会话模型的基础上，发展了远程学习的交互层次理论。陈丽将劳瑞拉特的会话模型解读为是由"适应性交互"和"会话性交互"构成的两层次模型(见图 8.3)。

陈丽认为：在学习过程中同时会发生两个层次的交互。基础层次的交互是学习者的学习活动行为与教师建构的环境之间的交互，表现为学习环境为学习者提出学习主题任务目标，学习者根据任务目标在教师构建的环境中开展学习活动，环境将对学生的学习活动及其行为结果提供有效的反馈，学生依据反馈通过反思修改并调节其活动行为。所以，学生活动与学习环境之间交互，是学

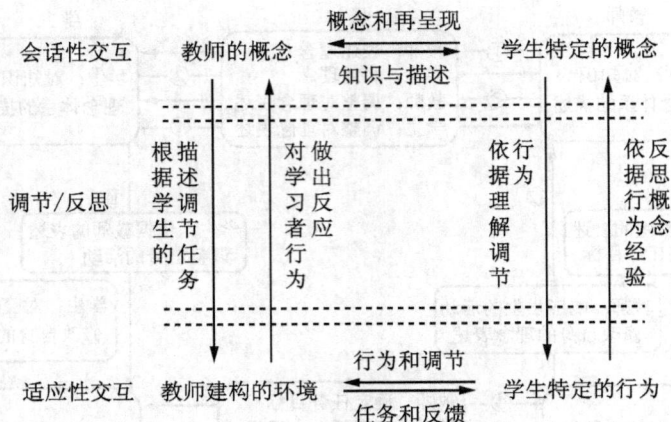

图 8.3　劳瑞拉特"学习活动的会话模型"中的两个交互层次(陈丽，2004)

［资料来源：陈丽"远程学习中的教学交互模型和教学交互层次塔"(2004)图 1"学习过程的会话模型(Laurillard, 2001)。"《中国远程教育》2004 年第 3 期(上)第 24 页］

生行为不断适应任务目标和有效反馈的过程，因此，这个过程可以定义为"适应性交互"。适应性交互表现为学生行为变化，是可观察的。学习过程中同时发生的上一个层次的交互是师生的知识理念体系之间的交互。陈丽认为，教师对知识理念体系的表述作用于学生，导致学生知识理念体系的变化，并以某种方式描述出来。由于这个交互过程类似于人们在会话过程中的理念相互作用，因此，将这个层次的交互定义为"会话性交互"。陈丽指出："会话性交互是发生在学生大脑里新旧概念之间的相互作用过程，这是不能直接观察的。"上述两个层次的交互不是相互独立的，而是通过师生的调节和响应联结在一起的。陈丽在深入探究的基础上进一步提出了她的"远程学习中的教学交互模型"(见图 8.4)和"教学交互层次塔"(见图 8.5)。

　　陈丽将远程学习中的教学交互区分为由低级(具体)到高级(抽象)的 3 个层次：

- 操作交互：学生与媒体界面的交互；
- 信息交互：学生与教学三要素(资源、教师和学生)的交互；
- 概念交互：学生新旧概念的交互。

　　陈丽关于远程学习中的交互理论的研究发展了劳瑞拉特的模型，但在构建"远程学习中的教学交互模型"和"教学交互层次塔"中留下了诸多问题有待商榷。例如，引入学生与媒体界面的操作交互是必要的，但将它与学生与学习资源的交互分离在两个不同的层次有待商榷；将学生与教学三要素的交互统统归

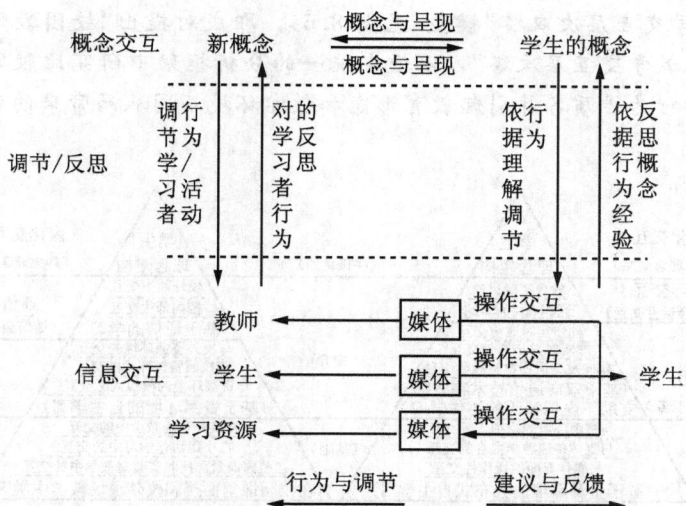

图 8.4　"远程学习中的教学交互模型"(陈丽，2004)

[资料来源：陈丽"远程学习中的教学交互模型和教学交互层次塔"(2004)图 2"远程学习中的教学交互模型"。《中国远程教育》2004 年第 3 期(上)第 26 页]

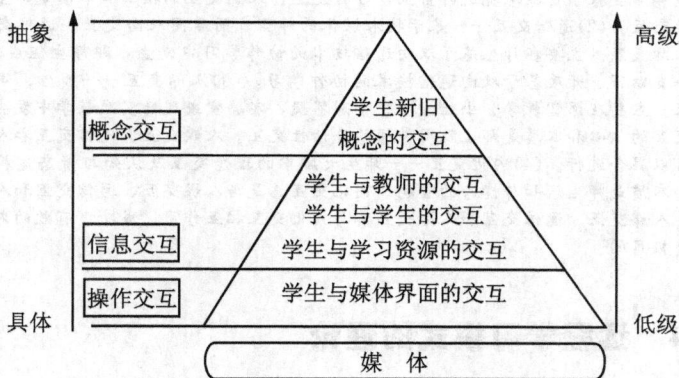

图 8.5　"教学交互层次塔"模型(陈丽，2004)

[资料来源：陈丽"远程学习中的教学交互模型和教学交互层次塔"(2004)图 3"教学交互层次塔"。《中国远程教育》2004 年第 3 期(上)第 27 页]

为信息交互同一层次，有待商榷；引入学生头脑内部新旧知识理念体系的交互是必要的，但以此替代了劳瑞拉特的师生理念交互层次也有待商榷；在图 8.3 中引入的对劳瑞拉特会话模型中"适应性交互"和"会话性交互"两个层次的阐述在图 8.5 的教学交互层次塔中地位不明，值得商榷，等等。综上所述，可以提出如下"教学交互层次双塔"模型(见图 8.6),即成对提出"校园教学交互层次塔"和"远程教学交互层次塔",以便在统一的分析框架中研究比较因师生时空关系和教学行为性质各异引起教育形态和教学环境不同从而带来的教学交互结构的差异。

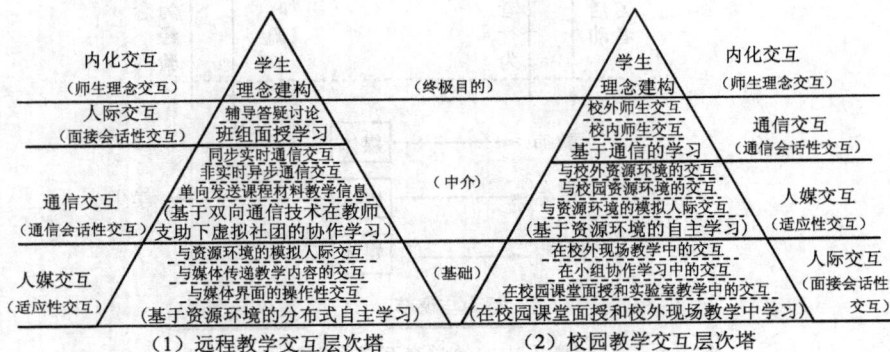

内化交互 (师生理念交互)	学生 理念建构	(终极目的)	学生 理念建构	内化交互 (师生理念交互)
人际交互 (面接会话性交互)	辅导答疑讨论 班组面授学习		校外师生交互 校内师生交互 基于通信的学习	通信交互 (通信会话性交互)
通信交互 (通信会话性交互)	同步实时通信交互 非实时异步通信交互 单向发送课程材料教学信息 (基于双向通信技术在教师 支助下虚拟社团的协作学习)	(中介)	与校外资源环境的交互 与校园资源环境的交互 与资源环境的模拟人际交互 (基于资源环境的自主学习)	人媒交互 (适应性交互)
人媒交互 (适应性交互)	与资源环境的模拟人际交互 与媒体传递教学内容的交互 与媒体界面的操作性交互 (基于资源环境的分布式自主学习)	(基础)	在校外现场教学中的交互 在小组协作学习中的交互 在校园课堂面授和实验室教学中的交互 (在校园课堂面授和校外现场教学中学习)	人际交互 (面接会话性交互)
(1) 远程教学交互层次塔			(2) 校园教学交互层次塔	

图 8.6 "教学交互层次双塔"模型(丁兴富,2005)

要注:(1)人媒交互——师生与教学媒体/课程资源/教学内容的交互。主要在教师设计教学资源环境和学生基于资源环境进行自主学习时发生。人媒交互的核心和本质是师生与教学内容的适应性交互。(2)通信交互——基于技术媒体的师生、同学间双向交互。通信交互也称基于技术的人际交互。主要在师生基于双向通信技术的协作学习中发生,即师生组成虚拟社团、在教师指导支助下、开展基于双向通信技术的协作学习。(3)人际交互——师生、同学间的面接人际交互。主要在课堂教学、小组活动、个别答疑、实验室或现场实践教学中发生。通信交互与人际交互的核心和本质是师生与同学间的会话性交互。人媒交互、通信交互和人际交互可以单独也可以混合进行。(4)内化交互——师生大脑中的理念交互及认知与情态建构。内化交互的核心和本质是师生认知与情态的重构。内化交互总是与人媒交互、通信交互和人际交互同时发生的。人媒交互、通信交互和人际交互都与内化交互相互作用,成功、有效的内化交互才是教学的终极目的。

8.6.4 远程学习模式的理论

8.6.4.1 远程学习组织模式:个别学习和班组学习

丁兴富、基更和丹尼尔均论述过远程学习的组织模式理论。他们认为,世界远程教育中存在两类远程学习组织模式:个别学习和班组学习。个别学习模式通常以家庭为学习基地,学生自主学习为主,远程教学院校为学生提供各类个别化的学习支助服务。这是一种以学生为中心的远程学习模式。班组学习模式通常以工作单位或社区学习中心为教学基地,强调师生人际交互或基于电子通信技术的双向交互,以及学生的集体学习,大多数学习支助服务都在教学集体班组中实现。这通常是一种以教师为中心的远程教学模式。远程学习两大模式之间最重要的差异在于：班组集体教学方式是建立在同步通信基础上的，教师和学生必须进行实时交流，如基于直播课堂或双向视频会议系统的远程课堂教学、当地学习中心辅导教师分散面授教学等。而个别化学习方式是建立在非同步通信基础上的，在学生的家庭里创造出学习环境，学生可以在适合的时间进行学习。这两种远程学习组织模式在本质上同教育资源的传输和发送模式有关。英国开放大学和许多其他国家的开放大学大多采用以家庭为基地的个别化学习模式，这同它们主要采用将多种媒体学习包通过邮政系统发送到学生家庭有关。此外，学生大多在家庭内收听收看通过国家公共广播电视网播出的广播电视教学节目。而中国的函授教育和广播电视教育、美国国家技术大学的双向交互卫星电视教育，都是采用班组集体学习的模式。这同它们的广播电视教学节目主要通过卫星电视、直播课堂、双向视频会议系统传送、集体接收有关。进入计算机网络教育时代以来，世界各地依然有两种网络教育资源的发送和接收模式：个别化的和集体化的。在大多数西方发达国家，大多采用学生个人在家庭上网接收各类网络教育资源的方式，这是远程教学中的院校对个人（B to C）模式。在大多数东方发展中国家，要实现所有家庭计算机上网还有待时日，近期比较可行的是在工作单位或社区学习中心设立网络教室或网吧实现班组集体上网，这是远程教学中的院校对机构（B to B）模式。

8.6.4.2　远程学习的协作模式：自主学习和协作学习

依据学习的协作方式可以将学习分为自主学习（independent learning 或 autonomous learning）和协作学习（cooperative learning）两大类。自主学习是指学习者的学习活动通常是独立规划设计或独立实施展开的，学习目标和学习成效也是各自独立、没有或者极少相互影响的。而协作学习是指某特定组群学习者通过协同交互学习活动实现某种预定的共同的学习目标任务。远程学习也有自主学习和协作学习两种模式。远程教育中的自主学习主要是一种基于以远程课程材料为核心的教育资源的学习（resources-based learning）。所以，以远程教育和培训的课程材料为核心的教育资源及其支持环境和平台的规划、设计、开发、发送和接收是远程学习、特别是基于教育资源的自主学习的前提和基础。在远程教育中，通常将远程课程材料教育资源的规划、设计和开发认同为远程教师的首要教学功能，这通常发生在远程学生开始远程学习之前，甚至发生在远程学生招收和注册选课之前。但是，以远程课程材料为主体的远程资源的发送和接收则是在远程学生开始远程学习的"前夕"或者同时发生的。远程学生以各种方式接收来自远程教育院校发送的基于各种技术媒体的课程材料为核心的教育资源从而开始基于资源的远程学习。比如，阅读印刷学习材料的学

习，收听、收视广播电视节目或播放教学与培训录音录像的学习，播放、运行
各类光盘[音频 CD 等、视频 VCD 等、数字视音频 DVD 等、相互作用多媒体
（IMM：Interactive Multimedia）、只读光盘（CD-ROM）]的学习，接收卫星转
播的数字压缩电视教学节目或直播课堂的学习，接收各类电子视音频会议授课
的学习，接收通过互联网（Internet）发布的各类教育资源、尤其是通过全球网
（WWW：Word Wide Web）及其他网络系统、平台（platform）或工具发布的网
络课程（web-based course）、专题网站（website with specialised subject or top-
ics）、在线资源等的学习，视频点播（VOD：Video On Demand）、网络发布的
各种流媒体（streaming）课件（courseware）的学习，应用在线数字图书馆、在线
博物馆、网上书店、网上杂志等的学习，以及其他，等等。这是一种在没有教
师的直接连续指导下由学生自身规划并进行有目的的系统学习。但是，自主学
习并不等于孤立学习（isolated learning）或孤独学习（lonely learning）。在学生
自主学习中，并不一概排斥教师或其他助学者的指导、辅导和帮助，更不排斥
学习者同伴之间的交流和协作。然而，在远程教育情境中，教师或其他助学者
的指导、辅导和帮助不可能、也不应该变成一种主导、主控和直接连续的行
为。于是，远程学生的自主学习还有一种重要的模式是基于通信的学习（com-
munications-based learning）。在这种模式中，构建一个可靠、便捷、畅通而有
效的双向通信机制是开展基于通信的学习的前提和基础。远程学生通过一定的
信息技术基础设施系统、平台和工具实现与师生的双向通信交流、开展自主学
习。即此类自主学习的学习内容的主要教学材料和教学信息来源不是事前构建
好的由各种技术媒体存储、发送的课程材料或其他教育资源，而是通过一定的
信息技术基础设施系统、平台和工具在学习者与其教师及学习同伴间的双向交
互中传播、交流的材料和信息内容。当然，远程学生的自主学习也可以是同时
基于资源和通信两者的学习。这是一种综合的自主学习模式，远程学习者既可
以通过获取资源进行学习，同时也可以通过技术媒介的通信进行学习。在此应
该强调的是，在基于资源的自主学习中，以课程材料为核心的教育资源和环境
可以构建各种模拟的人际交流和协同活动、学习内容辅导及学习方法指导；而
在基于通信的自主学习中，远程学习者主要还是以独立自主地开展个别化学习
活动从而达到各自预定的学习目标，而不是通过协同的交互活动从而达到共同
的协作学习目标。所以对远程学生的自主学习可以有两种诠释：狭义的远程学
生自主学习可以是没有师生交流及同学交流的、主要基于课程材料资源的、完
全独立自主的个别化学习（individualized learning）活动。而广义的远程学生自
主学习除了上述最基本的基于资源的自主学习理解外，还可以包括基于学习者

同伴之间通信交流的自主学习，以及"学生自学为主、教师辅导和助学为辅"的教学情境中的学生自学，即在教师提供的学习支助服务环境中的有支助的学习（supported learning）。

依据学习的协作性质可以进一步将协作学习分为竞赛学习（competitive learning）和协同学习（或 collaborative learning）两大类。竞赛学习是指特定组群中的学习者在某种特定设计的学习环境和竞赛规则中展开个人之间或小组之间的学习竞赛，最后产生学习的优胜者或淘汰者。协同学习则是指特定组群的学习者分工协作，通过集体交互活动协同实现预先设计的共同的学习目标任务。远程教育中的协作学习（主要指协同学习，也包括竞赛学习中的各分组）不仅包含了对学习者拥有的学习资源的共建共享，更包含了学习者之间的双向交互活动和分工合作，包括资源共建共享的设计方案及其实践机制，交互活动的规划设计和组织实施，分工合作的运行战略及其管理监控，等等。

这里，作为远程学习协作模式的自主学习和协作学习分类与上述作为远程学习组织模式的个别学习和班组学习的分类既有联系、也有区别。自主学习大多是在个别学习的组织模式下开展的，但是班组学习中也可以实施并且需要自主学习；而协作学习尽管比较容易在班组学习中组织实施，但在个别学习的状态下也可以通过技术的媒介和双向交互活动，比如通过组织和运行虚拟社区或虚拟社团来实现协作学习。在进入基于电子信息通信技术的网络远程教育后，在学生自主学习的同时强调协作学习对于远程学习有重要的意义。

8.6.4.3　网络在线学习模式

在进入互联网时代后，网络远程学习的模式呈现出多样化的发展趋势。总的来说，网络远程教育的到来使得人类的教学形态从面授教学（face-to-face teaching and learning）、远程教学（teaching and learning at a distance）进一步走向虚拟教学（face-to-face teaching and learning at a distance），即基于网络时空的教与学（cyberspace-based teaching and learning）。在远程教育家族中来讨论，则网络远程教育的发展趋势是从 c-learning（函授学习：correspondence learning）到 d-learning（远程教学：distance learning）、再到 e-learning（电子学习：electronic learning）、再到 m-learning（移动学习：mobile learning）。电子学习（e-learning，或 tele-learning）形态实质是指基于电子信息通信技术的学习（EICTs-based learning），有极其丰富的表现形式及相关概念术语。如计算机媒介的学习（computer-mediated learning），网络学习（networked learning，web-based learning），基于互联网的学习（Internet-based learning），在线学习（online learning），离线学习（offline learning），数字学习（digital learning），

基于资源的学习（resource-based learning），基于通信的学习（communications-based learning），基于实时（real-time）同步（synchronous）通信的学习，基于非实时（non real-time）异步（asynchronous）通信的学习，分布式学习（distributed learning）等。应该说，面授教学、远程教学和虚拟教学有各自的特点和优势，也有各自的局限和弱点。所以，如今国际教育界开始提倡从面授学习（f2f-learning）到网络学习（e-learning）再到混合学习（b-learning：blended learning 或 blending learning）。

依据远程学习与计算机网络、特别是互联网的联结关系可以将其划分为在线学习和离线学习两类。在文献中对在线学习一般有两种理解。其一是对在线学习的狭义理解，它要求教与学的所有参与者都要同时在线并且互联，即作为计算机网络用户的所有教与学的参与者都应同时在互联的网络终端设备上网并开展通信交互教学活动。例如远程教育中的网络会议（网络桌面视频会议系统）、网络对话、网络白板教室、网络聊天、网络答疑等活动即是。所以狭义在线学习实质上是一种基于计算机网络实时同步通信交互的学习。其二是对在线学习的广义理解，即将所有通过计算机网络、特别是互联网实现的教与学活动都归属为在线学习。这种广义在线学习的理解并不要求教与学的参与者必须同时上网在线。所以，广义在线学习实质上将基于计算机网络的实时同步通信和非实时异步通信的学习全都包括在内了。于是，教与学的参与者通过计算机网络、特别是互联网（全球网）或者某种特定的网络教学平台、系统和工具实现的非实时异步双向通信交互的学习，如计算机会议（computer conferencing）、BBS 论坛、新闻组、电子邮件，以及基于互联网（全球网）或某种特定的网络教学平台、系统和工具实现的单向的远程课程材料与教育资源网上发送与接收学习，如视频点播流媒体课件和其他多媒体课件、传输和搜索网络资源、学习网络课程、浏览和下载网站网页等。相应地，在文献中对离线学习也有两种理解。其一是对离线学习的狭义理解，它是指将从计算机网络上传播发送的各类课程材料教育资源（包括课件软件）下载下来，复制成各类计算机文件或多媒体课件、各类光盘在计算机单机、光盘播放机等其他电子设备上运行学习，或者打印复印成文本材料装订成册随时随地学习。对离线学习的狭义理解与对在线学习的广义理解中的基于网络实现的单向的远程课程材料与教育资源网上发送与接收学习直接关联。其二是对离线学习的广义理解，即离线学习是与计算机网络、特别是互联网（全球网）及网络平台、系统和工具并不直接相关，即并不需要上网在线的各类学习，如发送各类教学光盘、各类多媒体计算机课件供学习者在计算机单机上运行学习，当然也可以提供其他不需要计算机设备的视音频教学产品，如可以在各类光盘机、录音录像机、便携设备上运行的教学音像制品，以及各类印刷教学材料等。如今，国内外的大学几乎都已经构建了基于互联网和全球网的网络教学平台。一个成功的在线教学项目允许它的学生尽量和传统课堂教学的学生一样，拥有相同的学习机会和接受相同的教学服务，并且尽量安排适合学生的时间表。首先，是各类信息在网上的发布与更新，包括学生手册、学生注册信息、课程设置及选课指导信息、教学计划、教学安排、教材信息、课程及教师介绍、考试大纲、考试安排、课件学习指南、课程学习常见问题等。其次，通过在线方式方便学生提交相关信息。它们可能包括学生学籍注册及修改、学生选课及退课、课程考试预约、毕业申请等。再次，在线查询系统方便学生查询相关信息。可能包括考场安排查询、课程考试成绩查询、作业答案查询等。最后，为学生提供流媒体点播及下载功能。当然每个院校按照自身的发展和需要提供的在线学习也不尽相同。即使在英国，有的远程学生也可能并不具备上网的条件，离线学习可以作为替代方式很好地方便这类学生的远程学习。开放大学把相关的教学资料、网上课程教学资源制作成光盘寄给学生，供学生离线学习。开放大学在各地的学习中心设立离线学习网站，同时也提供学习资料的下载服务，学生可以把需要的资料下载到本机离线浏览和学习，或者打印出来学习。从上面的讨论可见，从教学信息传输与交互形态看远程学习主要可以分为三类：

- 教学资源课程材料的单向传输发送。可以发送 CD-ROM 多媒体课件光盘；通过卫星传输压缩数字电视和多媒体数据；通过互联网和全球网发布网络课程、专题网站和多媒体课件等。近些年发展起来的以流媒体发送网络课程增加了远程学习者的选择性和灵活性，但依然主要是教学资源和课程材料的单向发送，没有有效的师生双向交互。这种教学信息传输与交互形态（包括在线学习和离线学习）的优势是提供的教育资源丰富、环境生动，主要适用于远程学生开展基于远程课程材料教育资源的自主学习。

- 师生或同学间的双向非实时异步通信交互。在前两代远程教育主要通过邮寄函件实现的双向非实时异步通信交互在网络远程教育中主要通过互联网中的电子邮件、BBS 论坛和计算机会议等双向通信功能和工具技术平台实现。这种教学信息传输与交互形态的优势是开放灵活、便于学习者在独立思考和充分准备的基础上进行较深层次的对话交互，主要适用于师生或同学间的答疑讨论、协作学习以及作业提交和批改返还等非实时异步在线学习。

- 师生或同学间的双向实时同步通信交互。在前两代远程教育主要通过在当地学习中心或校园暑期学校组织的面授辅导及电话辅导等实现的双向实时同步通信交互在网络远程教育中主要通过基于互联网的双向实时同步通信功能和工具技术平台(如聊天室、电子白板等)、基于卫星通信或网络的直播课堂教学及各种视频会议系统实现。这种教学信息传输与交互形态的具有最贴近现场教学的即时交互、情感交融等优势,主要适用于师生或同学间的集中答疑讨论、重点专题协作学习以及阶段或期末复习等实时同步在线学习。

分布式学习是进入互联网时代后开始出现的一种新的学习方式,意指由于互联网(全球网)的存在,教与学的参与者、教育资源、教学信息、教育基础设施以及教学场所都以网状的形式分布在各地,所以,学习者可以在异地开展异步学习,即利用异地场所的基础设施,获取跨越时空的教育资源和教学信息,同异地的学习者和助学者开展对话和交互(见第 2 章 2.3 节图 2.6)。

移动学习(m-learning)则是指基于无线通信和无线网络技术的学习,如利用无线电脑、手机及其他无线手持设备和终端实现的网络远程学习。世界各地已经组织实施了许多移动学习项目并有相应的研究成果发表。

8.6.4.4 虚拟教学理论的探索

虚拟教学(Virtual Instruction 或 Virtual Teaching and learning)是对基于计算机网络和电子通信技术进行的双向交互式教与学的一种概括。它既不同于人际面对面交流的双向、同步、实时的面授教学,也不同于在应用印刷、广播电视和录音录像技术设计制作和发送课程材料的基础上开展的单向、异步、非实时的远程教学。虚拟教学的更进一步的发展同虚拟现实技术的发展与应用有关。不同的学者对虚拟教学概念的界定和理解有很大差异。丹尼尔对虚拟教学的论述通常同虚拟大学联系在一起。丹尼尔在 1996 年指出,自 1994 年起,如何使现有传统大学体系中以往的教育技术投资发挥充分的效益和优势,如何应用信息通信技术协调发展现有校园大学开展的远程教育,在美国成了一个全国性的问题。当时的副总统戈尔(Gore)宣称:政府的意图在将美国的课堂、图书馆和医院都联结起来以形成国家信息基础设施(NII:National Information Infrastructure)。由此,丹尼尔指出,当前形态的虚拟大学的概念,就是通过电子手段将现存大学联合成一种结构更灵活、拥有许多相对自治节点的新型的网络巨型大学(networked mega-university)。美国西部州长大学(Western Governors University)就是力图使学生可以同时学习美国西部各州所有加盟的大学的课程,就好像那是一所单一的院校那样。全美虚拟大学(American Virtual University)和非洲虚拟大学(African Virtual University)的方案都起因于相似的理念、沿着同一路线制订的。贝茨在 1999 年提出构成虚拟教学或虚拟大学的基本要素是:师生分离、可以在任何地点和任何时间学习、通过技术特别是应用网络技术进行学习。基更早在 1996 年就将虚拟教学描述为"远程面对面教学(face-to-face teaching at a distance)",并论述了从面授教学(face-to-face teaching)到远程教学(teaching at a distance)再到虚拟教学的历史发展。总之,在虚拟教学中,学习者主体的学习和思维活动以及助学者主体的教学和思维活动都是实实在在真实发生的,只是教与学主体及其教与学双边交互活动发生的环境不是在真实的物理世界中面对面实现的,而是在计算机网络构建的虚拟世界中以技术媒体为中介实现的。但是,由于技术的进步和发展,虚拟教学比之前两代远程教育中的远程教学具有较多的双向通信交互,在这层意义上,基于计算机网络的虚拟教学比前两代远程教学更靠近面授教学,更有利于发展双向通信交互、虚拟社团协作及网络互联文化。

【思考与练习】

1. 本书将远程教育的基础理论划分为哲学理论、宏观理论、微观理论和分类学与比较研究理论的依据是什么?你认为还可以如何建构远程教育的基础理论体系?

2. 你认为构建远程教育的普遍理论体系是否已经成熟?构建远程教育的普遍理论体系的基本要素或构架应该是什么?

3. 请用你自己的语言表述本书综述的以下 3 种远程教育哲学理论及相关学派的基本内容:①学生自治的理论;②双向通信的理论;③学生自治和双向通信均衡发展的理论;④远程教与学重组的理论。你认为这些理论对远程教育的历史发展、实践活动和学科建设分别有什么指导意义?

4. 请用你自己的语言表述本书综述的以下 4 种远程教育宏观理论的基本内容:①远程教育的发展动力基础理论;②远程教育的工业化理论;③三代信息技术和三代远程教育的理论。你认为这些理论对远程教育在各国的政策制定、发展规划和实践活动分别有什么指导意义?

5. 请用你自己的语言表述本书综述的以下 4 种远程教育微观理论的基本内容:①远程教与学三种基本相互作用的理论;②以学生为中心的远程学习圈的理论;③远程学习的交互作用理论;④远程学习模式的理论。你认为这些理论对远程教育的教学系统开发、教学设计以及远程教与学的实践活动分别有什么指导意义?

6. 在学习了第 1 章 1.2 节"远程教育的基本概念"和本章"远程教育理论研究与学科建设",你对远程教育学科的理论基础的总体认识如何?你能否认同"远程教育学已经成为教育科学中的一门独立学科"的评论?你认为远程教育学作为独立学科存在的必要和依据何在?

7. 请将你从本书学习到的远程教育的基本概念和基本理论同你学习过的教育技术学或成人教育学的基本概念和基本理论进行比较。

【项目与活动】

1. 组织讨论活动

分组仔细研读本章 8.4 节"远程教育的哲学理论"中有关"远程教育学的逻辑起点"以及"远程教育的主要矛盾和主要矛盾方面"的论述，展开讨论或辩论。参考题目：①什么是学科理论体系的逻辑起点、主要矛盾和主要矛盾方面？②教育学、教育技术学的逻辑起点是什么？③远程教育学的逻辑起点：非传统教育、开放学习、信息技术与教育技术、工业化的教与学、师生时空分离？④远程教育的主要矛盾：数量与质量、规模—成本—质量三角关系、学生自治与交互通信、师生时空分离的学与教必然带来的革命性（解放性）同致命性（缺失性）？⑤讨论远程教育学的逻辑起点、主要矛盾和主要矛盾方面有什么意义？

2. 文献调研项目

请将你上网或从各类文献中了解到的有关远程教育的各种理论学派同本书论述的远程教育基础理论体系进行分析比较，作出评判：①它们与本书论述的何种基础理论学派相近或相反？②它们属于远程教育分支学科的特定理论而不是远程教育的基础理论；③它们因其自身的独特价值应该被纳入远程教育的基础理论体系中，从而对本书提出的远程教育基础理论体系进行充实、完善或修改。

第 9 章　远程教育分类学与
国际比较研究

【学习要点】

　　本章重点是学习远程教育分类学与国际比较研究的方法和主要研究成果，以及我国远程教育的发展史。首先，理解远程教育国际比较研究的类型及方法论。其次，在深刻理解世界远程教育系统的普遍特征的基础上，掌握远程教育分类学研究的成果，重点熟悉世界远程教育的三种实践模式和三大理论学派。再次，深刻理解有关远程教育院校竞争和合作的争论，特别是远程教学大学、传统校园大学与双重模式大学之间，以及巨型大学与虚拟大学之间的优势与劣势的讨论。再次，学习远程教育全球化带来的机遇和挑战。熟悉世界远程教育的起源及其发展史，特别要深刻理解英国开放大学对第二代开放与远程教学大学崛起的引领作用以及信息社会网络远程教育发展的社会经济和文化教育环境。最后，要深刻理解并把握我国远程教育发展史分期以及我国远程教育体系结构的历史演化进程。

【内容结构】

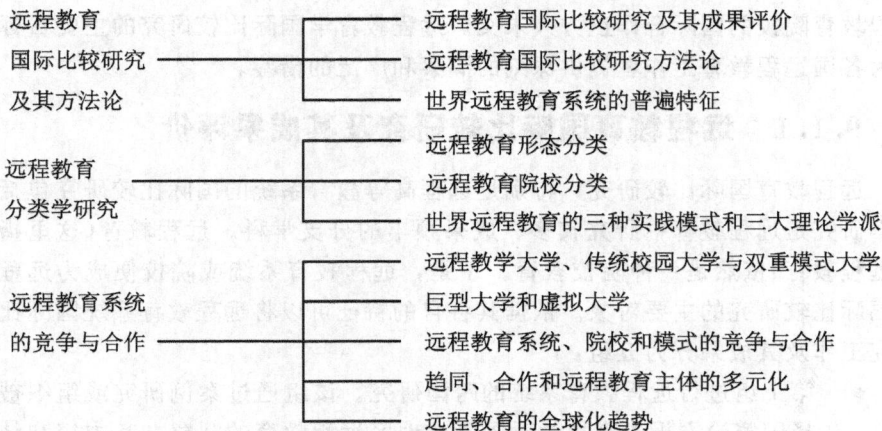

远程教育　　　　　　　　　　　远程教育国际比较研究及其成果评价
国际比较研究　　　　　　　　　远程教育国际比较研究方法论
及其方法论　　　　　　　　　　世界远程教育系统的普遍特征

远程教育　　　　　　　　　　　远程教育形态分类
分类学研究　　　　　　　　　　远程教育院校分类
　　　　　　　　　　　　　　　世界远程教育的三种实践模式和三大理论学派

远程教育系统　　　　　　　　　远程教学大学、传统校园大学与双重模式大学
的竞争与合作　　　　　　　　　巨型大学和虚拟大学
　　　　　　　　　　　　　　　远程教育系统、院校和模式的竞争与合作
　　　　　　　　　　　　　　　趋同、合作和远程教育主体的多元化
　　　　　　　　　　　　　　　远程教育的全球化趋势

世界远程教育的	远程教育的起源和早期发展
历史起源和发展	开放大学的兴起和发展
	网络教育与在线学习的飞速发展

中国远程教育	萌芽和准备期
历史发展分期	创建、起步和中断期
与系统结构	恢复、繁荣和调整期
	战略革新和起飞期
	中国远程教育的系统结构和特点

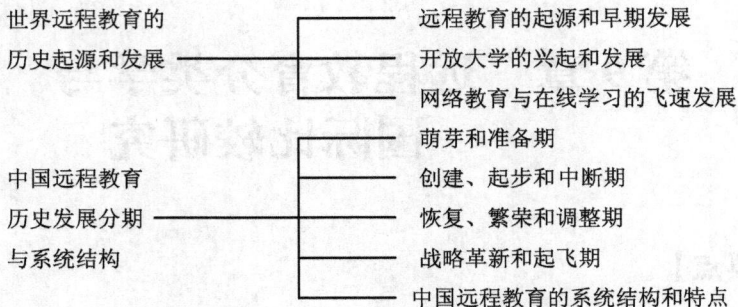

9.1 远程教育国际比较研究及其方法论

远程教育在现代教育史上是一种国际现象。当今世界，无论是发达国家还是发展中国家，都争相创办和发展远程教育，而且不断加强国际交流和合作。在改革、发展和完善我国现代远程教育时，借鉴各国远程教育的实践经验和理论成果，是完全必要的。这就要求我们开展远程教育的分类学与国际比较研究。远程教育的国际比较研究是对世界各国远程教育的实践和理论进行综合的分析和比较研究，探讨远程教育发展的普遍规律和共同特征，以及各国不同的特色和个性的分支学科。远程教育分类学则是国际比较研究的主要理论成果之一。远程教育的发生和发展，从一开始就是一种国际现象。历史表明，这种新兴的教育形态有许多共同规律可循；历史也表明，由于政治经济条件、文化教育传统的不同，远程教育在世界各地表现出各自的个性特点。此外，全球化和远程教育院校的国际合作正方兴未艾。远程教育学国际比较研究的主要目标就是为各国远程教育工作者提供深刻的洞察和广泛的借鉴。

9.1.1 远程教育国际比较研究及其成果评价

远程教育国际比较研究，特别是远程高等教育系统的国际比较研究包括分类学研究是远程教育中研究较多、成果颇丰的分支学科。远程教育(这里指狭义远程教育)依然是一种院校教育。于是，远程教育系统或院校便成为远程教育国际比较研究的主要对象。依据其各自的特征可以将远程教育系统国际比较研究工作及其成果分为五组：

- 第1组进行远程教育系统的跨国研究。该组通过案例研究或组织被选择国家论文报告来提供对国际或地区远程教育的观察。其内容和结论主要是描述性的。

- 第 2 组通常应用普查或抽样调查、文卷设计和统计方法集中对世界或特定地区的远程教育进行统计描述和分析。
- 第 3 组的贡献在于提出远程教育系统的评估指标体系方案并可能进而对被选择的远程教育系统(院校或项目)进行评估。
- 第 4 组关注对世界各地的远程教育系统或院校进行分类学研究。该组的工作主要是建构分类学体系，也有部分案例研究。
- 第 5 组对国际或地区远程教育系统进行某一个或多个专题的调查或比较研究。

这些研究及其成果为深入的比较研究打下了基础，但依然处于起步阶段，其主要局限是：

- 在大多数场合，这类研究关注的是远程教育系统内部的主题和问题，如教育院校的结构和方法。很少关注系统外部的因素和环境，如远程教育系统或院校建立和运行在其中的教育和社会背景。而且，在以往的比较研究中，系统的内部特征与外部条件之间的关系没有被很好地综合考察。
- 在大多数场合，比较研究停止在案例研究的阶段，即限于对各远程教育系统或院校进行分离的、孤立的分析研究，而没有给予系统间的相互作用和影响以足够的重视。
- 常常重视了远程教育的主流模式，即自治的远程教学院校而忽略了其他系统模式。
- 已经提出了某些系统分析、系统评估和系统分类的框架体系，但是很少有能够处理远程教育系统内外关系以及世界各地远程教育系统之间相互作用关系的方法论体系。

9.1.2　远程教育国际比较研究方法论

本书作者丁兴富在其博士论文《澳大利亚和中国远程高等教育系统比较研究》(英文，1997，1999)中提出，远程教育系统国际比较研究的新的方法论体系至少应该由相互联系的三个组件构成：

- 组件 1，远程教育系统分析框架：应用系统理论和组织理论中开放系统的概念体系来分析远程教育系统的结构和功能；
- 组件 2，远程教育系统分类体系：应用专门设计的多维分类体系对远程教育系统的特征和模式进行识别和分类；
- 组件 3，远程教育系统成型机制：通过探索在特定国情和国际环境下系统的内外因素及其相互作用来研究和阐明远程教育系统的现状和发展趋势。

关于远程教育系统分析框架。从系统理论和组织理论引用"开放系统"的概念体系来分析远程教育系统：①引入三层次分析的概念。宏观层次：国家系统；中观层次：单一院校；微观层次：远程学习圈。②将运行子系统进一步划分为学生、教师和课程三个子系统；引入远程学习圈的概念作为这三个子系统的交集。③界定远程教育系统的结构要素(分为内部和外部两个维度)和功能过程，同时引入系统的各种内部联结和系统与其教育的和社会的环境的各种外部联结。

关于远程教育系统分类体系。设计并应用多维分类体系来分析各国远程教育系统。例如，分类体系由三维构成：教育的工业化形态，组织管理体制以及远程教与学。

关于远程教育系统成型机制。其基本假说是：远程教育系统及其现状和发展趋势可以通过调查在特定国家和全球环境中系统的内部联结和外部联结，以及两类联结的相互作用来研究。

9.1.3 世界远程教育系统的普遍特征

在远程教育比较研究中发现，在不同国家系统的结构和功能上存在国际间的普遍特征，以及相似的革新趋势和并行的发展轨迹。这些普遍特征来自远程高等教育及其在社会中的普遍作用的内在本质。这里可以列举关于远程高等教育系统在扩大教育规模、保证教育质量、实现成本效益和基于教育技术4方面的普遍特征：①教育机会开放和平等的特征：远程教学和学习是一种在时空上灵活的教育形态，在本质上与开放学习紧密相关。远程教育和开放学习方式代表了对大众教育的承诺，即其使学习者大众、包括各类特殊的对象群体享有接受教育和培训的机会。②提供高质量课程和学习支助服务的特征：在学习者和支助院校之间需要构建某种形式的双向通信机制以确保远程教学和学习的有效运行和质量。构成这一机制的要素是以教学会谈风格事先设计好的课程材料和各种类型的学习支助服务。③成本效率和成本效益的特征：远程教育是一种在成本效率和成本效益上有潜在优势的教育和培训的发送方式。④基于教育技术的特征：远程高等教育建筑在信息技术和各类教育媒体的发展和应用的基础上。此外，远程教育比较研究加深了关于远程教育历史发展的动力基础的5项一般原理——社会经济的、技术的和政治决策的驱动力与教育哲学的、教育科学的思想基础的认识。

9.2　远程教育分类学研究

远程教育分类学研究成果大体可分为两类：一类是关于远程教育形态的一般分类体系；另一类是关于远程教育系统或院校的特定分类体系。最后，集中论述世界远程教育的三种实践模式与三大理论学派。

9.2.1　远程教育形态分类

以下分别论述国际上比较有影响的远程教育形态的一般分类体系。

9.2.1.1　远程教育的工业化形态

自 1967 年起，德国学者彼得斯在其提出的远程教育工业化理论中将远程教学比作教育的工业化和技术化形态，而将传统的面授教学归结为教育的手工业或前工业化形态。自 1990 年起，澳大利亚学者坎培奥在其提出的远程教育的福特主义概念体系（坎培奥，1990 等）中提供了远程教育的前福特主义，福特主义，新福特主义和后福特主义形态学论述。坎培奥和彼得斯等人均进一步探讨了后现代主义、后工业化的远程教育形态。

9.2.1.2　远程教育的东方模式和西方模式

彼得斯在 1971 年的德文专著《大学函授教育文集》中第一次提出大学层次远程教育的东方模式和西方模式的分类。彼得斯主要依据在教学和管理结构上的差异将大学层次远程教育分为东、西方两大形态。西方模式的基础是印刷教材加上函授及其他媒体通信；而东方模式的基础则是印刷教材加上定期面授辅导。彼得斯进一步从政治结构、课程设置、组织结构和教学结构 4 方面详细剖析了这种分类依据的准则。彼得斯的东、西方模式的远程教育形态分类引起了广泛的兴趣，在国际远程教育比较研究中至今仍富有生命力（参见第 4 章"4.2.3 中国远程学习者的特点"）。

9.2.1.3　远程教育的单一模式和双重模式

单一模式是指独立设置的专门从事远程教育的大学，双重模式是指原本从事校园课堂面授教学的传统大学提供的各种类型的远程教育。众所周知，以英国开放大学为主要代表的单一模式远程教学大学（开放大学）在 20 世纪 70 年代至 90 年代中期成为世界各国远程教育发展的主流。英国学者埃尔·布什拉、尼尔、凯伊和鲁姆勃尔，以及爱尔兰学者基更等人对提出和发展单一模式和双重模式这一重要的远程教育形态分类作出了各自的贡献。

9.2.1.4　大规模远程教育和小规模远程教育

对彼得斯的远程教育工业化理论，霍姆伯格等人曾经提出过另一类质疑。从 20 世纪 80 年代到 90 年代，霍姆伯格指出：工业化理论可能并不适用于那些小型的函授学校和双重模式院校开展的远程教学；而那些拥有大量注册学生、开展多种媒体教学的大规模的远程教学院校为远程教育工业化理论提供了最好的诠释，并进而提出了大规模远程教育与小规模远程教育形态分类的思想。后来，基更(1993)和丹尼尔(1995)提出了巨型大学的思想，认为可以将注册学生人数 10 万以上、100 万以上的大学分别界定为巨型大学(Mega-University)和超级大学(Super-University)，它们是大规模自治的远程教学大学的主要代表，是 20 世纪下半叶远程教育发展的主流模式，在 21 世纪依然有广阔的发展前景。

9.2.1.5　三代信息技术和三代远程教育

这一形态分类在第 1 章 1.1 节和第 2 章相关部分已经有充分的论述。

9.2.1.6　专司远程教育院校机构和传统院校提供的远程教育

这一形态分类在第 3 章 3.2 节和全书相关部分已经有充分的论述。

9.2.1.7　作为教育方式与体制和作为方法与手段的远程教育

这一形态分类在第 1 章 1.2 节、第 3 章 3.2 节和全书相关部分已经有充分的论述。

9.2.2　远程教育院校分类

远程教育形态分类关注的是远程教育的某种普遍特征或显著的形态差异，从而加深对远程教育这一新兴教育形态基本属性的认识。远程教育院校分类关注的是构建远程教育系统或院校的某种分类体系，通过明确现实世界中各远程教育系统或院校在分类体系中的定位进行分析识别和深入的比较研究。国际远程教育界比较有影响的远程教育院校分类有：彼得斯的东西方模式两分法(1971)、埃尔·布什拉的包括 6 个类别的大学函授教学分类法(1973)、尼尔在定义自治的远程教学大学概念的同时提出的由 5 种类型构成的分类法(1981)、凯伊和鲁姆勃尔的 5 种模式、7 种类型的分类法(1981)、基更的分类法(1982)(图 8.1)、基更和鲁姆勃尔关于大学层次远程教学的 7 个基本组织结构的分类法(1982)、丁兴富的二维矩阵形式(垂直一维是组织管理体制，水平一维是媒体教学模式)分类体系(1987)以及丁兴富在其博士论文中提出的新的由教育的工业化形态、组织管理体制和远程教与学组成的三维分类体系等[参见丁兴富

《远程教育研究》(2002)]。

9.2.3　世界远程教育的三种实践模式和三大理论学派

9.2.3.1　世界远程高等教育实践和理论的一种新的分类体系

本书作者丁兴富在其博士论文《中澳远程高等教育系统比较研究》(英文；1997，1999)提出了世界远程高等教育实践和理论的一种新的分类体系，该分类体系的核心由以下三个论题组成：

- 在国家层次上，世界远程高等教育存在三种实践模式和三大理论学派；
- 国际远程教育界明显存在着主流模式和主流学派；
- 近 20 年，国际上存在明显的挑战主流模式和主流学派的趋向。

远程教育的三种实践模式是在国家层次上的一种新的分类体系。就是说，依据对各国远程教育实践的整体分析，综合概括得出三种主要模式。它们是英国等的单一院校模式，美、俄和澳大利亚的双重院校模式和中国、法国和加拿大的多重系统模式。

9.2.3.2　英国等的单一院校模式

单一院校模式(开放大学模式)是指以英国为代表的主要由开放大学这类单一模式的院校来实施远程高等教育。以单一院校模式开展开放与远程教育的国家分布很广，欧洲除英国外还有西班牙和荷兰，亚洲有印度、印度尼西亚、泰国、马来西亚、巴基斯坦、斯里兰卡等英联邦国家以及伊朗、土耳其和韩国等，还有拉丁美洲的哥斯达黎加和委内瑞拉等国。英国开放大学模式(单一院校模式)有以下主要特征：①在这类国家，传统高等学校主要进行校园面授教育，成人业余高等教育则主要由国家专门建立的远程教学大学(通常取名开放大学)来开展。在有的国家(如英国)，只建有一所面向全国的开放大学。有的国家(如泰国)则建有两所全国性的远程教学大学。在印度，既有面向全国的国立开放大学，还有各个邦各自的开放大学。②这类单一模式的远程教学大学大多开展大规模的开放与远程高等教育。1995 年在英国聚会的世界上最大的 10 所巨型大学中，除中国和法国外，均属于这类单一模式的远程教学大学。大规模的开放与远程教育具备最鲜明的工业化教育形态的特征，通常用经济学中的福特主义模型来描述和解释。这种福特主义的工业化形态的远程教育的基本特征是建立在现代技术基础上、适应大规模人才市场开展计划分工明确、规范化和标准化的大规模教育，因而能实现规模经济，达到较高的成本效益。③单一模式的开放大学大多应用多种教育技术和教学媒体来进行远程教学。除了印刷教材、函授指导和电话辅导外，各种视听学习材料作为辅助教材发挥着重要而特殊的教学功能。在不同的国家，广播电视等大众媒体和录音录像等个人媒体各自发挥着不同的作用。进入 20 世纪 90 年代以来，双向电子通信媒体和计算机网络在教学中的应用在单一模式的开放大学中发展很快。④在单一院校模式的开放与远程教育系统中，远程学生通常是以家庭为学习基地进行个别化学习的。远程教学是通过发送精心设计的多种媒体课程材料和建立在非连续的双向通信基础上的学习支助服务来实现的。遍布各地的学习中心网是学习支助服务系统的重要基础资源设施，一定量的面授辅导和学生小组活动是受到普遍鼓励的。

9.2.3.3　美、苏和澳大利亚的双重院校模式

美、苏和澳大利亚的双重院校模式(简称双重院校模式)既有共性，又有个性。双重院校模式的共同特征是：在这类国家，一般没有专门建立的开放大学或远程教学大学(即使有，也为数不多且不占主导地位)。开放与远程高等教育主要由传统高等学校承担。这类传统院校既进行校园面授教育，又开展开放与远程教育，因而称为双重模式院校。下面分述双重模式院校中苏联函授教育，澳大利亚校外教育和开放学习以及美国开放与远程教育的各自特点。

20 世纪 90 年代前，苏联函授教育及其基本特征：①苏联的函授教育主要是由几百所传统高等院校，即双重模式院校组织实施的，独立的函授院校仅有 14 所。②苏联的函授教育相当发达，相当长的一个历史时期中，函授和夜校的业余成人高等教育在校生数与全日制在校生数的比例稳定在 1∶1 上下。③苏联的函授教育以其分离模式为特征。函授教育有自己的教学计划、函授教材、教学进度安排、课程考试、学业学分和毕业(学位)证书，即函授教育与全日制教育是相互独立而并行发展的。此外，函授教育有一支专职的函授教师队伍。④苏联的函授教育的另一个重要特征是重视和强调面授教学成分。国家立法规定在职成人享有一定量的带薪学习假期，参加周末或期末集中面授辅导。这种对强制性集体面授辅导的注重及其在远程教学中的重要地位首先由彼得斯予以揭示并将之概括为远程教育的东方模式。

澳大利亚校外教育和开放学习及其基本特征：①澳大利亚没有国家专门建立的远程开放大学。在澳大利亚，大学层次的远程教育有校外教育和开放学习两个相互连通的系统，它们都是由传统高等学校，即双重模式院校提供实施的。②澳大利亚校外教育已有将近一个世纪的历史。如今，澳大利亚政府鼓励所有传统高等学校开展校外教育。大多数传统高校有从事校外教育的经验，其

中有些双重模式院校的校外学生人数已接近或超过了校内学生人数。③澳大利亚开放学习联合体是 20 世纪 90 年代起由联邦政府支持并资助的一项开放与远程教育计划。澳大利亚开放学习联合体是由墨尔本的莫纳西大学牵头、校外教育相对发达的双重模式院校共同发起、澳大利亚广播公司加盟的一个远程教育系统。如今，澳大利亚传统高等学校大多已加入了开放学习联合体，它们实现学生免试入学，课程、教材和学习资源共享，学业学分可灵活转换的体制，推进和发展开放与远程高等教育。④澳大利亚校外教育和开放学习实行的是开放与远程教育的一体化综合模式。澳大利亚并不是在传统校园面授课程之外专门设计开放学习课程，也不是为校内学生和校外学生设计提供相互独立且相互并行的两种教学计划和课程体系。澳大利亚传统高等学校将本校质量高、有竞争力的课程推向开放学习，校内教育和校外教育实施相同的教学计划，开设相同的课程，使用相同的教材，组织相同的考试，取得同等的学分和毕业（学位）证书。而且，澳大利亚的大学教师同时教授校内学生和校外学生，同工同酬。就是说，在澳大利亚，双重模式的传统大学中并无函授（远程）教师和面授（校园）教师的区分。这种独特的一体化综合模式也称为澳大利亚模式。⑤在澳大利亚，由于混合模式学生的出现和增加而使校内教育和校外教育更进一步趋同。混合模式学生就是依据所处环境和条件以及自身愿望，今年注册为校内（外）生而明年注册为校外（内）生，或者同时注册学习校内教育和校外教育两类课程的学生。这种情况与澳大利亚高等教育不再区分普通高等教育和成人高等教育，就业、教育和培训转换频繁越来越融为一体，终身教育体制和学习化社会在逐步形成的发展趋势有关。⑥长期以来，澳大利亚校外教育强调自学函授教材和组织好通信指导和电话辅导。视听学习材料是辅助教学媒体。所以，澳大利亚校外教育曾被看做是前福特主义的函授为主的小规模远程教育。20 世纪 90 年代以来，计算机多媒体和网络以及双向电子通信技术在澳大利亚校外教育和开放学习中的应用发展较快。

美国开放与远程高等教育及其基本特征：①美国是世界第一的高等教育大国。美国有很发达的开放与远程教育。然而，长期以来，美国没有国家专门建立的面向全国的单一模式的开放大学或远程教学大学，美国的开放与远程高等教育主要是由传统大学组织实施的，属于典型的双重院校模式。②一个世纪以来，美国有很发达的函授教育。20 世纪 80 年代，有 64 所传统大学的独立学习分部联合组成全美大学校外教育协会（NEA）。20 世纪 90 年代，全美大学继续教育协会（NUCEA）有 70 多个成员院校，每年招收函授课程学生 25 万人。此外，有约 500 所私立函授学校提供职业技术教育课程。政府和军队的许多部门也设有自己的函授学校。③美国有很发达的电视教育课程。大学层次的电视教育课程主要由传统大学、广播公司和社区学院制作。各高等院校购买电视教育课程后用录像带发送或者通过当地有线电视网播送。美国每年有 1000 多所高等院校与公共电视网签约播送它们的电视教育课程。这些电视课程配有学习指导教材，并组织校园面授辅导或函授辅导。④美国建立在双向电子通信技术基础上的双向电视教育（虚拟课堂教育）发展很快。双向电视教育可以实现校园课堂教学的现场直播，利用双向视频信号或双向音频信号进行师生交流，故而称为虚拟课堂教育。传统大学的教师很容易掌握虚拟课堂教育的技术而发挥其传统教学的经验和特长。如今，美国所有知名大学都已建立了各自的电视演播课室、录制中心和卫星上行站。大量本科生和研究生层次的课程已经制作和播出，其中很大的一个比例是大学后继续教育。全美大学电视会议网（NUTN）是一个拥有 260 个成员机构的联合组织，通过卫星接收来自 100 多所高等学校的电视教育节目。美国国家技术大学（NTU：National Technological University）则由 94 所知名理工科大学联合组成，通过双向卫星电视直接向各大公司企业播送教育节目，开设工程类硕士学位课程和其他大学后继续教育课程。美国还有许多州级的和社区的局域卫星（或有线）教育电视会议网，如加州斯坦福大学的卫星教育电视会议网。此外，美国许多大公司财团也建立了各自的卫星教育电视会议网，如美国国际商用机器公司（IBM）的相互作用卫星教育网（ISEN）。⑤美国正在大力发展计算机会议教育网和建立在计算机互联网上的开放与远程教育。一批传统大学已先后开设了网上大学和虚拟大学，以此进一步开放它们的校园课堂教学，更好地实现个别化教学。

9.2.3.4 中国、法国和加拿大的多重系统模式

中国、法国和加拿大的多重系统模式（简称多重系统模式）是指在同一个国家中并行存在多种模式的开放与远程教育系统，既有独立设置、专门开展远程教育的院校，又有举办开放与远程教育的传统院校。众所周知，我国既有传统高等学校举办的函授教育和现代远程教育（网络远程教育），又有国家专门建立的广播电视大学开展的远程教育，还有作为国家考试制度的高等教育自学考试。我国多重系统模式开放与远程教育及其主要特征参见第 9 九章 9.3 节"中国远程教育历史发展分期与系统结构"。在法国和加拿大也是如此，既有独立设置、专门开展远程教育的法国国家远程教育中心（CNED），加拿大不列颠·哥伦比亚省的开放学习共同体、阿尔伯特省的阿萨巴士卡大学和魁北克省的远程教学大学等，同时有众多普通高校开展远程教育从而成为双重模式院校。尤其在加拿大，几乎所有传统学校都提供某种形式的远程教育，这与加拿大的人

口和地理环境以及教育哲学思想有关。

　　远程教育实践模式上的差异反映在理论概括上，就有了不同的理论学派。与上述远程高等教育的三种实践模式相对应，可以将国际远程教育理论界的学说、观点分析综合得出远程教育的三大理论学派：革命学派、趋同学派和谱系学派。

9.2.3.5　教育方式或教育形态变革的革命学派(并行学派)

　　革命学派(并行学派)认为远程教育是教育史上的一场革命。其代表人物是魏德迈、彼得斯、霍姆伯格和基更等。他们认为电子信息技术的发展和进步500年来第一次引起了教育形态的最大变革，教和学、教师和学生在时空上的分离第一次有了可能、成为现实。这一学派认为，随着教育技术和教学媒体的开发和应用，通过精心设计制作多种媒体的课程材料和精心组织各种类型的学生学习支助服务，可以为数量巨大的、分散的、各种类型的学生提供远程教育的机会。他们强调开放与远程教育的特性，即与传统面授教育不同的地方。由于师生的分离，远程教育有特定的本质。所以，教学系统设计、多种媒体教材设计、学生学习支助服务和教学信息的双向通信设计都必须有自己的特点，才能实现开放与远程教育的教学目标。这一学派的代表人物认为，远程教育还有许多优势和潜力没有发挥出来，但他们坚信，远程教育可以实现很高的教育质量和很高的成本效益，远程教育最终将取得和传统教育平等的地位而实现并行发展、共同繁荣。革命学派(并行学派)可以看作主要是英国开放大学模式(单一院校模式)在理论上的概括和升华。

9.2.3.6　教育方式或教育形态一体化的趋同学派 (并合学派)

　　趋同学派(并合学派)认为远程教育和传统教育正在趋同，即由对立走向并合。其代表人物有澳大利亚的史密斯、堪培奥、凯莉、奎统，瑞典的威伦和英国的泰特等。他们认为，开放与远程教育、传统面授教育这两种形式正在日益趋同，正在相互接近、相互结合，界线越来越模糊。不仅在澳大利亚，在美国，在其他地方也一样。远程教育需要面授，乃至发展虚拟课堂教学。传统教育院校也开始更多地采用各种教育技术、教学媒体。传统教学也日益强调学生自学，重视从以教师为中心到以学生为中心的转变。越来越多的传统院校开始举办和发展远程教育，从而使自己变成双重模式院校。这一学派认为，开放与远程教育和传统教育的本质是相同的，只有应用教育科学的普遍概念和原理才能阐述远程教学和学习。开放与远程教育的最终归宿是与传统教育的重新归并和统一，而不是完全分离和并行发展。所以，教育界的任务是要创造一体化的教育学，即一体化的教学理论和学习理论，而不是两种教育学理论。所有在远程教育适用的教育技术和方法，在校园的面授教育中也能应用。因此，一体化的教育学将使两种教育、两类学生都受益。趋同学派(并合学派)可以看作主要是澳大利亚和美国的双重院校模式在理论上的概括和升华。

9.2.3.7　教育方式或教育形态连续递变的谱系学派（折中学派）

谱系学派(折中学派)认为上述两种学派都属极端，应当折中，并进而提出了各种连续变化的教育家族谱系。其代表人物有穆尔、英国的西沃特、鲁姆勃尔、刘易斯和加拿大的慕格里奇(mugridge)及本书作者丁兴富等。他们认为纯粹的传统校园面授教育和理想的开放与远程教育是两种理想化的抽象模式，位于两个极端，而世界上的现实的大学，无论是传统大学还是远程教学大学，都是介于两者之间的某种过渡模式。在传统大学，面授学时在减少，学生自学时间在增加，学生越来越多地通过各种学习资源和教学媒体，尤其是通过计算机网络积极主动地学习，教学越来越开放。而世界上的开放大学或远程教学大学，尽管可以区分出种种教学模式和学习模式，但它们既有差异、又有共性，常常是你中有我、我中有你，交叉混成的。过于硬性地把传统教育和开放与远程教育决然分开，或过于绝对地将远程教育的各种模式严格分类，都是在理论上根据不足、在实践上有害无利的。这一学派的代表提出了从完全开放到完全封闭，从纯粹连续面授到纯粹远程教学等多种教育形态方式渐次递变的连续谱系。谱系学派(折中学派)可以看做是革命学派和趋同学派的一种折中，它试图以统一的观点和方法对开放与远程教育的各种实践模式从理论上进行概括和总结。

9.2.3.8　远程高等教育的主流模式和主流学派

从20世纪70年代到80年代，由于以下种种原因：英国开放大学的巨大成功和深远影响，许多发达国家和发展中国家纷纷仿效建立开放大学，这类开放大学或远程教学大学为各国专门人才培养和国民素质提高作出了很大贡献，这类福特主义的大规模开放与远程教育具有较高的投资效益，等等，从而使得英国开放大学模式(单一院校模式)成了国际远程教育界的主流模式。与此相应，将开放与远程教育看作为现代教育史上的一场伟大的革命的理论成了主流学派，影响着国际社会、各国政府及其高层教育决策者、各国教育政策和各国远程教育工作者。应该客观地说，主流模式和主流学派是战后国际教育革新的一个积极成果，在世界开放与远程教育的发展史上产生了重大的影响。世界各地发达国家和发展中国家纷纷创办的远程教学大学(大多取名开放大学)以及随后发展壮大的世界上 10 多所巨型大学及其取得的成功即是明证。在 20 世纪 70 年代末我国建立全国性的广播电视大学时，以英国开放大学为代表的主流模式和主流学派就产生过积极的影响。

9.2.3.9　对主流模式和主流学派的挑战

在主流模式和主流学派取得成功和产生重大影响的同时，慢慢地导致了对其他远程教育模式和学派的忽视。时至 20 世纪 90 年代初，某些知名的英国远程教育学者还在论述美国电视教育的失败。然而，进入 20 世纪 90 年代以来，由于信息技术突飞猛进的发展和知识经济、信息社会的到来，上述主流模式和主流学派受到了严峻的挑战。世界各国远程教育出现了趋同和多元化并存的发展趋势。独立设置的远程教学大学（单一模式院校）和开展远程教学的传统院校（双重模式院校）都在开发和应用双向交互的电子信息技术，在计算机网络、卫星和有线电视网络以及各种电子通信网络的基础上构建大众化高等教育和终身教育的体系。在当前国际社会出现的经济和教育全球化趋势中，各类开放远程教育系统和院校有竞争、有联合，争夺成人业余高等教育、继续教育和终身教育的市场。澳大利亚和瑞典的远程教育工作者指出，远程教育的工业化理论没有能很好地代表它们国家的小规模的函授院校或双重模式院校的远程教育。霍姆伯格则很早就提出远程教育界有两种学派而不是只有一种学派。美国知名远程教育学者穆尔更明确指出：基更的《远距离教育基础》一书的成功和缺憾是同样重大的。成功就在于其对以英国开放大学为代表的主流模式和主流学派有比较全面而深入的论述和总结，缺憾则在于对世界上另一个大国——美国和其他一些国家的开放与远程教育的理论和实践关注较少、论述欠缺。20 世纪 90 年代在澳大利亚发生的开放与远程教育政策的转变更鲜明地代表了双重院校模式向单一院校主流模式、趋同学派向革命学派的挑战。以规范化和集中化为原则的陶金斯（Dawkins）革命被堪培奥等人批评为不适宜地仿效英国开放大学单一院校的福特主义模式，是不适合澳大利亚的国情和长期以来形成的双重院校模式的历史传统的。将开放与远程教育相对集中于 8 个远距离教育中心的体制只实行了一年左右就宣告结束。自 20 世纪 90 年代起，澳大利亚转向明确鼓励所有传统院校积极开展分散的和灵活的校外教育和开放学习，并倡导建立校内教育和校外教育综合一体化的体制和教育学理论。几乎在同一时期，即使是作为主流模式和主流学派主要代表的英国开放大学所在的英国，原来的传统校园大学也开始介入开放与远程教育。与此相应地，一些与英国开放大学关系紧密的学者（如鲁姆勃尔、贝茨等）也开始挑战主流模式和主流学派。有趣的是，20世纪末的中国也发生了传统高校争相举办现代远程教育的热潮。可以说，到

20世纪90年代中后期，上述从实践到理论挑战主流模式和主流学派的趋势已经非常明显、逐渐形成国际开放与远程教育界的一种新的潮流。换言之，许多国家的传统大学通过发展开放与远程教育而成为双重模式院校、并与独立设置的开放大学和远程教学大学争夺市场；与此相应地，趋同学派正在崛起、大有取代革命学派而成为世界开放与远程教育界的下一个主流学派的架势。

9.3 远程教育系统的竞争与合作

本节集中论述在教育市场化与全球化背景下远程教育系统和院校间的竞争与合作。近20年，独立设置的自治的远程教学大学(开放大学)与传统大学开展远程教育(双重模式大学)的相互关系、各自的优势和弱点，以及未来前景成为普遍关注的重大课题。自20世纪90年代初以来，众多专家学者如鲁姆勃尔、基更、丹尼尔、贝茨、堪培奥、秦达德、丁兴富等均卷入了这场论战。各种远程教育系统、院校和模式之间的竞争也经常成为远程教育国际论坛的热点之一。这场论战是国际远程教育界实践发展中各种远程教育主体多元化及其日趋激烈的竞争在思想理论界的反映。在这场论战中，鲁姆勃尔和贝茨着重指出传统校园大学发展远程教育的广阔前景以及远程教学大学面对的严峻挑战；而丹尼尔和基更则坚持远程教学大学，尤其是巨型大学在竞争中的战略优势，以及远程教育和开放学习对于整个教育体系在信息通信技术基础上实现革新的巨大意义；堪培奥和秦达德等则强调趋同(不仅是各自远程教育模式的趋同，也包括远程教育与传统面授教育的趋同)已经代替单一模式的自治的远程教学大学成为国际远程教育界跨世纪发展的主流。而本书作者丁兴富强调的是互联网时代远程教育主体多元化和形态多样化的发展趋势。首先，人际面对面直接交流教学的价值是永恒的，面授教育组织与面授教育活动在人类社会历史中永远不会消亡。同时，传统学校教育在教育信息化进程中越来越多、越来越深地卷入到远程教育、远程教学和远程学习中来，而传统学校以外的独立形态的远程教育依然有着及其广阔的发展潜力和前景。各类教育组织和教育形态在构建21世纪大众化普及化高等教育、全民终身教育体系和学习型社会中既有竞争，又有合作，趋同与多元并存共荣。

9.3.1 远程教学大学、传统校园大学与双重模式大学

9.3.1.1 鲁姆勃尔发起挑战：远程教学大学的战略弱势

这场论战的导火线是鲁姆勃尔1992年在《开放学习》杂志上发表的极富挑

战性的论文"远程教学大学在竞争中的相对弱势"。鲁姆勃尔在论文中指出当时
世界上的大约 26 所远程教学大学，正面临来自越来越多的传统校园大学创办
远程教育，以及已有相当悠久实践历史和经验的双重模式大学的严峻挑战；他
并且质疑：这些单一模式的远程教学大学在未来是否有发展前途？鲁姆勃尔指
出，英国、美国和澳大利亚成人业余高等教育市场竞争的形势已经显示出"远
程教学大学的战略弱势"：

- 校园大学可以提供成本效益高的远程教学计划并因此将自身转变成双
  重模式大学，从而可以拥有双重模式的成本特点优势，可以提供非常
  广泛的远程教学专业学科课程，可以挑战远程教学大学。
- 由于社会的和人口的原因，业余学习教育市场的明显增长导致的变化
  将对远程教学大学产生巨大的影响，这些院校至今几乎享有垄断的
  地位。
- 许多远程教学大学利用或依赖校园大学设施和人员的事实（为了教学
  场地和辅导教师）使远程教学大学处于弱势地位。
- 许多校园大学联合起来，将校园内课程开发转化成远程教学的课程，
  并建立一个小型的、中央集中的组织来统一规划并发送这些课程。这
  可能被证明是替代开放大学的富有吸引力的新选择。这类模式拥有双
  重模式大学具有的各种优势，它为校园大学提供来自中央集中协调机
  构的支持和专业服务，同时，已经存在的协作联合体可以允许学生在
  各个成员院校间灵活转换。这使得任何一所校园大学可以大大超越局限
  在校园内的日校和夜校的业余学习计划的限制，可以从开展远程教学的
  选择中取得收益，同时又免去为了支持远程教学计划而建立自己的行政
  管理和课程制作系统承担的风险。合作体制同时被看做可以帮助防止一
  味建立更多的院校而必然产生的过分分散和简单重复的弊病。
- 大多数远程教学大学看上去处于垄断地位，但它们仍然没有强大到足
  以抗衡联合起来的校园大学的力量。
- 校园大学将开展远程教学看做是第二等的工作，或者看作是为了使教
  学模式多元化。因此，在远程教学大学似乎主导市场时，双重模式大
  学可以使用边际成本作为价格策略来夺取市场份额，同时利用向潜在
  的学生提供多种多样广泛的课程和多种多样教学方法的能力来分享
  市场。

鲁姆勃尔在结论中指出了远程教学大学的出路和前景：

　　当然，远程教学大学可以采用许多竞争的战略，但是一旦校园大学开展远

程教学，这些战略也可为它们所采用。于是，对远程教学大学而言，最有效的对策也许是将自己也变成一所双重模式大学，或者建立自己的校园教学计划，或者同校园大学协作或合并。

9.3.1.2　怀特的应答：远程教学大学和传统校园大学各自的优势和弱势

鲁姆勃尔的挑战在当年(1992)就获得了来自澳大利亚和加拿大的远程教育著名学者的反应。澳大利亚的怀特争辩说：远程教学大学和传统校园大学具有各自的优势和弱势。他强调指出远程教学大学具有以下优势：①设计开发的多种媒体课程材料的质量；②应用教育技术方面取得的巨大进步；③教育学上的先进性；④课程开发和教学设计领域积累的丰富的专业知识和技能；⑤课程制作和发送的基础设施建设；⑥学生学习支助服务结构。怀特指出，所有这些是经过20多年的努力实践探索和理论创造建立起来的，是不可能被轻易地打倒的。怀特进一步认为，传统校园大学要转变成为双重模式大学并不是轻而易举和没有代价的：①为了认真地介入远程教育，需要对院校的资源和结构进行重组和重新配置；②必须克服开发高质量的多种媒体课程材料存在的障碍；③必须改变教学人员对待远程教学的态度；④将传统课堂讲授转变成高质量的远程教学材料要付出很高的成本。怀特认为，远程教学大学(或在澳大利亚的双重模式大学)和传统校园大学并不感到相互威胁。如果传统校园大学真的决策要开展高质量的远程教学或采用混合的教学模式，从而使自己转变成双重模式大学，远程教学大学只会表示欢迎，因为"最终的赢家是全体学生"。他认为，将"远程教学同面授教学"整合起来，"实现两者的最佳结合"是"未来的方式"，对澳大利亚双重模式大学尤其如此。加拿大学者慕格里奇也在同一年(1992)作出了反应。他认为，远程教学大学、双重模式大学和传统校园大学在开展远程教育时需要的是更多的合作，而不是竞争。

9.3.1.3　基更的应战：远程教学大学的竞争优势

事隔两年后，基更提交了他对鲁姆勃尔的应战文章："远程教学大学的竞争优势"(1994)。基更论文着重阐述了以下论点：

* 远程教学大学所取得的成就及其对世界远程教育和开放学习的崭新地位的历史性贡献；
* 远程教学大学具有的优势，尤其是其经济优势(即规模经济)及与此相反的双重模式大学(如在澳大利亚)的经济弱势；
* 远程教学大学在未来、在世界各地将继续发展，同时，其他模式，尤

其是多体联合的多层次的网络系统将得到发展；

● 远程教学大学和双重模式大学应该合作而不是竞争、从而使远程教学赢得进一步的声誉。

9.3.2　巨型大学和虚拟大学

巨型大学还是虚拟大学？这构成了信息时代远程教育发展战略的又一个重大课题。历史已经证明，巨型大学是 20 世纪高等教育的最重大的进步之一。如前所说，使远程教育和开放学习成为当今许多国家兴趣的热点的原因之一是国际互联网和世界全球网等相互作用的计算机和电子通信技术的飞速发展。虚拟大学的名称已经开始出现在建立以此类技术为基础的新型大学的各类建议中。许多原来只进行校园教学的大学如今也纷纷声称它们也正通过全球网提供远程学习课程。巨型大学和虚拟大学的"对立"，是信息时代老问题的再现：是发展单一模式的远程教学大学(如各国开放大学)还是提倡、鼓励和发展双重院校模式的远程开放教育？这是摆在各国政府和高层教育决策者面前的重大课题。英国开放大学副校长丹尼尔近年来专注于研究巨型大学，即那些规模较大办学效益较好的开放大学的研究[见丹尼尔的著作《巨型大学和知识媒体：高等教育的技术战略》(1996)]。他高擎起巨型大学的旗帜，活跃在国际开放与远程教育舞台上。而美国和澳大利亚则主要发展双重模式的远程教育，即鼓励所有高等院校发展开放灵活的远程教育。澳大利亚开放学习联合体就是由澳大利亚双重模式的高等院校合作举办开放远程教育。美国则更是虚拟大学迅猛发展的策源地。

综上所述，丹尼尔提出和论述的巨型大学概念和理论，及其关于高等教育的技术发展战略的讨论得出了与基更类似的关于自治的远程教学大学、特别是巨型大学具有竞争优势的观点，并且指出了传统校园大学面临信息通信技术发展的机遇和挑战，制定并实施技术发展战略，采用基于知识媒体的网络远程学习、在线学习与混合学习的战略。

9.3.3　远程教育系统、院校和模式的竞争与合作

丁兴富在其博士论文中详细评述了这场论战。他指出，在 20 世纪下半叶，自治的远程教学大学代表了国际远程教育的主流模式，但它从来就没有成为国际远程教育多元化主体中的多数。在世界各国，远程教学大学、双重模式大学和传统校园大学(还有巨型大学和虚拟大学)有各自的教育使命和服务对象，有各自的优势和弱点。应该倡导在合理而有序的竞争中实现更多的合作。丁兴富

的主要观点已经在本章 9.1 节关于"远程教育的三种模式和三大学派"中作了阐述。

事实上，自 20 世纪 90 年代起，远程教育系统和院校在竞争中走向合作，远程教育三种模式的趋同和远程教育主体的多元化都已经成为发展的主流。在像英国这样原来典型的单一院校模式的国家，传统校园大学也在纷纷创办远程教育，而像澳大利亚这样原来典型的双重院校模式的国家，也已创办了全国性的澳大利亚开放学习共同体(1999)。至于像中国这样原来就是多重院校模式的国家，自 20 世纪 90 年代以来远程教育主体更趋多元化，竞争日趋激烈，合作日趋加强。同时，从国际到国内，从实践到理论，竞争和论战仍在继续。在 1998 年上海电视大学主办的开放与远程教育国际研讨会上，在 1999 年北京中央广播电视大学主办的亚洲开放大学协会第 13 届年会上，以及在 2000 年上海电视大学建校 40 周年举办的中外专家专题报告会上，关于远程教育系统、院校、模式的竞争和合作，关于开放大学、巨型大学和虚拟大学的前途和命运，关于远程教育与传统教育的趋同和远程教育主体的多元化，关于信息技术和远程教育不断发展的代的理论等论题的争论仍在继续。鲁姆勃尔、基更、丹尼尔、贝茨、堪培奥、秦达德等这些国际远程教育界的著名学者以及中国的学者王一兵、黄清云和丁兴富等都参与了热烈的讨论。

9.3.4 趋同、合作和远程教育主体的多元化

高等教育的趋同和远程教育主体多元化问题是近 10 多年又一个争议的焦点。在北京和上海的会议上，鲁姆勃尔、堪培奥和秦达德都一再表达了他们对远程教育与传统教育趋同并走向发展混合模式和统一的教与学的理论和方法的见解。鲁姆勃尔指出，直至 20 世纪 80 年代末，远程教育在很大程度上是一种与传统方式不同的独立并行的教育系统。但进入 20 世纪 90 年代后情况有所变化。传统大学正在有效地应用远程学习和独立学习的方式来推行其成本革命。远程教育已成为高等教育的主导方式。其结果是，传统高等教育和远程高等教育形态之间的差异正在消失。堪培奥介绍了澳大利亚的综合模式，即由分散在全国的高校聘用同样的教学人员同时提供校园内外两种模式教育，学习同样的课程设置，授予同样的学历证书。而且，越来越多的学生选择混合模式或复合模式的学习方式。即在澳大利亚，远程教育和传统教育的差别正在变得无关紧要。日本的吉田(Yoshida)在其论文中论述了"日本远程研究生教育发展的新趋势"(1999)。她认为，将信息技术引入远程教学中是不可避免的。通过计算机网络虚拟空间将能建构一个同步双向交流的远程教学环境。到那时，面授教学

变得可有可无，普通大学与远程开放大学不会有太大的差别。印度的噶革
(Garg)和潘德在"主流教育与开放远程教育：伙伴、合作与趋同"(1999)中也
指出，远程教育在世界许多地区，已跨越了国界；即使在国家或地区内部，远
程教育也已进入主流教育体系，并深受瞩目。在此发展过程中，远程教育充分
地利用了主流教育的资源。同时，远程教育也对这两种教育体系教育与教学过
程的发展做出了重大贡献。文章以作为巨型大学的印度英迪拉·甘地国立开放
大学和服务于十二个岛国的斐济南太平洋大学为特定背景，分析了两种模式的
相互影响，批判性地审查了这两种教育系统之间的伙伴关系、合作与趋同的
问题。

9.3.5　远程教育的全球化趋势

9.3.5.1　教育与学习的全球化趋势

信息时代教育和学习的又一个显著特征是越来越迅猛的全球化趋势。由于
世界政治和经济的区域化和全球化趋势越来越明显和加快，也由于基于信息技
术的全球电子通信网络的日新月异的发展、扩展和渗透，教育和学习的区域化
和全球化趋势已成为世纪之交各国教育发展战略和决策的重点课题、研究和舆
论的争论热点之一。教育和学习的全球化趋势对各国而言是机遇和挑战并存。
一方面，信息社会和现代通信技术带来的全球化和自由化进程使知识发挥主导
作用，给我们提出了许多激动人心的机会。现在正是建立全球知识网的时刻，
通过网络和"基于资源的学习"，所有的人，尤其是至今仍处于不利地位的人们
能共享专业知识和专门经验，在公正和平等的基础上共创 21 世纪的文明。另
一方面，全球化进程和未来知识社会有可能继续加大贫与富、先进和落后的差
距，即继续加剧现存的不公平状态；并且有可能在文化和教育领域里形成某些
力量的主宰地位，从而威胁第三世界国家丰富的历史遗产和文化认同。这是包
括许多亚洲国家在内的发展中世界关注的焦点之一。各国如何抑制教育全球化带
来的负面效应而尽量开发正面效应，成为国际教育界研讨的一大主题。所以，重
要的是，采用适当的道路和方法去适应各国人民的需要、背景、文化和信仰。将
各国人民辉煌的古代文明和丰富的历史遗产和现代化联系起来是每个国家教育系
统面临的任务。新的教育目标归根结底是发展在现代环境中的大众教育。

9.3.5.2　远程教育的全球化趋势

开放与远程教育的全球化趋势，既是国际社会政治、经济、文化、教育全
球化进程的组成部分，也是为后者服务的。现存的开放与远程教育院校面临来自

传统大学、新兴的国际的和虚拟大学的与日俱增的竞争，后者正应用新技术和新的办学模式来寻求教育市场的更大的份额。互联网及全球网新构建的全球市场正在变得越来越充满进取精神，学生得以在全球范围寻求最适合的课程和学位。

在全球化的趋势下，开放与远程教育的国际竞争和院校合作正在加强。一些著名的远程教育系统已经实行了全球教学，如法国国家远程教育中心1999年就在190个国家拥有3万名学生。英国、澳大利亚、美国和其他国家的远程教学大学正在将它们的教育扩展到亚洲地区。一些亚洲远程教学大学也在使它们的教育地区化或国际化。例如，马来西亚和新加坡的传统大学正在努力将自己发展成国际教育提供者。在过去的20年中，中央广播电视大学与英国开放大学在英语课程开发、远程教育专业人才培训、多种媒体课程材料设计制作等方面的合作卓有成效。中央广播电视大学与某些海外教育院校和商业公司合作开设继续教育课程也取得了成功。上海电视大学还在澳大利亚悉尼创办了分校。某些学者认为，在21世纪，跨国的合作远程大学模式将构成对现存远程教学院校的挑战，像美国的微软大学。鲁姆勃尔则在其论文"远程教育：高等教育中的革命性力量"(1999)中探讨了建立基于网络的全球交互多国大学的概念及其从传统大学发展起来的可能性。丹尼尔在中国昆明举办的亚洲开放大学协会第20届年会上发表了题为"21世纪高等教育的扩展：开放教育的角色"的主题报告(2006)。他指出，"我将考察对高等教育在全世界的扩展作出了贡献的两种趋势，一个是赢利的私立高等教育提供商的增长；另一个是跨国教育的稳步发展。跨国教育是指跨越国界提供远程学习课程和计划"。随着经济全球化而来的教育全球化浪潮中，世界贸易组织(WTO：World Trade Organization)协定担当了重要的角色，其中就有"服务贸易共同协议(GATS：the General Agreement on Trade in Services)"的条款。联合国教科文组织(UNESCO)与经济合作与发展组织(OECD)在近年来组织编写出版了《服务贸易的共同协议简要指南》和《关于跨国高等教育质量规范的指导方针》，帮助各成员国了解并积极参与教育全球化进程。《指南》对提供跨国服务的四种模式作了解释。第一种是境外消费，就是去别国留学。第二种是自然人存在，指人员访问。第三种是跨国供应，这就是指远程教育。第四种是商业存在，指在国外办校园。至2006年，有47个国家已经对服务贸易共同协议做出了承诺。可以期待将有更多签署了世贸协定的国家对服务贸易共同协议做出承诺，因为教育全球化是经济全球化的一部分。我国已经签署了世贸协定，我国包括远程教育在内的高等教育市场也将越来越开放。

9.3.5.3　全球化与国家特色：文化和历史的多样性

在探讨远程教育的全球化趋势时，对各国远程教育系统的特色以及文化与历史的多样性应该给予足够的关注。当北京举办第一届国际远程教育研讨会(1989)时，丁兴富曾经与霍姆伯格、基更等谈到中国远程教育的起源和发展。同大多数西方学者一样，他们当时对我国 60 年代初举办城市电视大学的创举一无所知并有所怀疑。后来，基更成了河北广播电视大学的客座教授。他向西方学者一再强调，在分析远程教育时不论及中国电大这个世界上最大的系统是不科学的。拉彻姆(Latchem)则在其论文"开放与远程教育——为社会增添价值?"(1999)中指出：从中国科举考试制度可以看出，在知识和智慧的开放学习和自我教学方面中国已经有一千三百多年的历史。上述将自学和寻访适当的学习资源和指导者结合起来探求知识的可贵历史传统，在中国广播电视大学教育和教育部组织的高等教育自学考试制度中，以及在中国众多双重模式院校开展的教育项目和网络教育中得到继承发扬。他还指出在 20 世纪初提出在大学围墙外发展家庭学习和考试的另一位先驱者——诺贝尔奖获得者、诗人泰戈尔。由于时代的局限，未能在他在世时实现其理想。然而，他的思想如今已经在印度英迪拉·甘地国立开放大学、9 所邦立开放大学和 52 所传统大学开设的函授教育课程中得到体现。拉彻姆还论述了受泰戈尔思想影响的西方学者与后来在西方开创开放与远程教育的历史渊源关系。拉彻姆强调：那些注重当地需要和环境来发展自己的亚洲远程教育院校是最成功的。他认为，发展中国家的大学急于模仿其西方伙伴的做法是危险的，因为其间的文化差异、经济限制和技术鸿沟是如此巨大。

9.4　世界远程教育的历史起源和发展

本节考察世界远程教育的历史起源和发展。首先考察远程教育的起源和早期发展，即函授教育、校外教育在 19 世纪中叶的发生及其在 19 世纪末和 20 世纪前期的发展；随后论述 20 世纪下半叶以来以开放大学为代表的新一代多种媒体教学的远程教育的发展及其取得的巨大成就，讨论这一历史时期的远程教育主流模式和巨型大学的概念；最后展望从 20 世纪 90 年代开始、尤其在世纪之交人类历史进入的信息社会以及电子信息通信技术的迅猛发展、知识经济的到来，以及与此相应的教育领域的巨大变革：终身教育和终身学习思想深入人心、学习社会的形成、教育技术和远程教育开始了新的历史发展时期。

9.4.1 远程教育的起源和早期发展

9.4.1.1 远程教育的起源：函授教育

(1)函授教育的起源

自从人类进化到智人阶段，直立行走使人类扩大了在地球表面的活动范围，而语言交谈和动作、姿势、手势和表情等人体表意符号则承担了人际交流和原始教育的职能。然而，技术的发明大大加强了人类的活动能力和交流能力。文字和印刷术的发明对于教育和人际交流的意义是解放性的。文字在人类已有数千年历史，它承担了传播知识、进行教学、记录和延续人类文明的职能。印刷术使交流变得更容易、学习变得更有效，它为普及大众教育奠定了基础。印刷术还将教师和学生从课堂面授教学中解放出来，教师不必作详细板书，学生也无须忙于记笔记。各类印刷教材成了传递教学信息的主要载体。事实上，有组织的远程教育的先驱正是借助于印刷教材和通信指导实现了函授教育。英国的伊萨克·皮特曼在1840年首先应用函授方式教授速记，这一事实被广泛承认。随后的年代里，为了助人和商业的双重目的，各类私立函授学校和学院纷纷设立提供各种职业技术培训课程。

(2)英国：远程教育的故乡

函授教育起源于19世纪中叶的英国并不是偶然的。首先，英国是近代产业革命和资本主义的故乡，率先进入工业化时代。工业社会经济发展对各种专业人才和高素质、高技能劳动者的需求，对传统教育造成了巨大压力，并成为新的教育形态产生的动力。其次，作为远程教育先驱的函授教育的发生，也是以一定的技术基础为前提的。一个有了文字体系的文明社会，只有在发明了纸张和印刷术，并具备了相应的书刊出版发行、公共服务系统(诸如印刷厂、出版社、书店、图书馆、邮政系统等)后，才有可能萌生函授教育。正是英国在印刷业和出版业发达的基础上，又在世界上首创了国家邮政服务系统。而这也是建立在英国首先发明蒸汽机车、首先铺设国家铁路系统的基础上的。

9.4.1.2 大学层次远程教育的起源

大学层次的远程教育的实践可以追溯到100多年前的新大学运动和大学推广运动。在欧洲，近代大学的前身是中世纪大学。在英国18世纪后期开始产业革命后，牛津、剑桥这些古典大学浓厚的封建特权色彩和宗教信仰限制，成为进一步发展高等教育的障碍。社会舆论要求革新大学设置，改革招生和学位授予办法，更新专业课程教学内容。到19世纪中叶，形成了两股相互推动的改革潮流。其一是新大学运动，即在古典大学之外新建大学（尤其在工商业发达的中心城市）；其二是大学推广运动，即将大学的各类教育活动推广到校园外的民间去，面向各类社会民众。

（1）英国新大学运动

关于新大学运动，凯伊写道：

在英国，远程教育的起源可以部分地追溯到教学和学业认定职能的历史性分离，这是牛津大学和剑桥大学体系的特征之一：学院教学而大学考试。于是，当1836年伦敦大学创办时，并无教学职能，而是对联合王国和海外学生进行注册和考核，颁发校外学位。很快，许多私立机构如大学函授学院和沃尔西·霍尔学院兴办起来为注册学习伦敦大学校外学位的学生提供函授辅导。这种特定教学模式，即由独立的机构为公立大学颁发的学位提供函授辅导，可能是大学层次远程教育的最早起源。

凯伊和鲁姆勃尔（1981）《远距离高等教育》，第3页

1849年对世界远程教育的历史是个重要的年份，伦敦大学在这一年首创校外学位制度。伦敦大学校外学位制度为世界树立了一个采用自学、函授、业余夜校等方式，发展校外高等教育的范例。因此，1849年可以看做是世界远程高等教育的诞生年份。

（2）大学推广运动

关于大学推广运动，鲁姆勃尔和基更有以下评论：

美国的大学推广运动始于1862年莫里尔法案的颁布和一批授地大学的创建，其著名口号是"州即校园"。在英国，大学推广运动发生于19世纪70年代，到1884年，其倡导者们表述为"一种采用学分制的非住宿的业余教学的大学"，尽管没能取得完全的成功。

鲁姆勃尔和基更（1982）《远程教学大学》"导言"，第9页

美国的大学推广运动成为北美远程高等教育的发源之一。而在英国倡导大学推广运动的是剑桥大学，牛津和其他大学相继仿效，为校外学生开设大学扩展课程教育，成为远程高等教育的又一起源。

9.4.1.3　远程教育的早期发展

大学层次课程进行函授教学的观念逐步被许多国家接受并在世界各地推广。在19世纪下半叶和20世纪初，大学和学院开展校外教育和函授教学已传播到许多国家。在美国，举办函授教育的第一批大学有伊里诺斯州立大学（1874）、芝加哥大学（1891）和威斯康星大学（1906）；建于1873年的好望角大学为在南非8个学院学习的学生授予学位（1916年改名为南非大学）；新西兰

391

大学建于 19 世纪 80 年代，起初是一个考试机构，后来开展校外教育（1963 年启用新校名麦西大学）；在加拿大，大学层次的远程教育始于 1889 年建于翁泰利奥省金斯通市的女王大学；在澳大利亚，1909 年通过了在布里斯班建立昆士兰大学的法案，首次规定提供大学层次的函授课程和校外学位。其他西方国家如法国、德国、意大利、瑞典和日本等，也都先后开展了大学层次的函授教育和校外教育。在苏联，大学层次远程教学的历史可追溯到 1926 年。彼得斯在 20 世纪 60 年代初调查了大学层次的远程教学，曾认定在当时的苏联有 11 所独立的函授大学和学院。此外，有几百所传统大学和学院招收更多的函授学生。第二次世界大战后，在德意志民主共和国、波兰、捷克斯洛伐克和其他中东欧社会主义国家也举办类似的大学层次远程教育。在中国，中国人民大学（1952）和东北师范大学（1953）开创了大学函授教学。

9.4.2　开放大学的兴起和发展

20 世纪最后 30 年远程教育的发展构成了这一世纪教育界的重大革新之一。其中最有代表意义的是：一批独立设置的开放大学或远程教学大学同时在发达国家和发展中国家兴起和发展、取得成功并对整个教育界和国际社会产生了巨大影响。本部分就来探讨 20 世纪教育史上的这一重大事件及其意义。

9.4.2.1　现代信息技术的兴起：大众传播和视听媒体

进入 20 世纪以来，现代电子信息技术推动着教育的发展和演变，推动着远程教育的发展和进步。在整个 20 世纪，现代信息技术经历了一个发生和发展的过程。现代信息技术在 20 世纪上半期的发生及其在第二次世界大战后的发展主要表现为视听技术媒体的兴起和大众传播媒介（Mass Media）的繁荣。受联合国教科文总干事的委托，第 35 届国际教育会议总报告员查尔斯·赫梅尔博士在为国际教育局写的研究报告《今日的教育为了明日的世界》（1977）中指出："终身教育制度正在寻找新的方法和技术，以与它的愿望相一致。大众传播媒介很自然地为这种需要提供了解决办法。""新的大众传播媒介正慢慢地进入教育领域，可以预料，最后它们将整个地改变传统的教育制度。"由此可见，现代信息技术是远程教育发展的物质技术基础。一个有了文字体系的文明社会，只有在发明了纸张和印刷术，并具备了相应的书刊出版发行、全国铁路公路交通和邮政等公共服务系统后，才可能兴起函授教育。而正当函授教育在世界各地稳步发展的时候，人类社会又在经历一场新的技术革命。20 世纪以来，电力的使用越来越普遍。随着现代信息技术的飞速发展，大量视听媒体和大众传播不断涌现并被广泛应用于教育领域，使远程教育的技术基础经历了一场质的革命。视听媒体（在我国也称为电教媒体），是由电力提供动力或充当能源，记录、存储、传输、调节、呈现教学信息的实物、材料、设备和设施的总称。在 20 世纪中有广泛应用的大众传播媒介大多是视听媒体。在第二次世界大战后的半个世纪中，这类新技术、新媒体加速大量涌入家庭。不仅是电话、收音机、录音机和电视，而且还有录像机、光盘机和计算机等。先是在发达国家，紧接着在发展中国家。以多种媒体教学为特征、以各国开放大学、放送大学和广播电视大学为代表的新一代远程教育正是终身教育思想和包括大众传播媒介在内的新信息技术结合的产物。及至 20 世纪与 21 世纪之交，现代信息通信技术经历了又一次飞跃式的发展，涌现了以计算机多媒体、网络和移动通信为主体的新兴的电子媒体家族。现代电子信息通信技术的兴起和发展，被视为教育史上继专业教师、文字体系、纸张和印刷术之后的第四次教育方式的革命。正在将教育从固定的时间、空间的束缚中解放出来，最终将改变整个教育制度和传统教学方式。

9.4.2.2　开放大学的兴起

（1）独立的远程教学大学的先驱

新技术、新媒体在教育领域的应用有多种方式。其一是传统教育对技术媒体的应用，表现为各级各类传统学校利用各种技术媒体作为新的教学手段，辅助和补充面授教学，改进和提高教学质量。其二是利用大众传播媒介进行各种社会教育。其三则是利用新技术媒体来补充和加强函授教育，举办各种层次、规格、形式的正规教育的各类远程教育院校、机构和部门。第一种和第二种方式发生、发展的较早，第三种方式的重大进展发生于第二次世界大战以后。其间，多种媒体教学的远程大学的兴起，及其为社会各类对象提供的更多更开放的接受高等教育的机会和所取得的举世瞩目的成绩，使远程教育越来越受到国际社会的重视。在多种媒体教学的远程大学的发展史上，英国开放大学的创建是一个重要的里程碑。尽管国际社会对 1969 年创建、1971 年开始授课的英国开放大学给予了高度评价，然而，自治的和独立设置的远程教学大学在 20 世纪 60 年代末以前已经在世界其他地区存在。苏联在 20 世纪 60 年代初就已经拥有 11 所独立设置的函授高等院校，而 1951 年起重建的南非大学逐步发展成为一所专门为校外学生提供学位课程的多种媒体教学的远程大学。此外，在 20 世纪 60 年代初，随着我国各地电视网的建立，在一些中心大城市——北京、上海、天津、沈阳、广州和哈尔滨等地创办了面向本地区的城市电视大学。这些城市电视大学也曾是世界上独立设置的多种媒体教学的远程大学的一代先驱。它们的建校宗旨是为在职教师和在职职工进修高等教育提供机会，为各地社会经济建设培养了一批合格的专业人才。可惜在 1966 年因"文化大革命"的爆发而停办。

(2)英国开放大学

①起源。

英国在 20 世纪 60 年代末创建全国性的集中体制的开放大学,是战后社会经济和科学技术发展,以及独特的英国教育制度发展演化的结果。开放大学的直接起因与 1963 年的两个历史事件有关:罗宾斯(Robbins)高等教育报告的发表和威尔逊的格拉斯哥竞选演说。

罗宾斯报告对英国战后 20 世纪 60 年代以来的高等教育的革新和发展起着重要的作用,对英国开放大学计划的提出和实现也有促进意义。报告指出,英国酝酿着未开发的巨大的成人智力资源,他们本来可以从大学教育得益,但因种种原因,在他们生活的早期失去了这种机会。报告建议:高等教育的课程,应对所有成绩合格、有能力并愿意学习的人开放。报告还指出建立一些函授大学和电视作为一种教育通信方式潜在的重要价值。

然而,最初提出创建开放大学设想的是政治家哈罗德·威尔逊,而不是教育界人士。在威尔逊访美、访苏期间,美国的电视教育和苏联的函授教育给他留下了深刻的印象,使他浮想联翩,立志改革英国教育。他也受到英国教育界有识之士革新思想的鼓舞。1963 年,作为反对党领袖的威尔逊在其著名的格拉斯哥竞选演说中首次阐发了他关于"播送大学"的思想:一种家庭学习的大学,使用广播和电视作为整个教学体系的一部分,其主要目标是增加师范毕业生和合格的科技人才的数量。1964 年,威尔逊出任英国工党政府新首相。他任命琼尼·李(Jennie Lee)为教育科学部长并全面负责实现播送大学的计划。1965 年,李成立了一个咨询委员会,自任主席,并于 1966 年 2 月向国会提交了白皮书。在白皮书中启用开放大学的称呼。1969 年 6 月,英国开放大学依据通过的皇家法令正式成立,成为一所有权授予学位的独立的自治的大学。

1969 年,开放大学校址选定在伦敦西北郊的弥尔敦·凯恩斯新城。英国广播公司的开放大学制作中心也在伦敦北部的亚历山大宫开始了课程录制工作。1970 年 1 月,开放大学收到了第一批学生入学申请。1971 年 1 月,英国开放大学的第一个教学年度开始。

②成就和历史地位。

英国开放大学在远程教学上的成功有两条基本经验:一是精心设计制作高质量的多种媒体课程材料;二是为学生提供多种学习支助服务。

以上综合论述了英国开放大学在 20 世纪下半叶的实践和成功。世界各国远程教育工作者和研究工作者，几乎公认英国开放大学在远程高等教育系统发展史上的重要历史地位：它的创建标志着 20 世纪 70 年代起开始兴盛的新一代远程教学大学运动的崛起。英国开放大学对发展世界远程高等教育所做出的真正贡献在于：

● 令人信服地证明：即使在英国这样一个经济文化高度发达的现代国家，远程教育也能成为不同于传统校园面授教育的另一种正统的、合法的教学方式。这就使播送大学、无墙大学、开放大学、远程大学这类理想观念成为可行的现实而风靡世界，并为国际社会所接受。

● 以其蓬勃发展的现实证明：现代社会经济发展对专门人才的需求和对一般就业人员的素质要求，教育民主化的政治原则，以及终身教育的思想观念等一旦与现代化的科学技术手段相结合，就能产生一种充满活力的教育体制和教学模式。

● 以其取得的历史性成就和世界声誉证实：远程教育体制和多种媒体的教学模式，在教学质量和投资效益两方面都是有保证的，是经受住了英国传统大学的激烈竞争和劳动力市场的考验的。

总而言之，英国开放大学的历史功绩是为远程高等教育争得了合法地位、赢得了世界声誉。

9.4.2.3　多种媒体教学的远程大学的发展和成就

(1)开放大学在世界各地的兴建和成功

进入 20 世纪 70 年代以来，在英国开放大学创新精神的鼓舞下，在世界各地，都掀起了兴办远程教育的热潮。其间，以成人为主要对象的远程高等教育发展尤为迅速。一批自治的多种媒体教学的开放性的远程大学在西欧、北美、亚洲、中东、拉丁美洲和非洲等地兴起，它们代表了 20 世纪后叶世界远程教育发展的主流，成为新一代远程高等教育事业的主体。基更在其《远距离教育基础》一书再版时对以开放大学为代表的远程教育在 20 世纪 70 年代以来的进展和成绩有以下评价：

20 世纪 70 年代远程教育在数量和质量两方面都取得了长足的进步。这可以概括为：

● 发展了新的通信技术；
● 印刷教材的应用越来越精心；
● 完善了教学材料的设计；
● 为学生远程学习提供完善的支助服务。

1969 年建于英国弥尔敦·凯恩斯的开放大学和随后在发达国家和发展中

国家同时兴办的许多类似的远程教学大学。

在经历了 20 世纪 70 年代和 80 年代的发展后，远程教育已经成为许多国家的高等教育体系的重要组成部分。霍姆伯格在 1995 年再版的《远程教育的理论和实践》中的第一章"当今远程教育概况"中指出：依据 1986 年德国哈根远程教学大学远程教育研究所完成的国际远程教育比较研究，有 1 500 所院校开展远程教学。在 20 世纪 90 年代，世界各地约有 30 所独立设置的大学和其他高等院校专门从事远程教育。

（2）远程教育的主流模式：自治的远程教学大学

在这里有必要强调指出：有两类远程高等教育院校或系统。一类是开展远程教学（如校外学习、校外学位、函授教学、校外教育和独立学习等）的传统大学和学院；另一类是独立设置的自治的远程教学大学和学院（如开放大学、放送大学、远程大学、函授大学、广播电视大学、开放学习学院、开放学习共同体等）。在 1984 年联合国大学（UNU：United Nation University）国际远程学习中心与英国开放大学合作发表了世界上第一份关于远程学习院校资料的调查报告《世界远程学习现状》。该报告包容了 304 所开展远程学习的院校，其中 124 所（占总数的 41%）是独立设置的远程教育院校，其余 180 所（59%）是举办远程教学的传统院校。这一发展一直延续到现在。

20 世纪 80 年代初，在总结开放大学办学经验的第一批专著中，凯伊、鲁姆勃尔、基更和尼尔（Neil）等人就已指出：开放大学或自治的远程教学大学是发展远程教育的新一代的代表。

- 它们是为了开展远程教育而独立设置的新型的院校；
- 它们是拥有完整的教学、考核和学位授予功能的自治的院校；
- 它们代表了发展远程高等教育的新一代主流模式；
- 这类院校的最初最有影响的代表是英国开放大学。

鲁姆勃尔和基更在"远程教学大学的普遍特征"（1982）一文中对远程教学大学的评价结论如下：

- 它们使无法进入传统大学的新的教育对象得以接受高等教育；
- 它们能够解决学生大量被淘汰的问题并培养出数量巨大的合格毕业生；
- 它们能够满足国家的、地区的和学生个人的需要；
- 它们提供的学习材料的质量可以是相当高的；
- 它们比传统大学可能实现更高的成本效率和更高的成本效益；
- 成本收益的分析也表明远程教育比传统教育有优势，因为远程学生在学习的同时还可以工作，既有个人经济收益、也继续为国民生产总值作出贡献；

● 它们授予的学位已经被传统大学、劳动力市场雇主和整个社会所认可。

（3）巨型大学

上述远程教育主流模式的特征和优势最充分地体现在巨型大学的实践中。基更依据他在 1989 年对法国国家远程教育中心和中国电大系统的分析，在 1993 年发表论文分析了大型的远程教育系统，将之定义为每年有能力注册和教学 10 万学生以上的院校，这是巨型大学思想的萌芽。而最初完整提出巨型大学（Mega-University）的专用术语和概念的是丹尼尔。1995 年，当国际远程教育协会在英国伯明翰举行第 17 届世界大会之际，当时的 10 所巨型大学（中国、法国、印度、印度尼西亚、韩国、南非、西班牙、泰国、土耳其和英国）的行政首脑聚会在一起探讨规模较大的远程教学大学面临的机遇和挑战，及其革新和发展等共同关心的问题。会后，由英国开放大学和国际远程学习中心编辑出版了"世界上的 10 所最大的巨型大学"的小册子。丹尼尔在为该书撰写的前言中将巨型大学定义为"注册在校学生人数超过 10 万的远程教学大学。"事实上，远程教育的大量文献表明，对以巨型大学为代表的自治的远程教学大学或系统的分析和评估常常显示出：大型的远程教育比传统教育以及双重模式和小型的远程教育有较多的战略和竞争优势。当然，这种观点也在受到质疑和挑战。

9.4.3 网络教育与在线学习的飞速发展

自 20 世纪 90 年代起，电子信息通信技术（EICTs：Electronic Information Communication Technologies）的飞速发展宣告信息时代的到来。进入 21 世纪以来，人类开始从工业社会进入以知识经济（Knowledge-Based Economy）为基础的信息与学习社会。政治、经济和文化的全球化进程加快。各国间科学技术、经济实力、综合国力和民族文化凝聚力的竞争日益加剧。国际竞争归根结底是各国国民素质的竞争。开发人力资源，发挥人才优势，是各国提高国际竞争力的关键。而人力资源开发的基础是教育。实现高质量的基础教育、大众化的高等教育和全民族的继续教育，构建开放灵活的终身教育体系和学习型社会，是各国教育发展的战略目标。开放与远程教育在各国终身教育体系中、在全球化的国际教育大格局中都占有重要的战略地位。与此同时，以微电子、计算机和电子通信技术为核心的电子信息通信技术的不断革新和进步，为开放与远程教育在 21 世纪的飞速发展奠定了基础。以双向交互为特征的卫星电视直播课堂教学，各类音频、视频远程会议和计算机会议系统，相互作用计算机多媒体，以及互联网、全球网和各种无线网络等，正在带来教育形态的革命。网络教育、网络教学、在线学习和电子学习正在同面授教学、开放与远程教学一起，成为 21 世纪终身教育和终身学习的主流。国家信息基础设施和全球信息基础设施正在成为 21 世纪教育的技术基础。基于开放与远程教学的巨型大学面临严峻挑战和巨大机遇。数字图书馆、数字实验室以及虚拟课堂、虚拟校园、虚拟社区和各种虚拟大学正在各国创建。各国发展不平衡的数字鸿沟问题更加突出。在教育网络化和全球化发展的同时，如何继续发扬各民族独特的社会文化传统与价值、保持人类文明的多样性变得越来越重要。

9.5　中国远程教育历史发展分期与系统结构

从我国远程教育的发展历程看，可以区分出四个主要的历史发展时期：萌芽和准备期，创建、起步和中断期，恢复、繁荣和调整期，战略革新和起飞期。而从我国远程教育的系统组成结构分析，可以区划出单一模式院校和双重模式院校提供的各级各类远程教育。

9.5.1　萌芽和准备期

从 20 世纪初到 40 年代末是我国远程教育的萌芽和准备期。在我国历史上，近代学校教育制度的起始在 19 世纪末 20 世纪初，比世界上许多国家晚得多。维新变法、辛亥革命和五四运动对我国新文化和近代教育制度的诞生和成长起到了重大的推动作用。教育技术在我国的应用和我国远程教育的萌芽起始于这一中国历史的变革时期。如蔡元培创办的中国教育会(1902)刊行丛报、实行通信教授法，成为我国函授教育的起始。商务印书馆创设函授学社(1914)，成为我国最早的函授学校。在我国，应用各种视听技术媒体开展以成人为对象的各种社会电化教育和以学校学生为对象的正规学校电化教育也是起始于 20 世纪初。自 20 年代起开始利用幻灯、电影进行教学。此后，广播、电唱、录音等也逐渐引进和发展起来。我国从 30 年代初开始的播音教育。1937 年后，许多省市也相继建立电化教育组织。1940 年，国民政府教育部将电影教育委员会和播音教育委员会合并成立了电化教育委员会。总之，20 世纪上半叶是我国教育技术发展史上的起步时期，而在我国远程教育发展史上只是一个萌芽和准备时期。

9.5.2　创建、起步和中断期

20 世纪下半叶的前期(新中国成立到"文化大革命"结束,即相当于 50 年代到 70 年代末期),是我国远程教育的创建、起步和中断期。其中,自 50 年代初至 60 年代中("文化大革命"爆发前)是我国远程教育的创建和起步时期,而自 60 年代中至 70 年代末则因"文化大革命"而导致我国远程教育发展进程的中断。

我国第一代和第二代大学层次的远程教育均创建于这一时期。作为第一代大学层次的远程教育的代表,我国函授高等教育创建于 20 世纪 50 年代初,即由以中国人民大学和东北师范大学为先驱的普通高校创建函授部和函授学院。而作为第二代大学层次的远程教育的代表,我国广播电视高等教育起始于 20 世纪 60 年代初,即在我国中心城市建立的城市电视大学。

9.5.2.1　函授高等教育的创建和初步发展

我国函授高等教育在新中国的兴起有其政治经济和社会文化上的原因。新中国政府将普通高校举办函授教育看做是提高当时干部和工农的理论、文化和专业水平,培养社会经济建设需要的大批专门人才的重要手段。在 1954 年,教育部在"东北师范大学函授教育视察报告"中指出:函授教育是普通高等教育的重要组成部分。1956 年厦门大学创办了以海外侨胞和港澳同胞为对象的海外函授部。从 1955 年至 1957 年,高教部和教育部制定了一系列规范函授教育的法规,对函授教育的指导原则、任务、目标、开设专业、学期、学生对象、入学考试、教学要求、学制和管理体制作了明确的规定。1965 年 11 月,高等教育部在南京召开了全国高等函授教育工作会议。会议期间,刘少奇发表了"两种劳动制度和两种教育制度"的设想。函授和夜校教育就是这种新型的劳动和教育制度的重要组成部分。1965 年,开展函授教育的普通高校达到 123 所,包括理工、农林、医药、文科、艺术、财经、政法、师范和体育各科大学,开设专业 138 种,注册函授学生 189 000 名,相当于当年普通高校在校生的 28%。当年函授教育招收新生 74 000 名,毕业生 16 000 名。从 1955 年到 1965 年,全国普通高校共有函授毕业生 80 000 名。

9.5.2.2　城市电视大学的创建和初步发展

20 世纪 60 年代初,随着各地电视台的建立,在我国的主要咨询城市——北京、上海、广州、沈阳、长春、哈尔滨等地相继创办了电视大学。建立于 1960 年 2 月的北京电视大学是中国、也是世界上第一所城市电视大学。从

1960 年到 1966 年，共开设数学、物理、化学和中文 4 个专业。6 年中，共培养毕业生 8 000 多名，另有 50 000 人次单科结业。不幸的是，在 1966 年爆发的"文化大革命"中无论是函授教育还是电视大学都被迫中断。

9.5.3　恢复、繁荣和调整期

"文化大革命"结束后，从 20 世纪 70 年代末到 90 年代中期，是中国远程教育的恢复、繁荣和调整时期。

9.5.3.1　高等函授教育的重建和繁荣

从 1966 年至 1973 年，由于"文化大革命"，函授教育完全停办。从 1973 年起，部分高校开始恢复向农村地区的教师和高中毕业生提供函授教育。只有到"文化大革命"结束后，高等函授才得以真正重建和发展。

1980 年 4 月，教育部召开了全国高等学校函授教育和夜大学工作会议，明确了加强此项工作的重要性和紧迫性的认识。同年 9 月，国务院批转了教育部《关于大力发展高等学校函授教育和夜大学的意见》对普通高校举办函授教育和夜大学的政策、任务、办学形式、教学工作、人才培养、经费、毕业生的就业和待遇等作出了具体规定，从而为中国函授教育和夜大学的健康发展打下了重要的基础。中国的高等函授教育进入了新的历史发展时期。1986 年 6 月，国家教委在北京召开了全国高等函授教育工作会议，总结过去 30 年来的工作经验。1997 年 2 月，国家教委颁发了《普通高校函授教育暂行条例》。这是中国高等函授教育的第一个法规性文件，为高等函授教育运行和发展的系统化、规范化和制度化奠定了基础。《条例》指出，高等函授教育是国家高等教育体系的重要组成部分，所有合格的普通高等学校都应该努力将创建和发展高等函授教育当作自己的基本任务之一。此外，《条例》第一次明确规定要向应届高中毕业生提供高等函授教育。《条例》还提出了各级各类函授教育计划的制订，函授教师队伍、课程材料和辅导站三项基本建设的指导方针。1988 年 11 月，国务院学位委员会颁发了《关于向成人本科毕业生授予学士学位的暂行条例》，并规定其适用于高等函授教育。

1997～1998 学年，共有 635 所普通高等学校提供高等函授教育。另有 4 所独立函授学院。1996～1997 学年的注册学生数是 896 300 名，招收新生 286 400 名，毕业生 212 300 名。

9.5.3.2　全国广播电视大学系统的建立及其快速发展

20 世纪 70 年代末，中国进入了一个新的历史发展时期。经济建设成为国家和各级政府坚定不移的中心工作，社会经济改革和对外开放成为基本国策。为了实现社会经济发展的现代化目标，亟须大规模培养各类高级专门人才，同时提高全体就业人员的职业知识技能和科学文化水平。但是，"文化大革命"严重影响了整个教育事业，尤其是高等教育的发展，使本来就不发达的国民教育越发落后，造成了中国文化教育的整整一代断层同国民经济和社会发展目标严重不相适应。20世纪70年代末80年代初，由于各级各类教育落后，造成就业人口学历低下，科技人才和管理人才缺乏，文化水平和业务素质普遍不适应现代化经济建设需要。由于中国各地区经济文化发展极不平衡，边远地区、农村地区、少数民族地区教育和人才开发的落后状况就更加严重。此外，高学历人员也普遍面临知识老化问题。再加上"文化大革命"后百废待兴，人力、物力、财力有限。新时期现代化计划的核心目标是要更多、更好、更快地培养高级专门人才。在20世纪70年代末已经很清楚，要高速发展需要高投入的普通高等院校是不可能的。此时，覆盖全国绝大多数省区的彩色电视网已经建成，举办面向全国的广播电视大学的条件已经基本成熟。

1977年党的十届三中全会后复出并主动担任中央文教科技领导职务的邓小平在10月19日会见来华访问的英国前首相希思时，谈到了人才奇缺的问题。希思介绍了英国利用电视等现代化手段办开放大学的经验，并谈到英国开放大学当时有20多万学生，引起了邓小平的兴趣。邓小平表示，我们要利用电视手段来加快发展我国的教育事业。1978年2月3日，教育部、中央广播事业局向邓小平、方毅送交了《关于筹办电视大学的报告》，明确由教育部和中央广播事业局联合筹办面向全国的中央广播电视大学。2月6日，邓小平亲笔批示"同意"该报告。同年4月22日，邓小平在改革开放后的第一次全国教育工作会议上发表重要讲话。他在谈到教育事业必须适应国民经济发展的需要时指出："要研究发展什么样的高等学校"，并特别强调"要制定加速发展电视、广播等现代化手段的措施，这是多快好省发展教育事业的重要途径，必须引起充分的重视。"1978年11月26日至12月3日，教育部和中央广播事业局在北京联合召开了全国首届广播电视大学工作会议，制定了《中央广播电视大学试行方案》。国务院向全国批转了会议《报告》。1979年1月，中央广播电视大学在北京正式成立，全国除西藏、台湾外的28个省、自治区、直辖市都建立了省级广播电视大学。同月，各省级电大招收了第一批（79级）新生。1979年2月6日，全国广播电视大学举行了开学典礼，并由著名数学家华罗庚向全国电大学生上了第一堂高等教育电视授课。这一天成为中国广播电视大学的校庆日。全国广播电视大学的建立，标志着我国远程高等教育进入了一个全面发展的历史新时期。从此，我国广播电视卫星教育蓬勃兴起，成为远程教育的主要发展方向。

从 20 世纪 70 年代末到 80 年代中，中国广播电视大学得到了飞速的发展，其成就赢得了国际声誉。年招生数从 1979 年的 9.78 万余名发展到 1985 年的 27.3 万余名，在 6 年中增长近 3 倍。在 1985 年，共有注册全科专科生 67.4 万名，分别相当于同年全国普通高等学校和其他成人高等学校在校生总数的 40％和 64％。这就是说，在 1985 年，在中国所有在校大学本专科学生中，每 5 个中就有一个是广播电视大学学生。此外，全国各地电大还有大量单科生和自学视听生。总之，中国广播电视大学发展很快，到 1985 年已经成为一个结构和功能独特、具有相当规模的全国性远程教育系统：1 所中央广播电视大学，35 所省级广播电视大学，600 多所地市级分校，1 100 多所县级工作站和 30 000 多个覆盖全国城乡的基层教学班；拥有 24 754 名专职教职工(其中专任教师 11 229 名)和 15 795 名兼职辅导教师。

9.5.3.3 我国远程教育在 20 世纪 80 年代上半期的繁荣

除了普通高校函授教育和广播电视大学提供的远程高等教育外，我国自 20 世纪 80 年代起还发展了其他形式和其他层次的远程教育。

1981 年，国家农委、中国科协、教育部和中央广播事业局联合举办了面向全国的农业广播学校(现名农业广播电视学校)，成为农业部主管下遍布全国、开展中等农业技术教育的远程教育系统。同样，交通部主办的交通电视学校以及其他行业的广播电视中等专业技术学校也都具有相当的规模，在发展各个行业部门的教育和培训中发挥着重要的作用。

与此同时，自 1981 年起，我国还建立了国家高等教育自学考试制度(稍后又建立了中等教育自学考试制度)。这是一种新型的开放与远程教育体制，即实行学习者自学、社会各界助学、国家委托普通高校主持考试、由国家(政府)和主考学校共同授予文凭或学位。

综上所述，到 20 世纪 80 年代中期，我国多种层次、多重模式的远程教育达到了繁荣。

9.5.3.4 相对平稳的发展和调整时期(80 年代中～90 年代中)

从 20 世纪 80 年代中期到 90 年代中期，我国远程教育的发展进入了一个相对平稳的发展和调整时期。这种特征在全国广播电视大学的发展历程中表现得最明显。

(1)广播电视教育和卫星电视教育的继续发展。

我国远程教育在这一时期的继续发展主要表现为卫星电视教育的开创和发

展；高等专科教育学科专业的不断扩大和更新以及在全国范围面向应届高中毕业生招生；中等专业教育的继续发展；各类非学历教育，特别是各种岗位培训、专业证书教育和大学后继续教育以及其他各种短期成人教育和社会教育的兴起和发展。我国卫星电视教育的兴起同样发起于邓小平在 70 年代末的倡导。我国政府在 80 年代下半期投资购买了国际通信卫星上的两个转发器，分别从 1986 年 7 月 1 日和 1988 年 11 月 1 日起开通了两个专用的教育卫星电视频道。为了组织好卫星电视教育，国家教育委员会在 1987 年正式建立了中国电视师范学院和中国教育电视台。1993 年，中国电视师范学院并入中央广播电视大学，由全国广播电视大学系统统一组织开放与远程师范教育和各级各类学校教师、校长和教育管理工作者的在职培训。自 1989 年起，国家教委批准我国广播电视大学从参加全国普通高校统一入学考试的应届高中毕业生中招收高等专科学历教育的新生，使得自 20 世纪 80 年代末以来普通专科生班的高等专科教育在全国电大得到了较大的发展。广播电视大学开设的高等专科教育的学科专业越来越广泛，适应了全国各地社会经济发展的需要。截至 1993 年，中央广播电视大学在全国范围内共提供了理工、师范、文科、工商财经管理和农林五科 21 个专业门类的 300 多门课程。在这个基础上，各省级广播电视大学组织实施各自的专业教学计划、制作和发送各自的课程以适应本地区的特殊需要。截至 1993 年，全国广播电视大学开设的高等专科教育专业达数百个，基本满足了全国各地对培养高级专业人才的需要。1997 年在中央广播电视大学内部正式设立了中央广播电视中等专业学校，负责组织和协调全国广播电视大学系统举办的中等职业技术教育和培训。在继续发展学历教育的同时，远程教育已经成为在中国开展非学历教育的重要力量。从 1986 年至 1993 年，仅中央广播电视大学即同国务院的有关中央部委在全国开展了 38 项非学历教育项目，共计结业生 300 多万名。各地方广播电视大学也依据各地社会经济发展的需要积极开展各种各类非学历教育，参加学习获得结业证书的逾 1 000 万人。1990 年，国家教委在中央广播电视大学内部设立了中国燎原广播电视学校，负责发展面向全国三农(农业、农民和农村)的实用技术培训，数以千万计的农民接受了广播电视大学燎原学校的农村实用技术教育节目的培训。广播电视大学开展的非学历教育，主要是各种岗位培训、专业证书教育和大学后继续教育以及其他各种短期成人教育和社会教育。自 20 世纪 80 年代下半期起，我国广播电视大学的基础设施建设也得到了加强。除了购买国际通信卫星转发器开通专用教育卫星电视频道外，中国政府利用世界银行贷款为广播电视大学进行了集中投资(1984～1988)。从 20 世纪 80 年代下半期起，中央广播电视大学通过全国电视网的播课时间从创建时(1979)的每年 1 320 学时(每周 33 学时，每学时 50 分钟)增长到每年 5 558 学时。其中，中国教育电视台通过卫星频道每年播出 4 368 学时(每天 12 学时)，中央电视台每年播出 880 学时(每周 22 学时)；此外，中国教育电视台专门为中国燎原广播电视学校面向全国农村每年播出 310 学时实用技术培训课程和节目。

(2)对广播电视大学高等专科教育的控制和调整。

但是，自 20 世纪 80 年代下半期起，某些重大变化和发展趋势冲击着中国广播电视大学系统，主要表现在对广播电视大学高等专科教育的日趋严格的控制和限制上：

- 自 1986 年起，国家教委停止了由国务院在 1979 年创建全国广播电视大学时倡导和鼓励的自学视听生制度；
- 自 1986 年起，国家教委同时废止了同样由国务院在 1979 年创建全国广播电视大学时倡导和鼓励的单科生学习、积累学分、达到教学计划要求后颁发高等专科学历证书的制度；
- 自 1986 年起，废除了自 1979 年起采用的由中央广播电视大学组织全国统一入学考试的制度，转而确立了所有报名学习广播电视大学高等专科教育课程的新生必须通过国家教委组织的全国成人高等教育统一考试的制度，由统一考试招生办公室控制录取分数线；
- 自 1986 年起，国家教委对全国广播电视大学的招生总数(无论是通过全国成人高校统一考试的还是通过全国普通高校统一考试的)及各省级广播电视大学的招生配额实行严格控制和限制；
- 自 80 年代下半期到 90 年代上半期，国家教委否决了全国广播电视大学系统的多次报告，不同意广播电视大学举办本科教育试点；
- 自 1987 年起，国家教委设立了"电化教育局"(后改名电化教育司)加强对全国广播电视大学的领导和管理。

这些重大举措的一个直接结果是：自 1986 年起，中国广播电视大学的远程教育由开放走向封闭，其高等专科学历教育由发展走向萎缩。全国广播电视大学高等专科学历教育的招生人数、注册学生数及随后的毕业生数开始明显下降。依据国家教委公布的统计，全国广播电视大学高等专科教育的年度招生数从 1985 年的 273 100 名下降到 1991 年的 103 500 名；注册学生数则从 1985 年的 673 600 名下降到 1992 年的 330 400 名；年度毕业生则从 1988 年的 275 000 名下降到 1993 年的 98 000 名。由于国家教委给广播电视大学定位的主要任务是举办高等专科教育，电大高等专科教育规模的萎缩严重地影响了电大这种远程教育的投资效益优势的发挥。当时出现的实际情形是：一方面是国家通过世界银行贷款和开通卫星电视教育专用频道加强了对广播电视大学的投资和基础设施建设；另一方面则是广播电视大学主营的高等专科教育规模的严重萎缩，结果是电大远程教育的经济和社会优势得不到充分发挥。

（3）广播电视大学发展的新时机。

1992 年邓小平视察南方时关于深化和加快改革和开放的谈话，极大地推动了当代中国的现代化进程，也给我国广播电视大学的发展带来了新的生机。一个最明显的标志是：1992 年 8 月召开的全国首次成人高等教育工作会议和全国广播电视大学高等专科教育的招生人数自 1992 年起开始回升。到 1993年，全国广播电视大学的招生数和注册学生数比 1991 年有了较大的增长，分别达到 213 300 名和 437 900 名。1994 年，在全国电大庆祝建校 15 周年之际，国家教委批发了《关于广播电视大学贯彻"中国教育改革和发展纲要"的意见》这一重要文件。《意见》确定了中国广播电视大学在 21 世纪初的发展目标：初步建成有中国特色的远程教育的开放大学。《意见》指出，要实现上述目标，必须推进我国广播电视大学的开放性和现代化建设，即通常所说的做好开放性和现代化两项命题。同时，国家教委决定在广播电视大学实行招收注册视听生教育和专科起点的本科教育两项试点。所有这些，成为我国广播电视大学发展的新的契机、并为下一个远程教育的战略革新和起飞时期做了准备。

9.5.4　战略革新和起飞期

自 20 世纪 90 年代下半期起，中国远程教育进入了战略革新和起飞期。这一轮现代远程教育发展的主要标志是：我国政府开始组织教育界和企业界实施教育信息化带动教育现代化的发展战略，加快建设国家信息技术基础设施和构建远程教育网络平台，推进高等教育大众化和终身教育体系和学习型社会的形成。1999 年，中国国务院批转了教育部的《面向 21 世纪教育振兴行动计划》，其中的一项重要内容就是实施现代远程教育工程。截至 2002 年，中国教育科研网（CERNET）已经成为中国的第二大互联网络，覆盖了全国主要的城市和高等院校；中国教育电视台（CETV）建立的远程教育卫星宽带多媒体传输平台，具备了播出 8 套电视、8 套语音、20 套以上 IP 数据广播的能力，通过与中国教育科研网的高速链接，从而形成了中国唯一的天网、地网结合的现代远程教育网络。1998 年，清华大学、浙江大学、北京邮电大学和湖南大学成为首批现代远程教育试点高校。如今，全国共有 68 所普通高校经教育部批准设立网络教育学院，面向全国提供网络远程高等教育。全国广播电视大学也通过组织实施"人才培养模式改革和开放教育试点"项目加入高校现代远程教育试点工程。各类网络教育联盟也开始形成并发展起来，较有影响的有全国教师教育网络联盟和全国高校农业科技与教育网络联盟等。同时，我国政府其他部门、军界、企业界和社会各界也纷纷兴办基于计算机网络的教育培训，如国家组织实施的全国农村中小学现代远程教育工程和全国农村党员干部现代远程教育工程等重大项目。如今，中国的远程教育面临着新的历史使命和前所未有的发展机遇。2002 年，我国高等教育毛入学率超过了 15%，迈进了国际通行的高等教育大众化阶段，在校生超过 1 600 万人，形成了世界上最大的高等教育体系。中国政府确定，到 2020 年实现全面建设小康社会的宏伟目标，其教育发展的具体目标是：高等教育毛入学率在 2020 年达到 35%；初步建成全民终身教育体系和学习型社会。在中国这样一个发展中的人口大国，无论是高水平的大众化高等教育还是终身学习的目标，远程教育都拥有不可替代的独特作用。21 世纪初叶已经迎来中国远程教育新的起飞［参见丁兴富《网络教育的春秋时代及其对策》(2001)］。

9.5.4.1　普通高等学校纷纷创办现代远程教育

在国内提出并组织实施远程教育的普通高等学校很多，其中最有代表意义的是清华大学、浙江大学、北京邮电大学、湖南大学 4 所普通高校，它们也是教育部指定的第一批现代远程教育试点高校。下面以清华大学为例说明普通高校启动远程教育的经过。

1996 年 2 月，清华大学校长王大中教授提出在清华大学开展远程教育的设想。同年，清华大学校务委员会通过了远程教育的实施方案("现代化远程教育工程项目建议书")并开始筹建远程教育系统网络。清华大学远程教育系统网络由两部分组成：一部分是"天网"，即卫星电视网；第二个是"地网"，即"中国教育科研网"（基地在清华）。通过"天网"和"地网"的配合，用语言、图像、数据等实现双向交流。1997 年 3 月清华大学向国家教委电教办提交了《关于拟建立清华大学远程教育卫星传输网的报告》。1997 年 4 月在校内建设了 4.5 米 Ku 波段的卫星电视上行站。另外，建成了直播教室，在清华校园内直播课堂教学。通过压缩数字信号直接发射到卫星上去，再通过卫星传输到各个接收单位。1997 年 5 月租用了亚洲 2 号卫星 Ku 波段的转发器，采用数字压缩技术，发送数字卫星电视者学节目。1997 年下半年开始用 10 周的时间进行了系统的联试。1998 年 2 月起继续进行了 11 门课程的双向卫星电视系统联试。与此同时，其他高校也都纷纷行动起来了。浙江大学，1997 年 11 月给国家教委电教办提出了《关于在浙江大学建立国家教委远程教育杭州中心站的请示》。湖南大学在 1998 年开始利用湖南电信公众网以及湖南电信在全省各地市的设施开设网络课程,在计算机和英语专业招收 3 500 多名网上学生,进行远程教育试点。1999 年,清华大学、浙江大学、北京邮电大学和湖南大学 4 所试点高校共招收 9 000 多名网上学生。经过 2 年多的试点,试点学校初步探索出一条网上办学的模式,同时开发了一批网上课程和教学资源。

9.5.4.2 广播电视大学的战略革新

为了组织实施国家教委批发的《关于广播电视大学贯彻"中国教育改革和发展纲要"的意见》,1996 年全国广播电视大学工作会议在黄山召开。在黄山会议上全国电大教育工作者在对广播电视大学的性质和定位、形势和任务取得共识的基础上,明确了实现"共建系统、共享资源、共创辉煌"新战略的基本思路:实现一个目标:在 21 世纪初将广播电视大学基本建成有中国特色的远程教育的开放大学;做好两项命题:不断扩大电大远程教育的开放性和实现教学现代化;实行两项试点:以注重开放和个体化学习为特征的注册视听生教育和专科起点的本科教育(简称专升本);加强两项基本建设:全国广播电视大学系统建设和多种媒体远程教学的教材建设;坚持和扩大广播电视大学办学的基本方向,即四多:多层次、多规格、多学科和多形式;以及四个面向:面向基层、面向农村、面向边远地区和面向农村地区。中间经过在上海(1997)、北京(1998)、沈阳(1999)和广州(2000)召开的历届全国广播电视大学教育工作会议,正在积极组织实施广播电视大学的战略革新。其中,1999 年教育部转发的《关于广播电视大学贯彻落实"面向 21 世纪教育振兴行动计划"的意见》和批准中央广播电视大学组织实施的"人才培养模式改革和开放教育试点",为全国广播电视大学的改革和发展提出了新的挑战和机遇,带来了新的活力和生机。

中国广播电视大学系统正在加快教育教学现代化建设,力争早日实现由第二代多种媒体教学的巨型大学向第三代双向交互现代远程教育的转变。中国广播电视大学与普通高校的联合办学也取得了重大进展。由教育部高教司直接领导、中央广播电视大学组织实施的"人才培养模式改革和开放教育试点"项目从 1999 年秋季开始启动,其中,本科开放教育由广播电视大学和普通高校联合举办;专科开放教育由广播电视大学系统独立举办。

中央广播电视大学和各地电大对开放教育学习资源建设和教学过程改革也进行了新的探索。从远程教学和开放学习的特点出发,以自学为主、助学为辅为指导方针,对"以学生为中心"的教与学的全过程进行新的探索。

9.5.4.3 中国政府决策实施现代远程教育工程

如上所述，中国远程教育的形势在 20 世纪 90 年代下半期发生了重大变化。教育界及社会各界纷纷举办远程教育的强劲趋势反过来促使教育行政部门作出决策。1998 年 5 月教育部讨论通过了《关于发展我国现代远程教育的意见》，提出了"统筹规划、需求推动、扩大开放、提高质量"的发展指导方针。制订中的《国家教委远程教育传输系统技术方案》则初步确定了构建数字化卫星电视网、计算机教育科研网和公众电子通信网相结合的现代远程教育传输系统和平台。1998 年 5 月，《中国教育报》创办"制高点"专栏。国务院于 1999 年 1 月 13 日批转了教育部制订的《面向 21 世纪教育振兴行动计划》，明确提出"实施"现代远程教育工程"，形成开放式教育网络，构建终身学习体系"的任务并作为《行动计划》的重点之一：

现代远程教育是随着现代信息技术的发展而产生的一种新型教育方式。它是构筑知识经济时代人们终身学习体系的主要手段。充分利用现代信息技术，在原有远程教育的基础上，实施"现代远程教育工程"，可以有效地发挥现有各种教育资源的优势，符合世界科技教育发展的潮流，是在我国教育资源短缺的条件下办好大教育的战略措施，要作为重要的基础设施加大建设力度。

教育部《面向 21 世纪教育振光行动计划》，1999

1999 年 6 月，中共中央和国务院召开的第三次全国教育工作会议上公布了《中共中央国务院关于深化教育改革全面推进素质教育的决定》(1999 年 6 月 13 日)。《决定》中又一次明确强调：

大力发展现代远程教育、职业资格证书教育和其他继续教育。完善自学考试制度，形成社会化、开放式的教育网络，为适应多层次、多形式的教育需求开辟更为广阔的途径，逐渐完善终身学习体系。

《中共中央国务院关于深化教育改革全面推进素质教育的决定》，1999 年 6 月 13 日

2000 年 4 月，教育部在湖南大学召开现代远程教育经验交流会。教育部决定利用我国信息网络技术发展迅速和信息基础设施建设加快的大好形势，在原来指定的试点院校的基础上，扩大规模，依托重点普通高等学校(名校)的人才、技术、专业和资源优势实现现代远程教育的高起点、跨越式发展，扩大高等教育规模。如今，已有 69 所(或 68＋1 所)网络大学(即 68 所重点普通高校加 1 所中央广播电视大学)的局面。这 68 所普通高校网络教育学院可以开设研究生、本科、专科学位学历教育。既可以参加全国统一普通高考和成人高考招生，也可以自行组织考试招生。各校为学业合格者颁发毕业证书和相应学位。

9.5.4.4　我国高等教育大众化的决策和进程的加快

在我国政府组织实施现代远程教育工程的同时，我国高等教育大众化有了突破性的进展。实现高等教育大众化和构建终身学习体系成为推动我国现代远程教育工程的强大动力。如果说，现代远程教育的迅猛发展首先来自社会需求和院校开拓，继而得到教育部和国务院的支持和倡导；则高等教育大众化已经在我国教育界争论多年，到 1999 年 6 月在中央和国务院召开的第三次全国教育工作会议上才有了突破，并在当年的高等学校招生中开始有了重大进展。

1999 年 6 月在中央和国务院召开的第三次全国教育工作会议上公布的《中共中央国务院关于深化教育改革全面推进素质教育的决定》明确提出了在 10 年中实现我国高等教育大众化的任务：

调整现有教育体系结构，扩大高中阶段教育和高等教育的规模，拓宽人才成长的道路，减缓升学压力。通过多种形式积极发展高等教育，到 2010 年，我国同龄人口的高等教育入学率要从现有的百分之九提高到百分之十五左右。

《中共中央国务院关于深化教育改革全面推进素质教育的决定》，1999 年 6 月 13 日。

同年，国务院决策：自 1999 年起大幅度扩大高等教育招生规模，以此拉动内需和作为国民经济新的增长点。

9.5.4.5　国家信息技术基础设施和远程教育网络平台的建设

《中共中央国务院关于深化教育改革全面推进素质教育的决定》提出："大力提高教育技术手段的现代化水平和教育信息化程度。国家支持建设以中国教育科研网和卫星视频系统为基础的现代远程教育网络，加强经济实用型终端平台系统和校园网络或局域网络的建设，充分利用现有资源和各种音像手段，继续搞好多样化的电化教育和计算机辅助教学。"《面向 21 世纪教育振兴行动计划》则具体要求："以现有的中国教育科研网（CERNET）示范网和卫星视频传输系统为基础，提高主干网传输速率，充分利用国家已有的通信资源，进一步扩大中国教育科研网的传输容量和联网规模。2000 年，全国全部本科高等学校和千所以上中等学校入网"；同时，"继续发挥卫星电视教育在现代远程教育中的作用，改造现有广播电视教育传输网络，建设中央站，并与中国教育科研网进行高速链接，进行部分远程办学点的联网改造。2000 年，争取使全国农村最大多数中小学都能收看教育电视节目。"

在上述基本方针指导下，我国的国家信息基础设施建设正在走天地网结合〔即卫星传输与地面（微波、电缆、光纤）传输相结合〕、三网（广播电视网、电子通信网、计算机网络)合一的方向。国家决定充分利用已有的通信资源，提高主干网传输速率，扩大中国教育科研网的传输容量和联网规模，构建现代远程教育网络平台。中国教育科研网2000年升级改造的目标是主干线传输速率：622兆；连接中心城市高等学校的传输速率：155兆；中国教育科研网与中国公用电信网的连接通道速率：155兆。同时，加快中国广播电视网络建设和改造，逐步实现卫星电视数字化。2000年6月，中国教育电视台数字化改造的目标是实现将一个C波段模拟电视频道改造成Ku波段数字化电视频道。届时，可以同时传输8套数字压缩卫星电视广播(DVB)，8套多媒体数字信息传输(IP)和8套VBI信息传输(VBI)。改造后的数字化卫星电视资源的分配方案是：中央广播电视大学、清华大学、北京大学等普通高校，教育部师范司、基础司和职教司等。同时，广播电视总局在全国实施村村寨寨通广播电视工程。鉴于计算机及其网络的发展在我国很不平衡，卫星电视在我国依然是一个十分重要的教育资源，尤其对边远地区、农村地区和少数民族地区更是如此。

9.5.4.6　重视和加快高质量教育资源(软件和课件)的建设

《面向21世纪教育振兴行动计划》要求："改变落后、低水平重复的远程教育软件开发制作模式，发挥政府宏观调控作用，利用各级各类学校教育资源的优势，通过竞争和市场运作机制，开发高质量的教育软件。要重点建设全国远程教育资源库和若干个教育软件开发生产基地。同时注意引进国外优秀现代远程教育软件。"

在20世纪末叶，教育部高教司组织百所普通高校近3 000人参加的"九五"攻关课题"计算机辅助教学软件研制开发与应用"已开发近百种多媒体教学软件。这些教学软件和课件学科内容新、学术水平高、教学效果好、交互性能强，而且适用于数字卫星电视传输、计算机网络传输、双向视频教学系统传输。

教育部将继续利用《面向21世纪教育振兴行动计划》中"现代远程教育工程"的经费，启动新世纪网络课程建设工程，重点支持网络教育学院的网络课程建设和应用。新世纪网络课程建设工程将在2年之内，重点规划建设300门基础性的网络课程，并以网络课程建设带动课件库的建设，以课件库的建设推动网络课程的建设。新世纪网络课程不仅要用于试点大学的网络教育学院，而且还应用于其他大学有关院系的教学和校际之间的网络课程互选以及学分的互换，特别要支持发达地区的高等学校和西部地区的高等学校通过网络教学进行对口支援，使全国各地的学生都能够共享先进的教学方法和丰富的教学资源。

9.5.4.7　从教育界、产业界到全社会的远程教育热潮

我国在20世纪90年代末兴起的这一跨世纪现代远程教育热潮不仅仅限于

教育界，而是影响广及产业界和全社会。在教育界，不仅高等教育，在我国中小学也已开始了教育信息化的进程。从电化教育到教育技术，从接收卫星电视教育节目到建立计算机校园网，为中小学生开展计算机基础知识和基本操作，以及信息技术的教育和培训等。中心城市的重点中小学开始建立网校，让全社会分享其教育资源。教育部还计划通过现代远程教育工程支持贫困地区和西部的教育，启动了明天女教师培训计划，对贫困地区的中小学女教师开展培训，使这些女教师都能够从互联网获取信息，初步掌握网上教学的技能。在成功组织教育部与李嘉诚基金会合作的西部贫困地区农村中小学现代远程教育试点项目的基础上，教育部组织实施了全国农村中小学现代远程教育工程，组织部组织实施了全国农村党员干部现代远程教育工程。

我国各个经济部门和产业界也纷纷投资现代远程教育。由产业界支持和资助的各种教育信息网和网络课程、网络学校发展势头迅猛。众多信息技术高新企业和互联网技术与内容支持服务提供商与教育部门和学校合作、投入巨资开发我国高等教育和基础教育的远程网络教育市场。此外，在经济和教育全球化的浪潮中，在中国加入世贸组织的背景下，境外的院校和企业也纷纷介入来争夺中国远程教育的市场。例如，思科公司是一家跨国集团，它实施的思科网络学院是一个非营利的教育计划，已经在中国与几十所高等学校合作创办了思科网络学院。微软和英特尔公司也都积极开拓中国网络教育市场。

9.5.5　中国远程教育的系统结构和特点

上面详细论述了我国远程教育历史发展的 4 个时期。这里讨论远程教育在我国教育体系中的地位和作用和远程教育自身的系统结构。我国是运用多重模式开展远程教育的国家，即既有国家创建的专门从事远程教育的院校，也有举办各类远程教育的传统院校。本书最后将对我国单一模式院校和双重模式院校提供的各级各类远程教育作一个简要系统结构分析。

9.5.5.1　远程教育在我国教育体系中的地位和作用

通常认为，我国国民教育体系分为四类：基础教育、高等教育、职业技术教育和成人教育。其实，成人教育里既有基础教育和高等教育，也有职业技术教育。因此，比较确切的分类是按院校类型将我国国民教育体系区分为双轨制：普通教育和成人教育，其主要差异在教育对象和教育性质；前者是对青少年一代的职前教育，后者则是对已进入职业社会的成人的职后教育。我国的学校体制就是按照这种双轨体制区分的，即普通教育院校和成人教育院校。但在两类院校举办两类教育上有交叉：普通院校也举办各类成人教育，如普通高校设立成人教育学院和继续教育学院，举办成人高等教育；成人院校也有招收青年学生的，如广播电视大学招收应届高中毕业生和社会青年举办普通班教学。普通院校和成人院校都可以进一步区分为基础教育、高等教育和职业技术教育三类。其实，这三类可以统称为学历教育，因为它们都有明确的培养目标和学制，规范的教学计划和课程设置，以及达标考试，都给合格毕业生颁发全国通行的学历证书：文凭和(或)学位。在国民教育体系中还有各种各样的非学历教育和培训。非学历教育和培训的教学目标各异，学制长短不一，招生入学、课程设置和考核灵活多样，对成功结业者发给某种类型的结业证书但不是学历证书。非学历教育在层次上，既有面向全社会的各类社会教育(如老年教育和法律文化科技环境知识普及教育等)，面向农村和基层企事业单位的各种在职职业技术培训和岗位培训，也有为了专业知识和技能更新而开展的大学后继续教育，包括各种单科教育、专业证书教育等。非学历教育和培训的对象通常是成人。开展非学历教育和培训的，既有成人院校和普通院校，也有各类社会、经济、文化和社区组织。从教育院校的所有制形式，还可以区分公(国家)办、民(集体)办和个体(私立)办学等数种，尽管在我国目前前者占主导地位。

我国远程教育的主要对象是成人，属于成人教育范畴。我国远程教育主要分布在学历教育的成人高等教育(以大学本专科教育为主)和中等专业教育以及非学历教育和培训。远程教育已经成为我国国民教育体系的一个重要组成部分。远程教育对我国社会经济发展的一个重要推动作用就是为中国城市和农村、尤其是基层，加快培养了大批高级和中级专业人才。在我国这样一个世界上最大的发展中国家，一个人口众多、地域辽阔、社会经济依然不发达而且发展极不平衡的穷国办大教育，远程教育发挥着它不可替代的重要作用。远程教育对调整和改善我国高等教育和中等专业教育的层次比例、学科专业结构和地理布局都发挥了重大的作用。远程教育为全国各地，特别是为边远、农村、基层和少数民族地区培养了适合当地需要的各类专门人才，特别是经济、管理、法律、师范、理工、农林等专业人才。远程教育提供的学历教育和非学历教育为全体就业人员和社会其他成员提高国民素质、开展终身学习创造了条件。远程教育为我国实现现代化和工业化做好人才准备作出了贡献，并将为推动我国进入信息和学习社会、推进知识经济的发展继续发挥积极作用。

9.5.5.2　我国远程教育的体系结构

如上所述，我国远程教育以高等学历教育为主。直到20世纪90年代末，我国远程高等教育基本上是一种三重体系：单一模式的广播电视大学教育、双重模式的普通高校函授高等教育和准模式的国家高等教育自学考试制度。丁兴富在其博士论文《中国与澳大利亚远程高等教育系统的比较研究》及其他论文中首次提出中国远程高等教育的三重体系及其主要模式特征：

- 中国函授高等教育：除了 4 所独立函授学院外，主要是由几百所普通高等学校的函授学院或函授部举办，属于双重模式中的分离型的第一代远程教育（函授教学）；

- 中国广播电视高等教育：主要由独立设置专门开展远程教育的中央广播电视大学和 44 所省级广播电视大学组成的多层次结构的全国电大系统举办，属于单一模式第二代远程教育（多种媒体教学），与中国电大组织结构类同的还有农业部主办的国家农业广播电视学校系统（主要举办中等学历教育和面向三农的实用技术培训）；

- 中国国家高等教育自学考试制度：学习者自学为主、社会各界助学为辅、国家委托普通高等学校考试的国家高等教育资格考试制度，属于院校远程教育功能不完备的准模式的第一代远程教育（家庭自学），如今已成为全球最大的开放学习系统。

自 20 世纪 90 年代末进入互联网时代以来，我国远程高等教育形成了一种新的三重体系：单一模式院校的远程教育，双重模式院校的远程教育以及联合体举办的远程教育。这一新三重模式的基本特征是：

- 单一模式院校的远程教育：主要指中国广播电视大学举办的大学本专科高等学历教育。其中，自 1999 年起实施的开放教育试点项目实质上是中央广播电视大学与 20 所重点普通高校合作举办的网络远程高等教育。

- 双重模式院校的远程教育：无论是原有的函授教育和自学考试，还是20 世纪 90 年代末起设立的 68 所普通高校网络教育学院举办的现代远程教育工程，都可以认同为双重模式院校举办的远程教育。

- 联合体举办的远程教育：以全国教师教育网络联盟和全国高校农业科技与教育网络联盟为主要代表。

本书作者丁兴富在 2001 年初发表的"网络教育的春秋时代及其对策"一文以及在教育部组织的网络远程教育西部行中都曾提出建议：在教育部的领导和部署下，通过市场竞争机制，加强试点高校的横向合作，不仅在办学和教学中实现更多的协作和合作，促进更多的网络课程资源共建共享、网络教学和管理平台共建共享、网络课程学分互换互认、学科专业的共同提供开设；而且可以尝试探索建立特定学科领域（如工程、农林、医学、教师教育等）和特定地域（如中西部）的虚拟大学协作体、联合体乃至共同体。丁兴富曾经具体建议成立

"中国园丁网络大学"或"国家教师教育虚拟大学",用以推进全国在职中小学教师教育和培训的终身学习体系的构建[参见丁兴富(2004)"论从全国教师教育网络联盟到国家教师教育虚拟大学"]。

【思考与练习】

1. 给出你对本书综述的远程教育形态的各种分类的评价。你认为对远程教育形态应该怎样分类?

2. 请用你自己的语言表述本书综述的国际远程教育的三种模式和三大学派的理论。你认为这一理论对远程教育的分类学和国际比较研究有什么指导意义?

3. 在以下诸多论战中,你倾向于哪一方? 简述你的理由。①在远程教学大学、双重模式大学和传统校园大学之间,谁更有优势? ②在巨型大学和虚拟大学之间,谁更有前途? ③在传统教育和远程教育之间、在各类院校之间,应该更多地倡导竞争还是合作? 它们会相互借鉴,相互替代、还是相互趋同?

4. 谈谈你对我国远程教育主体多元化以及远程教育市场上出现的竞争和合作的看法。

5. 如何理解远程教育的全球化趋向及其对教育全球化与政治经济全球化的意义?

6. 为什么英国会成为诞生远程教育的故乡? 简述英国函授教育和大学层次远程教育的起源。

7. 简述在英国开放大学创建以前世界上存在的自治的远程教学大学。

8. 简述英国开放大学创建的历史背景和基本过程。简述英国开放大学取得的成功及其在世界远程教育发展史上的历史地位。

9. 为什么说多种媒体教学的自治的远程教学大学是20世纪下半叶远程教育发展的主流模式? 为什么说巨型大学是上述主流模式的主要代表?

10. 请结合本章内容对"远程教育发展的动力基础理论"(参见第1章1.3节)进行评述。

11. 简述我国远程教育萌芽期和创建期的基本史实。

12. 简述我国广播电视大学系统创建的历史背景和基本过程。

13. 简述我国广播电视大学教育在20世纪70年代末和80年代上半期的繁荣,自80年代下半期开始的调整和在90年代的发展新时机。

14. 请查阅有关文献,进一步了解邓小平与我国广播电视大学创建与发展的关系。

15. 请你对在世纪之交我国组织实施的现代远程教育工程的历史背景、指导思想、发展规划、战略重点和基础设施建设等发表评论。

16. 请你就远程教育在我国高等教育大众化和终身学习网络化进程中的作用地位问题发表评论。

17. 请利用网上资源和各种文献，对远程教育在我国国民教育体系中的地位和作用做出你的评述。

18. 请查阅有关的教育年鉴、统计资料和网上资源，看看我国远程教育的体系结构及其特征同本书描述的相比发生了什么变化。

【项目与活动】

1. 组织讨论活动

在加快我国高等教育大众化的进程中，你主张主要依靠哪种方式？①发展现有普通高校的传统教育；②现有普通高校发展现代远程教育（网络教育）；③加速发展独立设置的远程教育院校；④发展远程教育联合体和多种合作体制的远程教育（包括资源共享、学分互换）；⑤发展自学考试制度；⑥发展民办高等教育；⑦引进国外教育投资和教育资源；⑧鼓励境外院校和机构办学或与国内院校合作（合资）办学；⑨其他方式（加以说明）。

2. 文献调研项目

请通过查阅网上资源和各种文献，结合本章综述的世纪之交教育技术和远程教育发展的新趋势，分析近年来世界远程教育的发展和创新，特别要关注网络远程教育主体的多元化与形态的多样化。

推荐阅读书目

丁兴富. 远程教育研究[M]. 北京：首都师范大学出版社，2002.

丁兴富，吴庚生. 网络远程教育研究[M]. 清华：清华大学出版社，2006.

丁兴富，高克明，等. 远距离高等教育学导论[M]. 北京：中央广播电视大学出版社，1988.

关世雄. 中国广播电视高等教育概论[M]. 北京：中央广播电视大学出版社，1997.

杨改学. 现代远程教育[M]. 北京：国防工业出版社，2003.

陈丽. 远程教育学基础[M]. 北京：高等教育出版社，2004.

谢新观. 远程教育原理[M]. 北京：中央广播电视大学出版社，2005.

孙绿怡. 现代远程教育基本理论框架[M]. 北京：中央广播电视大学出版社，2006.

凯伊，鲁姆勃尔. 远距离高等教育[M]. 丁兴富，等，译. 北京：中央广播电视大学出版社，1987.

贝茨，等. 远距离教育工艺学引论[M]. 中央电大远程教育研究室，编译. 北京：中央电大出版社，1987.

丁兴富. 世界远距离高等教育概观[M]. 北京：中央广播电视大学出版社，1990.

赵宇辉. 当代远距离教育研究译文选集[M]. 北京：中央广播电视大学出版社，1990.

谢新观. 国际远距离高等教育研讨会论文集(北京·1989)[M]. 北京：中央广播电视大学出版社，1991.

基更. 远距离教育理论原理[M]. 丁新，等，译. 北京：中央广播电视大学出版社，1999.

丁兴富. 亚洲开放大学第13届年会论文特辑[J]. 中国远程教育，1999，9~10合刊.

黄清云，汪洪宝，丁兴富. 国外远程教育的发展与研究[M]. 上海：上海教育出版社，2000.

艾碧. 网络教育：教学与认知发展新视角[M]. 丁兴富，等，译. 北京：中国轻工业出版社，2003.

贝朗葛，阿兰. 远程学习的评估与实施：技术、工具和技巧[M]. 丁兴富，等，译. 北京：中国轻工业出版社，2003.

张伟远. 国际论坛：现代远程教育的理论与实践[M]. 北京：中央广播电视大学出版社，2003—2005.

丁新. 国际远程教育研究[M]. 北京：高等教育出版社，2008.

张德明，主编. 世界远程教育经典文丛（第一辑包括以下8本系列丛书）：

Bates T. 技术、电子学习与远程教育[M]. 祝智庭，译. 上海：上海高教电子音像出版社，2008.

Daniel J. 巨型大学与知识媒体：高等教育的技术战略[M]. 丁兴富，译. 上海：上海高教电子音像出版社，2008.

Garrison D R，Anderson T. 21世纪的网络学习：研究与实践框架[M]. 丁新，译. 上海：上海高教电子音像出版社，2008.

Moore M，Kearsley G. 远程教育：系统观[M]. 王一兵，译. 上海：上海高教电子音像出版社，2008.

Panda S. 远程教育的规划与管理[M]. 杜亚琛，译. 上海：上海高教电子音像出版社，2008.

Peters O. 转型中的远程教育：新的趋势与挑战[M]. 丁兴富，译. 上海：上海高教电子音像出版社，2008.

Moore M. 开放远程学习：趋势、政策利和战略思考[M]. 王一兵，译. 上海：上海高教电子音像出版社，2008.

══ 《第 2 版》创作后记 ══

　　《远程教育学》第 1 版自 2001 年问世以来，一直被全国众多高校教育技术院系选为教育技术专业远程教育课程的主干教材。在几乎同期出版的《远程教育研究》(2002)一书"前言"中，我曾经回顾了我国远程教育理论研究和学科建设的历史进程。其中分别列举了我国 20 世纪 80 年代以及 90 年代出版的比较有代表性的远程教育学术专著、译著、论文集及教材并作了相应的评价；同时对 20 世纪末以前国外出版的外文（主要是英文）远程教育专著和教材进行了综述评价。所有这些理论研究和学科建设的努力及成果都为我们创作有中国特色的远程教育的本科生和研究生课程教材提供了有益的借鉴。

　　进入 21 世纪后，在网络远程教育实践得到蓬勃发展的基础上。我国远程教育的理论研究和学科建设又取得了丰硕的成果。

　　本书前言中列举了该时期我国出版的若干远程教育专著和教材。此外，还应该提及丁新和张伟远出版的专著和译著，以及上海电视大学校长张德明主编、上海高教电子音像出版社出版的《世界远程教育经典文丛》(2008)和即将出版的《中国远程教育学者文丛》，以及中央广播电视大学葛道凯校长主编的《开放与远程教育研修丛书》(2008)。

　　我早年就读于北京大学物理系。"文化大革命"结束后，作为第一批研究生返回北京大学校园，攻读理论物理基本粒子理论，获得理学硕士学位。20 世纪 80 年代初，曾应国际理论物理中心主任、诺贝尔物理学奖获得者萨拉姆教授邀请，踏出国门深造。归国后，加盟中央广播电视大学，成为我国电视课程《近代物理》中爱因斯坦相对论、量子力学原子物理、核物理以及粒子物理理论的第一位主讲。此后，教学实践遍及中小学、成人高校、普通高校和研究生院。早在 1984 年，我曾经致函包括邓小平、胡耀邦、李鹏等在内的中央领导，建议发展我国广播电视与卫星远程教育，同时附上了撰写的三篇论文摘要，并得到了李鹏、邓力群、艾知生等领导的批示支持（原件现存教育部及中央电大档案室）。同期，在张群玉校长的领导下，我代表中央电大主笔撰写了对《中共中央关于教育体制改革的决定》(1985)等重要文件的征求意见报告。我曾担任教育部在中央广播电视大学设立的远程教育研究室（所）首任（副）主任（所长），是中国远程教育第一本译著《远距离高等教育》(1987)、第一本专著《远距离高等教育学导论》(1988)和第一本编著《世界远距离高等教育概观》(1990)的主译、主笔和主编。20 世纪 90 年代初,我作为国家教委委派的高级访问学者赴澳大利亚考察远程教育并讲学。随后,又接受澳大利亚联邦政府的海外研究奖学金,完成了比较远程教育学的研究和论文写作,获得博士学位,成为在海外获得远程教育博士学位学成归国的第一人。我的博士论文《中澳远程高等教育系统比较研究》经基更推荐、由德国哈根远程教学大学远程教育研究所用英文正式出版,向全球发行。从 1997 年学成回国起,我先后被聘为教育部、农业部和中共中央组织部的现代远程教育工程规划专家组专家、顾问,并深度参与了世纪之交我国组织实施的高等教育、教师教育、基础教育、农村教育和农村党员干部教育等多项现代远程教育与教育信息化重大工程和相关课题项目的研究、各类活动和会议。主要包括:

- 受聘为教育部现代远程教育专家组专家顾问,参与了先后由教育部电教办、高教司组织实施的我国高校现代远程教育工程。
- 受聘为专家组副组长,参与了教育部与李嘉诚基金会联合组织实施的"西部农村中小学远程教育扶贫示范项目"。
- 受聘为专家组成员,参与了教育部组织实施的"全国农村中小学现代远程教育工程"。
- 受聘为总规划及资源建设两个专家委员会的委员,参与了中共中央组织部组织实施的"全国农村党员干部现代远程教育工程"。
- 被任命为教育部全国教师教育信息化专家委员会副主任,参与了教育部师范司组织实施的"全国教师教育网络联盟"。
- 受聘为教育部全国教师教育信息化专家委员会副主任、全国教师教育课程资源建设专家委员会委员,参与了教育部师范司组织实施的"中小学教师教育技术能力建设项目"。
- 受邀参与了教育部师范司组织的"我国教师教育改革与发展战略"研究项目。
- 受聘为专家顾问,参与了教育部考试中心组织实施的高等教育自学考试改革与发展多个课题研究。
- 主持完成了北京市教委高教处委托实施的"北京市高校精品课程建设规范化及应用评估项目"。
- 受聘为首都师范大学教育信息化委员会专家委员,起草该校"十五"教育信息化规划,参与了规划论证并组织实施。

- 受聘为网络中心专家参与了首师大网络教学平台构建及在线课程教学实验研究，并亲自利用网络教学平台开始远程教育与教育技术博硕士在线课程教学。

同期，我广泛参与并承担了我国远程教育与教育信息化的许多重大工程、项目、课题、各类活动和会议。主要有：

- 主持完成了国家哲学社会科学基金资助的全国教育科学规划"十五"重点课题(国家级)"中国特色远程教育学科理论体系构建及教师与基础教育课程和信息技术整合的教改实验研究"(最终成专家验收评级优秀)。
- 主持完成了教育部高教司"网络教育认证制度研究与实践项目"第 7 子课题"远程教育质量保障及质量评估与认证国际比较研究"。
- 作为清华大学兼职教授与清华大学电教中心主任吴庚生教授共同主持完成了教育部社会人文学科"十五"重点课题"网络教育模式与发展战略的跨学科研究"。
- 参与完成了顾明远主持的全国教育科学规划及新闻出版"十五"双重重点课题"教育大百科全书"中"远程教育"全部条目的撰写。
- 主持完成了北京市哲学社会科学"十五"重点课题"中学数理化智能教学平台设计与应用及教学模式创新研究"。
- 主持完成了中英合作"交互白板在中国中小学教学适用性和有效性研究"课题。

此外，我还参加了一系列远程教育与教育信息化的国际合作研究项目、学术活动和会议，主要包括：

- 参加联合国教科文组织(UNESCO)主持、我国政府承办的北京 9 个人口大国教育部长会议"全民教育与教育信息化"专家会议并参与制定《北京宣言》。陈至立部长为中国代表团团长，我是代表团成员、远程教育与教育信息化专家。
- 参与中国教育部与英国高等教育拨款委员会联合组织的"中英高等教育电子学习合作项目"。张尧学为项目联合指导委员会中方主席，我为项目联合研究小组中方组长、特聘专家。
- 参与中方由教育部与中国科学院共同组织实施的中美大学教育创新国际合作万花筒项目。中国科学技术协会副主席、中国科学院赵忠贤院士任团长，我为中国代表团成员。
- 受聘为唯一的中方专家，承担农业部和联合国粮食及农业组织(FAO

of UN)共同推进的"技术合作计划"(TCP)亲自设计、论证并执笔起草制订了《中国农业和农村发展数字化教育的战略计划》，提交中国农业部部长及联合国粮农组织。

- 受聘为中方专家参与了教育部考试中心和欧盟(EU)及国际远程教育理事会(ICDE)的"中欧电子学习"国际合作项目。

- 受中国联合国教科文组织全国委员会委托参与了联合国教科文组织巴黎总部及亚太地区办事处组织实施的教师教育信息化及亚太地区教师教育技术能力标准制定。

- 受中国联合国教科文组织全国委员会委托、被联合国教科文组织总干事聘为该监事会中国监事，出席了联合国教科文组织国际教育技术研究所(IITE)第 5、7、9 次监事会会议，审议研究所工作。

- 受聘为项目专家参与了中央电化教育馆组织实施的与联合国儿基会、欧盟及加拿大等合作的中小学远程教育与信息化国际研究课题与项目。

- 作为中方首席专家，与清华大学、北京大学医学网络学院与北京外国语大学专家一起同英国开放大学国际合作处及教育技术研究所联合主持并组织实施了教育部高教司远程与继续教育处和中国高校远程教育协作组支持下的"中英合作远程教育硕士课程研修班(第一期)试点项目"。

- 代表首都师范大学许祥源校长出席世界大学联盟"教育全球化"与"教育信息化"系列研讨会活动。

- 受聘为该《文丛》国际编委会专家参与了上海远程教育集团与上海电视大学在联合国教科文组织(UNESCO)巴黎总部和国际远程教育理事会(ICDE)支持下组织的《世界远程教育经典文丛》的选编、翻译和出版工作。承担丹尼尔《巨型大学与知识媒体》和彼得斯《转型中的远程教育》两本专著的独译工作，已出版。

同期，我担任国际远程教育理事会国际学术委员会委员、亚洲开放大学协会秘书长、我国和世界上多份远程教育权威专业杂志的特邀编委。参加了一系列国际国内远程教育与教育信息化学术会议和论坛，发表了一系列学术报告和演讲；在一系列高级研修班和专题讲习班上应邀讲课：国际远程教育理事会(ICDE)世界大会、亚洲开放大学协会(AAOU)年会、全球巨型大学峰会、全球华人计算机教育大会(GCCCE)、中国国际远程教育大会及高峰论坛、中国教育信息化发展峰会，以及中国教育技术协会、全国高等学校教学研究会、中国教育技术协会远程教育研究会、中国成人教育协会广播电视高等教育研究会、中国教育技术协会中学远程教育技术专业委员会、中国高等教育学会自学考试分会、北京市电化教育研究会等组织的会议。我参与组织并主持了首都师范大学承办的我国第 2 届国际教育技术论坛等。还在清华大学、北京大学、北京师范大学、北京邮电大学、中国传媒大学、上海电视大学、中央农业广播电视学校以及我国香港公开大学、英国开放大学和美国国家技术大学担任兼职/客座教授、博士生导师或学术顾问，开设研究生课程或系列讲座、指导研究生论文或项目研究。

综上所述，我本人有幸自 20 世纪 70 年代末 80 年代起亲身经历了远程教育实践，亲自主持和参与的远程教育与教育信息化工程项目，国际国内的一系列学术活动，以及大学教学、研究生培训与各种培训活动，为我的远程教育理论研究和学科建设创新、也为本书撰写和再版奠定了坚实的实践经验基础和全球视野。

《远程教育学》(第 2 版)是一部编著作品，共有 9 章，可以分为 4 篇。

第 1 章"概论"是全书开篇，论述远程教育的历史发展和基本理念。其中，对三代信息技术与三代远程教育的论述，对远程教育概念的辨析(方法与手段；方式与模式；体制与形态)、对从面授教育到远程教育的教育家族连续谱系的概念，以及对狭义远程教育以及广义远程教育、远程教学与远程学习概念的定义，对远程教育发展动力基础理论的论证，对网络远程教育概念及其中英文术语的阐述都包含了本书作者的独特贡献。

从第 2 章至第 4 章论述的主要是微观远程教育学的内容：远程教育的技术基础、远程教学以及远程学习。第 2 章论述远程教育中的信息技术与技术媒介的远程教学，更深入的探讨了信息技术与远程教育的分代理论，在与人际面授教学的对比中论述技术媒介的远程教学的性质和特征，讨论分析远程教育中媒体教学功能的诸多理论与方法，并且总结提出了技术媒介的远程教学的信息传输、教学交互、远程学习模式、远程教育的时空分离模式分类以及基于技术的远程教学的理论分析框架。以上很多专题内容都包含了本书作者的研究成果。第 3 章论述远程教学系统开发和教学设计、远程教育课程设置、远程教育课程资源开发和学习材料创作设计与发送，以及网络远程教育资源的共建共享。其中，网络远程教育课程设置类型分析框架，远程教学技术媒体选择与组合，网络远程教育形态与远程学习材料的分类，各种远程教育形态中学习材料的总体设计开发，各种媒体学习材料的教学设计与开发，远程学习材料活动与评价的设计以及网络远程教育资源的共建共享等专题中都包含了诸多本书作者的研究成果。第 4 章论述远程学习、远程学生与学生学习支助服务。其中，远程教育资源开发与学生学习支助服务是远程教学的两大功能要素的理论，特别是远程学习圈理论及其对远程教学三要素结构与互动机制的理论诠释以及对以学生为中心的远程教育的"四原理说"理论诠释，是本书作者的理论创新。

第 5 章至第 7 章论述的主要是宏观远程教育学的内容：远程教育的规划管理、远程教育质量保证与评估认证以及远程教育经济学分析。其中，第 5 章关于政府对远程教育院校的宏观行政管理体制和机制、远程教育立法和财政等论述包含了本书作者的研究心得。第 6 章论述远程教育的质量保证与评估认证。其中，对国际远程教育界面对传统教育质量观的挑战与质疑、特别是我国高等学校网络远程教育面临的网络教育文凭与学位含金量的严峻挑战，远程教育质量观创新的必要性，远程教育评估与认证的原理和方法，以及对英国开放大学、我国中央广播电视大学以及我国高校网络远程教育构建质量保证体系的探索与创新的综述等，包含了本书作者长期来的研究成果。第 7 章对远程教育经济学的宏观理论与微观理论研究对象及其功能的认定，对远程教育的"规模—成本—质量"基本三角关系及其对分析远程教育系统发展的意义的阐述，对远程教育系统进行成本核算的计量方法以及分析原理（总成本、平均成本、固定成本、可变成本、边际成本、成本方程与曲线、远程教育与传统教育的成本结构特征对比、盈亏平衡点以及规模经济等核心概念及其计量公式）的论述，以及对国内外远程教育经济学研究的重要成果，特别是关于我国广播电视大学教育投资效益评估的经济学分析方法我国省级广播电视大学教学评估方案与数学模型以及我国农村中小学现代远程教育工程总拥有成本的概念与分析工具的讨论都包含了本书作者的独特贡献。

第 8 章和第 9 章分别论述远程教育的理论研究与学科建设以及远程教育分类学与国际比较研究。第 8 章对国际远程教育理论研究发展史分期及其主要代表人物和相关理论学说的综述，对远程教育学科专业建设相关问题及争论的讨论，特别是远程教育学的研究对象、远程教育的基本问题、相关学科与理论基础、远程教育学科理论体系结构以及主要分支学科等的探讨，都包含本书作者研究成果的结晶。尤其是对远程教育哲学理论、宏观理论和微观理论的划分及其主要内容的阐述，其中特别是有关远程教育学的逻辑起点、主要矛盾与主要矛盾方面的论证，对远程学习交互理论的探讨，都是本书作者的独特创新。第 9 章关于远程教育国际比较研究的类型及方法论，世界远程教育系统的普遍特征，关于远程教育形态与院校的分类学研究特别是关于世界远程教育三种实践模式与三大理论学派的总结，对远程教育院校竞争和合作的争论，特别是远程教学大学、传统校园大学与双重模式大学之间，以及巨型大学与虚拟大学之间的优势与劣势的讨论的综述，远程教育全球化带来的机遇和挑战，英国开放大学对第二代开放与远程教学大学崛起的引领作用，以及我国远程教育发展史分期以及我国远程教育体系结构，特别是远程高等教育三重结构的历史演化进程的论述，也都包含了本书作者的诸多创新研究成果。

丁兴富

北京·首都师范大学校园

2009 年 4 月 1 日